"汉语句法语义理论研究"丛书

丛书主编 陈振宇

U0137704

预期与意外

陈振宇 倪 兰 主编

上海教育出版社
SHANGHAI EDUCATIONAL
PUBLISHING HOUSE

本论文集的出版得到上海市高峰学科项目资助。

目　录

前　言 ……………………………………………………………… i

汉语预期范畴研究的历史和现状 ………………………（姜毅宁）1

预期的认知模型及有关类型

　　——兼论与"竟然、偏偏"有关的一系列现象

　　…………………………………………（陈振宇　王梦颖）32

评注性副词的语义积淀对反预期表达功效的制约与影响

　　——以"居然、竟然"与"硬是、愣是、就是、偏是"为例

　　………………………………………………（张谊生）57

副词"倒是"的意义与演变：从主观性到交互主观性 ………（陆方喆）73

"原来"的反预期性质及其相关问题 …………（赵　彧　白雪飞）90

从"预期"理论看汉语仅差格式 …………………（干　薇　陈振宇）106

概率、预期和管控三项特征下的"恰好、恰恰、恰巧"辨析 ……（周　韧）131

从客观匹配到主观评价副词

　　——"恰"类副词的语义来源及历时演变 …（鲁　莹　刘美君）153

从多功能互动视角审视句式"有点（儿）VP"的语义色彩

　　倾向机制 …………………………………………（朱庆祥）170

再说"果然"

    ——与(正)预期标记有关的问题

        ·················（陈振宇　王梦颖　姜毅宁）196

语义范畴的寄生策略

    ——以绍兴方言体标记"上"寄生表达反预期语义为例

        ··（盛益民）225

"说好 X 的"构式的违实性与反预期性 ·············（姜其文）249

也说意外的本质

    ——从典型意外标记"竟然"说起 ·············（王恩旭）264

意外信息的回应立场与回应形式 ·············（胡承佼）283

"怎么"表达意外：疑问、反问和感叹 ·············（李　强）302

"什么"感叹句的"意外"本质及否定倾向

    ——兼论"语用否定"的层级类型与制约因素 ·········（张　莹）328

泉州方言意外语气副词"煞"功能考察 ·············（倪伊芯）356

反意外：表轻转"只不过"的语用本质与演化动力 ···········（陈　禹）370

语用推理与极性程度义的获得

    ——以构式"V 过 A 的，没 V 过这么 A 的"为例 ······（赵　彧）388

前　　言

　　"汉语句法语义理论研究"系列小型学术讨论会,由复旦大学中国语言文学系主办。采用工作坊模式,每期邀请 20 位左右的专家学者与学术新锐,就某一专题进行深入讨论。主要关注重大的理论问题,也可以是系统性的语言现象描写,以前沿性和创新性为导向,尤其欢迎具有挑战性尝试的研究成果。会后出一本专题论文集,作为复旦中文系"汉语句法语义理论研究"系列丛书之一。

　　2020 年 8 月 15 日至 16 日,"2020 年汉语句法语义理论研究学术讨论会"在上海衡山北郊宾馆举行,由复旦大学中国语言文学系和上海大学中文系联合主办。本次会议的专题是"预期与意外——汉语句法语义和语用的接口"。上海大学中文系倪兰教授主持开幕式。

　　因为新冠疫情影响,本次会议采用线上与线下结合的方式。共有 5 位线上代表通过网络腾讯会议平台参加会议,22 位代表到现场发言讨论。

　　本次会议全面回顾了汉语"预期"与"意外"两大范畴的研究状况,重点讨论了目前所面对的问题和新的突破,以及若干具有典型性的汉语现象。与会者不但交流了各自的研究成果,还对关键问题进行了严肃的探讨,在某些方面达成了一定的共识,在某些方面开启了新的话题。这次讨论反映出的一些重大理论问题,也为今后的研究指明了方向,提供了方法论上的有益思考。

1. 对预期和意外理论问题的思考

　　陈振宇运用条件概率 P(M|O) 的数学模型,提出了有定预期和无定预期的区分。无定预期指某一类较为普遍的条件 O 下的预期,O 可以是默认或隐含的,而 P(M|O) 的值是稳定的,一般不随 O 的改变而改变,而

是需要通过实践与日常知识得知。有定预期则指个别状态下的条件 O 的预期,这一特定条件 O 一般需要在语篇或语境中采取更多语言手段解释或表达,一般而言,O 改变则 P(M|O)也会改变。意外既可以是对与有定预期不符合的情况感到惊讶,也可以是针对无定预期,而过去我们讨论"反预期"时大多是在讨论有定预期,忽略无定预期。除此之外,以往认为可以触发意外的"非预期",实际上是无定预期;"新情况"并不能造成意外,只有违反常理预期的新情况才能造成意外。由此得出结论,意外一定意味着违反说话者的预期,因为常理预期也往往是说话者的预期。但不是所有自反预期都会导致意外,意外必须使说话者具有较为强烈的情感情绪。

张新华介绍了频率副词中两分结构和三分结构的差异,认为一般的频率副词带有时间论元,指一元关系,表示单纯的复数事件,不引发三分结构;而量化副词不含时间论元,指二元关系,即带有限制域和核心域两个论元,引发三分结构。特别讨论了"常常"与"往往"的差异。实际上,"往往"句所表达的就是语言中的有定预期。

王梦颖同样利用预期的数学模型,提出小(概率)预期和大(概率)预期相对,指预期认识中期望值较低,发生概率较小的部分,可分为非极端小预期和极端小预期。前者指事件的发生概率在 0.5 左右,但难以判断其发生与否的倾向性的预期;后者则指事件中存在一个各命题之间形成概率梯阶关系的对比序列,极端小预期认识指向命题中发生概率最小的部分。汉语中小预期可以出现正预期和反预期标记共现的现象;而一般所谓的正预期标记"果然"主要的功能是表示小预期的实现。

胡承佼归纳了触发意外的四种信息类型:无预期信息、反预期信息、低概率合预期信息、不确定性合预期信息。他将意外信息的回应立场区分为相信、怀疑、不相信、下意识应对四类,进而具体考察了不同回应立场下的回应形式选择:相信立场下的主要回应形式为陈述性肯定、惊叹性感叹以及陈述性肯定+感叹,怀疑立场下的主要回应形式为真性疑问、真性疑问+感叹,不相信立场下的主要回应形式为陈述性否定、反问、陈述性否定+感叹以及反问+感叹,下意识应对立场下的主要回应形式为带极高升调的假性疑问、带极高升调的假性疑问+感叹。

王恩旭试图回答什么是意外、它是如何产生的、为什么事实和预期相符/相反等有时可以造成意外而有时却不能等问题。他还通过分析典型意外标记"竟然"的语义结构，说明意外本质上是一个大概率不可能事件，而不是一个小概率可能事件。因为前者强调不可能，而后者却突出可能，所以二者的语用色彩是不一样的。

陈禹认为句末"不就 X 了"不仅排斥反预期，更是对反预期乃至由反预期带来的感叹、疑问、否定等意外特征的逆反，因而可定性为反意外标记。以此为例，他还展开论述了反意外功能的确立，以及反意外与解—反预期等的区别。

2. 对具体反预期格式的讨论

龙海平介绍了世界语言中从确认标记到转折标记的语法化道路，并重点讨论了汉语"然、可是"的历史发展过程，说明它们都是从确认义发展为转折义。他猜想这是通过"yes、but"语义结构来完成的。

周韧和鲁莹都讨论了汉语表示契合义的"恰、恰好、恰巧、恰恰"等的语义功能和语法化进程。鲁莹重在介绍其历史发展，除了上述四个，还研究了"恰如、恰似、恰当"等；而周韧重在描写其共时表现，发现共有的语义核心是"低概率的精确性"，所以带有一定的反预期意义。他们都发现"恰恰"是这一组词中的特殊类型，因为它后来被用来表示对听话者的预期的辩驳（他反预期）。鲁莹试图从强调的角度来说明这一转变的历史进程。

姜其文论述了"说好 X 的"违实性和反预期性表达倾向，这是通过事理关联以及语篇的转折对比关系来体现的。当处于话轮接续位置时，它主要表达传信功能，突显说话人的违实性和主观意外情态。

陆方喆从共时和历时两个层面详细分析了"倒是"的主观性和交互主观性及其演变。文章认为副词"倒是"的主观性体现为表达言者的反预期，其交互主观性则与言者对听者预期的关注有关，背后动因是礼貌原则的推动。

殷思源介绍了执拗义副词的研究，说明"硬、就、非、偏"等都既可以用来强调做某事的态度坚决，又可以用来标示反预期信息。她认为，从强调到反预期的语用迁移，是一个说话人从自我表达到寻求认同的转变过程，也是一个语言从主观性到交互主观性的交互主观化过程。

赵彧讨论了"V 过 A 的，没 V 过这么 A 的"，指出这是一种极端的小预期表达，有极性程度义，后件蕴涵前件（前件是后件的必要条件，后件是前件的充分条件）。

刘瑞还介绍了他对（反）预期信息的类型、标记与范畴分野的理论分析框架。

3. 对语篇中怎样安排有关预期信息的讨论

唐正大讨论了一种"在线反预期"的喜剧效果，当听话人听到说话人说出预期命题 e 时，他也会产生一个预期 E，就是说话人接下来可能说的是 E。但幽默语言形式（相声、段子、脱口秀）恰好利用了这种语用隐含，故意人为地制造这种预期，却又人为地给出和这种预期偏反的意图句，这种"制造预期→反预期"的模式既利用了关联原则的常规隐含属性，同时又利用了语用隐含的可取消性。

陈振宁对现代汉语"但是"句中前后反预期关系的具体语义类型和语用机制进行了十分详尽的考察，发现前句表示道义/能力/条件/意愿等，而后句表示实际情况，这一种配置竟然占了五成左右；前句表示大部分，后句表示有例外，以及前句表示事情的发生，后句表示事情继续向相同的方向发展的，也各占了两成半。

鲜丽霞通过认知状态区分了两种语篇：对比语境中，话语者的认知状态高，"挺"表达的是否定预期和不一致立场；非对比语境中，话语者的认知状态低，"挺"表达的是合预期和一致立场。

赵敏介绍了叹词"啊"，既包括"啊"的正预期性表达也包括偏预期性表达，与它提示新信息还是突显信息焦点，表示主观性还是交互主观性，话轮和篇章衔接位置等都有重要的关系。

4. 对具体意外格式的讨论

李强讨论了"意外"在"怎么"的疑问、反问和感叹用法之间的相互转化中起到的作用，以及"怎么"的意外义的表现形式。同时认为"怎么"与类型学意义上的意外标记之间存在差别,不适宜看作(典型的)意外标记。它的作用一方面是强化意外义表达效果,同时也具有"自我示证"性:让听话人确信说话人所陈述的相关事况是真实准确的,进而体现出言者指向。

张莹通过语义地图分析,明确了不同"什么"构式形式的语用倾向,认为"什么"句的语用否定和消极情感是两个相互独立但又相互影响的语用维度:语用否定与不合理性直接相关,消极情感性则产生于反同盟关系和命题对关涉者的消极影响。事实表明,语用否定、消极情感和反同盟在各种构式中都存在特例,并不能作为"什么"句的共性特征。而从迁移过程来看,本类"什么"句的根本功能是表示意外,"什么"则是意外标记。

倪兰介绍了上海手语中表示疑问、否定和意外的面部表情,与有声语言不同,手语中面部表情是必不可少的表达方式,有重要的语法意义,其中最重要的就是扬眉睁眼、开口(作呼喊状)和皱眉,前面二者都表示疑问和意外,而在打出特指疑问句的同时皱眉,就会表达反问意义。

盛益民介绍了绍兴方言的完整体标记"上",证明"上"已经发展成了体助词,接着指出"上"使用的语用环境:只能用于表达反预期的语境当中。然后通过与另一个完整体标记"嘚"的比较,考察了"上"的句法功能。最后就反预期信息的寄生问题进行了讨论。

倪伊芯介绍了闽南地区泉州方言中意外语气副词"煞"的意义和用法。"煞"很可能来自古代汉语的"杀",演化路径有二:一是演化出"完了、停止"类意义,可以得到立即义和接续义;二是演化为表示程度高的形容词或副词,由程度高可以进一步获得意外和感叹意义,在"意外"的核心语义功能基础上又有反诘(语用否定)、揣测、询问原因理由等不同的功能迁移。同为副词的"煞"在表示"意外"和"立即、接续"的不同意义时,语调和句法形式上也有不同的表现,表达意外意义时常与已然体标记"唠"共现。

朱嘉诚介绍了反预期评注性副词"等于说",认为它具有"意外""责难"和"自证"三种语用功能。

5. 对其他相关问题的总结

张谊生指出,研究评注性副词表示"反预期"与"意外"应该坚持全面、动态的认识,关注其特定的语义积淀。尤其重要的是,要回到副词本身来进行仔细的辨别,不能笼统地贴标签。如同样表意外,"居然"更强调主观上的不认可,"竟然"更强调最终结果不接受;同样表反预期,"硬是"重在"坚决而又执拗","愣是"突出"全然不顾后果","就是"突显"主观强调肯定","偏是"侧重"故意与众不同"。

李宇凤指出,反事实是一种依赖人类知识网络推导得出的蕴涵语义,即它由某一特定语义的相关知识信息定义并依附于语义内容,且不作为基础义素和前景信息存在。一是反事实的标记范畴具有明确的语义选择限制,规定反事实与标记范畴基本语义的内在语义关联。二是反事实具有蕴涵语义的表现特征,不可取消、不可强加、显隐可调、功能多变、多范畴关联。

朱庆祥讨论了"有点儿"的贬义倾向问题,认为有的学者将这一倾向归于格式用于表达"自反预期",从而表达"不如意",这是不妥当的。一些较为复杂的语法现象仅仅从某种单一功能去描写和解释很可能会捉襟见肘,主张"有点儿"的贬义倾向,应该从多功能互动的角度去描写和解释。

会议最后,陈振宇做了两个学术报告,将有关问题进行了较为全面的汇总。一个是关于"预期"这一复杂的语义语用系统的归纳,包括四大维度(数学模型、预期、预期与当前信息的关系、语篇中有关预期的安排),每一维度又分为若干重要的问题。另一个是对造成"意外"的各种语义结构,以及说话者感到"意外"后作出的语用迁移的总结,其中包括多条语言中实际存在的语法化道路。这一总结是用地图形式呈现出来的,有利于进行整体把握。

会后,经过专家学者们的交流,很多论文做了新的修改,甚至重写,其中不少论文陆续发表。最后选出 19 篇论文组成本论文集《预期与意外》。因为疫情的影响,论文集的出版时间被迫延后了半年。

本论文集的出版得到复旦大学中文学科高峰学科建设项目的资助,特表感谢!

陈振宇　倪　兰

2022 年 12 月 1 日

汉语预期范畴研究的历史和现状

复旦大学中国语言文学系　　　姜毅宁

提　要　自 20 世纪开始,汉语研究者就开始用与预期相关的概念解释汉语某些格式和语词的语法意义。吴福祥(2004)引入了西方语言学中"预期"的概念,掀起了预期研究的热潮,很多研究者从"反预期"的角度重新审视汉语的一些语词和构式,得出了很多有价值的结论。也有研究者尝试进行理论上的探索,提出了很多富有创见性的观点。而直到最近十年,汉语预期研究才形成系统的理论和方法。文章回顾了预期研究的历史,总结了汉语预期研究的最新成果,指出了目前研究中的不足,以期为汉语预期研究提供新的思路。

关键词　预期范畴　预期性　反预期信息　正预期信息

1. 汉语传统语法研究的成果

预期现象的研究由来已久,早在 20 世纪 40 年代,吕叔湘先生(1947/1982)就用"轶出预期"来描述汉语转折句的语义,即"凡是上下两事不谐和的,即所谓句意背戾的,都属于转折句。所说不谐和或背戾,多半是因为甲事在我们心中引起一种预期,而乙事却轶出这个预期"。

20 世纪 80 年代末开始,有学者用"预期""偏离预期""非预期"等术语对汉语的一系列语法现象进行概括。

周兴志(1986)比较了"竟然"和"果然"的语义,将其语义描述为"预料之中""预料之外",其论述已经基本概括了这两个反预期和正预期标记的用法。

陆俭明(1990),李小荣(1994),马真、陆俭明(1997)对形容词作结果补语的"VA 了"述补结构式进行了详细的考察。马真、陆俭明(1997)将"VA 了"的语法意义概括为四种类型：预期结果的实现、非理想结果的出现、自然结果的出现、预期结果的偏离。所谓的预期结果和自然结果的出现都可以用正预期来概括；而非理想结果的出现和预期结果的偏离则可以用反预期来概括。

项开喜(1997)认为重动句由"动—宾"结构和"动—补"结构项构成(分别记为 VP₁、VP₂)，VP₂ 表示动作行为的某种超常特征，充当重动句式的语义焦点，汉语重动句式的语用功能就是突出强调动作行为的超常性。所谓的超常性，用作者的解释就是动作的结果是非预期的。

俞咏梅(1999)考察了处所状语的位置，并认为前置终点的"在＋处所＋VP"表示的是预期的、进行的语法特征(在水里踩了一脚)，而非预期处所、非预期结果的语法特征需要用后置终点的"VP＋在＋处所"(一脚踩在水里)来实现。原因是汉语的语序受到相似性(iconicity)原则的制约，当表"终点"的"在＋处所"用"在＋处所＋VP"这种语序时，施事是先有预期的终点，然后进行动作；而后置终点句的"VP＋在＋处所"表达的终点相对于动作和受事是一种已然的附着结果，是施事非预期的处所终点或者结果。

陆俭明、马真(1999)认为，"反而"表示实际出现的情况或现象跟按常情或预料在某种前提下应出现的情况或现象相反。"反而"的语义背景是：甲现象或情况出现或发生了，按说(常情)/原想(预料)甲现象或情况的出现或发生会引起乙现象或情况的出现或发生，事实上乙现象或情况没有出现或发生或倒出现或发生了与乙相悖的丙现象或情况。作者对"反而"语义背景的概括包含了触发预期的条件、预期和当前信息三个部分，相当于概括出了预期表达的本质。

吴春仙(2001)发现，预期有时候省略，有时候出现，于是将"反而"句的句法结构形式概括为显示预期的"不但非(预期)A，反而 B"和隐含预期的"(预期 A)反而 B"两种。对于预期 A 的表现形式，作者概括为五种：一是"为达到一定目的"；二是情理，可以是不言而喻的常识、常理或人所共知的事实，也可以是某种规定、制度、法律等，前两种可以不必说出来，后一种应该有所交代；三是建立在上文背景句提供的一种逻辑基础上；四是对某事的一种心理倾向;五是出于某种需要对未知情形有一种预期。虽然作者所概括的这五种类型不在一个层面上,有些是表现形式,有些是产生原因,但这已经是对预期本身而不仅是反预期的最早研究。

总结汉语传统语法的研究,"预料之中"即正预期;"轶出预期""意料之外""偏离预期"即反预期。这些概括对汉语中的一些语法现象很有解释力,而且都是汉语研究者独立思考的结果。此后一些研究者继续沿着传统语法研究所开创的道路尝试对一些句法结构的语法意义进行概括,例如辛永芬(2006)和李先银(2009)对"X+V"(多吃)和"V+X"(吃多)两种句法结构的研究。两位研究者都认为"多、快、早"等形容词在前时表达的是实施前预期的结果,而在后时表达的是"非预期"的结果。①关于这一现象,还有待深入研究,比如"不小心多吃了一块糖"中,"多吃"表示的并不是动作实施前预期的结果,而是一种"非预期(反预期)"的结果。

虽然汉语传统语法研究中有关预期现象的研究已经非常深入了,但遗憾的是,并未有研究者从理论上系统地思考这些问题。直到西方语言学中的"预期(expectation)"概念引入后,汉语研究者才开始有意识地运用相关理论研究这些具体的语言现象。

2. 预期概念的引入及具体现象的讨论

2.1 预期概念的引入

2004年,吴福祥总结了 Heine(1991)、Traugott(1999)、Dahl(2001)、Traugott & Dasher(2002)等有关预期的表述并加以阐发,将预期定义为与人的认识、观念相联系的抽象世界,它通常与一定的社会常规、言谈事件中听说双方的知识状态及特定的话语语境(discourse context)相联系。他认为包括三种情况:反预期信息(与某个特定预期不符的话语信息)、预期信息(相当于本文的"正预期信息",指信息与预期相符)和中性信息(相当于本文的"无预期信息")。他认为,从反预期的主体来看,有"与受话人的预期相反""与说话人的预期相反""与听说双方在内的特定言语社会共

---

① 该文中的"非预期"可以理解为后来的"反预期",也可以理解为后来的"非预期",即反预期和无预期。

享的预期相反"三种类型;从信息量的角度来说,反预期信息量最大,预期
(正预期)信息量最小;从所用的语言形式上看,反预期的语言形式等级
高,预期(正预期)语言形式等级低。此外,吴文还概括了不同语言中表达
反预期的语言手段,主要是副词和连词这样的语法词,最后作者以该理论
为指导,分析了汉语的"X 不比 Y·Z"的反预期表达。

虽然吴福祥对预期的定义偏重常理预期,但他不仅将西方有关预期
的表述系统化,还开启了汉语预期研究的热潮。

2.2 反预期表达手段研究

自吴福祥(2004)对反预期构式作了研究以后,汉语学界涌现了大量
有关反预期标记和构式的个案研究。不少研究基本就是在吴福祥
(2004)的框架内展开的。虽然这些个案的研究只关注具体的问题,但却
为近年来的理论研究提供了坚实的基础。

根据目前已有的研究,汉语表达反预期信息的语言手段至少有以下
六种:

连词:却、但是、可是(吴福祥 2004,曾君、陆方喆 2016);就算、即使、
纵然、别看、别说(齐沪扬、胡建锋 2007,韩蕾、刘焱 2007,尹海良 2009,周
家发 2012,周莉 2012)等。与连词相关的是复句,一些研究者认为转折句
(张健军 2013)、让步复句(张丽丽 2009)、反逼句"尚且 p,何况 q"(张邱林
2009)、并列句"不是 A,而是 B"(宗守云 2012)也表达反预期信息。

副词:就、才(陈立民 2005);甚至、反而、反倒、倒(是)(吴中伟、傅传凤
2005,周红 2006,袁毓林 2008,孙颖、郭继懋 2011,陆方喆 2021);还(武果
2009,唐敏 2009,谢白羽 2011,邓川林 2018);怎么(尹海良 2014,刘焱、黄
丹丹 2015,李湘 2019);都、也(张云峰 2008,陈鸿瑶 2015,胡建刚 2007,武
钦青 2018);已经(许诺 2015);已然(刘永华 2017);非但(胡斌彬 2010);
又、并(李劲荣 2014,田旭红、徐彩华 2022);竟然、偏偏(单威 2016,杨霁楚
2008,石定栩等 2017,殷思源、袁毓林 2021);硬是、愣是(张谊生、田家隆
2016,殷思源 2021);有点(范晓蕾 2018);恰恰(周韧 2022a)等。

语气词:呢(史金生 2010);啊(金智妍 2011,赵敏 2021)等。

话语标记:不知、不想、不料、谁知、谁料、谁想、谁承想、不承想、哪知、
哪想到、岂知、不曾想(胡德明 2011,曹秀玲、辛慧 2012,文艳婷 2015,李洋

2018,刘丞、杨静 2020,孙雅平 2020)等。

　　构式:还 NP 呢(郑娟曼 2009,闫妹 2012,王长武 2017);早不 VP,晚不 VP(管志斌 2011);亏你 VP(王瑜 2012,易正中 2014);都 NP 了(石慧敏、吴为善 2014,杜亚琼 2022);不 V 不 VQ(宛新政 2016);一不小心 X(邵敬敏、王玲玲 2016);差一点 VP(范晓蕾 2019,干薇、陈振宇 2022);说好(的)XP(呢)(陈景元 2016,李元瑞 2018,姜其文 2021);太 A 了一点(胡清国、王光和 2019);X 比 Y 还 W(宗守云 2011);真是的(王敏 2019);好啊(赵敏 2022)等。

　　句式:"连"字句(袁毓林 2006,祁淑玲、易正中 2014);反问句(刘亚琼、陶红印 2011);重动句(陈忠 2012);问原因和表示意外的"怎么"句(祁峰、陈振宇 2013,陈振宇、杜克华 2015,陈振宇、杜克华 2019);"被"字句(颜力涛 2014)等。

　　以上研究既有共时层面的对比分析,也有历时层面语法化过程的探究。当然,由于时间精力有限,可能有所遗漏。

　　也有研究者对古代汉语中表达反预期信息的标记进行讨论。

　　谷峰(2010)是对先秦汉语的情态副词进行专门研究的博士论文。作者单列反预期副词一章,对先秦汉语中表达反预期信息的副词"曾、憯、宁、乃、一(壹)"的句法表现和话语功能进行了全面的描写和深入的解释。从句法位置上看,"曾、憯、宁"可以出现在主语前,也可以出现在主谓间,而"乃、一(壹)"主要出现在主谓之间;"曾"可以跟情态词"能、肯、足以"等情态动词组合,而"乃"可以跟"肯、欲、敢、可、可以"组合;在句类选择上,"曾"和"乃"可以出现在陈述、是非问、特指问中,而"一(壹)"可以出现在疑问—感叹句中;在肯定和否定句的选择上,"曾、宁、一(壹)"既可以出现在肯定句中,也可以出现在否定句中,而"憯"没有出现在肯定句中的用例,"乃"没有出现在否定句中的用例;"曾、憯、宁、乃、一(壹)"都可以与不同的反预期标记配合共同表达反预期信息。作者将反预期副词的话语功能概括为突显对比、言说主观性(出乎意料和负面评价)、触发预设三种,"曾"和"乃"还具有篇章衔接的功能。

　　陈前瑞(2018)通过对古代汉语副词"曾"的反预期义与经历义之间演变关系的考察,得出反预期义与经历义之间存在着密切的语义联系。首先经历义和反预期义可以双向演变,这种双向性不是对语法化单向性的否定,而是不同词汇来源的语法要素或者说虚实程度不同的语法语素可能具有不同的演变路径。经历义和反预期义之间的演变可以有确认或已然这个中间环节,也可以没有明显的中间环节。从反预期义直接到经历义是上古汉语"曾"的路径;从反预期义经已然到经历义是印尼语 sempat 的路径;从反预期义经确认到经历义是 Ewe 语的 kpɔ́ 的路径。作者从历时的角度提供了几条反预期义的语法化路径。在历时层面上,已然和确认可以看作一些语言中反预期标记的反预期义语法化的中间环节;而在共时层面上,已然和确认的语境与反预期义的关系也很密切,如"真的"表示小概率事件时,就可以表达反预期义,例如"他竟然真的来了!"

2014 年出现了两篇具有理论性的文章,对过去十年汉语反预期标记的研究进行了回顾和总结。

陆方喆(2014)根据已有的研究概括了反预期标记的性质和类型。反预期标记语音上具有非重读性、句法位置多变、句法上具有非强制性和可取消性,语义上具有程序义。作者将反预期标记分为语气类(并、还、也等),疑问类(怎么、什么、不⋯⋯吗?),否定类(不料、不想、没想到等),转折类(但是、可是、然而等)四种类型。

谷峰(2014)从述评角度对国内反预期标记的研究做了梳理,归纳了汉语标注反预期信息的语言手段,并总结了 21 世纪以来国内学者对"反预期标记"界定的五种误区:一是"反预期"="逆反、意外"。作者认为具有转折和意外等意义的词语只是反预期标记的一部分,反预期的范围比较广。二是"负面评价色彩"="反预期"。作者反驳了"一群胆小鬼、你这笨蛋、瞎、白"等标记是反预期标记的观点,这些词传递一些情感色彩,但是只在 VP 内起作用,属于命题内成分,不够资格充当反预期标记。三是反预期标记是词或短语。如果这样看的话,作者认为,会影响到对让步复句的认识,因为"即使、就算、别看"与"但是、却、反而"并不相当,而让步复句却是可以表达反预期的。四是将语境中的隐含义强加于某个词。作者批评了一些研究者的观点,如王晓凌(2007)认为"以为"是反预期标记,作者认为"以为"只是反叙实动词,反预期义只是特定语境的解读。五是能够引导反预期信息的成分,核心功能是"反预期",作者认为,引导反预期信息其实只是一些语言成分核心功能的副产品。

最后作者还指出已有研究中的三个盲点:一是感叹句,应该把感叹句看作反预期专门的表达手段进行研究;二是对反预期出现的语境的探索;三是标注反预期信息与其他语用功能的关系。

谷峰对此前研究的总结体现出了非常强的理论意识,在具体问题的分析上也有敏锐的眼光。例如作者观察到转折复句和让步复句都表达反预期信息,但是让步标记和转折标记却有着本质的差异,让步标记是没有反预期义的。另外,关于"以为","以为"的确不适合看作反预期标记,应该定性为反叙实词,但是"以为"却经常表达反预期信息。还有对过去十年研究盲点的揭示,尤其是感叹句,这是非常值得研究的一个方面。

总之,这两篇研究可以看作是对汉语反预期研究的一个阶段性总结,总的来说,关于反预期标记的研究成果斐然,而对(正)预期标记和预期理论的研究则相对薄弱。

2.3 正预期表达手段研究

关于(正)预期标记,Heine et al.(1992:192)曾指出符合预期的现象在人类语言中常常保持未标记,但即使如此,一些研究者还是注意到一些标记表达的信息是预期与实际相符合。

李冰(2009)比较了"果真"和"果然"。"果然"的语义是单一的,表示事实与预期相符或相同;而"果真"则有两种语义,一是表示事实与人的预期相符或相同;二是表示"肯定客观事实的真实性",相当于"真的、的确、确实";在表示事实与预期相符或相同时,"果真"的语气更重。

邱闯仙(2010)认为"瞧"在"提请注意"的基础上分别产生了与说话人预期一致和与说话人预期相反两种话语功能。表达预期信息与事实一致时的三种语境:一是"瞧"后的话语内容是对某种事态的说明。如果所述的是已然的事态,说话人用"瞧"提请受话人注意已成的事实,强调所呈现的事态是符合自己预期的;如果所述的是未然事态,说话人提请受话人注意自己的预期,表示事情未来的发展结果一定与自己的预期一致。二是"瞧"后出现第一人称代词时,由于所述内容是符合说话人预期的(正)预期信息,说话人就用"瞧"来提请注意,根据所述内容的积极和消极两种特征,还会产生不同的语用效果。三是"瞧"后的话语内容是关于谈话双方以外的第三方且与说话人预期一致的(正)预期信息。表达反预期信息时,语境一是"瞧"的后接成分一般都会出现第二人称代词"你、你们、您"作为评述对象,表达说话人的否定情感;语境二是"瞧"后的话语内容是关于第三方且与说话人预期不一致的反预期信息,说话人对第三方持否定、不满的情感态度;"瞧"后的内容是关于说话人自身的信息,是对自身的一种批评否定。实际上,这里的正预期信息和反预期信息都是在语境中推理得出的,不同的情感态度是导致语用推理的重要因素。

吕为光(2011)认为"我说什么来着"已经从疑问句主观化为了一个话语标记,表达事件结果与说话人的预期一致,是一个(正)预期信息标记。"我说什么来着"主观化的机制是语用推理,说话者通过重复自己说过的话来表达对听话人行为的不满和抱怨。

张则顺(2014)认为"当然"表达的是合乎预期的确认,既是确信标记,也是合预期标记,确信意义由正预期义推理而来,不过也成为了编码意义。这两个编码意义在词典中合并为一个义项,原因是这两个语义并不分别出现在不同的语境,而是在同一语境中如影随行。最近陈振宇、王梦颖、姜毅宁(2022)和陈禹(2022)都对"当然"进行了研究,虽然后来的一些研究并不认为"当然"是正预期标记,但是张则顺的研究非常有启发性,他启示我们,正预期的意义与确信义密切相关。但是如何区分二者,是个值得考虑的问题。

针对正预期标记的研究,谷峰(2014)指出,汉语真正的正预期标记是"果然"和"当然",其他的标记"瞧、我说什么来着"引导的也是反预期信息,只不过是听话人的反预期信息。郑娟曼(2018)又对谷峰(2014)的这种观点进行了反驳,虽然说话者的合预期信息常常是听者的反预期信息,但是二者并没有必然的联系。的确如郑娟曼(2018)所言,是合说话者预期信息还是反听话者预期信息两者之间没有必然的关系,我们只能通过背景知识、语境或者听说双方的立场推理得出。不过总的来说,争议的根本原因还是在于对(正)预期的认识不足。(正)预期标记的研究,直到有关预期的理论真正建构起来,才逐渐变得丰富和深刻。

3. 理论的新发展及标记/构式的重新认识

　　虽然对预期进行理论探讨的研究集中在最近两年,然而,自吴福祥(2004)开始,汉语研究者从未停止过探索的脚步。相关理论的研究可以分为三个阶段。第一个阶段是起步阶段,从吴福祥(2004)至谷峰(2014)、陆方喆(2014)。这一时期理论讨论的文章数量少,且主要以提出新概念为主,新概念为具体的语言现象服务。第二个阶段自陈振宇、杜克华(2015)至陈振宇、姜毅宁(2019)。这一阶段是持续和深化的阶段,有关理论的文章数量增多,研究的重点开始逐渐转向预期范畴本身及与其关系密切的事实、意外等范畴。第三个阶段自强星娜(2020)开始,相关理论研究的文章不仅数量非常多,而且在内容上直接针对预期范畴本身,理论上逐步深入并构建出系统化的体系。

3.1　起步阶段(2004—2014)

　　袁毓林(2006)用"解—反预期"概括"连"字句的语用功能。袁毓林认为"连"引进的 NP 表示某个语用尺度上的最低点,比 NP 的所指量级高的事物都具有 VP 的性质,从表达的经济性角度考虑,比 NP 的所指量级高的事物都是不必表达出来的,但是在实际的话语中,却存在"别说、不用说、甭说、不要说"将非最低点的成分(NP′)表达出来,构成"……甭说NP′,连 NP+都/也 VP",这种表达的关键是用"连"字句极端性的反预期来衬托同一语用标尺上程度较浅的其他项目,即"用深证浅",从而达到"解—反预期"的表达效果。

　　齐沪扬、胡建锋(2006)提出"负预期信息量"的概念来解释同语构式"X 是 X"与预期信息量方向一致却又不足预期量的内涵。作者认为 Dhal(2001)的(正)预期信息、中性信息、反预期信息只区分方向,不涉及量的大小,所以不能准确地描述与预期量相关的情况。作者将实际量超过预期信息量的叫作超预期信息量(简称超预期量),低于预期信息量的叫作负预期信息量(简称负预期量)。汉语传统语法研究中有一个主观量的范畴,包括主观大量、主观小量、主观恰量,主观大量即实际量超过预期量,主观小量即实际量不足预期量,主观恰量即实际正好与预期一致;齐、胡的超预期量和低预期量有与主观量重合的一面,不过他们研究的对象较为宽泛,是一切具有量化序列的成分,不仅限于量性成分。

郑娟曼(2009)在"反预期信息"的基础上提出了"反期望信息"的概念。反预期信息是语境中提及的信息与受话人预料相反或者相悖的信息;反期望信息是某人或某事存在的现状或发展结果对于说话者来讲是非期望的。"还 NP 呢"既可以表达反预期信息,又可以表达反期望信息。例如"还播音员呢!普通话都说不标准"表达的是说话者的反期望信息,"还富翁呢,'负翁'还差不多"表达的是说话者的反预期信息。

陈振宇、邱明波(2010)将"难道、不会、怕、别"四种手段标记的表达强否定的反问句转变为表达弱的推测意义的语境概括为"反预期语境"。反预期语境与反预期标记都表达说话者对一个事实的认识,但二者有着本质的区别。反预期语境是说话者认识的前后变化,它只是一种语气转换;而反预期标记表达的是说话者对确定事实的认识,它反映的是说话者的否定、质疑态度。

无论是"解—反预期""反期望信息""负预期量",还是"反预期语境",在第二个阶段,乃至第三个阶段,都不乏研究者的应用,也有研究者对这些概念作进一步的讨论和补充。

3.2 持续和深化阶段(2014—2019)

自齐沪扬和胡建锋(2006)提出"超预期信息量"和"负预期信息量"后,不少研究者接受了该观点,如单威(2017)和陆方喆、朱斌(2019),考虑到"实际的量与预期的量方向一致数量不符",两位研究者分别将"反预期"称为"偏离预期""违预期",与之对应的是符合预期的情况,两位研究者分别称为"顺预期/正预期""合预期"。实际上,反预期本身存在广义和狭义的区别,广义的反预期是指一切与预期不符合的情况,无论是超过预期量还是不足预期量,都与预期不符合,因此,没有必要修改反预期的术语,只是为了细致深入地描写,可以在反预期的基础上进行质和量的区分,质的反预期具有反向性,而量的反预期是同向的,只有超过和不足的区别。

这一阶段针对反预期进行理论建构的主要是单威、邹晓春(2016)和单威(2016、2017),这些研究的核心观点集中体现在单威(2017)针对"偏离预期表达式"进行专门研究的博士论文中。在该论文中,作者还提出了很多有创见性的观点:

　　首先是显性预期和隐性预期的区分。直接出现在当前句或上下文中的预期是显性预期；通过反义对比性语词、数量对比性词语、当前语境或人们的常识、逻辑推断得出的预期是隐性预期。概括说来，显性预期是直接将某一认知主体的预期表达出来，而隐性预期是通过推理得出的。曾君、陆方喆(2016)在讨论"但是"的反预期类型时也提到过"但是"表达的反预期，一种是跟显性的预期相反，一种是跟隐含的预期相反，不过作者没有对二者作进一步的说明。

　　其次是明确预期和潜在预期的区分。预期是普遍存在的，在某种情况或结果出现之前，人们一般会有所预期，只是有时候预期是明确的，即主体在事情发生之前有意识地去进行预测、预料，这是一种明确预期；而有时候预期只存在于主体的某种潜意识或思维认识中，说话者对某种情况或结果出现与否具有一种潜在的倾向性，这是潜在预期。"竟然"表达的反预期既有明确的预期，也有潜在的预期。反预期本质上是一种否定，关于反预期的实现途径，主要有对预期直接否定和间接否定两种类型，后者肯定一个与预期具有对立关系的新信息，通过对预期的评价来否定预期，或是质的否定，或是量的否定。

　　最后，单威(2017)还对反预期标记的语音、语义、句法等特点进行了概括。语音上一般不重读；句法位置不固定，语义上以表达程序义为主，概念意义很少或基本没有，所以句法上具有非强制性和可删除性；语用上具有提示新信息，人际互动和突显焦点功能。关于反预期标记的特点，陆方喆、曾君(2019)也进行了概括。反预期是从功能角度分出来的语用类标记，语音上具有非重读性，语义上具有程序性，其功能在于：1)触发隐义，包括隐义前提和隐义结论；2)语用制约，提供话语理解的线索，引导受话人成功复原说话人的交际意图；3)促进语篇连贯，从两位研究者的概括中可以看出，反预期标记属于语义—语用范畴，所以在句法上的限制较少，作用也有限。

　　关于显性预期和隐性预期的区分，持有相同观点的还有郑娟曼(2018)，作者称之为所言预期(what is said)和所含预期(what is implied)，前者是不需要经过语用推理直接在语句中呈现出来的命题信息，后者需要通过语用推理获取。作者认为，习语构式"我说呢"关联的是所含预期，预期不是直接表达的,而是说话者认为语句中"含有的";"我说吧"关联的是所言预期,即预期必须是明确"说出来的";而"我说嘛"则可以关联两种预期。

另外一种研究针对的是反预期与其他范畴之间的关系,以及它在整个语用语法系统中的地位,主要有两方面的研究:预期与意外范畴,预期与事实性范畴。

3.2.1 预期与意外范畴

陈振宇、杜克华(2015)提出"意外三角"理论,并认为所有的意外都是自反预期,但并不是所有的反预期都会导致意外。意外必须有强烈的情感因素,是一种句子语气。如果仅仅是前文反预期,如"但是"转折句那样,说话者直接将反预期表达出来,就不一定有强烈的情感。

强星娜(2017)在对意外范畴研究进行概述中反驳了陈振宇、杜克华(2015)的观点。她认为,意外可以是反预期引起的,也可以是新事物等非预期(这里实际上相当于本文的"无预期")因素引起的。

陈振宇、王梦颖(2021)进一步回应,强文所说的新事物,其实都是类指条件下的反预期,新事物如果不具有自反预期性质就不可能引起意外情绪情感。作者用强星娜(2017)提供的情景进行了分析:在一个不起眼的小饭馆吃饭,上来一盘菜,说话者说这菜挺好吃;在饭馆吃饭,上来一盘菜,发现有个虫子,于是说菜里有虫子!强星娜(2017)认为第一个情景中饭菜好吃是反预期信息,而第二个情景在饭馆里吃饭吃出虫子是无预期信息。陈振宇、王梦颖(2021)认为第一个情景下说话者的确表达的是反预期信息,是个体条件(不起眼的小饭馆)下的反预期信息;但是第二个情景也表达说话者的反预期信息,是类指条件下的反预期信息,因为在任何情况下,在任何饭店里吃饭,都不应该吃出虫子。

3.2.2 预期与事实性范畴

万光荣、余承法(2016)借助经典信息量公式计算了预期与事实之间的差值,从而将反预期进行程度上的划分:预期与事实一致,两者差值为0,反预期程度最低;当预期与事实同向,两者差在区间{0,1},反预期程度居中;当预期与事实反向,两者之差在区间{-1,0}时,反预期程度高。万、余所说的预期与事实同向也即是超过和不足预期量两种类型。能够从预期与事实之间的关系对反预期进行程度划分,根源在于预期与事实性关系密切,尤其是反预期与反事实之间,尤其如此。

章敏(2016)认为反事实的语义内涵比反预期宽泛,反预期仅限于说话人或者听话人的预期世界内,而反事实是建立在"事实"的基础上。二者在识解过程中都存在三个阶段,在反预期的识解过程中,首先从现实世界获得反预期信息,其次将反预期信息从现世界投射到预期世界,最后说话人或听话人识解说话人在可能世界内的预期;反事实识解过程与之相反,说话人或听话人首先从事实世界获得事实信息,其次将事实信息从事实世界投射到现实世界,最后说话人或听话人识解在现实世界的反事实。

陈振宇、姜毅宁(2019)考察"应该/该/必须 XP"类格式的事实性发现反预期对语句的事实性有重要影响,并将这种影响总结为"语义和谐"理论。该文发现了袁毓林(2016)所说的"解—反预期"的另一种语篇类型,例如"谢先生这才发现自己犯了多大的错误;的确该挨打,所以他心甘情愿地挨了第二次的嘴巴",语句先表达"意外(自反预期)",然后是"强调(自正预期)"。

关于预期与事实性,如果将预期范畴和事实性范畴中的子范畴全部考虑进去,就会发现,预期,即预测、认识、期望,是非现实的,与事实无关;正预期和反预期是预期与事实符合或相反,它作用在一个具有现实性的命题上;事实或者反事实本就是说话者心中认定的,带有说话者的认识,因此二者存在重合或者相似之处也是自然的,如"以为"是反叙实词,表达说话者的主观认识,它意味着"以为"主体的主观认识与事实不符合,因此,它会触发说话者的反预期推理。

邓霞(2019)是专门对现代汉语预期范畴进行研究的博士论文。作者讨论了预期与非现实、示证和情态之间的关系。概括说来,预期都是非现实的,属于非现实范畴;预期范畴和示证范畴之间是分离和交叉的关系;预期范畴和情态范畴同属于非现实范畴。

总的来说,相比前一阶段的研究,这一时期的研究不再仅仅关注预期主体,还关注到预期本身的差异,由此深化了对反预期的认识。虽然这一时期的研究相对分散,没有形成潮流,但是对下一阶段的研究有着重要影响。

3.3 迅速发展阶段(2020—　)

该阶段从强星娜(2020)开始。作者认为"竟然 P"和"偏偏 P"体现了两类重要的反预期情状,她称之为"特定预期"和"无定预期"。具体来讲,"竟然 P"成立的条件是存在无定预期 E$_{无定}$,多为隐性,可以还原为类指句;"偏偏 P"成立的条件是存在特定预期 E$_{特定}$,可还原为意愿(desiderative)或期待(desire)等言语行为。强星娜引用了单威(2016)的研究,二者观点的不同之处是强星娜认为"竟然"与无定预期相反,而单威认为"竟然"可以与"明确预期"和"潜在预期"两种预期类型相反。

陈振宇、王梦颖(2021)也对"竟然、偏偏"表达的预期进行讨论。他们认为前人的分类和术语可以改进,于是将预期分为"个体条件下的预期"(简称"个体预期")和"类指条件下的预期"(简称"类指预期"),其结论与单威相似,"竟然"可以与两种预期类型相反,"偏偏"只与个体预期相反。虽然特定/无定预期与类指/个体预期在概念上有重合之处,但由于陈振宇、王梦颖区分了触发预期的条件和预期本身,所以对于一些语句的预期类型的判定与强星娜等前人的研究不同。例如"老王让她去买烟,她竟然去了"和"老王让她去买烟,她竟然不去",强星娜认为是无定预期,陈振宇、王梦颖则认为是个体预期,因为老王是她的领导不是一个普遍的情况,不是任意两个人都是上下级的关系。

陈振宇、王梦颖(2021)重点讨论的是关于预期和反预期的一些理论问题:

首先是给出预期的定义。预期即认知上的可预见性(predictability),作者用主观概率来定义预期,主观概率指语句中所反映的说话者对某一场景中某一对象的概率的主观认识或估测。认识主体(信息接受者)在事前已获得的知识 O;由 O 可以推测或预先估计出特定事件 M 的主观概率(频率),记为 P(M|O);从信道传给主体的知识(当前信息),记为 P(M),也就是主体当前感受到的信息,是对事件 M 的主观概率表达。|P(M|O)−P(M)| 是对预期性的反映,当它约等于 0,即 P(M)与 P(M|O)相等或基本相等时,预期与当前信息符合,称为正预期;当它显著地大于 0 时,即 P(M)与 P(M|O)不等或者相差较大,预期与当前信息不符,称为反预期;当它约等于 1 时,P(M)与 P(M|O)相差最大,是最大的反预期,这时预期与事实完全相反。无预期即认知主体没有任何关于 M 的倾向性推测,P(M|O)是无法确定的,或者说事件发生和不发生的概率基本一致,约等于随机概率 0.5。

需要说明的是,王梦颖(2020)是专门对预期进行理论探索的硕士论文。该论文是最早从概率的角度界定预期的,此外还提出了有定预期和无定预期(在后来的研究中改为"个体预期和类指预期"),大概率预期、小概率预期和极端小概率预期等一系列观点。陈振宇、王梦颖(2021),陈振宇、王梦颖、姜毅宁(2022)等一些研究便是在王梦颖(2020)的基础上所作的进一步探索。

其次是提出预期的认知模型,给出具体的分析方法。完整的预期语篇包括四个部分,即条件(先有的知识状态)、预期、当前信息和预期性。例如(转引自陈振宇、王梦颖 2021):

(1)[房顶漏了],不希望下雨,但竟然/偏偏下起了瓢泼大雨。

　　条件:房顶漏了

　　预期:不希望下雨

　　当前信息:下起了瓢泼大雨

　　预期性:反预期信息

条件具有类指和个体两种性质。类指预期是类指条件下的预期,它以普遍状态作为条件。个体预期以个体的状态作为条件,个体状态改变,预期改变。例如:

(2)小王在街上看见了韩红。(转引自陈振宇、王梦颖 2020)

(3)小王在韩红演唱会现场看见了韩红。(自拟)

例(2)中把"小王在街上"这个条件改变一下,小王可以换成任何一个普通人,街上可以换成任何一个普通的地方,韩红可以换成任何一个名人,任何一个普通人在任一普通场合看到名人的概率都是很小的,都会产生反预期信息。例(3)是个体预期,条件"小王在韩红演唱会现场",如果换个人(不参加韩红演唱会的人),不在韩红演唱会上,见到韩红的可能性就很小了。类指条件下的反预期在以往被认作是无预期的反预期信息。实际上,真正的无预期是很少的,而且不会引起认知主体的认识反应。例如在课堂上,学生对老师所讲的知识是没有预期的,学生只是听老师讲授而不会产生情绪反应。

预期是情态表达,可分为强预期和弱预期。强预期是说话者认为有较大概率会发生的事,包括能力预期、道义预期和认识预期;弱预期,主要是意愿预期,说话者很难确定意愿会为真。预期性是通过当前信息与预期信息的比较得出,是整个语篇的性质,包括正预期、反预期。

最后在刘瑞(2020)提出的反预期触发语的基础上对"预期性触发语"进行了更为清晰的界定。预期性触发语使用在条件部分或预期部分,如下面的"本来";而预期性标记则使用在当前信息部分,如下面的"怎么"。例如:

(4)他**本来**是个好学生,现在**怎么**那么差!(自拟)

随后陈振宇等(2022),陈振宇、姜毅宁(2023)对上述理论及现存的一些问题作了进一步的讨论和补充,讨论的问题主要有:

1)术语的确定,预期与正预期。以往"预期"这一术语有两个不同的含义:一是对事件的事前认识,不涉及事实性;一是指事物的当前情况符合某一主体的预先估计,是对事实性与预先认识的关系的表达。"预期"同时承担两个层面的意义,于是出现了"预期信息就是与预期相符的信息"这样拗口的表述。陈振宇等(2022)正式采用"正预期信息"和"正预期标记"的名称。与正预期相对,反预期指任何与预期不一致的信息。不采用"违预期""偏离预期"和"合预期""顺预期"的术语,但是在正预期和反预期下区分了质与量的(正/反)预期。正预期和反预期合称预期性,预期与预期性相对。学界的术语体系,也即本文的术语体系,与学界存在的另外一套术语体系对比如表1。

表 1 两套术语体系的大致对应关系

本文的术语		术语的意义	另一套术语	
正预期信息	质的正预期	和预期相同/相近	(正)预期/顺预期/合预期	
	量的正预期/主观恰量	等于预期量		
反预期信息	质的反预期	和预期不同	反预期	偏离预期/违预期
	量的反预期 主观大量	大于预期量	超预期	
	量的反预期 主观小量	小于预期量	不足预期/负预期	
中性信息/无预期信息		随机状态	中性/无预期/非预期	

2)正预期标记"果然"及正预期信息。"果然"关涉的是个体条件下

的预期,实现的是说话者的小概率预期。在"果然"的绝大多数用例中,从条件推出的预期,说话者都怀疑它是否真的能够实现,因此当它实现为真时,就出现了两层预期结构:当前信息符合前面的预期,所以是正预期信息;但不能肯定或没有把握的预期的实现,也令人感到意外,具有反预期的性质。比较能说明这一问题的是"竟"和"果然"的共现。例如:

(5) 事实竟果然如他所料!(自拟)

3) 预期性与新旧信息的关系。"果然"句中的当前信息,既有新信息的性质,也有旧信息的性质,但归根到底仍然是新信息。陈振宇等(2022)对"正预期、反预期、无预期"和"新信息、旧信息"的关系进行了理论探索,认为反预期信息和无预期信息一定是新信息,旧信息一定是正预期信息;但是新信息不但包括反预期信息,也包括无预期信息和部分(小概率的)正预期信息;正预期信息也包括旧信息和部分新信息。

4) 预期和预期性的视角差异。预期是下行视角,说话者站在条件 O 的位置上,对事物 M 的可能情况进行推断,表达的是预期;有时说话者自信,认为自己的预期一定是对的,当前信息也一定是正预期信息。

预期性是上行视角,说话者站在当前信息 P(M) 的位置上,对此前的条件或预期的情况进行回溯。根据时间原则,时间在后的事物为真,则时间在前的事物也为真,因此这是对已知的事物进行主观评价。

两种视角的差异可以通过"说好的 X"来说明。"说好的 X"字面意义是:X 是已经约定好的事情。既然是约定好的,便会倾向于按照约定办。所以在下行视角下,说话者站在条件 O 的位置上,按照大概率或者常理的方向对 M 的情况进行推断,这是从已知到未知的探索过程,依靠的是预期所产生的含义。例如(转引自陈振宇、姜毅宁 2023):

(6) 我得按我妈妈的嘱咐行事,[出来前说好的]。

条件 O:出来前说好的按妈妈嘱咐行事

预期 P(M|O):我得按妈妈嘱咐行事——认识情态

当前信息 P(M):可以间接推出我是在或将会按妈妈嘱咐行事

预期性:正预期信息

而在上行视角下,说话者是站在当前信息 P(M) 的位置上,对此前的条件或预期的情况进行回溯。在已知"说好的 X"的情况下,说话者进行回溯不是为了寻找当前信息发生的原因,而是对当前信息进行主观评价。例如(转引自陈振宇、姜毅宁 2023):

(7)[不是早说好的吗,98 分以下的作业马上告诉我]?

　　　条件 O:说好 98 分以下的作业马上告诉我;考了 98 分以下

　　　预期 P(M|O):应该马上告诉我——道义情态

　　　当前信息 P(M):没有告诉我

　　　预期性:反预期信息

从预期性的角度讲,推断与回溯正好相反。因此,在语篇中,有如下关联模式:

	推断	回溯	
关联度大	无标记	有标记	正预期
关联度小	有标记	无标记	反预期

5)预期性触发语的倾向性。预期性触发语,并不直接表明当前信息和预期的关系,而是暗示可能有某种倾向。倾向很可能不是百分之一百的,只是倾向性很高,允许例外甚至是表达相反的预期性。例如"说好的"是触发语,所以既有正预期信息的表达,也有反预期信息的表达,只不过反预期信息表达的倾向性(使用频次)非常高。

研究中验证了一些标记,如"说好的、按说、本来"等反预期触发语的预期性倾向;论证了一些标记"当然、瞧 XP"都是在一定条件表达正预期,是正预期触发语,不能称之为正预期标记。

以"瞧 XP"为例进行说明,作者认为祈使的"(你)瞧 XP"是规约化程度较低的预期性标记,很多时候与当前信息无关,而与当前信息相关时,正预期和反预期都有可能。它的特殊之处就在于,它规约化的方向既不是正预期信息,也不是反预期信息,仅仅是预期性本身。至于"(你)瞧 XP"表达的是正预期信息还是反预期信息,需要根据具体语境来确定。

作者根据 XP 的性质将"瞧 XP"分为三类:XP 表示预期的条件,如下面的例(8);XP 表示说话者的预期,如下面的例(9);XP 表示当前信息,如下面的例(10)。第三种语料最多,这说明"(你)瞧 XP"已经开始规约化了

（转引自陈振宇、姜毅宁 2023）：

 (8) 我告诉您，[您瞧那么些萝卜糟蹋了]，你就不心疼吗？（王朔《编辑部的故事》）

 (9) 瞧吧，过会儿他就会来告诉你，你的通行证没办下来。（王朔《橡皮人》）

 (10) 同学走到我们这一格，正待伸手拉我，忽然大叫："棋呆子，你怎么在这儿？你妹妹刚才把你找苦了，我说没见啊。没想到你在我们学校这节车厢里，气儿都不吭一声。你瞧你瞧，又下上了。"（阿城《棋王》）

之后，汉语学界又一次掀起了预期研究的热潮，具体有以下几个方面：

其一，预期与主观概率的关系。

将"概率"作为虚词的一项语义特征在汉语学界已有先例，例如石定栩、孙嘉铭（2016）区别了"常常"与"往往"，前者是频率副词，而后者是概率副词，"往往"是说事件发生的概率或几率高于说话人心目中的标准值。孙嘉铭（2022）将"总"的本质意义归纳为概率的估测比较，即说话人经过估测认为，"总"所在的命题描述了一个大概率的事件。自陈振宇、王梦颖（2021）之后，预期开始与概率直接联系。

周韧（2022a、2022b）将概率引入到虚词的语义分析中，分析了汉语的"恰好、恰恰、恰巧"和"果然、真的、果真、确实、的确、实在"两组副词。周韧（2022a）认为"恰好、恰恰、恰巧"共有的语义核心是"低概率的精确性"，"恰恰"正逐渐变为一个纯粹的反预期标记；"恰巧"用于无预期无展望的环境，带有一定的"意外"因素（实际上是陈振宇、王梦颖所说的类指反预期）；"恰好"与二者都不同，它可以在反预期语境中出现，但本身并不是反预期标记，它的特殊性在于它与管控事件的关联，所谓的管控事件，指的是某种经过有意识的计划、训练、考虑、论证和计算等行为后，由人力或外力施加影响作用，最终完成或者实现的事件。

周韧（2022b）认为"果然"是高概率事件的实现，"真的"是低概率事件的实现，"果真"对概率的高低不敏感。表面上看，周韧说"果然"是高概率预期似乎与陈振宇等（2022）的观点相悖。实际上，陈振宇等（2022）所谓的小概率预期并不是指事件发生的概率很小，而是指确定事件发生的倾向性较低，预期具有不确定性，是在随机概率 0.5 以上，但远不到 1 的数值区间，而周所说的"高概率"也基本是指这一区间，所以二者大致是一样的。

当然，对这些词来说，仅关注概率发生的高低是不够的。因此，张耕、姜毅宁（2022）明确提出，这些词共有的特点其实是不确定性，一是概率较低且存在不确定性的预期的实现，即"恰好、正好、真的"句；二是概率较高但存在不确定性的预期的实现，即"果然"句。它们的共性是表达的预期都具有一定程度的不确定性。

表 2　关于概率观念的大致对应关系

本文的概率观念		周韧等的概率观念
预期的术语	概率数值	预期的术语
肯定性全概率预期	1	
肯定性大概率预期	小于 1 但离 1 很近	大概率
肯定性小概率预期	大于 0.5 但离 0.5 很近	
无预期	0.5	
否定性小概率预期	小于 0.5 但离 0.5 很近	小概率
否定性大概率预期	大于 0 但离 0 很近	
否定性全概率预期	0	

其二，预期性触发语的挖掘。

赵彧（2021）指出"形容词＋（的）＋数量名，S"（漂漂亮亮一个人，不幸生了毒疮）是反预期触发语，叙述的是说话人的常态预期，具有组篇功能，可以构建一个反预期语境，提示后面小句表达的是与说话人预期相反的信息。根据情态差异，作者将反预期的情态分为意愿性反预期、道义性反预期和认识性反预期三类；反预期意义的产生是基于违背社会固有模式的小概率推理。

赵彧、白雪飞（2022）指出，"原来$_1$"是反预期触发语，语篇结构为"原来 S_1，S_2"，"原来$_2$"是解反预期标记，分为释因性解反预期与醒悟性解反预期,语篇结构为"S_1,原来 S_2"。作者还对反预期触发语进行了研究,作者认为反预期触发语表达程序性意义,体现为一种后项关联,范围很广,类型不限,有时间名词、认证义动词、副词、连词和话语成分等。

赵彧、白雪飞(2022)所列举的反预期触发语与张健军(2013)(张健军原文称为明示成分)和刘瑞(2020)的诸多标记有重合之处,这也大致代表了汉语反预期触发语的类型。然而问题是,反预期触发语仅具有程序意义吗? 为什么作者所谓的反预期触发语"原来$_1$"具有命题意义? 反预期信息是如何表达的? 对于这些关键问题,有待回答。

姜毅宁(2022a)对反预期触发语的性质、类别和推理机制进行了全面的研究。作者提出,反预期触发语预示后续信息与说话者的预期相反,反预期触发语的反预期义是一般会话含义,具有可推导性、可取消性和不可脱离性。不过例外是"以为",它的反预期义规约化程度很高。但由于它并不用在当前信息句上,所以不能称之为反预期标记。至此可以回答为什么王晓凌(2007)将"以为"看作反预期标记的原因,因为"以为"的确表达预期和事实相反,但是谷峰(2014)的质疑也是有道理的,因为"以为"在语篇中直接表明的是说话者的预期,而不是反预期信息,所以不适合称之为反预期标记。

其三,相关语词研究的新视角。

陈禹(2022)将个体预期和类指预期跟意外和反意外的研究相结合,考察了"当然"和"自然"的共性和个性。二者既可以用于预期本身,也可以用于合预期的结果,但都是与个体预期符合的结果。二者的差异是"当然"表达的是个体预期的反意外,"自然"表达的是个体预期的无意外。将个体预期和类指预期与意外和反意外结合,对于深化预期和意外研究具有重要的意义。

此外,还有一些研究专门针对的是反预期义的表达。盛益民(2022)提出反预期义的表达存在专职标记和寄生策略两种方式。专职的标记如"居然、竟然"等;反预期信息也可以寄生于其他范畴,如比较范畴,程度范畴,时间范畴等。作者详细讨论了绍兴方言的完整体标记"上"寄生反预期语义的情况;其核心寄生功能是量反预期,而其质反预期功能是从量反预期功能发展而来。专职表达反预期信息的是反预期标记,但寄生反预期语义的不一定是反预期触发语,因为反预期触发语出现在条件或者预期句上,而寄生反预期义的标记则是有可能出现在当前信息句上的,如绍兴话的体标记"上"就在当前信息句上。

姜毅宁(2022b)发现"还(是)、仍、仍旧、依然、依旧、仍然、照样、照旧、照例、照常"等延续义时间副词都可以表达反预期义。作者通过对语义单纯的"依然、依旧、仍然、仍旧"进行专门研究发现,当延续义时间副词在无外力且谓语具有持续性的条件下表达延续义;在谓语情状不具有持续性的条件下表达反预期义;在有外力且谓语情状具有持续性的条件下兼表延续义和反预期义,由于反预期义是这类副词共有的语义特征,而且所有的成员都有同样的限制,这说明这种限制是由这些成分作为一个小类共有的内在语义决定的。因此,这并不属于语义寄生现象。作者将这种现象称为语用迁移中的叠加现象,即表达语义 A′的形式 A 在特殊条件下也会通过语用的规则实现语义 B′或者同时实现 A′和 B′。

4. 成就与不足

汉语预期范畴研究至今将近有 20 年的历史。在这 20 年中,无论是具体个案的讨论,还是相关理论的探索,都取得了丰硕的成果,达到了相当的研究水平。虽然预期范畴的研究最初也是引进西方的理论解决汉语的实际问题,但与意外范畴、示证范畴、事实性范畴研究不同的是,汉语预期研究早已突破了西方研究的框架,如预期认知模型的提出,对预期范畴及其一系列子范畴的确定,对条件、预期和预期性的区分,反预期标记与反预期触发语的区分等(具体可参看附录表格),都不是从西方引进的,而是汉语学者自己努力的结果。在发展理论的同时也提出了一系列具有操作性的方法,这不仅让学界重新认识了预期范畴本身,也使研究者能透过具体的语言现象看到本质。然而,目前的研究还存在一些问题。

首先是术语使用不统一的问题。术语繁杂是一门新学科或者一个新研究点必然要面对的问题,然而一直处于繁杂的状态必然影响到学术的进步。关于预期、预期性、正预期、反预期已做过专门的讨论;目前还有明确预期和潜在预期,特定预期和无定预期,类指预期和个体预期这三对术语,它们具有一定的重合性。明确预期和潜在预期着重于预期存在的形式,特定预期和无定预期针对预期本身,类指预期和个体预期是根据触发预期的条件性质命名的,是类指条件下的预期和个体条件下的预期,如果认可条件、预期和预期性的区别,那么条件的性质必然是需要考虑的。

其次是预期类型繁杂,尤其是反预期,以从认知主体视角划分的反预期类型来说,吴福祥(2004)提出了"与说话者预期相反""与受话人预期相反""与包括听说双方在内的特定言语社会共享的预期相反"三种类型;胡德明(2011)在吴福祥(2011)的基础上又增补了"与事主的预期相反"和"与特定的人的预期相反"两种类型,陈振宇、王梦颖(2021)提出"自预期、他预期、常理预期、前文预期、(行为)主体预期"的五分法,此外宗守云(2011),李洋(2018),刘瑞、袁毓林(2022)也都在吴福祥(2004)的基础上有所增加。实际上,只要是反预期,都会存在认知主体,是增多认知主体的类型,还是尽量取相同之处合并,需要谨慎考虑。

最后,三大子范畴的研究不平衡。目前大多数研究者主要关注的是反预期,这当然与反预期信息一般是焦点信息,反预期标记更为发达有关。但现有研究表明,正预期信息因为具有不确定性,也有表达的必要,汉语也不乏表达正预期的手段,如"果然""果真""恰巧""恰好""真的"等,而且正预期触发语也很多,有待研究者们进一步挖掘。此外,哪些是真正的无预期信息? 如何判断? 它的语用功能是什么? 这一部分基本乏善可陈。

此外,还有反预期义的历时发展、语用迁移以及具有反预期义的副词在篇章和互动方面的特点等一系列问题有待探索。总之,预期范畴的研究任重道远。虽然目前的研究已经取得了一定的成果,但只有更多学者的讨论与批评,才能开辟预期研究的新前景。

表3　预期范畴各个维度的子范畴(迄今已有的分类)

从单一预期语篇构成分类	条件部分、预期部分、当前信息部分、预期性
从产生预期的认识主体分类	自预期(说话者)、他预期、常理预期、前文预期、行为主体预期等
从认识主体的预期关系分类	共享/共同预期、非共享/独立预期、移情、离情
从认识主体的自信性分类	反预期语境(不自信)、正预期语境(自信)

从预期的情态类型分类	意愿预期、能力预期、道义预期、认识预期等
从预期的对象分类	命题层面的预期、言语/社会行为层面的预期
从质量分类	质的预期、量的预期
从预期的表达分类	显性预期(所言预期)、隐性预期(所含预期)
从预期命题的确定性分类	明确的预期、模糊/潜在的预期
从预期的概率大小分类	肯定/否定全概率预期、肯定/否定大概率预期、肯定/否定小概率预期、无预期(随机概率)
从预期性/当前信息分类	(正)预期信息、反预期信息、无预期信息
从当前信息的表达分类	显性事实、隐性事实
从预期性符号分类	正/反预期标记、正/反预期触发语
从反预期信息的认识途径分类	非常规事实、不合理事实
从反对他人预期的方式分类	他反预期(事实与他人预期不符)、反对预期(用自己的预期反对他人的预期)等
从预期的条件分类	个体条件下的预期、类指条件下的预期
从条件的表达分类	显性条件、隐性条件
从预期语篇的复杂性分类	简单/单一预期语篇、复杂预期/多预期语篇
从预期语篇的视角分类	(单一的)预期表达视角、(从条件)推断(预期)视角、(从当前信息)回溯(条件或预期)视角
从预期在语篇中的变化分类	不变预期(自持预期等)、变化预期(解反预期等)
从当前信息在语篇中的变化分类	不变事实、变化事实(解反预期等)
从语篇的修辞性分类	语法预期、修辞预期(既在预料之外,又在情理之中)
……	

参考文献

白新杰　2021　《话语标记"早知道"的反事实与反预期——兼论普通话"早知道＋S"的反事实虚拟句》,《语言与翻译》第 1 期。

毕　晋　肖奚强　2017　《"说好的 X 呢"构式的语义演变与语用价值》,《语文研究》第 2 期。

曹秀玲　辛　慧　2012　《话语标记的多源性与非排他性——以汉语超预期话语标记为例》,《语言科学》第 3 期。

曾　君　陆方喆　2016　《从反预期标记到话语标记——论"但是"的语用功能及演变》,《语言科学》第 4 期。

陈鸿瑶　2010　《现代汉语副词"也"的功能与认知研究》,长春:吉林大学博士学位论文。

陈立民　2005　《也说"就"和"才"》,《当代语言学》第 1 期。

陈　禹　2022　《个体预期的反意外与无意外:基于构式竞争的视角》,《当代修辞学》第 5 期。

陈振宇　杜克华　2015　《意外范畴:关于感叹、疑问、否定之间的语用迁移的研究》,《当代修辞学》第 5 期。

陈振宇　杜克华　2019　《"怎么"新说》,《汉语副词研究论集》(第四辑),上海:上海三联书店。

陈振宇　姜毅宁　2019　《反预期与事实性——以合理性语句为例》,《中国语文》第 3 期。

陈振宇　邱明波　2010　《反预期语境中的修辞性推测意义:"难道、不会、怕、别"》,《当代修辞学》第 4 期。

陈振宇　王梦颖　2021　《预期的认知模型及有关类型——兼论与"竟然""偏偏"有关的一系列现象》,《语言教学与研究》第 5 期。

陈振宇　王梦颖　姜毅宁　2022　《再说"果然"——与(正)预期标记有关的问题》,《当代修辞学》第 2 期。

陈振宇　姜毅宁　2023　《预期语篇的复杂性及分析方法》,《长江学术》第 2 期。

陈　忠　2012　《"结构—功能"互参互动机制下的重动句配置参数功能识解》,《中国语文》第 3 期。

邓川林　2018　《副词"还"的语义—语用接口研究》,《世界汉语教学》第 4 期。

邓　霞　2019　《现代汉语预期范畴研究》,杭州:浙江大学博士学位论文。

杜亚琼　2022　《预期构式"都 NP 了"的再解读——兼谈反预期与超预期的不

同》,《九江学院学报(社会科学版)》第 2 期。

范晓蕾 2018 《"有点"的句法性质和语义功能》,《语言教学与研究》第 2 期。

范晓蕾 2019 《"差一点"的语义特征及其句法后果——兼谈否定、反预期、时体的关联》,《当代语言学》第 2 期。

干薇 陈振宇 2022 《再论"险些、差(一)点"等仅差语的否定式》,《语言研究集刊》(第二十九辑),上海:上海辞书出版社。

谷峰 2014 《汉语反预期标记研究述评》,《汉语学习》第 4 期。

谷峰 2010 《先秦汉语情态副词研究》,天津:南开大学博士学位论文。

管志斌 2011 《表责备的反预期构式"早不 XP,晚不 XP"》,《理论界》第 7 期。

韩蕾 刘焱 2007 《话语标记"别说"》,《宁夏大学学报(人文社会科学版)》第 4 期。

胡斌彬 2010 《"非但"的语用信息功能考察——兼谈跟"不但"的差别》,《华侨大学学报(哲学社会科学版)》第 4 期。

胡德明 2011 《话语标记"谁知"的共时与历时考察》,《语言教学与研究》第 3 期。

胡建刚 2007 《主观量度和"才""都""了$_2$"的句法匹配模式分析》,《世界汉语教学》第 1 期。

胡清国 王光和 2019 《反预期构式"太 A 了一点"》,《汉语学报》第 3 期。

姜其文 2021 《"说好 X 的"构式的违实性与反预期性》,《汉语学习》第 3 期。

姜毅宁 2022a 《反预期触发语的性质、类别和推理机制》,未刊。

姜毅宁 2022b 《从时间延续到反预期主观情态——以"依然、依旧、仍然、仍旧"为例》,未刊。

金蒙 2018 《反预期语气副词"偏偏"和"反倒"篇章功能的比较分析》,《语文学刊》第 3 期。

金智妍 2011 《现代汉语句末语气词意义研究》,上海:复旦大学博士学位论文。

李冰 2009 《"果然"与"果真"的用法考察及对比分析》,《汉语学习》第 4 期。

李劲荣 2014 《情理之中与预料之外:谈"并"和"又"的语法意义》,《汉语学习》第 4 期。

李先银 洪秋梅 2017 《时间—行为的情理关联与"大 X 的"的话语模式——基于互动交际的视角》,《语言教学与研究》第 6 期。

李先银 2009 《"X+V"与"V+X"的语序考察》,《黄冈师范学院学报》第 1 期。

李湘 2019 《状语"左缘提升"还是小句"右向并入"? ——论"怎么"问句质询意图的共时推导与历时变化》,《中国语文》第 5 期。

李小荣　1994　《论述结式带宾语功能的考察》,《汉语学习》第 5 期。

李　洋　2018　《现代汉语反预期标记"没成想"研究》,哈尔滨:哈尔滨师范大学硕士学位论文。

李元瑞　2018　《元话语成分"说好的"探析》,《汉语学习》第 6 期。

刘　丞　杨　静　2020　《反预期表达与话语标记"谁知"的形成》,《对外汉语研究》第 1 期。

刘　瑞　2020　《终竟义词语的语义和功能的演变研究——以"到头(来)"等为例》,北京:北京大学硕士学位论文。

刘　瑞　袁毓林　2022　《对话和叙述语体中反预期信息的类型与差别》,《汉语学习》第 4 期。

刘娅琼　陶红印　2011　《汉语谈话中否定反问句的事理立场功能及类型》,《中国语文》第 2 期。

刘　焱　黄丹丹　2015　《反预期话语标记"怎么"》,《语言科学》第 2 期。

刘永华　2017　《完成体副词"已然"的超预期量信息标记功能及来源》,《励耘语言学刊》(第 1 期),北京:中华书局。

陆方喆　李晓琪　2013　《"何况"的主观性表达功能——兼析与"况且"的区别》,《汉语学习》第 6 期。

陆方喆　2014　《反预期标记的性质、特征及分类》,《云南师范大学学报(对外汉语教学与研究版)》第 6 期。

陆方喆　2021　《副词"倒是"的意义与演变:从主观性到交互主观性》,《汉语学报》第 1 期。

陆方喆　曾　君　2019　《反预期标记的形式与功能》,《语言科学》第 1 期。

陆方喆　朱　斌　2019　《语言中的违预期信息与违预期范畴》,《常熟理工学院学报(哲学社会科学)》第 4 期。

陆俭明　马　真　1999　《现代汉语虚词散论》,北京:语文出版社。

陆俭明　1990　《"VA了"述补结构语义分析》,《汉语学习》第 1 期。

吕叔湘　1982　《中国文法要略》,北京:商务印书馆。

马　真　1983　《说反而》,《中国语文》第 3 期。

马　真　陆俭明　1997　《形容词作结果补语考察》,《汉语学习》第 4 期。

齐沪扬　胡建峰　2006　《试论负预期量信息标记格式"X是X"》,《世界汉语教学》第 2 期。

祁　峰　陈振宇　2013　《焦点实现的基本规则——以汉语疑问代词为例》,《汉语学报》第 1 期。

祁淑玲　易正中　2014　《反预期构式"连 NP 都/也 VP"》,《河南机电高等专科学校学报》第 2 期。

强星娜　2017　《意外范畴研究述评》,《语言教学与研究》第 6 期。

强星娜　2020　《无定预期、特定预期与反预期情状的多维度考察——以"竟然""偏偏"等为例》,《中国语文》第 6 期。

邱闯仙　2010　《预期标记"瞧"》,《语文研究》第 2 期。

单　威　邹晓春　2016　《汉语反预期的实现途径与特点研究》,《北方论丛》第 5 期。

单　威　2016　《反预期标记"竟然"》,《语文学刊(外语教育教学)》第 12 期。

单　威　2017　《现代汉语偏离预期表达式研究》,长春:吉林大学博士学位论文。

单　威　2021　《汉语偏离预期度研究》,《语文学刊》第 3 期。

邵敬敏　王玲玲　2016　《"一不小心"构式与反预期主观情态》,《语言科学》第 6 期。

盛益民　2022　《语义范畴的寄生表达——以绍兴方言体标记"上"寄生表达反预期语义为例》,《当代语言学》第 5 期。

石定栩　孙嘉铭　2016　《频率副词与概率副词——从"常常"与"往往"说起》,《世界汉语教学》第 3 期。

石定栩　周　蜜　姚　瑶　2017　《评价副词与背景命题——"偏偏"的语义与句法特性》,《外语教学与研究》第 6 期。

石慧敏　吴为善　2014　《隐性语义等级序列的激活机制及其语篇整合效应》,《世界汉语教学》第 4 期。

史金生　2010　《从持续到申请:传信语气词"呢"的功能及其语法化机制》,《语法研究与探索(十五)》,北京:商务印书馆。

孙　颖　郭继懋　2011　《副词"倒"的基本意义》,《南开语言学刊》第 1 期,北京:商务印书馆。

孙嘉铭　石定栩　2022　《概率的估测比较——副词"总"的系统性多义》,《语言研究》第 2 期。

孙雅平　2020　《从语法化"扩展效应"看反预期话语标记的形成——以"不料""谁知"为例》,《语言科学》第 4 期。

田旭红　徐彩华　2022　《语气副词"并"的语法化及动因》,《语言研究》第 3 期。

宛新政　2016　《反预期构式"不 V 不 VQ"》,《阜阳师范学院学报(科学社会版)》第 2 期。

万光荣　余承法　2016　《反预期程度的量化研究》,《中南民族大学学报(人文社会科学版)》第 2 期。

　　王梦颖　2020　《基于小概率事件语义推理的汉语极端小预期认识研究》,上海:复旦大学硕士学位论文。

　　王　敏　2019　《反预期华语标记"真是的"》,《海外华文教育》第 3 期。

　　王　瑜　2012　《说反预期结构式"亏你＋VP"》,《海外华文教育》第 4 期。

　　王长武　2017　《引述回应格式"还 X(呢)"的否定焦点、语用功能与固化动因》,《新疆大学学报(哲学·人文社会科学版)》第 1 期。

　　王晓凌　2017　《"会"与非现实性》,《语言教学与研究》第 1 期。

　　文艳婷　2015　《反预期话语标记研究——以知类、料类、想类为例》,上海:上海师范大学硕士学位论文。

　　吴春仙　2001　《"反而"句的语义逻辑分析》,《语言教学与研究》第 4 期。

　　吴福祥　2004　《试说"X 不比 Y·Z"的语用功能》,《中国语文》第 3 期。

　　吴中伟　傅传凤　2005　《"倒"字句的含义及教学》,《汉语学习》第 4 期。

　　武　果　2009　《副词"还"的主观性用法》,《世界汉语教学》第 3 期。

　　武钦青　2018　《连字句中"还"与"都"的差异及中和》,《华文教学与研究》第 1 期。

　　项开喜　1997　《汉语重动句式的功能研究》,《中国语文》第 4 期。

　　谢白羽　2011　《"还"的主观性及其句法实现》,《汉语学习》第 3 期。

　　辛永芬　2006　《"多＋V"和"V＋多"语序的认知解释》,《汉语学习》第 5 期。

　　许　诺　2015　《谈"已经"的反预期语用功能》,《汉语学习》第 1 期。

　　闫　姝　2012　《"还 NP 呢"句式研究》,沈阳:辽宁大学硕士学位论文。

　　颜力涛　2014　《汉语被字句的"偏离义"研究》,长春:吉林大学博士学位论文。

　　杨霁楚　2007　《语气副词"偏偏"的主观语义及相关句式考察》,《语法研究和探索(十四)》,北京:商务印书馆。

　　杨　扬　俞理明　2018　《次生叹词"好"反预期标记用法及衔接功能》,《语言科学》第 1 期。

　　易正中　2014　《反预期功能句型"亏你 VP"》,《汉语学习》第 3 期。

　　殷思源　袁毓林　2021　《"偏"和"偏偏"的语义分工探究》,《汉语学习》第 3 期。

　　殷思源　2021　《反预期标记"硬""硬是"语法化的共时推演和对比探究》,《语言教学与研究》第 2 期。

　　尹海良　2014　《话语标记"怎么₃"的多角度分析》,《语言教学与研究》第 3 期。

　　尹海良　2009　《自然口语中的话语标记"别说"》,《宁夏大学学报(人文社会科学版)》第 6 期。

俞咏梅   1999   《论"在＋处所"的语义功能和语序制约原则》,《中国语文》第1期。

袁毓林   2006   《论"连……都/也"的主观化表达功能——兼析几种相关的"反预期"和"解—反预期"格式》,(日)《中国语学》第253卷。

袁毓林   2008   《反预期、递进关系和语用尺度的类型——"甚至"和"反而"的语义功能比较》,《当代语言学》第2期。

张耕   姜毅宁   2022   《正反预期的语用叠加》,未刊。

张健军   2013   《关联论视角下的转折复句反预期表达现象分析》,《世界汉语教学》第4期。

张丽丽   2009   《试论纵予连词"即、便、就"的形成》,《台湾大学文史哲学报》第71卷。

张邱林   2009   《"尚且p,何况q"反逼句式》,《世界汉语教学》第3期。

张谊生   田家隆   2016   《从"X是"的反预期情看语义积淀对副词主观评注功能的影响——以"硬是、愣是、就是、偏是"的个性差异为例》,《语言研究集刊》(第十六辑),上海:上海辞书出版社。

张云峰   2008   《"美女也愁嫁"中"也"字的逆接》,《修辞学习》第1期。

张则顺   2014   《合预期确信标记"当然"》,《世界汉语教学》第2期。

章敏   2016   《现代汉语中情态指向的反事实句研究》,杭州:浙江大学博士学位论文。

赵敏   2021   《汉词"啊"的预期性感叹表达》,《宁夏大学学报(人文社会科学版)》第2期。

赵敏   2022   《应答标记"好啊"的预期性及评价立场表达》,《汉语学习》第5期。

赵彧   白雪飞   2022   《"原来"的反预期性质及其相关问题》,《语言研究集刊》(第二十九辑),上海:上海辞书出版社。

赵彧   2021   《情理违背与"形容词＋(的)＋数量名,S"的语用功能》,《汉语学报》第4期。

郑娟曼   2009   《"还NP呢"构式分析》,《语言教学与研究》第2期。

郑娟曼   2018   《所言预期与所含预期——"我说呢、我说嘛、我说吧"的用法分析》,《中国语文》第5期。

周红   2006   《副词"倒"的预期推断与语法意义——兼谈对外汉语副词教学》,《云南师范大学学报(对外汉语教学与研究版)》第3期。

周韧   2022a   《概率、预期和管控三项特征下的"恰好、恰恰、恰巧"辨析》,《世界汉语教学》第 2 期。

周　韧　2022b　《汉语副词语义分析中的概率特征——以一组确认义副词的辨析为例》,《汉语学报》第 3 期。

周家发　2012　《主观量的梯级模型解释》,《汉语学习》第 4 期。

周　莉　2012　《现代汉语"别说"的语义功能研究》,长春:吉林大学博士学位论文。

周兴志　1986　《"果然"、"竟然"逻辑特性探微——兼谈假说分类》,《新疆师范大学学报(社会科学版)》第 2 期。

宗守云　2011　《说反预期结构式"X 比 Y 还 W"》,《语言研究》第 3 期。

宗守云　2012　《说"不是 A 而是 B"》,《南开语言学刊》第 1 期。

Dahl,Osten　2001　Grammaticalization and the Life Cycles of Constructions,RASK14.

Heine, Bernd, Ulrike Claudi & Friederike Hünnemeyer　1991　*Grammaticalization : A concept Framework*. Chicago: University of Chicago Press.

Traugott, Elizabeth C.　1999　The rhetoric of counter-expectation in semantic change: a study in subjectification. In Andreas Black & Peter Koch(eds.) *Historical Semantic and Cognition*. New York: Nouton de Gruyter.

Traugott, Elizable C. & Richard Dasher　2002　*Regularity in Semantic Change*. Cambridge: Cambridge University Press.

姜毅宁:20110110014@fudan.edu.cn

预期的认知模型及有关类型
——兼论与"竟然、偏偏"有关的一系列现象[*]

复旦大学中国语言文学系　　　陈振宇　王梦颖

提　要　本文提出预期的认识模型,其中有四个部分:条件(先有的知识状态)O、预期 P(M|O)、当前信息 P(M)和预期性(预期与当前信息的比较值)。按认识主体可分为自预期、他预期、常理预期、前文预期和(行为)主体预期。预期就是情态表达,可分为强预期(能力预期、道义预期和认识预期)和弱预期(意愿预期)。按条件的性质分为类指预期和个体预期。文章重点讨论了类指预期和个体预期的语义差异以及判别格式,说明在以往"意外"范畴讨论中,一些学者错误地把类指预期当成了所谓的"非预期"。文中还考察了汉语副词"竟然"和"偏偏",说明"竟然"标记自反预期,但与常理预期和主体预期有很深的相互影响,可以自由地用于类指预期和个体预期,其他限制条件也对"竟然"不起作用。而"偏偏"必须标记常理反预期,只能或主要用于个体预期;"偏偏"有三个义项:执拗义、违愿义和一般转折意义,各有自己的语义结构以标记不同的反预期意义。

关键词　条件　预期　类型　"竟然"　"偏偏"

　"预期"(expectation)范畴引入汉语语法研究已有近 20 年。西方学者

　　* 本文为国家社会科学基金后期资助项目"言语行为的逻辑——汉语语义和语用接口研究"(项目编号:19FYYB032)的阶段成果。曾在"2020 年汉语句法语义理论研究学术讨论会——预期与意外"(复旦大学、上海大学联合主办)上宣读,与会代表进行了热烈的讨论。《语言教学与研究》匿名审稿专家也提出了十分宝贵的意见。一并致以诚挚的谢忱!

Heine(1991:p192)、Dahl(2000:117)等对此影响甚大,但仍有一些基本理论问题没有澄清。本文讨论其中三个问题:预期的定义与表达结构,预期的类型,以及一个重要的区分——类指预期和个体预期。

1. 预期的认知模型与表达结构

预期的产生是因为认识主体对事件具有"可预见性"(predictability),可以采用主观概率(subjective probability)来定义预期的认知模型。主观概率指语句中所反映的说话者对某一场景中某一对象的概率的主观认识或估测。根据陈振宇、吴越、张汶静(2016),将认识主体(信息接受者)在事前已获得的知识称之为"知识状态",记为 O;由 O 可以推测或预先估计出特定事件 M 的主观概率(或频率),记为 $P(M|O)$[①]。另外,从信道传给该主体的知识记为 $P(M)$,也就是主体当前感受到的信息中,对事件 M 的主观概率的表达。

"$|P(M|O)-P(M)|$"[②]是对预期性的反映:当它约等于 0,即 $P(M)$ 与 $P(M|O)$ 相等或基本相等时,预期与事实相符,称为"正预期";当它显著地大于 0,即 $P(M)$ 与 $P(M|O)$ 不等或相差较大,预期与事实不符,称为"反预期";当它约等于 1 时,$P(M)$ 与 $P(M|O)$ 相差最大,是最大的反预期,这时预期与事实完全相反。若我们认为一个事件是无预期的(中性信息),则是指说话者没有任何关于 M 的倾向性结论,或者 $P(M|O)$ 是无法确定的,或者事件 M 发生和不发生的概率基本一致,即 $P(M|O)$ 约等于 0.5(随机事件)。

语篇中单一的预期性表达,包括四个部分:条件、预期、当前信息和预期性。例如[③]:

(1) [房顶漏了],(所以)不希望下雨,但竟然/偏偏下起了瓢泼大雨。
　　(自拟)

---

① 这是"条件概率"(conditional probability)的表达式,指认识主体在知识状态 O 的条件下,对 M 的出现概率或频率的主观估计。

② "| |"是绝对值符号,目的是让"$P(M|O)-P(M)$"的取值保持为正数。

③ "[ ]"内的部分是条件,有下画波浪线的是预期,有下画直线的则是当前信息。下同。

条件 O：房顶漏了

预期 P(M|O)：(所以)不希望下雨——意愿情态

当前信息 P(M)：(**但**)(**竟然/偏偏**)下起了瓢泼大雨

预期性|P(M|O)－P(M)|约等于1，是极大的反预期信息①

(2)[美国有世界上最先进的医疗体系]，(所以)(**本来**)能够轻松应对流行病的挑战，但居然在新冠病毒面前败下阵来。(自拟)

条件 O：美国有世界上最先进的医疗体系

预期 P(M|O)：(所以)(**本来**)能够轻松应对流行病的挑战——能力情态

当前信息 P(M)：(**但**)(**居然**)在新冠病毒面前败下阵来

预期性：反预期信息

(3)[妈妈要他早点回家]，(所以)他本来应该[道义]早点回家，但是他竟然/偏偏很晚都不回家。(自拟)

条件 O：妈妈要他早点回家

预期 P(M|O)：(所以)他(**本来**)应该早点回家——道义情态

当前信息 P(M)：(**但是**)他(**竟然/偏偏**)很晚都不回家

预期性：反预期信息

(4)[鸵鸟是鸟]，(所以)应该[认识]会[能力]飞，可竟然不会飞。(自拟)

条件 O：鸵鸟是鸟

预期 P(M|O)：(所以)应该会飞——认识情态

当前信息 P(M)：(**可**)(**竟然**)不会飞

预期性：反预期信息

"预期性"并没有一个专门的语句来表达，而是依靠一些标记(如上面的"本来、但是、竟然、偏偏"等)，或通过语义推理得知，也即预期性是整个语篇结构的性质。

请注意例中括号内加粗有下画线的标记，对语篇的预期性有表达或提示的作用，它们分为两类②：在条件或预期句中的称为"正/反预期触发

---

① 为了节省篇幅，下面如果该数值没有特别的意义，就省写为"反预期"或"正预期"。

② 刘瑞(2020)首先提出触发语与标记的不同。

语"，如"本来、说好的、毕竟、虽然"等；而在当前信息句中的称为"正/反预期标记"，如"但是、可、竟然、居然、果然"等。

在实际的语篇中，有的部分可能隐含。其中，当前信息 P(M) 是最需要用一个语句来表达的，仅在特殊的情况下隐含；当它隐含时，一般一定要有预期触发语，否则就无法推知预期性。其次是条件 O，它有时用语句表达，有时则是在语境中隐含。预期 P(M|O) 则往往是在语境中隐含的，即绝大多数预期都是隐性预期，当然有时也可以用语句表达出来。

实际的语篇组配中，隐含或只隐含预期部分的情况最为常见，例如[①]：

(5) 隐含预期：

　　a. 正所谓"屋漏偏逢连夜雨，船迟又遇打头风"。这句话出自冯梦龙的《醒世恒言》，意思是[房子漏了]，偏偏又赶上了连夜下雨，[坐船时本身就误了时间]，又赶上逆风，心中更加地万分焦虑。（百度·遇见 yh 2020.08.07）

　　b. [说好的他来接我]，结果连个鬼影都没见到。

　　c. [美国拥有世界上最强的国力，庞大的经济体保证了美国人不会缺钱用，而先进完备的医疗又保证了美国人可以接受到最好的治疗]。但谁能想到，新冠疫情来袭，美国竟然成为了重灾区。（腾讯网·首页新闻 2021.01.11）

(6) 隐含条件：

　　本来应该是一篇短序，没想到写了这么长。

　　……我知道他们从来不希望我离开上海，但为了理想，我还是选择远行，……

(7) 隐含条件与预期（只有当前信息）：

　　在这个实验中最幸运的是富兰克林居然没有被电死，因为这是一个危险的实验，后来有人重复这种实验时遭电击身亡。

(8) 隐含预期与当前信息（只有条件）：

　　在他辞世后半个娱乐圈都发文悼念，其中《流浪地球》的导演郭帆

---

① 本文凡不注明出处的例句，均来自北京大学中国语言学研究中心（CCL）现代汉语语料库。

也发文称:达哥,[说好的咱们第二集见]。(腾讯网·蜗牛扒娱
2021.02.27)

(9) 隐含条件与当前信息(只有预期):

现在,当贺喜的人群在她家门前川流不息地进进出出时,兰芝的
心里却油然生出一股酸楚:这婚礼上站着的本来应该是自己和他
呀,可现在……她长叹一声,禁不住又抽泣起来。

以前的研究者通常只提到三个因素,如强星娜(2020)的"当前命题"
"预期命题"和二者的偏反关系。这是因为对条件 O 和预期 P(M|O)没有
清晰地加以区分。如强提到的例子,"老王让她去买烟,她竟然不去"和
"老王让她去买烟,她竟然去了",强认为分别有不同的预期"老王是她的
领导"和"她总是很清高孤傲"。然而实际上,这两个也都是条件,不是预
期,预期是"她应该去"或"她不会去":

(10) [老王让她去买烟],她竟然不去。

条件 O:老王是她的领导;老王让她去买烟(一个条件显性表达,
另一个隐含)①

预期 P(M|O):(所以)她应该去——道义情态(隐含)

当前信息 P(M):她(竟然)不去(显性表达)

(11) [老王让她去买烟],她竟然去了。

条件 O:她总是很清高孤傲;老王让她去买烟(一个条件显性表
达,另一个隐含)

预期 P(M|O):(所以)她不会去——认识情态(隐含)

当前信息 P(M):她(竟然)去了(显性表达)(转引自强星娜 2020)

一般更需要将具体的、个体化的条件明确地说出来,而把抽象的、具
有普遍性的条件隐含。人类语言的总倾向是对个体化的事物或事实做更
多的表达,因为它更容易变化、更可能为假,更需要明确其当下的取值;另
一方面,抽象的普遍的事实更容易在较长的时间里稳定地存在,并且很可
能是在较早的时候就已经认识到了,是"缺省"(default)的事实。

---

① "；"表示并列的条件。并列的条件没有前后关系,这里的顺序是任意的。

2. 预期的类型

2.1 预期的认识主体

根据产生预期的认识主体的不同,至少有以下类型[①]:

1) 自预期,说话者对事物的预期。

2) 他预期,说话者之外的参与会话活动的人的预期,可能是听话者,也可能是第三方。自预期和他预期一般是对立的。但实际上当听说双反意见相同时,自预期=他预期,如下面的"你知道"表面看是说"我也爱好文学(,所以我应该有不少的作品)"是"你"的认识,但实际上这也是说话者的认识,以此来表明你我站在同样的认识立场上(正同盟关系):

(12) 你知道,[我也爱好文学],但这几年当个广播员,光练了嘴皮子了,连一篇小小的东西都写不成,你一定来!

3) 常理预期,即社会心理中的有关知识,如常识、情理、风俗习惯、法律规章等,其认识主体是类指的"社会"或"人们"。说话者一般默认自己是正常的社会人,故自预期默认与常理预期相等,如例(1),说话者知道"妈妈要他早点回去",便得出预期"他应该早点回去";实际上,这背后是一条社会常理在起作用"来自权威的要求应该遵从";当前信息"他竟然很晚都不回家"既是自反预期,也是常理反预期。

但是,在特殊的情况下,说话者认为自己与众不同,反对常理。如安排相亲,常理预期(社会绝大多数成员遵循的预期)是"应该去";但我反对这一点,"我不想去"。由于预期的来源不同,预期的内容不同,因此本句中既有正预期信息,也有反预期信息,至少含有两个预期结构:

(13) 我不想相亲,但家里人给安排,我又不好意思拒绝,就去见了,……(百度知道 2017.03.12)

---

① 其中前三种是吴福祥(2004)参看国外学者的文献资料指出的类型。后两种是后面的研究者逐步补充进去的。匿名专家指出这5类并不是在一个统一的参数(标准)之下分出来的,认为其中第 1、2 类并列,构成一个全集;而第 3、4、5 类则不是在这个参数之下分出来的,而且这三个彼此之间也很难处于同一个集合之下,会出现逻辑上的交叉。我们完全同意专家的意见,但之所以做此区分,不是为了分得干净,而仅仅是为了说明不同的预期来源。

条件 O1:家里安排相亲;不好拒绝(显性表达)

常理预期 P1(M|O):(所以)应该去——道义情态(隐含)

当前信息 P1(M):我去相亲了(显性表达)

预期性 1:常理正预期信息

条件 O2:家里安排相亲;我以前相亲感觉不好(一个条件显性表达,另一个隐含)

自预期 P2(M|O):(所以)我不想去——意愿情态(显性表达)

当前信息 P1(M):(但)我去相亲了(显性表达)

预期性 1:自反预期信息

4)上文预期,即语篇中从前文语句表达的信息推出的有关知识,这实际上是按照常理推出的,而且语篇的安排反映的也是说话者或写作者的预期安排。但与自预期和常理预期不同,上文预期一定要根据具体的上文语句来推导,而不能是普遍存在的什么一般规律。一般认为,转折标记大多数情况下都是针对前面的语句的,即是前文反预期的标记。

5)(行为)主体预期,即语篇中讲述的行为主体(一般是施事),在行为之前为行为设定的目的。

常理预期、行为主体预期与说话者预期的关系,对本文十分重要。让我们来看一个例子,以说明实际语句中复杂的预期配置的情况:

"偏"在汉代发展为语气副词"偏",表示执拗义,如"是邪,非邪? 立而望之,偏何姗姗其来迟"(《汉书·外戚传》)。即行为主体选择与大众的常理预期相反的行为。"偏"作为动词时语义就是"偏离(常道)",《说文》"偏,颇也",偏斜不正,而所谓"正"或"常道"就是常理预期。这也就是吕叔湘主编(1999/2002:429)释义的第一条"表示故意跟外来要求或客观情况相反,常与'要、不'合用"。

例(3)"[妈妈要他早点回去],他偏偏很晚才走",我们要区分条件小句句内主体"妈妈"、当前信息小句句内主体"他"和句外主体说话者:

"妈妈"对儿女是权威者,由此产生合乎常理的预期 P(M|O)"他应该或会早点回去"。又因为在语篇中,"妈妈要他早点回去"是上文的语句,所以这也是"上文预期"。最后,对"他"来说,"妈妈"是"他人"这一范畴的

内容，"他"所反对的正是"别人的"预期，因此这里又是"他预期"。总之，对"他"来讲，有"常理预期＝上文预期＝他人预期"。"他"的选择 P(M)"他很晚才走"是"常理反预期/上文反预期/他反预期信息"。

但对句外主体(说话者)来说，情况就不同了。一般而言，说话者是站在常理预期一边的，说话者的预期也是"他应该或会早点回去"。从说话者的角度讲，"他"的行为不但是对常理的违反，而且是对说话者的预期的反对(常理反预期/上文反预期/自反预期信息/)。

这就是"当前信息句内主体视角"和"句外主体视角"两个不同的层次。一个典型的执拗句，同一个行为却同时兼为"他反预期信息"和"自反预期信息"。

另外，有的"偏(偏)"句则可能导致说话者与常理预期的分离，让我们把例(3)稍加改变：

(14)［妈妈要我早点回家］，但是我偏偏不回家。

这里的行为主体是说话者"我"，"我"是"当前信息句内主体视角——常理反预期/上文反预期/他反预期信息"；但因为"我"作为句内主体，已经与常理预期对立，所以不会再有"说话者预期＝常理预期"，也就不会有自反预期意义。例(14)这种情况虽不常见，但并非孤例：

(15) a. ［众人受挫而退］我偏不退，众人齐进我就快步抢先。

　　b. 敌人估计我不敢过草地，不敢走这一着，我偏要过草地。

　　c. 你偏偏不走，看他们怎么办！（转引自朱景松 2007:332)

例(15c)是祈使(提议)句，说话者希望"你"反对别人的意见，说话者自己也是站在"你"一边的(正同盟关系)，便不可能再站在常理预期一边，也就没有自反预期意义。一个检验的办法是，如果有句外主体视角，有"自反预期"意义，大多可以换为"竟然"类标记(只要符合"竟然"的语义限制)，如下例 a；反之，就不能换，如下例 b。[1]

(16) a. 妈妈要他早点回去，(但)他竟然很晚才走！

　　b. ＃妈妈要我早点回去，(但)我竟然很晚才走！[2]

---

① 例(16—17，19—20)都出自强星娜(2020)，稍有改动。但我们的解释与她不一样。

② "＃"指这句话在语用上不合适，说出来十分别扭。下同。

　　c. ♯众人受挫而退,(但)我竟然不退!

　　　♯你竟然不走,看他们怎么办!

　　单威(2016)认为,"竟(然)"触发的预期有"说话人预期"和"包括说话人在内的大众规约性预期",而强星娜(2020)说"竟然"是言者导向的。我们认为强的说法更为准确,从本质上讲,"竟然"是以说话者为轴心,不必考虑常理预期的限制。如:

(17) a. 妈妈要他早点回去,他竟然/偏偏很晚才走! ——自反预期/常理反预期

　　 b. 妈妈要他早点回去,他竟然(真的)很快就走了! ——自反预期

　　　♯妈妈要他早点回去,他偏偏(真的)很快就走了!

　　从说话者看,如果"他"是正常的孩子,一般来说就会遵从命令;而如果"他"是一个不听话的孩子(不正常的孩子),说话者的自预期就会与常理预期不一样,会认识到一般来说他不会遵从命令,这时对说话者预期而言"真的很快就走"的概率小。a、b 两句都与说话者预期相反,都可以用"竟然";但只有 a 句是与常理预期相反,才能用"偏偏",而例 b 则因为当前信息与常理预期相同,所以不能用"偏偏"。

　　常理预期与说话者的自预期不同的例子还有很多:

(18) a. 我和另一个编剧阎肃都没有这样的生活(也不可能有这样的生活),只好[按她的意旨编造了一个提纲],向她汇报,她竟然很满意。

　　 b. 但说来让人觉得有点不可思议,这种公正规则产生的必要前提之一,竟然是不确定性的存在。

　　 c. 一些势力人物看出[他已经潦倒了],竟乘机欺负起他来。

　　这里的"竟然"都不能换为"偏偏"。例如最后一句,从常理上讲,你潦倒了,自然势利人会欺负你,这是符合社会常理的;但说话者的预期却与此常理不符,他认为无论怎样,总是不应该欺负人的,因此不论是谁,不论被欺负者是否潦倒,反正欺负人就是与我的预期不同,所以用"竟"不用"偏偏"。

　　"竟然"还可以表达(行为)主体预期。当行为主体就是说话者,或者说话者将自己"移情"到行为主体的立场时,主体预期=说话者预期,如下

例说话者是移情到老王身上①：

(19)［老王天天虔诚烧香,祈求生个女孩］,<u>但老婆竟然/偏偏生了个</u>
　　　<u>男孩</u>。

　　　条件 O:老王天天虔诚烧香,祈求生个女孩

　　　预期 P(M|O):(所以)(老王希望)生个女孩——意愿情态

　　　　　　　　　(所以)(老王认为)有较大可能会生女孩——认
　　　　　　　　　识情态

　　　当前信息 P(M):(**但**)老婆(**竟然/偏偏**)生了个男孩

　　　预期性:主体反预期信息

　　这是因为在老王所在的社团中,他们的常理预期是:祈求祈愿会有很
大的可能得到祝福,只要足够虔诚,就会实现愿望,否则根本就不会有迷
信活动;当前信息"生了个男孩"与这一预期不符,是常理反预期信息,故
可以用"偏偏",也可用"竟然"。

　　但如果说话者离情于行为主体,也就是不站在其立场的话,说话者预
期≠主体预期。例如:

(20)［老王天天虔诚烧香,祈求生个女孩］,<u>没想到他老婆竟然真的生</u>
　　　<u>了个女孩</u>。

　　　条件 O:老王天天虔诚烧香,祈求生个女孩;(我们认为)祈祷并
　　　没有功效

　　　预期 P(M|O):(所以)(我们认为)是否生女孩并不清楚——认
　　　识情态

　　　当前信息 P(M):(**没想到**)他老婆(**竟然**)真的生了个女孩

　　　预期性:自反预期信息

　　这里说话者与行为主体老王的立场不同,说话者认为祈求性行为作
为意愿表达不可能影响实现与否,生女孩的概率并不比生男孩高。由于
这里不涉及老王所在社团的"常理",而仅仅是与说话者的预期相反,所以

---

　　①　强文认为不能说"♯老王天天虔诚烧香,祈求生个女孩,后来老婆竟然生了个男孩"。我
们发现,关键是强的例句中"后来"的影响才导致句子不能说;如果换成"老王天天虔诚烧香,祈求
生个女孩,但/没想到后来老婆竟然生了个男孩",句子就通顺很多。这是因为"后来"默认时是表
明信息顺向传递,即表示预期实现。

不能用"偏偏",不能说"♯没想到他老婆偏偏真的生了个女孩"而可以用"竟然"。

但是,常理预期、主体预期也不是完全对"竟然"句没有影响:当自预期等于常理预期或主体预期时,认识简单,形式简约,容易理解;但如果自预期不与它们相同,那么就比较复杂,有时还需要特别的说明,这才能让听者理解。如使用"真的"这一表示更多怀疑的形式,或者加上这样的条件说明"他这孩子一直不听话""祈祷并没有功效"等。

2.2 预期的情态类型

"预期"表达的是某个认识主体的预先估计或希望等心理状态或主观态度,并不是在报道事物的情况,都是非现实的(irealis)。可以用"(X)猜/认为/希望"等来标出认识主体 X,如"(**我们**认为)祈祷应该无效""张家的屋顶漏了,所以(**张家**)不希望下雨"。预期本身应该加上与情态(modality)有关的语词。按照陈振宇、姜毅宁(2019),这些情态类型大致可区分为两种情况:

1) 强预期。一个人有能力做某事,或者这事具有合理性(合乎社会情理道义的要求),或者某个有权威的人要求做事,或者行为主体允诺做某件事,则认识主体会认为这是有很大的可能实现(除非受到足够的阻碍)的。如"他能去、他应该去、他答应去"则认为很可能"他会去","他不能去、他不应该去、他没答应去"则认为很可能"他不会去"。再如"按照法律,他必须在高中毕业后参军三年"则"他很可能会去参军","按照法律,他不能参军"则"他很可能不会去参军"。

强预期一般认为有较大的概率事件会真的发生,包括三种:能力预期〔capable expectation,表达预期的语句带有"能(够)、会[能力]"等能力情态词〕、道义预期〔deontic expectation,表达预期的语句带有"应该[道义]、会[承诺]、必须"等道义情态词〕和认识预期〔epistemic expectation,表达预期的语句带有"应该[认识]、会[未来/认识]、(很有)可能、必定"等认识情态词〕,分别如例(2)、(3)、(4)所示。

2) 弱预期。有人祈愿事情为真,或者行为主体想做某件事,或者行为主体做事的目的是实现某一件事,它们的力量很微弱,很难确定意愿会为真。如"他希望/想要下雨"很难说"会下雨","他想去"很难说"他会去",

"他在看书"很难说"他会看懂这本书";反之亦然,"他不希望/不想要下雨"很难说"不会下雨",等等。

"弱预期"主要是意愿预期(volitional/optative expectation),表达预期的语句带有"想、希望"等意愿情态词,如例(1)所示。它要成为强预期,需要非常特别的条件,如相信祈祷的力量可以使事物发生变化。

一些学者认为"偏偏"对意愿极为敏感。语气副词"偏"最初表示执拗义,但后来发展出"违愿义",并且成为现代汉语中此类副词最常见的用例,也即吕叔湘主编(1999/2002:429)释义的第二条"表示事实跟主观想法恰好相反"。苗浴光(2003:8)把这称为"违愿性"。丁雪妮(2005:24)认为"使用'偏偏'时,现实结果违背了说话者的意愿"。石定栩、周蜜、姚瑶(2017)建议用 contrary to the speaker's wish 来表示"事与意违",用 contrary to the speaker's estimation of the development of event 来表示"事与料违"。强星娜(2020)认为"竟然 P"的命题态度可分别概括为"信而未认"和"认而未信"(本文的认识预期);"偏偏 P"则是意愿或期待类言语行为句(本文的意愿预期)。另参见范伟(2009)、余翠(2016:7—8)的论述。

违愿义可归纳如下:前面的条件部分必须能够看出存在某一主体的意愿(祈愿),而后面的句子是表明某种情况的发生,令意愿受挫甚至不能实现。前面讨论过的祈求例子就是如此,再如:

(21)［他和老百姓混在一起,天也快黑了,用不了多久他就完全可能脱险了］。没想到偏偏在这时就被刘中正发现,事情是这样凑巧,被俘了,十二小时以前还仅仅是一种想法,现在却变成不能推翻的事实。

　　条件 O:天也快黑了,用不了多久他就完全可能脱险了
　　预期 P(M|O):(所以)(他**希望**)平安无恙——意愿情态
　　当前信息 P(M):(**没想到**)(**偏偏**)被刘中正发现,被俘了
　　预期性:主体反预期信息

类似的例子还有:

(22) a. 他现在 28 岁,［正是成家立业最需要钱的时候］,而此时偏偏最没有现金,还负债!

　　b. ［眼看该上班了］，可，老天偏偏下起了雪，且撒欢儿般地纷纷
　　　扬扬，一会儿，竟如鹅毛般抛洒起来。

　　但是实际上，意愿性不能作为区分"竟然"与"偏偏"的界限。一则"竟
然"也可以表示意愿或期待的不能实现。例如：

（23）［升降国旗的时候］竟然下起暴雨，国旗护卫队用行动捍卫国旗
　　　的庄严。（优酷视频 2018.02.11）

　　二则语法化会突破已有的范围，现在的"偏偏"已经不再受到违愿性
的束缚，可以表达其他方面的反预期，如针对能力预期：

（24）有人说"朝中有人好做官"。而赵英的丈夫，却因为［"朝中"有
　　　人］而偏偏做不成官。
　　　条件 O：朝中有人
　　　预期 P(M|O)：（所以）赵英的丈夫能够做官——能力情态
　　　当前信息 P(M)：（可）（偏偏）做不成官
　　　预期性：主体反预期信息

　　当主语不再是有生命的物体，或者条件是非自主的事件，那就产生不
了什么意愿，也就没有什么违愿，这时"偏偏"就转变为更"纯粹"的一般转
折句。如：

（25）［戈壁是缺水的］，可它偏偏拥有一片小湖（其实是一汪不知从哪
　　　里来，也不知到哪里去的积水）。
　　　条件 O：戈壁是缺水的
　　　预期 P(M|O)：（所以）不应该有湖——认识情态
　　　当前信息 P(M)：（可）它（偏偏）拥有一片小湖
　　　预期性：自反预期信息

　　这一例中，即使有意愿，那也是希望有湖水，干旱的地方水是宝贵
的——那倒是实现了这一希望。

　　石定栩、周蜜、姚瑶（2017）也认为，"偏偏"除了违愿性，还有意外性。
意外性就是指转折关系。吕叔湘主编（1999/2002：429）的释义中，没有关
于一般转折句的内容，但在当代的语料中，类似的例子非常多，完全应该
视为"偏偏"的一个重要的义项：

（26）a. 为什么［他们一生女儿就顺顺当当］，一生儿子就偏偏有灾！

　　b. [看上去最简单的法则]偏偏成就了最不简单的事业？

　　c. [只死了一个人]，偏偏就是李小容的丈夫黄忠德。

　　d. 偏偏[在塞上古城张家口]就有这么一个不大的企业——第
　　　　二建筑公司综合加工厂出了一位岁数不大的厂长，立志跟那
　　　　个难缠的废气污染干上了。

2.3 "偏偏"的常理预期限制

　　不过即使成为了一般转折义，"偏偏"还保留着最初的一个很重要的
限制条件：必须与常理不符，否则就不能用。例如上面的例子，生女儿
与生儿子的情况完全不同，这是违反常理的，一般来讲二者应该没有什
么区别，都有好或坏的可能。简单的法则与不简单的事业，在常理上是
不相容的。第三个例子涉及偶然性，任意点一个人，则正好是某一个特
定的人的概率是非常低的，死了一个人刚好是自己的亲人，与常理不
符。最后一例，在塞外环境很差的地方，一般很难出现执迷于环保的企
业。再如：

(27) 我们得承认应试教育培养了一部分精英学生，但是大部分学生
　　　却在这个独木桥上被挤下了水，其实这也很正常，但可悲的是，
　　　[掉下水的]偏偏没学过游泳，于是水中再学，浪费了自己、耗费
　　　了家庭，减缓了个人的发展。（匿名专家提供）

　　从认识情态看，是否掉下水与是否会游泳是两个独立的事件，按照常
理，它们不应该有倾向性，因此，掉下水的都是会游泳的，或者都是不会游
泳的，就都偏离了常理。不过，由于"偏偏"有很强的消极情感影响，①所以
一般不会说"掉下水的偏偏都学过游泳"。从意愿情态看，既然已经掉下
水了，那么根据常理，我们会希望掉下去的都是会游泳的；因此，掉下水的
都是不会游泳的，也严重地偏离了这一常理。

---

　　①　除了第一人称行为主体外，"偏偏"句的消极倾向非常强。但匿名专家指出，"偏偏"用于
非消极事件的现象在清代就有了，现代汉语中，非消极的"偏偏"句也有少量的例子，如"中国河流
万千条，为什么偏偏用'南浦'来象征离别？"作为诗歌中美好意象之一的"南浦"的确很难说有什
么消极不满的情感。

3. 类指预期、个体预期和意外

3.1　类指条件与个体条件

以往的学者大多没有注意到条件 O 的性质对预期理论的影响。下面我们着重来谈一下。

第一，以普遍状态作为条件的预期，称为"类指条件"下的"预期"，简称"类指预期"（kind-denoting expectations）。普遍状态 O，其取值不确定，但 P(M|O) 的取值却趋于恒定，或者说，在一般的情况下（在某个类的范围内），无论 O 取值是什么，都可以得到一个比较确定的 P(M|O) 值。比如：

(28)　　　O　　　　　　　　P(M|O)

　　　小王在街上　　　她会看见一个名人

　　　小张在学校　　　她会看见韩红

　　　······　　　　　　······　　　　　　　　　P(M|O) 都接近于 0

作为普通人中的一员，在一个普通的场所，看见名人的概率都是很低的。因此，参数 O 的改变几乎不会对 P(M|O) 的取值产生影响。类指预期具有如下性质：

1）类指条件是社会中的"一般情况"，这些情况很多，具有不确定性，或者说非特定性，故是"无定"的（indefinite）。这些条件是"一般人在一般场合看见大名人"这一集合的成员，可以替换为这世界上几乎任何一个普通人（如张三、李四、王五），任何一个普通的场合（如街上、学校、菜市场），以及任何一个一般性的名人。按照陈振宇（2017：65—68），这些条件是"典型类指"或"概率类指"的条件，都具有通指性（generic）。

2）可替换性说明，这些条件中的每一个，和 P(M|O) 值都没有真正的因果关联，并不是根据小王这个特定的人，不是根据街上这样的地方，不是根据韩红这个特定的名人，来推出看见的概率很低。我们不能说，"♯他是/不是小王，所以他会/不会看见韩红"。

3）在语篇中，我们更关心的是当前信息与预期性，而条件仅仅是因为它与预期有强烈的关联才得到关注。既然类指条件与 P(M|O) 值关联不大，便通常是隐性的（普遍的、通指性的规律容易为人们所忽视，就像空气被人所忽视一样），不在语篇中出现，只是通过实践与日常知识得知，或根

据语用条件或规律才能识别。如说"竟然看见了韩红!",这时并没说看见者是什么人,是在什么场合,但我们可以推知应该是普通人,是在一般的场合。

当然,说话者也可以将条件 O 用语句显性地说出来,例如"[我]今天竟然[在街上]看见了韩红!"。表面上看,这里说出的,是一个个别的场合(街上)和一个个别的人(我),似乎可以算作后面所说的"个别预期",但这是不对的,因为这里必须将街上和我理解为一类场合(一般场合)和一类人(一般人),才能明白反预期的本质,即如果把我换成"小李"(某个一般的人),把街上换成学校,其结果也是一样的。而真正的个别预期,有一条"条件改变则预期改变"的规则。①

第二,以个体状态作为条件的预期,称为"个体(指称)条件"下的"预期",简称"个体预期"(individual-denoting expectations)。有如下性质:

1)O 关涉的是某一特定认识主体在某一特定场景中的特定的知识状态,换一个变量(主体、场景等),P(M|O)的值完全不同。所以它是"有定"的(definite)。比如"韩红开演唱会,小王要去参加这个演唱会",那么小王看见韩红的概率就应该很大。但是如果改变这一条件,"小王不去参加",那么看见韩红的概率就很小。

2)更为重要的是,由于这些条件不能替换,因此它和 P(M|O)值有着很强的因果关联。

3)特定的条件 O 如此重要,一般在语篇或语境中就需要用语句显性地表达,或得到明确的解释,如"[校长让他去],他竟然不去"。把条件换一下,会得到不同的预期,如"[校长不要他去],他竟然去了"。

请注意,类指预期和个体预期并不能完全用是否显性表达来区别的,但的确有这一方面的倾向性。类指的条件常常隐含,但也可以表达出来。个体的条件一般必须表达出来,但有时也可以隐含。如大家在谈论昨天的生日宴会,"小王怎么没去!"表明了反预期信息。因为小王是过寿的人的好朋友,这一关系大家都知道,在语境中隐含,不必说出来,正是由这一

---

① 强星娜(2020)把"老王今天早上竟然在油麻地菜市场见到了周润发!"看成是无定预期,这与本文观点一致,这里也是把条件"老王、在油麻地菜市场、周润发"都说了出来。

条件得到个体预期"小王应该去参加生日宴会"。

为示公平,需要提一下强星娜(2020)的研究,她区分了"无定预期"(non-specific)和"特定预期"(specific),并说无定预期多是隐性的(但也有显性的例子),不以特定个体在特定时间的特定预期为转移;无定预期可还原为通指句(generic sentence,强文译为类指句)或特征句(characterizing sentences),语义上表达"普遍属性"(general property),可包括社会常理、普遍真理、性能特征或惯常状况等;她还论证了无定预期不是预设。

仅仅从论述上看,强文的"无定预期"与本文的"类指预期"不乏相似之处。但强文没有区分条件与预期,所以我们不知道她所说的通指性是指表达条件的句子,还是表达预期的句子;而本文明确定义,只有当条件构成的集合有通指性质时,才是类指预期。这导致我们在具体例句的归宿上存在较大的差异。[①]如前面例(10)(11)强文认为是无定预期,但我们认为是个体预期,因为"老王是她的领导"不是普遍的、一般的情况,而是一个特殊的条件(随意找两个一般的人,是很难会构成领导和下属的关系的);并且一旦改变后会得到不同的预期,如"老王让她去买烟,老王不是她的领导,(所以)她很可能不会去",在实际语言中,常说"你又不是我某某,干嘛听你的!"就是基于这一推理。

3.2　对类指条件与个体条件的检验

让我们用检验格式来看看类指预期和个体预期的本质差异:[②]

(29)　　　　　O　　　　　P(M|O)　　　　　P(M)

　　a. ♯小王在街上,所以她会看见韩红。

　　b. ♯小王在街上,所以她不会看见韩红。

　　c. ♯小王在街上,　　　　　　　但是她看见了韩红。

　　d. ♯小王在街上,　　　　　　　但是她没看见韩红。

---

① 本文初稿曾用"无定预期—有定预期"这对术语。由于强文已使用,为避免误解,改为从条件O的类型上定义为"类指预期—个体(指称)预期",这套术语是朱斌、陈禹、陈振宁等向作者提议的。

② 预期的检验格式就是陈振宇(2020:252)提出的大概率推理检验,不过本文略有修改。

(30)　　　　　O　　　　　　P(M|O)　　　　　P(M)

　　a. ♯小王不在街上,所以她会看见韩红。

　　b. ♯小王不在街上,所以她不会看见韩红。

　　c. ♯小王不在街上,　　　　　　　但是她看见了韩红。

　　d. ♯小王不在街上,　　　　　　　但是她没看见韩红。

(31)　　　　　O　　　　　　　P(M|O)　　　　　P(M)

　　a. 小王在韩红的演唱会,所以她会看见韩红。

　　b. ♯小王在韩红的演唱会,所以她不会看见韩红。

　　c. ♯小王在韩红的演唱会,　　　　　　但是她看见了韩红。

　　d. 小王在韩红的演唱会,　　　　　　但是她没看见韩红。

(32) O　　　　　　　　　　P(M|O)　　　P(M)

　　a. ♯小王不在韩红的演唱会,所以她会看见韩红。

　　b. 小王不在韩红的演唱会,所以她不会看见韩红。

　　c. 小王不在韩红的演唱会,　　　　　　但是她看见了韩红。

　　d. ♯小王不在韩红的演唱会,　　　　　　但是她没看见韩红。

对类指预期而言,只要 a、b 两个格式在语用上不合适(不能说)就行了,它们是最主要的,反映了类指预期与个体预期的本质区别;而 c、d 是辅助性的,主要是用来说明语言中的个体预期往往存在例外。

上述检验说明,类指预期和个体预期的条件虽然都可能有显性的表达,但却有重大区别。类指的那个所谓的条件(小王在街上),与后面所说的"预期"之间没有因果关联性,因为 a、b 格式在语用上不合适;而个体预期则 a、b 格式中必有一个合适,合适的那个就是因果关联性所在之处。

另一方面,条件与该条件下的预期之间,往往有"多因一果"的情况,其中仅仅有部分的条件是表达出来的。可是表达出来的未必是决定性的,如例(10)(11)中,隐含的关于她的性子或她与老王的关系的条件,才是决定性的条件。这就给我们理解语篇带来了困难。很多个体条件下的预期都可能碰上这样的问题,如上例中,要得出例中所说的预期,往往还需要有其他的隐含的条件,①如"一个明星通常是要去他自己的演唱会现

_____

① 这一问题由匿名专家提出。

场的""演唱会一般都会让下面的观众可以很容易地看到台上的明星"等，它们与例中"小王在韩红的演唱会"联合在一起，才能得出"小王会看见韩红"的预期。这些隐含的条件也是个体条件，因为一旦改变，预期就会不一样。如果"小王在韩红的演唱会，韩红通常不亲自去演唱会现场"，那么就不能得到"他会看见韩红"的预期。

　　前人文献中研究的大多数例句都是个体预期，对类指预期研究不多，但类指预期也是普遍地存在的，如前面例（18c）就是。从常理上讲，你潦倒了，自然势利人会欺负你；而你不潦倒，则势利人不敢欺负你，所以条件改变预期改变，这是个体条件下的预期。但对说这句话的人来说，他认为无论怎样，总是不应该欺负人的，不论是谁，不论被欺负者是否潦倒（肯定、否定），都不应该欺负人（道义预期），因此就成了类指条件下的预期。例如，当我们惊讶地说"怎么欺负人啊！"这类感叹句时，我们一般是不管被欺负者的社会地位的，因为这人是谁与他应不应该被欺负是没有关联的。再如我们经常说"他竟然死了！他今年竟然生病了"，这背后就是一个类指预期，因为死和生病几乎是任何人、任何时候都不希望的，所以不能在死与特定的人特定的时间之间建立因果关联，"♯是他/是今年，所以希望/不希望死"都不合适。下面也是一些类指预期的例子：

（33）a. 这不禁令人想起几年前发生的夏斐、夏辉事件，家长恨铁不成钢，<u>竟将亲生孩子活活打死</u>。（《人民日报》1995.04）（消极）

　　　b. 前不久，记者参加朋友的聚会时，<u>竟有幸喝到了用鲜花花汁做成的饮料</u>。这种饮料的品牌叫"健宝乐"。（《人民日报》1995.05）（积极）

　　　c. 1993年5月，村民郑某、张某、吴某等苦于致富无门，<u>竟荒唐地提出重建神堂庵</u>，企图借助封建迷信活动敛财。（《人民日报》1995.05）（消极）

　　　d. 欢天喜地的孩子们没有想到，前来祝贺的人群中，<u>竟有省委书记胡富国</u>。（《人民日报》1995.05）（积极）

　　在任何情况下，或者在一般情况下，把孩子打死、用鲜花做的饮料、用社会活动敛钱、省委书记出席都是极小概率的，或者不应该发生的非常规的事件，不会随着家长的不同、家长心情的不同、聚会场合的不同、敛财者或敛财理由的不同、祝贺的不同而不同。

请注意语境因素,如果某地朋友聚会习惯要喝鲜花做成的饮料,则不再是类指预期,而是个体预期,句子"朋友聚会,所以可以喝到鲜花做成的饮料""朋友聚会,但是没喝到鲜花做成的饮料"就可以说了。

3.3　反预期与意外的关系

反预期(counter factual)和意外(mirativity)是近年来在汉语语法学界讨论颇多的两个范畴。但它们之间是什么关系,存在不小的争论。简单来说,有两种观点:

1)认为意外是语言中关于"出乎意料"(反预期)的信息以及表达说话人对有关信息感到"惊讶"(surprise)的语气系统。①也就是说,意外句必有反预期的信息;但并不是所有的反预期都会导致意外,因为意外必须有强烈的情感因素,是一种句子语气,而如果仅仅是前文反预期,如"但是"转折句那样,说话者直接将反预期表达出来,就不一定有强烈的情感。

2)认为不是所有的意外都表示反预期。Aikhenvald(2012)曾将意外细化为 5 种意义:突然发现或突然意识到、惊异、不具备的大脑知识、反预期、新信息。又进一步合并为两种:意外可以是反预期(counter-expectation)的,也可以是非预期(non-expectation,也译为"无预期")的。下面是强星娜(2017)提到的两个对比性的例子:

(34)(情景:在一个不起眼的小饭馆吃饭,上来一盘菜,尝了一口,
　　　说)搿搭个菜倒蛮好吃。

(35)(情景:在饭馆吃饭,上来一盘菜,夹了一筷子,发现有条虫,
　　　说)搿个菜有条虫伊讲。

这两句都表达意外,但强认为例(34)是反预期,对于一个不起眼的小饭馆,预期是做不出那么好吃的饭菜。认为例(35)是非预期,有虫/没有虫一般不会在人们对饭菜的默认预期范围之内,是说话人突然发现的事实,认为这一非预期意外是由"新事物"导致的。Aikhenvald(2012)、Hengeveld & Olbertz(2012)等将新信息(information new)作为意外的来源之一,认为新信息是始料未及的。

---

① 陈振宇、杜克华(2015)。

双方的分歧,主要在这个"非预期"上。我们赞同第一种观点,认为新信息不一定会产生意外(Tyler 2015),只有违反说话者预期的新信息才可能产生意外。在例(35)这样的例子中,必须有反预期信息,所以一定要有预期;这一预期正是本文所说的"类指预期",而例(34)则是"个体预期"。证明如下:

首先,例(34)把条件改一下,预期的情况也作出调整:

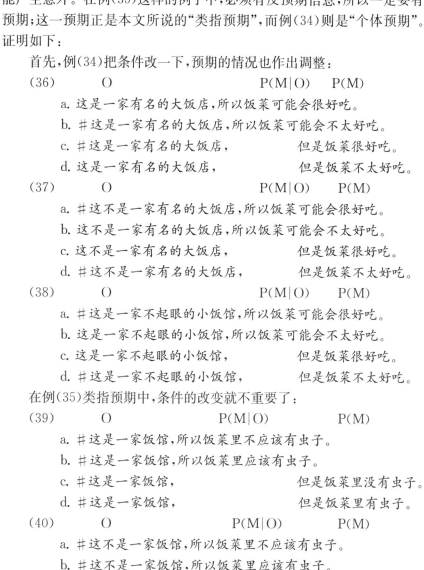

(36)   O   P(M|O)   P(M)

     a. 这是一家有名的大饭店,所以饭菜可能会很好吃。

     b. ♯这是一家有名的大饭店,所以饭菜可能会不太好吃。

     c. ♯这是一家有名的大饭店,   但是饭菜很好吃。

     d. 这是一家有名的大饭店,   但是饭菜不太好吃。

(37)   O   P(M|O)   P(M)

     a. ♯这不是一家有名的大饭店,所以饭菜可能会很好吃。

     b. 这不是一家有名的大饭店,所以饭菜可能会不太好吃。

     c. 这不是一家有名的大饭店,   但是饭菜很好吃。

     d. ♯这不是一家有名的大饭店,   但是饭菜不太好吃。

(38)   O   P(M|O)   P(M)

     a. ♯这是一家不起眼的小饭馆,所以饭菜可能会很好吃。

     b. 这是一家不起眼的小饭馆,所以饭菜可能会不太好吃。

     c. 这是一家不起眼的小饭馆,   但是饭菜很好吃。

     d. ♯这是一家不起眼的小饭馆,   但是饭菜不太好吃。

在例(35)类指预期中,条件的改变就不重要了:

(39)   O   P(M|O)   P(M)

     a. ♯这是一家饭馆,所以饭菜里不应该有虫子。

     b. ♯这是一家饭馆,所以饭菜里应该有虫子。

     c. ♯这是一家饭馆,   但是饭菜里没有虫子。

     d. ♯这是一家饭馆,   但是饭菜里有虫子。

(40)   O   P(M|O)   P(M)

     a. ♯这不是一家饭馆,所以饭菜里不应该有虫子。

     b. ♯这不是一家饭馆,所以饭菜里应该有虫子。

　　　c. ♯这不是一家饭馆，　　　　　　　　但是饭菜里没有虫子。

　　　d. ♯这不是一家饭馆，　　　　　　　　但是饭菜里有虫子。

　　在一般的情况下，上面例(39)(40)各句都很别扭，即使将饭馆改为食堂、家里的厨房、便利店等等，结果也不会变，无论是在哪个供应食品的场所，P(M|O)(饭菜里有虫子)预期都应该倾向 0。①

　　再如我们在街上走，迎面而来的、新的、不认识的陌生人很多，这些都是新信息，但我们不会觉得意外。但是如果在街上遇见了某个明星，或者是我的一个久违的熟人，会使我们感到意外，产生强烈的感情。这是因为在街上这个环境中，遇见人是常见的；但是遇见某个特定的人，尤其是明星等罕见的人物，是不常见的(概率很低)，这正是本文所说的类指预期。

3.4　类指预期和个体预期的标记

　　我们发现，没有只适用于类指预期而不用于个体预期的反预期标记。从世界语言看，个体指称标记发达，而类指标记少见或不发达，这是符合语言发展的趋向的。因为个体层次的指称是基础的，是我们的日常生活不可或缺的；而概念层次是后起的，不必要的，很多时候，类指标记完全可以与个体标记共享一套语词。

　　应该像陆方喆(2014)那样区分两类反预期标记：

　　1)"竟然、居然、怎么₁、不料、不想、没想到、没料到、谁知(道)、哪料、哪想、岂料、怎知"等，它们都既可用于类指条件下的预期，也可用于个体条件下的预期，运用范围非常广泛。而且它们的例句大都伴随着较为强烈的情感，因此多是意外标记。

　　2)"偏(偏)、但是、可是、不过、然而、反而、反倒、却"等，一般用于个体条件下的预期(仅有极为稀少的例子是类指预期)。这一类的语篇中大多有明确地表示预期产生的个体条件的语句。如"偏(偏)"的语篇绝大多数都包含两个分句，前一个是特定的前提，也就是个体条件 O，这占全部语

---

　　①　仅仅是在极为特殊的语境中，可能产生一些联系。例如卫生局督察员来到一家大饭店，说"一家如此有名的大饭店，饭菜中竟然有虫子！"，这是梯级范畴的体现，指连普通饭店都不应该有虫子，大饭店就更不应该有虫子了。这与本文所说的个体预期无关。因为我们不能像前面的例子一样，把大饭店改成小饭馆，然后就允许说"一家不起眼的小饭馆，饭菜里竟然没有虫子"。不起眼的饭店仍然应该没有虫子。

料的 92％（与之相反，"竟然"有个体条件 O 的例句只占 14％）。"偏（偏）"
与个体条件搭配，如"一家有名的大饭店，饭菜却偏偏不太好吃""一家不
起眼的小饭馆，饭菜却偏偏如此好吃"；那些找不到特定条件的反预期句，
也就是类指预期句，一般不能使用"偏（偏）"如下例所示：

(41) a. ♯饭菜里偏偏有虫子！

　　 b. ♯小王在街上偏偏看见了大歌星韩红。

　　 c. ♯家长恨铁不成钢，偏偏将亲生孩子活活打死！

　　 d. ♯记者参加朋友的聚会时，偏偏有幸喝到了用鲜花花汁做成
　　　　 的饮料。

　　 e. ♯1993 年 5 月，村民郑某、张某、吴某等苦于致富无门，偏荒
　　　　 唐地提出重建神堂庵，企图借助封建迷信活动敛财。

　　 f. ♯前来祝贺的人群中，偏偏有省委书记胡富国。

　　 如果这些句子要成立，在语义上要加以修改，如例 b 中小王本来要去
开会（个体条件），可偏偏在街上看见了大歌星，于是没能准时到会，这是
违反了开会的（特定的）愿望，可以说"在街上偏偏看见了大歌星，结果迟
到了"。

4. 结语

　　 预期的认知模型有四个部分：条件、预期、当前信息和预期性。尤其
不能忽视条件与预期的区别与联系。从预期上讲，可以根据认识主体而
分成自预期、他预期、常理预期、前文预期和（行为）主体预期。预期本身
是情态表达式，又可以分为强预期（包括能力预期、道义预期、认识预
期）和弱预期（意愿预期）。

　　 根据预期的条件的性质，可以分为类指预期和个体（指称）预期。前
者指一类条件中每一个成员都可以得到差不多的预期值，选择这一类中
的哪一个具体条件，都没有什么区别。而后者则是由一个特定的条件得
到预期，一旦条件改变，预期也会改变。在意外研究中，通常所说的"非预
期"情况，实际上是类指预期。反预期标记有的是可以通行于类指预期和
个体预期的；有的只或主要用于个体预期，很少或不用于类指预期。

　　 我们认为，"竟然"究其本质，是表达自反预期，当说话者的自预期与

常理预期相同时,也表达常理反预期;当说话者移情于行为主体时,也表达主体反预期;但如果不同,就以自预期为依归。除此之外,"竟然"可以自由地用于类指预期和个体预期;自由地用于能力预期、道义预期、认识预期和意愿预期。"竟然"往往伴随较高的说话者情感,可以归于意外标记。

"偏偏"是一个多义项的语气副词:执拗义、违愿义和一般转折义。实际上,历史上还发展出其他用法,需要具体分析。我们将在另外的文章中证明,"偏偏"的所有用法都适用于用"不和谐标记"来概括。"偏偏"有两个影响极大的限制条件:一般表达常理反预期,一般表达个体预期①。除此之外,"偏偏"还有较强的消极情感倾向(但已经有所改变)。

参考文献

陈振宇　2017　《汉语的指称与命题——语法中的语义学原理》,上海:上海人民出版社。

陈振宇　2020　《逻辑、概率与地图分析》,上海:复旦大学出版社。

陈振宇　杜克华　2015　《意外范畴:关于感叹、疑问、否定之间的语用迁移的研究》,《当代修辞学》第 5 期。

陈振宇　姜毅宁　2019　《反预期与事实性——以"合理性"语句为例》,《中国语文》第 3 期。

陈振宇　吴　越　张汶静　2016　《相对信息价值与语言研究》,《语法研究与探索(十八)》,北京:商务印书馆。

丁雪妮　2005　《意外义语气副词"幸亏"、"偏偏"、"竟然"比较研究》,济南:山东师范大学硕士学位论文。

范　伟　2009　《"偏"和"偏偏"的情态类型及主观性差异》,《南京大学学报(社会科学版)》第 9 期。

刘　瑞　2020　《终竟义词语的语义和功能的演变研究——以"到头(来)"等为例》,北京:北京大学硕士学位论文。

陆方喆　2014　《反预期标记的性质、特征及分类》,《云南师范大学学报(对外汉

---

① 强星娜(2020)认为"偏偏"不是"无定预期"。我们的发现与她基本一致,"偏偏"一般不能用于类指预期。

语教学与研究版)》第 6 期。

吕叔湘主编 1999 《现代汉语八百词》(增订版),北京:商务印书馆,2002 年印。

苗浴光 2003 《"意外"态语气副词研究》,大连:辽宁师范大学硕士学位论文。

强星娜 2017 《意外范畴研究述评》,《语言教学与研究》第 6 期。

强星娜 2020 《无定预期、特定预期与反预期情状的多维度考察——以"竟然""偏偏"等为例》,《中国语文》第 6 期。

单威 2016 《反预期标记"竟然"》,《语文学刊》第 12 期。

石定栩 周蜜 姚瑶 2017 《评价副词与背景命题——"偏偏"的语义与句法特性》,《外语教学与研究》第 6 期。

吴福祥 2004 《试说"X 不比 YZ"的语用功能》,《中国语文》第 3 期。

余翠 2016 《语气副词"偏偏"研究》,福州:福建师范大学硕士学位论文。

朱景松 2007 《现代汉语虚词词典》,语文出版社。

Aikhenvald, Alexandra Y 2012 The essence of mirativity. *Linguistic Typology* 16(3):435—485.

Dahl, Osten 2000 *Grammaticalization and the Lift Cycles of Construction*. Stockholm: Stockholm University.

Heine, Bernd, Ulrike Claudi and Friederike Hunnemeyer 1991 *Grammaticalization: A Conceptual Framework*. Chicago: University of Chicago Press.

Hengeveld, Kees & Olbertz, Hella 2012 Didn't you know? Mirativity does exist!. *Linguistic Typology* 16(3):487—503.

Tyler, Peterson 2015 Mirativity as surprise: evidentiality, information, and deixis. *Journal of Psycholinguistic Research* 45(6):1327—1357.

陈振宇:chenzhenyu@fudan.edu.cn

王梦颖:17210110030@fudan.edu.cn

原载《语言教学与研究》2021 年第 5 期,本书收录时略有改动。

评注性副词的语义积淀对反预期表达功效的制约与影响[*]
——以"居然、竟然"与"硬是、愣是、就是、偏是"为例

上海师范大学　　　张谊生

提　要　评注性副词最为本质的特征就在于其表述性,可以充当高层语。研究评注性副词表示"反预期"与"意外",应该坚持全面、动态的认识,关注其特定的语义积淀。评注性副词的"居然"与"竟然"的差异在于:"居然"更强调主观上的不认可,"竟然"更强调最终结果不接受。评注性副词"硬是、愣是、就是、偏是"表达主观评注功能时会体现出细微的个性化差异,"硬是"重在"坚决而又执拗","愣是"突出"全然不顾后果","就是"突显"主观强调肯定","偏是"侧重"故意与众不同"。

关键词　评注性副词　反预期　语义积淀　表达功效

1. 前言

长期以来,像"索性、反正、简直、也许、显然、难道、果然、居然、竟然"这一类词,一直都被当作语气副词处理。然而,如果深入考察的话就会发现,充当状语和表示语气其实并不是这些词的主要功能。虽然它们有时确实可以充当状语并表示各种语气与口气,但其基本功能大多数在于充

_____

* 本文曾在"汉语句法语义理论研究"学术讨论会上报告,本稿又作了修订与扩展。本文是国家社科基金项目"程度副词的生成、演化及其当代功能扩展的新趋势研究"(项目编号:15BYY131)、国家社科基金项目"汉语副词再演化的模式与功用、动因与机制的系统性研究"(项目编号:20BYY153)阶段性成果。对于各项资助,作者表示衷心感谢。

当高谓语进行主观评注。严格地讲,这一类副词同典型的限制性副词在句法功能和表义功用等各方面都存在着本质的区别,似乎可以另立一类。不过,由于汉语副词内部本来就存在着相当的差异,而且,过细的分类有时并不利于对词类的认识和掌握,所以,姑且称之为评注性(evaluative)副词,反正,不适合称之为语气副词。

本文主要从"反预期"与"意外"的角度研究与辨析语义积淀对汉语评注性副词表达功效的制约与影响。主要分为三个部分:首先,大致界定与说明评注性副词的性质与特征、类别与功用,着重介绍其中的一些反预期评注性副词的类别与功用;然后,通过对反预期评注性副词"居然"与"竟然"表达重点与倾向差异的辨析,揭示研究反预期评注性副词,应该关注其语义积淀与演化历程;最后,通过对"硬是、愣是、就是、偏是"这四个反预期评注性副词的分析,多角度辨析与探讨语义积淀对反预期评注功能的影响。

顺便告知,本文所引例句都是检索于北京大学中国语言学研究中心(CCL)语料库。为了节省篇幅,现代汉语例句不再逐一标示出处;但为了便于检索近代汉语例句,全都标明出处。

2. 评注性副词的性质与功用

2.1 分布与搭配

评注性副词的基本功用是对相关命题或述题进行各种主观性、情态化的评注,与典型副词相比,其特征是述谓性与灵活性。所谓述谓性,是指跟各种典型副词总在句中充当状语完全不同,评注性副词主要是充当高谓语。其高谓语功用大致表现从三个方面证明:1)可以后附语气词,2)可以受其他词语修饰,3)可以单独构成句子。例如:

(1) 假若祥子想不起孔圣人是什么模样,那就应当像曹先生,不管孔圣人愿意不愿意。<u>其实呢</u>,曹先生并不怎么高明。

(2) 那些衣裳显然很破旧,而且打了补丁,<u>同样显然</u>,那件被大哥撕破又被姐姐连缀起来的花布衫,也在这些衣裳之中。

(3) 瞧!大裤裆胡同又迅速一百八十度大转弯儿了。<u>本来嘛</u>!姓刘的为什么不请在座的诸位,却单请一个驴财神?

(4) 一个黑影渐近,南琥珀估计是指导员。<u>果然</u>。来的就是他。

所谓灵活性,就是指因为评注性副词在句中充当高谓语,所以其句法分布十分自由灵活,绝大多数双音节评注性副词都可以或者位于句中,或者位于句首,或者位于句末。例如:

(5) 不管他视野是不是有点狭隘,他反正都是为了大家的利益,所以,自信心很强。

(6) 反正,他让每月都来探望他一次的那个朋友,替组里每人都代买了一个钱包。

(7) 这是到底怎么回事? 周华想,又想:不关自己的事,反正。

(8) 每天一清早就去溜鸟儿,他俩每天至少要走五六里路。

(9) 至少,我们以前过分严肃了,需要有所调节,这个故事或正好承担这个任务。

(10) 老范,我认为,你现在就应该可以评二级了——至少!

当然,这种灵活性也要受到两个方面的限制。首先是韵律节奏的限制:凡是单音节的评注性副词,比如"并、也、就、都"等,一般都只能位于句中,其次是评注辖域的限制。

2.2　评注与辖域

就表达功用而言,评注性副词既不表示词汇意义,没有修饰功能,也不表示语法意义,没有限制功能,而是表示各种情态意义,表达主观评注功用。例如:

(11) 现在看了先生的文章,再自己深省,的确,从事教育的人至少要有这些认识。

(12) 别人我不论,若是自己曾经看过许多旧书,是的确的,为了教书,至今也还在看。

后句的"的确"可以进入了"是……的"强调格式,表明其高谓语评注功能是非常典型的。

根据调查,评注性副词的传信、评注功能主要有四个方面:断言与确定、释因与醒悟、推测与揣测、推断与总结。譬如,断言就是对客观事实的肯定与否定,强化肯定的有"确、诚、真、实、的确、确实"等副词,加强否定的有"决、绝、万、并、万万、千万、根本、压根儿"等,强调反问的有"岂、何不、何必、难道、究竟"等。例如:

(13) 创造条件,引诱敌人犯错误,不仅有利于营救战友,而且<u>确实</u>可以打乱敌人的部署和行动。

(14) 四叔一知道,就皱一皱眉,道:"这不好,恐怕她是逃出来的。"她<u>诚然</u>是逃出来的,不多久,这推想就证实了。

(15) 它的干呢,通常是丈把高,像是加以人工似的,一丈之内,<u>绝无</u>旁枝。

(16) 她能够和张仪合作,可我却<u>万万</u>不能够和张仪合作。

(17) 其实,我<u>岂</u>不知道这老头子是刽子手扮的!

(18) 你太不讲礼貌了,<u>难道</u>还要老先生亲自来一趟吗?

不过,需要指出的是:由于受表达功效的制约,就像单音节评注性副词要受到音节的制约一样,加强否定的评注性副词与单音节评注性副词,都只能充当状语而不能充当高层谓语。

就评注辖域来看,位于句首的评注性副词,大都是全幅评注,也就是对整个命题进行评注,只能位于句中的评注性副词,大都是半幅评注,也就是只对述题部分进行评注。例如:

(19) 所以过了几天,掌柜又说我干不了这事,<u>幸亏</u>荐头的情面大,辞退不得,便改为专管温酒的一种无聊的职务了。

(20) 我们楚国<u>幸亏</u>有三闾大夫,平常我们的国王也很听信三闾大夫的话。

(21) 邢国夫人说:"<u>幸好</u>你还没有正式上任,就不必再另外寻住处了,我们家旧日的住所,谨用来迎接你。"

(22) 又停了两天,连里全部考核完了。<u>幸好</u>,还有三个班也出现了不及格。我和李上进都松了一口气。

当然,位于句中的评注性副词,也可以是全幅评注,位于句首的,还没有发现半幅评注的。

2.3 传信与情态

传信表达主要有三类:1)对信息来源的交代,2)对事实真实性的态度,3)对事件确信程度的评价。所以,相当一些传信现象,都可以通过评注性副词来完成,其中比较常用的反预期评注性副词有"竟、偏、竟然、竟至、居然、偏偏、偏生"等。例如:

(23) 冰如<u>简直</u>梦想不到会有这一回风潮。迁去几具棺木<u>竟至</u>震荡全镇的心。

(24) 以中国古训中教人苟活的格言如此之多,而中国人偏多死亡,外族人偏多侵入,结果适得其反,可见我们蔑弃古训,是刻不容缓的了。

(25) 令人气愤的是,上百名围观者竟然无动于衷,被盗妇女也不见了踪影。

(26) 于是他下定决心办肉类联合加工厂,几年下来,居然梦想成真,像模像样了。

近年来的研究表明,现代汉语中最常用的一些单音节副词"也、又、再、还、才、都"等,在特定语境中,也可以用来表示各种反预期的评注。例如:

(27) 不知怎么搞的,现在男人也爱美了,还看不到别人身上的优点。

(28) 你去找他干什么? 他又不是医生,怎么能给你们看病呢?

(29) 如果我已经嫁人,还有了孩子,这事再有趣,我也不会让你来。

(30) 别吵了,别吵了,还研究生呢? 怎么会这么没有礼貌呢?

当然,由于各词的语义积淀、演化途径不同,反预期的功用与效果,也完全不同。譬如,发展到当代汉语,由于"也"的反预期功效,导致"X 也 Y"演化成当代流行构式。例如:

(31) 男人也爱美/美女也愁嫁/君子也言利/和尚也花心/草根也有才/古人也搞笑。

(32) 国货也给力/唐装也潇洒/皮卡也时髦/风雨也有情/菜鸟也强悍/貂蝉也风流。

调查可知,表达的传信功能中与反预期有关的评注性副词,主要是一系列表示主观意愿同客观事实相反、出乎意料或略感惊讶的情态评注性副词。当然,同样是反预期,到底是发话人的预期还是受话人的预期,这一点必须分清。另外还有一点值得关注的就是:同样是表达反预期,相同功用的评注性副词为什么存在一系列特定差异,这些细微差异应该怎样辨析? 总之,评注性副词在表达过程中,会体现各种主观情态,迄今为止,已有大量研究成果。

3. "居然"与"竟然"反预期的侧重

3.1 分布与位序

就句法分布而言,"居然"和"竟然"两个评注性副词,都是可以在谓语

中心词前作状语,也可以在主语前作状语;当然,偶尔还可以单独使用。例如:

(33) 这位 50 岁的老者还是位盲人,但是据调查表明,他<u>居然</u>是马来西亚足球比赛作弊活动最大的组织者。

(34) 绕过瀑布后才能下水继续前行,而这位老艄公当年在渡载八路军时,<u>居然</u>船不上岸强渡而下,为黄河摆渡史留有惊人之举。

(35) 经过几年的发展,现在刘庄豆腐<u>竟然</u>占据了亳州豆腐市场的"半壁江山"。

(36) 一次她被前来视察的蒋介石看中,受到几天临时宠信,<u>竟然</u>飞龙入梦珠胎暗结,于是就生下了这个儿子。

很显然,在句中的"居然""竟然"都是半幅评注的,而句首的则基本上都是全幅评注的。

就连用与组配来看,从调查的语料可以发现,当一个句子的谓语有多个状语修饰的时候,"居然"和"竟然"基本上都位于其他状语,尤其是其他副词的前面的。例如:

(37) 惟其如此,我们才能够理解,未必算得上什么优秀之作的《廊桥遗梦》,从小说到电影,<u>居然可以</u>倾倒那么多的读者和观众。

(38) 这是他第一次为了挣钱而写作,<u>居然非常</u>安详和堂皇,丝毫不觉得对文学有什么亵渎之感,写得非常顺手。

(39) 从施工到交付使用,<u>竟然没有</u>经过市建筑市场招投标,没有经过市建筑工程质量监控。

(40) 这个能够支配着巨额资产的企业大亨在其偌大的个人思想的空间里<u>竟然几乎</u>容不下哪怕一点点享受欲。

这就表明作为评注性副词,"居然""竟然"的评注对象基本都要涉及整个的命题或<u>述题</u>。

3.2 表达与强调

现有辞书基本都认为"居然"主要表示"出乎意料""<u>太不应该/不可能了</u>","竟然"的表述也是有点"出乎意料","<u>违反了一般常情、事理</u>"。例如:

(41) 磐安人惊诧了:昔日埋怨的穷山,<u>居然</u>蕴藏着如此巨大的财富!

(42) 有一天,好友送我一盒小茶花,半尺高,<u>居然</u>开了一朵小小的鲜艳的红花,还有两个小花蕾。

(43) 按照"小天鹅"的质量标准,生产线开开停停,<u>竟然</u>12天没生产出一台洗衣机。

(44) 世界这么小,我从上海辗转到了延安,又来到晋东南,绕了几乎半个中国,现在<u>竟然</u>和这位"失踪"已久的老同学同在敌后这个穷乡僻壤的山沟沟里工作!

相同的两个副词,细究起来可以发现,确实存在着细微的差异,尤其是强调重点不同:"居然"更强调"实在不可能这样却这样了",而"竟然"更强调"发展到最后却这样了"。例如:

(45) 然而,令人难以置信的是,这些鳗鱼的身上还带着中国江苏海安的串串水珠,经过迢迢千里的空运,其成活率<u>居然</u>高达99.99%。

(46) 当队友回了一个很刁的球时,他<u>居然</u>在瞬间之内把球拍换到了左手上,极潇洒地挡了回去。

(47) 此事发生时,有上百人围观,但无一人上前相助,而歹徒<u>竟然</u>在众目睽睽之下逃之夭夭,被窃事主也悄悄溜走了。

(48) 更有甚者,正当两国知识产权谈判进入关键时刻,美方主要谈判代表<u>竟然</u>不辞而别,单方面中断谈判并把达不成协议的责任强加给中方,从根本上违反了平等协商处理国家间事务的基本准则。

前两句换成"竟然",后两句换成"居然",虽然也不能算错,但表达效果就明显不妥了。

3.3　演化与发展

从历时用法来看,"居"的本义指"蹲着",引申为"居住、停留、占据、囤积"等意义,比如"居高临下、居安思危"。随着不断的演化发展,从词汇化进而到副词化。大致到了六朝,表示"出人意料"的情态副词"居然"已开始逐渐成形了。例如:

(49) 精粗之分,<u>居然</u>殊矣。(六朝《抱朴子》)

(50) 安石<u>居然</u>不可陵践其处,故乃胜也。(《世说新语·品藻》)

(51) 然而损之有谦光稽古之善,崇之获矜能纳谏之讥。得失不侔,<u>居然</u>可辩。(《旧唐书》卷一三九)

(52) 愚百金于当时,<u>居然</u>无以相尚。(《艺文类聚》)

由于"住、停"都隐含有"不为、不着力"之义,所以在"居然"的情况下却"VP"了,就含有出乎意外的主观感觉。"居然"就会逐渐衍生出反预期的情态义了。当然,演化初期,主观评注性还不够典型。从语法化的角度看,当时的"居＋然"的"然"已后缀化了,"居然"的词汇化、副词化还在演化中。

"竟"的本义指"完毕、终止",引申出"终于、到底,最终"之义,如"毕竟,有志者、事竟成"等。近代早期大多是"竟"表"最终",副词"竟然"到明清成形,由于限定的"VP"大多数不希望发生的结果,所以,就衍生出反预期的情态。例如:

(53)不想,桑榆暮景,竟然一病不起,服药无效,一命归西去了。(《七侠五义》十一回)

(54)他自恃武勇,竟然不放在心上,准备明日到台对敌。(《乾隆南巡记》十五回)

(55)近来苏州竟然没有能画的,所有求画的,都到我那里去。(《二十年目睹之怪现状》三十七回)

(56)你背叛了我,我本来就要复活,你为什么不能再忍一年,而竟然用火照我?(《情中幻》卷九)

从以上分析可以看出,"居然"和"竟然"的语义积淀完全不同;词汇化与副词化的时间和虚化路径也不完全相同,"居然"虚化要早一些,并且是因为语义的转移而形成的,而"竟然"的虚化稍微晚一些。两者由动词到单音节副词,再到加上后缀"然"进而双音化、评注化,在演化过程中形成了两词在句法分布、语义表达尤其是评注重点方面的特定差异。由此可见,在研究副词反预期评注功用时,还需要通过历时溯源来做出合理的共时分析。

4."硬是、愣是、就是、偏是"反预期的异同

4.1 分布搭配与共现配合

"硬是、愣是、就是、偏是"这四个"X是"从近代发展到现代、当代,都已经从状中短语固化为一个评注性副词了,其中的"是"也都已转化为构词后缀了。至于句法分布,这四个"X是"最典型的分布就是充当不同性

质与功用的句子成分状语,修饰各种谓词,包括动词、形容词及其短语,当然,"X是"除了修饰各种谓词,表示评注功能以外,还能够修饰小句,增强对整个命题的评注程度,表达说话人对事件命题的态度、观点和意见,而且,有时也可以在定语位置上充当句法成分的状语。例如:

(57) 譬如搬迁,就是一桩艰难的工作。这里有习惯势力作祟,还有的明明是对他有利的事却硬是不理解,一而再再而三地做工作,正面做不通,就从侧面动员。

(58) 他妻子说,"我们刚刚坐下来吃晚饭,谁料到你偏是不识相,不迟不早地闯进来了。"

(59) 葬梅岭就葬梅岭吧,可思维与常人就是不一样的陈叔陵,看中的却是早已下葬在梅岭的东晋名人谢安的墓地。

(60) 咱这个地方有的是果子,要是上了果汁生产线,你想想那利润!可几个副老总愣是一副不同意的样子,说是果汁眼下走俏,长远看是长线项目……

由于受到副词"X是"所表达的情态义的需要与制约,能够受"X是"修饰的成分中,出现频率最高的大都是具有否定义的词语,包括"不/没有＋谓词"构成的否定短语,含有否定义、否定语素的词组、结构甚至构式、小句等。例如:

(61) 1993年,政府公布了加息的消息,当时她手里的股票总是舍不得卖,比如深安达,28元时有人劝她卖掉,她愣是不听,结果一路下调,掉到16元时,不得不忍痛割肉。

(62) 梁叔是有名的倔头,有一回人家给连生哥提亲,姑娘是临县的,人好家也好,他嫌远硬是不同意。

(63) 宋美龄说:"委员长情绪不正常,很烦。我也给他说了几遍,他就是不回话。我看他的意思是不想见你们。"

(64) 天空白茫茫的一片,哪里有山峰的影子?张召重等见他们说个不休,偏是一句话也不懂,陈家洛又两次站上马背瞭望,不知搞什么鬼。

由于语义突显和篇章表达的需要,在具体运用时经常出现与"X是"共现使用的是副词、连词,主要表现在配合共现和紧邻连用两种情况。在

同一语段中,"X是"与相关副词、转折连词往往相隔共现;或者与相关副词、转折连词并列使用。例如:

(65)"日本鬼子进村后,挨家挨户抓人,上至白发老妪,下到吃奶的婴儿。当时的乡长一再向鬼子解释,这些人都是老百姓,<u>可</u>鬼子<u>愣是</u>不放过,先是扫射,后掷手榴弹,发现喘气的,还要补上一枪。"

(66)他们不但不鼓励我唱歌,反而压制我。成天让我看书,考大学。<u>可是</u>我对读书<u>就是</u>不感兴趣,感兴趣的依然是音乐。读高中时,有人说如果把眼睛蒙上听我唱歌,他会以为我是齐秦。

(67)譬如搬迁,就是一桩艰难的工作。这里有习惯势力作祟,还有的<u>明明是</u>对他有利的事<u>却硬是</u>不理解。一而再再而三地做工作,正面做不通,就从侧面动员。

(68)两位当事人一位是政府官员,一位是村干部,都是国家工作人员。按理说,这样的事件是不应该出现在这两个人身上的,<u>但是</u>事实<u>却偏是</u>这样。

可见,由于主观评注表达效果的影响,相应的表达往往会出现客观与主观的转折表达。

4.2　主观情态与表达功效

"X是"都属于情态式判断的主观评注性副词,说话人在表示判断时,还表达了一种对所判断命题的知识、信仰的主观感受和反映,同时也表达了说话人对相关事件的承诺、愿望和评价。所以,说话人通过"X是"在句中的表达,正是表达了对相关事件的一种主观感受与相关评价,是一种典型的反预期的情态表达功效。例如:

(69)1993年全国掀起了房地产热、股票热、到沿海投资热。一些单位赚了钱,好些职工动了心,劝雷作海投资,他<u>硬是</u>不为所动。事隔不久,许多单位因大笔钱陷进去而叫苦不迭,而他们却没有损失1分钱。

(70)有好几次,车开到天津武清,<u>愣是</u>不让上高速。司机只好走辅路,在齐家务一堵就是一天,最少也得半天。半天的工夫,一车菜就能烂一半。

(71)他从前只想如何把书教好,从没想有一天会让他当校长。可是,任他如何委婉推脱,教育局的官员们<u>就是不肯松口</u>,李云经无奈,只好前往郭垅镇中学赴任了。

(72) 本想秋高气爽,温度适宜,谁料今年<u>偏是连绵阴雨</u>,可陕送公司仍没有一个项目放松,没有一个项目不是抓紧这黄金季节赶进度,只把佳节当平常。

值得注意的是,"X 是"所在的句子,在信息传递过程中主要是体现了说话人的主观意识,基本上都是说话人对事件的主观认知、感情、感知的情感性表达。例如:

(73) 但是,过去由于观念陈旧,忽视品牌战略,好端端的"闺女"<u>硬是</u>"嫁"不出去,一度竟成为搭配销售的滞销品。

(74) 妈妈是武汉人,爸爸是哈尔滨人,两人都是北大的,Coco 是遗腹子,没出生爸爸就去世了;妈妈是医生,9 岁一家移民到美国,妈妈很不容易,<u>愣是靠自己把 3 个孩子拉扯大</u>。

(75) 这些人把青春,把健康,把财力精力都贴进去了,明知自己成不了大气候,明知这条路上成功率小得可怜,<u>就是不放弃追求</u>,文学梦硬是醒不来。

(76) 喜欢党史研究的都知道,岁月流逝,已过去半个多世纪,找到彼时彼刻的亲历亲闻者谈何容易,果真如大海捞针般艰难。但钱先生<u>偏是有这般铁杆磨针的耐心细致</u>。

很显然,作为附缀式评注性副词,这四个"X 是"的主观情态性,还是很典型的。

4.3　表义倾向与评注侧重

同样表达反预期情态的"X 是",由于各种语义积淀的影响,在表达主观评注功能时体现细微的个性化差异。"X 是"评注对象可以是话题,也可以是述题,还可以是整个命题,正因为"X 是"具有各自的评注侧重,具体适用度有差异。例如:

(77) 大弟陈圣说,小姐姐在荣总医院住院,请假出去逛街,在护士室的黑板留言说:"人生最大的事业不过放心而已。"<u>偏是</u>(♯就是/♯愣是/♯硬是)他为忽然"离开人间"的小姐姐打理后事:"人生如梦,无奈! 遗憾!"

(78) 在这"天高皇帝远"的地方,采油工们硬是(愣是/就是/偏是)不为其所动,义正辞严地说:"油是国家的,一滴也不能随便放。"

(79) 当时的乡长一再向鬼子解释,这些人都是老百姓,可鬼子愣是(硬是/就是/偏是)不放过,先是扫射,后掷手榴弹,发现喘气的,还要补上一枪。

(80) "好你个没心没肺的赵四海。你害俺一辈子还不够哇,你还指望着你儿子接你的班哪? 不成。宝宝叫啥都可以,偏是(就是/#愣是/#硬是)这带'海'的名字俺不同意、不同意、不——同——意。""嗨嗨,你不懂的。"海子嘿嘿笑答,他不能向媳妇道出印度洋惊魂,生死一幕。"俺不懂,你懂,俺没你聪明⋯⋯"

细究起来,就评注对象而言,例(77)句的"偏是"是评注话题,例(78)(79)两句的"硬是""愣是"也是评注述题的,而例(80)句"偏是"是评注整个命题的。不难发现:在表达反预期的评注功能时,"偏是""就是"均可以位于句首用于评注话题和整个命题,"愣是""硬是"则大多不太合适这样评注。换句话说,"X是"都可以在句中评注述题,但情态突显各有侧重;用于评注话题和命题的"偏是"侧重超出接受范围的主观表达,"就是"侧重态度意愿的突显;用于评注述题的"X是"则分别突显方式、语气、态度和范围。

就形成来源看,"硬、偏、愣、就"在与附缀"是"凝固成词之前,本来都是各具特色的评注性副词。细究起来,各"X"的语义积淀与情态侧重各具特色:"硬"是行为方式的积淀,"愣"是意愿态度的积淀,"偏"是范围偏离的积淀,"就"是强调情态的积淀。所以,四个"X是"的评注功效的差异在于:"硬是"重在"坚决而又执拗","愣是"突出"全然不顾后果","就是"突显"主观强调的口气","偏是"侧重"故意与众不同"。例如:

(81) 为了拉动收视率,湖南卫视方面曾传出消息,《宫》其实有三个结局,究竟播出哪个结局要到最后一刻才能揭晓⋯⋯由于《宫》的收视率非常高,湖南卫视在《宫》临近结局的时候,将原本每天两集的播出方式硬是改成了一天播一集。

(82) 老王平时非常珍惜那辆"金狮"牌自行车,每天都要仔细擦洗一遍,从来不外借。可没骑几年一辆接一辆地丢,心里甭提多别扭

　　了。已经上班干采煤的儿子说到超市花六七百块买辆质量好的,他<u>愣是</u>不愿意,说:"怕丢,能转圈就行!"

(83) 拿到奖杯的穆雷不像平时那么阴郁冷酷……为自己的冷酷语气向大家致歉:"可能你们会觉得难以置信,其实我多么想让你们从我的声音中听出我的兴奋,但是我的语气<u>就是</u>这么无聊。真的很抱歉,其实我真的很兴奋!"

(84) 两位当事人一位是政府官员,一位是村干部,都是国家工作人员。按理说,这样的事件是不应该出现在这两个人身上的,但是事实却<u>偏是</u>这样。作为国家干部,这两位官员这样的官员真的能够为人民服务么?

　　由上面四例可以看出,都具有特定的反预期情态功能,表达的也都是说话人对相关事件的主观评注,但各句的"X是"仍然具有细微而重要的差异:例(81)"将播出方式硬是更改",强调对行为方式的坚持。例(82)"愣是不愿意"侧重"父亲因害怕自行车被偷而拒绝儿子再买新车"的态度和意愿。例(83)"我的语气就是这么无聊"主要强调"穆雷只是语气冷酷,其实很兴奋"的现实情况,表达一种强烈的口气。例(84)"事实却偏是这样"则重在突显两位国家工作人员的所作所为偏离了"正道"的特定范围。

　　由此可见,由于"硬是、愣是、就是、偏是"语义积淀造成的语法化、主观化程度的高低,对副词的评注性功能产生了影响,这四个"X是"在表义倾向和语用功能方面表现出细微的语用差异,集中体现在评注效果的不同,评注对象的差异和连贯方式的细微差异性。这也就再次表明,研究与分辨评注性副词的反预期功用,必须重视其不同的语义积淀。

5. 结语与余论

　　综上所述,可归纳如下:首先,以往的词类研究,受传统印欧语法的影响,几乎都认为只有谓词才具有表述性,才可以充当谓语,其实,在现代汉语中,有些名词和部分副词也具有表述性,也可以充当高谓语。现代汉语的评注性副词,最为本质的特征就在于它们的表述性,如果受制于"副词只能充当状语"的成说,对此视而不见,那么,要想真正揭示汉语副词的特点和规律,显然是不可能的。其实,高谓语在印欧语系诸语言中也是普遍存在的。比如 R.P.斯托克威尔在《句法理论基础》中分析英语的全句副词时,就曾经认为:

She is obviously intelligent.＝It is obvious that she is intelligent.

He is apparently stupid.＝It appears that he is stupid.

He is probably right.＝It is probable that he is right.

Admittedly, I might be wrong.＝I admit that I might be wrong.

并且明确地指出:"obviously,apparently,probably,admittedly 这些副词构成了对整个命题的表述,是命题的谓语。"看来,研究评注性副词的表达功用,应该具有全面、动态的认识。

其次,"居然"与"竟然"句法功用上相差不大,但是,由于语义积淀与演化途径不同,在反预期的表达上,两词其实还是存在一定的差别的:"居然"更加强调发话人认为"不应该、不希望这样,却还是这样了","竟然"更强调发话人认为"不可能、不会是这样最终却这样了",也就是说"居然"更强调主观上的不认可,"竟然"更强调最终结果的不接受。充分厘清了两词的细微差异,有利于对表面相似的反预期表达效果,具有更加精准的理解。

最后,"硬是、愣是、就是、偏是"这四个"X 是",在分布搭配与共现配合上,主要表达反预期情态,具有强烈的主观性,表达说话人对关涉事件的态度、观点、评价等主观情态。"X 是"既是反预期信息标记,又是焦点敏感算子,能够起到引入新信息、突显焦点的作用。在语用差异和表义倾向上,由于语义积淀的影响同样表达反预期情态的"X 是",在表达主观评注功能时会体现出细微的个性化差异。"硬是"重在"坚决而又执拗","愣是"突出"全然不顾后果","就是"突显"主观强调肯定","偏是"侧重"故意与众不同"。

参考文献

陈文雪　2016　《谈"居然"和"竟然"》,《现代语文(学术综合版)》第 4 期。

丁雪妮　2005　《意外义语气副词"幸亏"、"偏偏"、"竟然"比较研究》,济南:山东师范大学硕士学位论文。

范　伟　2009　《"偏"和"偏偏"的情态类型及主观性差异》,《南京师范大学学报(社会科学版)》第 5 期。

胡湘君　2016　《"意外态"语气副词的对外汉语教育研究——以"竟然、居然、偏、偏偏"为例》,南宁:广西民族大学硕士论文。

金娇娇　2018　《基于 BIS 模型的"A(也)就算了,居然还 B"认知研究》,成都:四川外国语大学硕士论文。

毛诗琪　2018　《留学生"居然""竟然"的习得偏误分析及对外汉语教学策略》,长沙:湖南师范大学硕士论文。

刘梦羽　2018　《语气副词"竟然""居然"的对外汉语教学研究》,曲阜:曲阜师范大学硕士论文。

罗树林　2007　《"竟然"类语气副词的语用功能分析》,桂林:广西师范大学硕士学位论文。

沈家煊　2001　《语言的"主观性"和"主观化"》,《外语教学与研究》第 4 期。

孙　楠　2012　《现代汉语转折副词的反预期标记功能研究》,南京:南京师范大学硕士学位论文。

王中兴　2016　《"居然"的语义分析及篇章功能》,上海:上海师范大学硕士论文。

谢子文　2012　《"竟然、居然"语法化研究》,桂林:广西师范大学硕士论文。

许艳华　2013　《试析"偏偏"和"偏"》,《现代语文》第 7 期。

张艳庆　2019　《意外义语气副词"竟然""居然""偏偏""偏"在对外汉语教学中的研究》,呼和浩特:内蒙古师范大学硕士论文。

张谊生　2000　《评注性副词功能琐议》,《语法研究和探索(十)》,北京:商务印书馆。

张谊生　2003　《"副十是"的历时演化和共时变异——兼论"副十是"表达功用和分布范围》,《语言科学》第 3 期。

张谊生　2011　《当代流行构式"X 也 Y"研究》,《当代修辞学》第 6 期。

张谊生　田家隆　2016　《从"X 是"的反预期情态看语义积淀对副词主观评注功能的影响——以"硬是、愣是、就是、偏是"的个性差异为例》,《语言研究集刊》(第十六辑),上海:上海辞书出版社。

赵　芳　2013　《注性副词"居然"与"竟然"语用预设的差异》,《唐山学院学报》第 3 期。

邹银环　2010　《现代汉语副词"居然"的语法化历程探析》,《绵阳师范学院学报》第 3 期。

F. Ungerer, H. J. Schmid   2005   *An Introduction to Cognitive Linguistics*, Beijing: Foreign Language and Research Press.

John Lyons   1977   *Semantics*, London: Cambridge University Press.

Haspelmath, Martin   2003   The geometry of grammatical meaning: Semantic map and crass-linguistics comparison. In M. Tomsello(ed.), *The New Psychology language* Vol 2, New York Erlbaum.

Heine, Bernd, Ulrike Claudi, and Fruederike Uünnemeyer   1991   *Grammaticalization: A Conceptual Framework*. Chicago: The University of Chicago Press.

Hopper J. Paul & Elizabeth Closs Traugott   1993   *Grammaticalization*. Cambridge: Cambridge University Press.

张谊生:yingshen@shnu.edu.cn

副词"倒是"的意义与演变：
从主观性到交互主观性[*]

华中师范大学文学院　　陆方喆

提　要　本文从共时和历时两个层面详细分析了"倒是"的主观性和交互主观性及其演变。文章认为副词"倒是"的主观性体现为表达言者的反预期，其交互主观性则与言者对听者预期的关注有关，背后动因是礼貌原则的推动。从历时演变来看，副词"倒是"由短语"倒＋是"词汇化而来，演变的关键句法位置是"倒是"位于主语之前，最迟在明代完成词汇化。

关键词　倒是　主观性　反预期　演变

1. 引言

副词"倒是"有多种意义和用法，与"倒"基本相同，许多辞书将这两个词合并解释，如《现代汉语八百词》总结了"倒"和"倒是"的七种用法，分别是：

1) 表示跟一般情理相反；反而，反倒。如：妹妹倒(是)比姐姐高。
2) 表示跟事实相反。如：你说得倒(是)简单，你试试看。
3) 表示出乎意料。如：有这样的事？我倒(是)要听听(不相信)。
4) 表示转折。如：房间不大，陈设倒(是)挺讲究。
5) 表示让步。如：质量倒(是)挺好，就是价钱贵点。
6) 舒缓语气。如：咱俩能一起去，那倒(是)挺好。|你说他不肯去，这

＊　本研究得到国家社科基金"汉语语体类型与体标记的选择和制约关系研究"(项目编号：20CYY033)资助。

倒(是)不见得。

7) 用于追问或催促。如:你倒(是)说说看。

《现代汉语八百词》对"倒是"意义的总结十分全面,后来的工具书基本沿用这一说法(如北大中文系的《现代汉语虚词例释》;岑玉珍、幺书君的《汉语副词词典》;杨寄洲、贾永芬《汉语800虚词用法词典》等)。研究者们感兴趣的是,"倒是"和"倒"的意义如此繁多,能否进一步概括和提炼,进而解释不同意义之间的联系。以往研究主要集中在"倒",如李宗江(2005)把"倒"的语义功能概括为表示相反关系、转折关系和舒缓语气三种。彭小川(1999)认为"倒"的基本意义是表示"对比",包括相反和相对两种关系。也有学者尝试从"预期"的角度统摄"倒"的七种用法,如吴中伟、傅传凤(2005)指出"倒"的基本意义是表示确认某个事实或期望,同时隐含着违背说话人预期的情形或说话人不期望、不认可的方面。周红(2006)认为,"倒"的基本语法意义表示实际与在语义前提下推断出来的预期不同,"不同"包括相反和不一致。但是在具体论证中,研究者们往往不确定舒缓语气和催促意义与预期的关系,吴中伟、傅传凤(2005)认为催促意义是附加信息;周红(2006)认为,倒字句的委婉语气和催促语气是其他成分带来的。孙颖、郭继懋(2011)指出"倒"的基本意义为"颠倒",即两个相反语义背景下的预期在实际中发生了颠倒,但他们也承认,无法找出第7个义项中的颠倒关系。

对"倒是"的研究不多,主要集中在其中几个特定用法。宗守云(1998、2001)分析了"倒是"转折句的语义模式和表达作用,他认为,"倒是"转折句的语义模式与"反而"相同,表达作用有二:一是体现了说话人对所叙事件的主观态度——强调事件的出乎意料;二是旨在突出话题的转变。张健军、吴长安(2011)分析了对答情境下的"X倒是X"格式,相当于"倒是"表示让步时的用法,他们认为该格式具有"不完全认可"义,并从礼貌原则和语用否定两方面探讨了其语用机制。严丽明(2012)指出"倒是"是一个同形异构体,可以区分为谓词性短语、加词性短语、偏正型复合词"倒是₁"和后附式派生词"倒是₂",其中"倒是₁"不能与"倒"替换,"倒是₂"与"倒"在语义和句法分布上基本等价。

上述研究对揭示"倒是"的语法意义有重要的参考价值,尤其是从预

期角度切入,可以说抓住了"倒"和"倒是"的核心意义,目前仍未解决的问题是:

1)"倒是"的七种用法是否都与"预期"有关,特别是表示舒缓语气和催促意义的用法能否用"预期"解释?

2)"倒是"的七种用法其实不在一个层面,前三项是语义—语用角度,义项 4 和 5 是逻辑语义角度,义项 6 和 7 又是从语用角度作的分析,这种不一致导致"倒是"的意义杂乱无序,缺乏内在联系。是否有一种更好的分析角度展示出"倒是"不同意义之间的联系?

3)"倒是"和"倒"在共时和历时层面的关系如何?

本文将首先明确语言形式"倒是"的性质,然后在共时层面从主观性和交互主观性的角度对"倒是"的多种用法进行辨析与概括,最后从历时层面探讨"倒是"的词汇化过程。

本文所引例子皆来自北京大学中国语言学研究(CCL)语料库,为节省篇幅,不再一一注明出处。

2. "倒是"还是"倒十是"?

严丽明(2012)指出,现代汉语中的"倒是"是一个集不同性质的语言形式于一身的同形异构体,可以分为短语和副词两大类型。孤立地看,"倒是"既是一个词,又可以分析为副词"倒"修饰动词"是"构成的状中式短语。在考察语料时就要区分,语言形式"倒是"到底是副词还是短语。我们在北大 CCL 语料库中检索到以下含"倒是"的例句:

(1) 拉拉同意道:"这倒是。"

(2) 这倒是个好主意!

(3) 鲁庄公说:"我在祭祀的时候,倒是挺虔诚的。"

(4) 倒是他的小儿子陈明亮撒着娇不许父亲坐地铁和公共汽车,说咱丢不起那个人,又不是没有专车,干嘛跟犯了多大错误似的。

(5) 当时他岁数小,年龄没到,我们俩一起去报考的,结果我第一轮海选的时候就被淘汰了,他倒是一关一关挺顺利地就过来了。

以上例句虽然都含"倒是",但不是同一个结构。例(1)和例(2)是副词"倒"修饰"是"构成的谓词性短语,其中例(1)的"是"表示肯定对方说的话,是句中的核心谓词,副词"倒"修饰"是",构成一个无宾语的主谓结构。例(2)"是"为判断动词,后带名词宾语。例(1)和例(2)的"倒是"中间均可以有停顿,能插入其他成分扩展,如"这倒的确是""这倒的确是个好主意","是"能重读。对于例(3),严丽明(2012)认为是副词"倒"和焦点标记格式"是……的"所组成的词组。对此,我们有不同意见,首先,这里的"是……的"结构不是焦点标记格式,而是带"是……的"标志的一部分动词谓语句和形容词谓语句,即刘月华等(2001:771)所说的"是……的"句(二),这类句子多用来表示说话人对主语的评议、叙述或描写,全句往往带有一种说明情况、阐述道理、想使听话人接受或信服的肯定语气。这类句子与表示强调的焦点标记格式"是……的"句的区别在于,后者不能省略"的",但前者的"是"和"的"可以同时去掉(刘月华等2001:777)。例(3)中的"是……的"可以删去,变为"我在祭祀的时候挺虔诚",说明这里的"是……的"并不是焦点标记格式。其次,由于"是……的"句(二)可以省略"是",句子意思不变,因此例(3)的"倒是"既可以分析为〔倒〔是挺虔诚的〕〕,也可以分析为〔倒是〔挺虔诚的〕〕,前者"倒"修饰"是……的"句(二)的完整形式,后者"倒是"修饰省略了"是"的"是……的"句(二)。这句话的"倒是"也可以用"倒"替换,变成"我倒挺虔诚的",意义不变。例(4)和例(5)的"倒是"结合紧密,中间不能插入其他成分,"是"的语音弱化,不能重读,所在句子还有其他核心动词,因此这两例中的"倒是"为双音节副词,前者位于句首,修饰整个小句,不能用"倒"替换,后者位于句中,可以用"倒"替换,意义不变。

　　综上,"倒是"后面没有宾语或者带的是名词性宾语时,为短语"倒十是","是"可以重读。"倒是"修饰谓语或小句时,为副词,构成成分"是"不能重读。

3."倒是"的主观性:表达言者的反预期

　　所谓主观性是指说话人在说出一段话的同时表明自己对这段话的立场、态度和感情,从而在话语中留下自我的印记〔参看Lyons(1977),转引自沈家煊(2001)〕。副词"倒是"的意义繁多,但均与主观性有关。"倒是"的有无会导致句子主观性强弱的不同,比如:

（6）他学习英语。

（7）他倒是学习英语。

（8）我们单位领导没来，我的母亲马上要来了。

（9）我们单位领导没来，倒是我的母亲马上要来了。

例（6）只是客观陈述"他学习英语"这一命题，说话人并没有表现出自己的主观态度和情感。例（7）多了"倒是"，除了例（6）的命题意义外，还表现出说话人出乎意料的情感态度（本来没想到他学习英语）。例（8）为并列复句，陈述两个事件，前后分句的位置可以互换，客观性较强。例（9）多了"倒是"，分句间变为转折关系，除了客观陈述这两个事件外，还体现了说话人的态度"没想到母亲要来"。张谊生（2000：18）把这类主要表示说话人对事件、命题的主观评价和态度的副词称为评注性副词。作为评注性副词，"倒是"的句法位置十分灵活，比如：

（10）鲁豫：张柏芝说自己是一个很随意的，喜欢自然的人……她说话的时候也很随意，没有什么顾虑，倒是她的助手在旁边显得很紧张的样子。

（11）对于感情的话题，刘德华倒是表现得很轻松，甚至还开起了自己的玩笑。

（12）大导演拍的电影不好，倒是这个小导演拍得不错。

（13）这部电影倒是不错，就是时间太长了。

（14）狂风暴雨各种雨又要来了，离开重庆之后再也没见过细雨蒙蒙了，有点怀念倒是。

"倒是"可以用于主语前，位于句首，如例（10）和例（12），也可以用于主语后谓语前的句中位置，如例（11）、例（13），在口语性较强的句子中甚至还能位于句尾，如例（14）。无论处于哪个位置，"倒是"都是全幅评注，即对整个命题进行评注，因而属于句子副词（IPAdv）。Traugott（1999：177）指出，句子副词的主观性强于谓语副词（VAdv）。那么副词"倒是"的主观性具体是什么？我们认为，主要表现为其修饰的命题或事件与说话人预期相反。张谊生（2000：50）指出，全幅评注以句外因素作为评注的基点。就"倒是"而言，其评注的基点就是说话人的预期。该预期可能是基于某种常情、常理或是说话人的主观认识。例（10）是鲁豫谈论采访张柏芝时的情景,张柏芝的助手没有接受采访,按照常理,不应该紧张,而且张柏芝本身也是个很随意,喜欢自然的人,因此鲁豫就对张柏芝助理有一个预期(不应该紧张),但是结果恰恰相反。例(11)对于明星而言,谈到感情问题时,一般都会比较紧张,但刘德华却表现得很轻松,与说话人预期相反。例(12)从形式上看是转折复句,前后两个分句是对立的情况,但其对立是建立在常规预期"大导演拍的电影比小导演好"之上的,事实与说话人预期相反,从而形成对立和转折。

例(10)—(12)中说话人预期与某种社会常情、常理有关,是句子成立的语用前提,对听话人来说是已知信息。"倒是"句陈述的命题或事实与预期相反。如果句子陈述的是合预期现象,则不能用"倒是",比如:

(15)♯冬天倒是下雪了。

(16)♯这道题,大学生倒是比小学生算得快。

(17)♯小导演拍的电影不好,倒是这个大导演拍得不错。

"冬天下雪""大学生比小学生算得快""大导演拍的电影比小导演好"都是符合常规的预期,因而不能用"倒是"。例(13)、(14)说话人预期则更多的是个人认识或喜好,如例(13)说话人之前没想到电影不错,看完后发现与自己预想不符,但又觉得电影"时间太长",因而在第二分句有一个转折。例(14)言者没想到自己会怀念细雨蒙蒙,直到看到各种狂风暴雨之后,突然发现自己对蒙蒙细雨还是有点怀念。这些预期是句子的隐含义,听话人可以通过"倒是"从句子字面义推断出来,对听话人而言也是新信息。

关于例(13),《现代汉语八百词》《汉语副词词典》等工具书都认为是"倒是"的让步用法,与转折用法不同的是,"倒是"出现在复句的第一个分句。类似的例子还有:

(18)这件衣服倒是挺漂亮,就是贵了点。

(19)合同倒是签了,只是现在还不能执行。

(20)想法倒是不错,不过现在还不好实现。

让步句是先让步后转折的复句句式,可分为实让(虽然 p,但是 q)、虚让(即使 p,也 q)、总让(无论 p,都 q)和忍让(宁可 p,也 q)(邢福义 2001:467)。我们认为,不能把复句的句式意义赋予"倒是"一个词身上,因为"倒是"既可以用于单句,也可以用在转折复句的第二个分句或让步复句的第一个分句,还可以用于递进复句的第一个分句(如例11),无论"倒是"出现的句法环境如何变化,不变的是其反预期核心语义。上述3例,其实前后分句仍然构成转折关系,而之所以能形成转折,就在于前分句表达的甲事引起某种预期(如衣服漂亮从而想买,合同签了应该执行,想法不错可以实现),然而后分句表达的乙事却轶出这个预期(衣服贵了不想买,合同还不能执行,想法还不好实现)。尹洪波(2020)也指出,转折的语用机制是预期偏离。因此,无论是让步或者转折都只是"倒是"出现的句法环境,不能当作它的语义,"倒是"的核心语义仍是反预期。

4. "倒是"的交互主观性:关注听者预期

"倒是"在使用中也发展出了交互主观性的用法。所谓交互主观性是指说/写者用明确的语言形式表达对听/读者"自我"的关注,这种关注可以体现在认识意义上,即关注听/读者对命题内容的态度;但更多的是体现在社会意义上,即关注听/读者的"面子"或"形象需要"(Traugott & Dasher 2002,吴福祥 2004)。交互主观性与主观性密切相关又有区别:主观性表达说话人的态度或视角;交互主观性是对听话人"自我"关注的明确表达,而且这种关注是将听话人作为话语事件的一个参与者来对待的,而不是将其作为谈论的内容(Traugott 2003,丁健 2019)。主观性在语言中普遍存在,但交互主观性却不一定,Traugott & Dasher(2002:22)以"I will take you to school."为例,他们指出,这句话没有显示出多少对听话人需要或形象的关注,只是因为有"我""你"这样的人称代词,仍然显现出主观性。但是,如果对这句话加以修改,变成"Actually, I will take you to school.",通过使用 actually 一词,就体现出说话人对听话人态度(即听话人要么不想去学校,要么不想让说话人带他去学校)的关注。从历时角度看,主观性总是由非/少主观性(non-/less subjective)演变而来,而交互主观性又是主观性的进一步发展(吴福祥 2019)。

就"倒是"而言,其交互主观性体现为言者对听者预期的关注,用"倒是"标示与听者预期不一致的信息,常出现于对话语境中,比如:

(21) 不料当即小美龄眨了眨大眼睛,脱口回答说:"不,安斯沃思夫
　　人,我<u>倒是</u>挺喜欢这样。"

（22）你说他不肯去？这倒(是)不见得。(《现代汉语八百词》)

例(21)安斯沃思夫人的预期是"小美龄不喜欢这样"，而事实上小美龄却喜欢这样。例(22)听话人以为他不肯去，说话人的观点与听话人相反。上述2例中的"倒是"完全可以删去，如"不，安斯沃斯夫人，我挺喜欢这样""这不见得"。与原句相比，删去"倒是"后句子显得生硬许多，原因就在于，"倒是"体现了说话人对听话人预期的关注，即说话人站在听话人的角度看待问题，听说双方结成某种程度的同盟关系，那么尽管说话人陈述的事实或观点与听话人预期相反，也不至于过于唐突和生硬，从而达到以往研究所说的"舒缓语气"作用(吕叔湘2007,李宗江2005)。

对话语境中，传统上认为"倒是"还有一种表示催促的用法，如"你倒是说啊"，由于这一用法与"倒是"的其他意义差别较大，研究者们普遍觉得难以解释，如李宗江(2005)认为这种语气与舒缓语气有明显的差别，因此在文章中暂不涉及。孙颖、郭继懋(2011)直接承认无法解释催促语气与其他意义的关系，而周红(2006)则把催促语气归结于动词和句尾语气词"呵、呀、啊"带来的，与"倒(是)"无关。我们认为，"倒是"的催促语气不是"呵、呀、啊"等句尾语气词带来的，而是与其交互主观性有关，比如：

（23）江水山屹立不动，高昂地说："赔礼？笑话，共产党员给反动派赔礼！妈，这比杀了我还难！"

"你倒是去不去？"不见儿子动一下，母亲伸出手要打，但又缩回来。

（24）玉珍那眼睛可尖，一下就认出是大烟土，心里早动了，脸上却不露色，又闭着眼不理他。

"哎呀，小娘娘，两口子还生那末大气干么！这烟土可不少，上等的，你倒是要不要？"

（25）李太太盯着手里的牌一动不动。顾八奶奶的声音：打呀，李太太，你倒是打呀！

（26）罗二娘不耐烦了："是好是歹，你倒是说一句话呀！"

"倒是"在表示催促语气时主要出现于两种句类，一种是正反问句，如例(23)和(24)；一种是祈使句，句尾常有表示敦促意义的"呀"或"啊"，如例(25)和(26)。在正反问句中，如果删去"倒是"，则催促语气消失，说明"倒是"句的催促语气不仅仅是"啊""呀"带来的。那么，"倒是"为什么会带来催促语气,与听说双方的预期有没有关系呢? 我们认为,"倒是"修饰的成分是说话人的预期,如例(25)的"你打"、例(26)的"你说一句话",正反问句的说话人预期可概括为"你回答"。该预期与听话人预期相反,说话人用"倒是"加以标示,并表明对听话人预期的关注,即我知道你的预期与我相反,我表示不满,希望你也能关注我的态度和情感。Schiffrin (1990)指出,交互主观性不仅涉及说话人对听话人的关注,而且设想了听话人对话语的理解及反应。从听话人角度而言,说话人已经表现出对自己的关注和不满,为了维系双方关系,需尽快配合,由此获得"催促"解读。因此"催促"语气不是"倒是"的字面意义解读,而是听话人从语境中推断出来的隐含义。

　　Traugott & Dasher(2002:22—23)指出,交互主观性的表达具有以下特点:1)有明确的社会指示语;2)有明确的标记语表明说话人/作者对听话人/读者的关注,例如,模糊限制语、礼貌标记语以及敬语等;3)从合作原则上看,关联准则起主导作用,也就是说,言语的表达隐含更多的言外之意。例(21)—(26)中"倒是"的使用完全符合交互主观性的特点:有明确的社会指示语"我""你",有明确的标记"倒是"表明对听话人的关注,"倒是"的舒缓和催促语气更多体现为一种隐含义。

　　"倒是"交互主观性用法的动因与会话中的"礼貌原则"有关。礼貌通常被理解为说话人为了实现某一目的而采取的策略,比如建立、维护或提升交际双方和谐的人际关系(何自然、冉永平 2017:95)。Leech(1983:132)曾提出著名的礼貌原则,包括得体准则(减少表达有损于他人的观点)、慷慨准则(减少表达利己的观点)、赞誉准则(减少对他人的贬损)、谦逊准则(减少对自己的表扬)、一致准则(减少自己与别人在观点上的不一致)和同情准则(减少自己与他人在感情上的对立)六大原则,每个准则下又包含两条次则。"倒是"的交互主观性用法主要与其中的一致准则和同情准则有关,一致准则要求 1)尽量减少双方的分歧;2)尽量增加双方的一致。同情准则要求 1)尽量减少双方的反感;2)尽量增加双方的共情。例(21)—(26)中,说话人表达的事实或认识与听话人预期。

　　相反,说话人用"倒是"修饰与听话人预期相反的信息,体现出对听话人的关注,表示自己站在听话人的角度看待问题,从而减少双方对立,增加双方的共情。

5. "倒是"的词汇化与历时演变

现代汉语存在作为短语和副词的"倒是",这其实是"倒是"历时词汇化演变轨迹在共时层面并存的结果,即副词"倒是"由短语"倒＋是"词汇化而来。历史上,"倒"先于"倒是"出现,根据李宗江(2005)、李焱、孟繁杰(2011)等研究,副词"倒"源于动词"倒",最初表示"颠倒"义,如"倒戈""倒悬""倒行"等,通过隐喻机制,从空间的"颠倒"虚化为认知域的"颠倒",表示跟预期相反,最早见于南北朝,但不多见,隋唐时的用例也很少。宋代出现"倒"表示转折关系的用例,宋元时期数量有所增加,但是使用频率仍旧比较低。自明代开始,"倒"的使用量开始激增,并且在用法上日趋完善,表示转折和舒缓语气的用法都已经出现。就"是"的演化途径而言,董秀芳(2004)概括为指代词→判断词(经焦点标记)→词内成分,词内成分既包括演变得较为彻底的二字连词或副词中的"是",如"但是、可是、只是、总是、老是、倒是",也包括词汇化还在进行中的含有"是"的双音节连词和副词,如"不管是、或者是、尤其是、已经是"等。

关于"倒是"的历时演变,严丽明(2012)参考张谊生(2004)对"副＋是"历时演变的研究,认为由于副词"倒"与焦点标记"是"经常共现,在语用频率效应、汉语韵律,以及其他"F是"短语发展轨迹的类推作用下,"倒是"也逐渐走上了由短语向单词转化的历程,并在清代最终完成词汇化。我们对此有两点不同意见,一是严文认为"倒是"词汇化是因为副词"倒"经常与焦点标记"是"共现,但从语料来看,我们倾向于认为是张谊生(2004:389—390)所说的"F是"词化的第二条途径,即有些副词在修饰系动词"是"的过程中,就形成了定型的搭配,此后又与焦点标记"是"进一步结合,从而走上了凝固、融合之路。二是,我们认为"倒是"的词汇化最迟在明末已经完成,而不是严文所说的清代。

我们在北大CCL古代汉语语料库搜索发现,"倒是"连用的例子最早出现于五代的《祖堂集》,仅有一例:

(27)"如何是真心?"师云:"不杂食。""如何是妄心?"师云:"攀缘起倒是。"

此处的"倒是"为短语"倒+是","是"为判断词,后面可以补出省略的宾语"妄心"。这里的"倒"已不是表示空间颠倒的动词,而是表示反预期的副词"倒",即一般人不认为攀缘起是妄心,但佛法认为是妄心。

在宋代语料中,我们搜到4例"倒是":

(28) 若说自家资质恁地好,只消恁地做去,更不解理会其他道理,也不消问别人,这倒是夹杂,倒是私意。(《朱子语类》)

(29) 义理人心之所同然,人去讲求,却易为力。举业乃分外事,倒是难做。可惜举业坏了多少人!(《朱子语类》)

(30) 倒是庄老有这般说话。庄子云:"言而足,则终日言而尽道;言而不足,则终日言而尽物。"(《朱子语类》)

(31) 大尹自己缉获不着,倒是钱大王送来,好生惭愧。(《南宋话本选集》)

根据第一节我们提出的区别标准,例(28)"倒是"修饰名词宾语,仍是副词"倒"加判断词"是"构成的短语。例(29)—(31)的"倒是"分别修饰谓语"难做"和小句"庄老有这般说话""钱大王送来",已开始向词发展。从意义上看,例(29)—(31)均表示与说话人预期相反,即没想到"举业难做""庄老有这般说话""钱大王送来"。要注意的是,例(30)和(31)"倒是"虽然同样修饰小句,但仍有不同,试比较:

(30a) 庄老倒是有这般说话。

(30b) ♯倒却是庄老有这般说话。

(31a) ♯大尹自己缉获不着,钱大王倒是送来。

(31b) 大尹自己缉获不着,倒却是钱大王送来。

例(30)的"倒是"中间不能插入其他成分,整体可以移动至主语后,例(31)的"倒是"不能整体移动,但可以插入其他成分,说明前者的"倒是"结合更为紧密。由此我们判断,"倒是"词汇化的关键句法位置是位于句首修饰小句,当小句较短时,"是"与小句主语结合更加紧密,为焦点标记,强调小句主语;当小句较长时,出于平衡音节的需要,"是"与"倒"结合更加紧密,在元代语料中,我们找到更多这样的例子,比如:

(32) 想起这事,与鲁公子全没相干,倒是我害了他。(《元代话本选集》)

(33) 军师不知，我那孩儿尉迟保林，撇下二个多年。岂知刘无敌就是他？**倒是**他认着我来。(《元全曲》)

(34) (正旦云)你那里知道，他家没的功劳，**倒是**你有功劳来？(《全元曲》)

(35) 只把前家儿子苦哀矜，**倒是**自己亲儿不悲痛。(《全元曲》)

(36) 乘车人忧心悄悄，**倒是**御车吏壮志扬扬。(《全元曲》)

(37) **倒是**吕布兄弟还容忍得过，若我白袍李肃呵，杀了那老贼多时也。(《全元曲》)

例(32)—(34)"倒是"后的小句较短(5字以内)，"是"标记小句主语为对比焦点，"倒"和"是"之间可以有一个语音停延，可以插入"却"，主语重读，强调是主语而不是其他人。例(35)—(37)"倒是"后的小句较长(多于7个字)，"倒"和"是"结合为一个音步，不能插入"却"，没有语音停延。从意义上看，上述例句均表示与说话人预期相反。

"倒是"作谓语修饰名词宾语时，为短语结构，位于句首时开始发生词汇化，移至句中修饰谓语时，与副词的典型句法位置一致，可以认为词汇化基本完成，如：

(38) 故此名字叫做盘龙三太子，西洋各国**倒是**有些惧怯于他。(《三宝太监西洋记(三)》)

(39) 左右先锋说道："这个番婆**倒是**难和他比手，王爷怎么这等神见！"(《三宝太监西洋记(四)》)

(40) 手里没钱，如今**倒是**做了大户。(《金瓶梅》)

以上3例的"倒是"中间不能插入"却"，没有语音停延，"是"的语音弱化，不能直接修饰其后成分(如不能说"如今是做了大户")，变成一个后附于"倒"的后缀，"倒是"已经成为副词。因此我们可以从不同时期语料中"倒是"句法分布的数量来判断其词汇化进程。从总体来看，"倒是"结构出现于五代和宋朝只有5例，元代出现47例，明代173例，清代激增到1364例。摸清"倒是"词汇化进程的关键应在清之前，我们统计了五代至明的语料中"倒是"修饰名词宾语、位于句首和句中的数量，结果见表1：

表1　五代至明朝"倒是"句法位置统计

"倒是" 朝代	名词宾语前	句首主语前	句中谓语前	合计
五代、宋	2 例(40%)	2 例(40%)	1 例(20%)	5 例
元	24 例(51%)	15 例(32%)	8 例(17%)	47 例
明	73 例(42%)	45 例(26%)	55 例(32%)	173 例

从表1可知,"倒是"修饰名词宾语的比例一直很高,已经形成一种定型的搭配,这里的"是"位于名词宾语前时,为判断词,"是"后的宾语为全句自然焦点,"是"不重读,在语音上倾向与副词"倒"形成一个自然音步,比如:

(41)(三末云)甚么好言语? 娘<u>倒是</u>黑老鸦,你<u>倒是</u>凤凰! (《全元曲》)

(42)他<u>倒是</u>君子,元帅你<u>倒是</u>小儿。(《全元曲》)

(43)妙通袖里摸出钿盒来,道:"不须别样聘财,却<u>倒是</u>个难题目。"
(明《二刻拍案惊奇(上)》)

以上3例,"倒是NP"在句法结构上仍为[倒[是 NP]],为跨层结构,"是"不能删除,但"倒是"可连读形成一个自然音步,为之后的进一步融合创造了基础。值得注意的是例(43),副词"却"位于"倒是"前面,而不是"倒是"中间(尽管可以移到中间),说明"倒""是"经常在一起搭配后,已经被视为一个整体。由于以上3例中"是"为句子唯一的动词,"是"很难虚化为词内成分,跨层结构短语"倒是"将长期作为副词"倒是"的同形异构体存在。"倒是"位于句首主语前,"是"为焦点标记,是其词汇化的开始,从数量上看,在早期多于其位于句中的情况,随着时间的推移,到了明代,"倒是"位于句中的数量反超句首,且在句首的"倒是"也大多可移动至句中,因此我们认为可以把明代视作"倒是"词汇化完成的年代,元朝则是过渡时期。这一结论也可得到其他研究的支持,张谊生(2004)对"副(F)＋是"结构的历时演变研究表明,许多"F 是"短语都是在元明时期开始凝固为一个单词。董秀芳(2004)指出,"双音连词/副词＋是"的词汇化发生在明清后,"单音连词/副词＋是"的词汇化早于前者,演变得较为彻底,许多已被收入词典。

从意义上看,宋元时期的"倒是"用例主要表达与说话人预期相反,体现其主观性用法,如上例(29)—(37),我们仅找到两例与听话人预期相反的例子,如:

(44)"本乡本土少什么一夫一妇的,怎舍得与异乡人做小。"婆子道:"大娘不知,倒是异乡人有情怀。"(《元代话本选》)

(45)(老道姑云)我教你弹琴,正要清心养性,倒教你引老公不成?(正旦唱)倒是我卓文君一曲求凰操,早把那汉相如引动了。(《全元曲》)

例(44)听话人预期是异乡人没有情怀,所以不应该给异乡人做小。婆子陈述的观点与听话人预期相反。例(45)很值得分析,交际双方先后用了"倒(是)",老道姑先用"倒"表明"教你引老公"与其预期相反,正旦则用卓文君弹琴引司马相如的例子说明其观点与听话人相反。"求凰操"后虽然有逗号隔开,但语义上是作为后面把字句的主语,停顿更多是因为口语表达的需要,并且"倒是"并不是强调主语"求凰操",而是整个把字句。上2例都出现于对话中,可见,对话语境使说话人越来越关注听话人的认识和态度。

到了明代,"倒是"表达与听话人预期相反的例子逐渐增多,如:

(46)九妈又道:"秦小官人,老身还有句话。你下次若来讨信,不要早了,约莫申牌时分,有客没客,老身把个实信与你。倒是越晏些越好,这是老身的妙用,你休错怪。"(《今古奇观》)

(47)晁源道:"这都是几个丫头合家人媳妇,见在家里,行时一同起身就是。"差人道:"褚爷的法度甚严,我们也不敢领饭,倒是早些起身,好赶明早厅里投文。"(《醒世姻缘传(上)》)

(48)童奶奶道:"这却我不得晓的,狄爷你自己拇量着。要是狄奶奶难说话,快着别要做,好叫狄奶奶骂我么?"狄员外道:"这骂倒是不敢的。"(《醒世姻缘传(中)》)

到了清代,"倒是"数量激增,用法已经与现在别无二致,我们也发现了传统所说的表示让步和催促语气的用法,如:

(49) 你这主意倒是很好，可不能用本都院的名义传谕人家。(《三侠剑(上)》)

(50) 路倒是有，只是不好走，你老下驴罢。(《老残游记》)

(51) 回头又吩咐本府差役："开封府包大人的礼物在哪里？ 你们倒是张罗张罗呀!"(《七侠五义(上)》)

(52) 人家哪儿不依呢。你倒是说话呀。(《三侠剑(中)》)

6. 结论

本文从共时和历时两个层面详细分析了"倒是"的主观性和交互主观性及其演变，回到文章开头提出的三个问题，我们认为副词"倒是"的核心语义是反预期，以往研究所说的"表示跟一般情理相反、表示跟事实相反，表示出乎意料、表示转折、表示让步"其实都是与说话人预期相反，而所谓的舒缓语气和催促语气则与"倒是"表达对听话人预期的关注有关，是其交互主观性的体现，背后动因则是礼貌原则的推动。从历时演变来看，副词"倒是"由短语"倒＋是"词汇化而来，演变的关键句法位置是"倒是"位于主语之前，最迟在明代完成词汇化。现代汉语共时层面多个同形异构的"倒是"就是其历时演变产物并存的结果。当"倒是"后面没有宾语或者带的是名词性宾语时，为短语"倒＋是"，"是"可以重读。"倒是"修饰谓语或小句时，为副词，"是"不重读，在句中修饰谓语的"倒是"可被副词"倒"替换，在句首修饰小句主语的"倒是"不能被"倒"替换。

参考文献

岑玉珍　幺书君　2013　《汉语副词词典》，北京：北京大学出版社。

陈鸿瑶　2012　《副词"也"主观性的认知解释》，《东北师大学报(哲学社会科学版)》第 2 期。

丁　健　2019　《语言的"交互主观性"——内涵、类型与假说》，《当代语言学》第 3 期。

董秀芳　2002　《"是"的进一步语法化：由虚词到词内成分》，《当代语言学》第 1 期。

何自然　冉永平　2017　《新编语用学概论》,北京：北京大学出版社。

李　焱　孟繁杰　2011　《关联副词"倒"的演变研究》,《古汉语研究》第 3 期。

李宗江　2005　《副词"倒"及相关副词的语义功能和历时演变》,《汉语学报》第 2 期。

刘月华等　2001　《实用现代汉语语法(增订本)》,北京：商务印书馆。

吕叔湘　2007　《现代汉语八百词(增订本)》,北京：商务印书馆。

彭小川　1999　《论副词"倒"的语篇功能——兼论对外汉语语篇教学》,《北京大学学报(哲学社会科学版)》第 5 期。

沈家煊　2001　《语言的"主观性"和"主观化"》,《外语教学与研究》第 4 期。

孙　颖　郭继懋　2011　《副词"倒"的基本意义》,《南开语言学刊》第 1 期。

吴福祥　2019　《语义演变与主观化》,《民族语文》第 5 期。

吴福祥　2004　《近年来语法化研究的进展》,《外语教学与研究》第 1 期。

吴中伟　傅传凤　2005　《"倒"字句的含义及教学》,《汉语学习》第 4 期。

邢福义　2001　《汉语复句研究》,北京：商务印书馆。

严丽明　2012　《同形异构的"倒是"及其与"倒"的异同》,《语言教学与研究》第 2 期。

尹洪波　2020　《现代汉语转折复句新论》,《汉语学报》第 1 期。

杨寄洲　贾永芬　2013　《汉语 800 虚词用法词典》,北京：北京语言大学出版社。

张健军　吴长安　2011　《"X 倒是 X"小句及其对答联系项功能》,《语言科学》第 2 期。

张谊生　2000　《现代汉语副词研究》,上海：学林出版社。

张谊生　2004　《现代汉语副词探索》,上海：学林出版社。

周　红　2006　《副词"倒"的预期推断与语法意义——兼谈对外汉语副词教学》,《云南师范大学学报(对外汉语教学与研究版)》第 3 期。

宗守云　1998　《"倒是"转折句的表达作用和语篇功能》,《汉语学习》第 4 期。

宗守云　2001　《"倒是"转折句的语义模式》,《汉语学习》第 1 期。

Leech，G.　1983　*Principles of Pragmatics*. London：Longman.

Schiffrin D.　1990　The principle of intersubjectivity in communication and conversation. *Semiotica* 80—1/2：121—151.

Traugott，E.C.　1999　The rhetoric of counter-expectation in semantic change：a study in subjectification. *Historical semantics and cognition*. 177—196.

Traugott，E. C. & Dasher，R.　2002　*Regularity in Semantic Change*. Cambridge：Cambridge University Press.

Traugott，E. C.　　2003　　From subjectification to intersubjectification. In Raymond Hickey(ed.)，*Motives for Language Change*. Cambridge：Cambridge University Press.

陆方喆：wubeilfz@aliyun.com
原载《汉语学报》2021 年第 1 期,本书收录时略有改动。

"原来"的反预期性质及其相关问题[*]

上海对外经贸大学国际中文教育学院　　赵　彧
上海师范大学对外汉语学院　　白雪飞

提　要　"原来"具有不同的语用功能,"原来₁"是反预期触发语,语篇结构为"原来 S_1,S_2","原来₂"是解反预期标记,可分为释因性解反预期与醒悟性解反预期,语篇结构为" S_1,原来 S_2"。反预期触发语表达程序性意义,体现为一种后项关联,范围很广,类型不限,有时间名词、认证义动词、副词、连词和话语成分等,其在语用功能、语篇位置、信息格局等方面不同于反预期标记。

关键词　原来　反预期触发语　反预期标记　语篇分布　信息格局

1. 引言

先看两个例子:

(1) 叫我最痛苦、最不好忍受的还有两件事,一件是王晓燕——你知道她<u>原来</u>是我最好的朋友,可是现在却成了我最大的敌人。(杨沫《青春之歌》)

(2) 第二天一早,谭婶婶跨出房门,心里就是个老大的不快,<u>原来</u>荷妹已把两个产妇摆弄起来,站在房里做操呢! (茹志鹃《静静的产院》)

---

* 本文受到上海市哲学社会科学规划青年课题"现代汉语介词句否定的语序类型研究"(项目编号:2020EYY006)、国家社科基金项目"汉语跨层词汇化的再演变研究"(项目编号:17BYY161)、上海对外经贸大学国际商务外语学院预研究项目(2021wyyyj012)的资助。文章写作过程中得到张谊生教授的教正,承蒙《语言研究集刊》编辑部和匿名审稿专家提出的宝贵修改意见,在此一并致谢!

近些年,学界对例(1)、例(2)中"原来"的功能有不同的看法,关注的重点是"原来"到底是不是一个反预期标记。认为"原来"是反预期标记的有:万光荣(2017)、董秀芳(2020)。万文认为"原来"是意外表达形式,出现在"啊,原来……"这样特定的句法结构中,董文认为"原来"从插叙标记用法中获得了解释功能,并逐渐句法化,变为一个句子层面的副词,并同时指出"原来"的解释功能与说明功能都可以伴有反预期意味。有的学者采取折中的观点,刘通(2016)既认为"原来"具有反预期表达功能,又认为"原来"后引导的小句是一个事实,单威(2017)在谈到副词类反预期标记时,指出醒悟类评注副词"原来"表达的多是说话人没有预料到的新情况,超出了说话人的预期,似乎认同了"原来"是反预期标记,但在文章中同时又指出"原来"又是预期明示语。明确认为"原来"不是反预期标记的有陈振宇(2020),陈文认为"原来"是反预期触发语(counter-expectation triggers),表达触发反预期的条件,提示预期信息很可能与当前信息不符。上述对"原来"的认识差异使得我们需要对"原来"的功能进行仔细的梳理,本文要解决的问题有:

1)"原来"到底是反预期标记还是反预期触发语?

2)"原来"有没有表达意外的功能? 在什么条件下表达意外?

3)反预期触发语与反预期标记有哪些句法、语用的差异?

本文语料取自北京大学中国语言学研究中心(CCL)现代汉语语料库,例句全部标注出处。

2."原来$_1$"作为反预期触发语

"原来"有两个义项:表示以前某一时期,当初,含有现在已经不是这样的意思;表示发现从前不知道的情况,含有恍然醒悟的意思,可用在主语前或后(吕叔湘 1999a)。前者记作"原来$_1$",后者记作"原来$_2$。""原来$_1$"是时间名词(邢福义 1985),所在小句是说话人事先预有的事实性知识,语篇结构为"原来 S$_1$【预期小句】,S$_2$【反预期小句】"。凭借其意义,可以推导出"原来$_1$"引导的小句 S$_1$ 是说话人的预期,其语用功能常常是提示听话人后续小句 S$_2$ 将要传递反预期信息,可以将"原来$_1$"看作是反预期触发语。例如:

(3)我在队里喂猪时,每天要挑很多水。这个活计很累,连偷懒都不可能,因为猪吃不饱会叫唤。我还要切很多猪菜,劈很多柴。喂这些猪<u>原来</u>要三个妇女,现在要我一个人干。(王小波《黄金时代》)

(4) 院子<u>原来</u>还有个横石片围墙,自孙玉厚搬走后,就逐渐塌成了一圈烂石头。墙角里用这塌墙石头乱垒起的厕所,似乎连个羞丑也遮不住。(路遥《平凡的世界》)

(5) 我觉得小群和永继妈的脾气都变坏了。她们<u>原来</u>都是温和的女人,现在却不停地互相撕咬。(戴厚英《流泪的淮河》)

上述 3 例,"原来₁"引入的"喂这些猪要三个妇女、院子还有个横石片围墙、她们都是温和的女人"都是说话人先前已知的储备知识,在说话人看来,是无可争议的。"原来₁"作为时间名词具有叙实性,可以通过否定测试来证明,否定后表达的仍是一个事实。例如:

(3)′ 喂这些猪原来不要三个妇女。→喂这些猪不要三个妇女。

(4)′ 院子原来没有横石片围墙。→院子没有横石片围墙。

(5)′ 她们原来都不是温和的女人。→她们都不是温和的女人。

既有预期是触发反预期的条件,后续小句引入的当前信息"现在要我一个人干、成了一圈烂石头、不停地互相撕咬"与既有预期相抵牾,是对既有预期的质的否定,"质预期"指的是言者心理预期出现命题 p,但实际情况是¬p,两者相互矛盾抵牾进而导致言者产生反预期体验(李强 2020)。若把"原来₁"引导的"S₁"称为条件事件 YP,"S₂"称为结果事件 XP,那么就比较容易解释为什么"原来₁"会引发一个反预期。"语义和谐"是指对说话者或一个正常的社会人(代表常规预期)而言,条件概率 P(XP|YP)相当大,但并不是等于 1。意为:如果条件事件为真,则说话者或一个正常的社会人会认为结果事件很有可能为真或会为真,但这不是百分之一百的,允许出现特殊的情况使结果事件为假(陈振宇、姜毅宁 2019),上述例句就是条件事件为真,结果事件为假导致不和谐而产生反预期,形式上用转折句表示。线性增量是无标记的信息格局,最后的最强,如果"原来要三个妇女,现在还要三个人干""原来还有个横石片围墙,现在横石片围墙还在""原来都是温和的女人,现在也还是温和的女人",无疑信息价值都很低,所以保证线性增量的方法就是说出¬YP。"原来₁"也会引发一个合预期情形。如:

(6) 自从本年春天把驴入了合作社,这房子就闲起来,最近因为玉梅的二哥玉生和她大哥金生分了家,临时在里边做饭,北边也有个小三间,<u>原来是厨房</u>,现在还是厨房。(赵树理《三里湾》)

(7) <u>原来是极幸福的家庭</u>,现在仍然是和气一团的生活着。(袁昌英《行年四十》)

上述两例,S_2 与"原来$_1$"引入的 S_1 的语篇可以有两种理解:一种是反预期解读,即条件事件为真,结果事件为假(预期现在应该不是厨房、应该没有和气一团的生活着);一种是合预期解读,即"还是厨房、仍然是和气一团的生活着"与预期小句"是厨房、是极幸福的家庭"相和谐,这是事物在将来的情况,常常与它已然的情况一致,也就是从过去、现在延续到将来(陈振宇,李双剑 2020)。句中副词"还是、仍然"除了具有反预期、超预期的意味,还具有"预期的延续"义(彭小川,胡玲 2009、魏红华,蒋静忠 2012、李妹妹 2019)。另外,反预期解读可以加入"竟然、居然、怎么"等反预期标记来测试,合预期解读还可以加入"瞧"(邱闯仙 2010)、"果然"(李冰 2009、李婵 2015)等合预期标记来测试。例如:

(6)′ 原来是厨房,[竟然/居然]现在还是厨房。(反预期解读)

原来是厨房,[瞧/果然]现在还是厨房。(合预期解读)

(7)′ 原来是极幸福的家庭,[竟然/居然]现在仍然是和气一团的生活着。(反预期解读)

原来是极幸福的家庭,[瞧/果然]现在仍然是和气一团的生活着。(合预期解读)

两种解读反映了信息量的差异,由于语篇以追求更多有效的信息为无标记,所以由"原来是厨房、原来是极幸福的家庭"推理出"现在还是厨房、现在仍然是和气一团的生活着"这种不和谐的反预期解读时,信息价值最大;而合预期解读时,信息价值最低("原来是厨房,现在还是厨房"等于没有提供新信息),这往往是在特殊的、有标记的语篇中才能成立。例如:

(8) "对,"冯永祥应了一声,他采了一朵娇艳的康乃馨别在江菊霞黑丝绒旗袍的大襟上,说,"这么一来,江大姐就漂亮了。"

"阿永,你这话可说错了。江大姐<u>原来就很漂亮</u>,"金懋廉打趣地说,"她并不因为这朵花才显得漂亮。"(周而复《上海的早晨》)

上例是双重反预期语境①,其语篇层次意义为:1)冯永祥认为江菊霞别上一朵娇艳的康乃馨在黑丝绒旗袍的大襟上就漂亮了。2)【意外】金懋廉对冯永祥的观点感到很惊讶,因为江菊霞原来就很漂亮,所以有没有康乃馨并不重要。3)【强调】金懋廉反对冯永祥的观点,认为江菊霞并不因为这朵花才显得漂亮,冯永祥因江菊霞别上一朵娇艳的康乃馨而漂亮的观点是错的。"原来$_1$"在双重反预期语境下引导了一个语义和谐格局,是合预期的。这说明了"原来$_1$"的反预期触发语功能是倾向性的,是由语用原理推导而得的,并不是语义的必然结果。反预期效应对语境的依赖性较大,需要借助于后续小句 S_2 的语境支持,S_2 以转折形式表达了对 S_1 的偏离,转折是一种反预期表现形式。"原来$_1$"引导一个显性预期,其后出现反预期小句构成一个无标记的语篇,合预期小句是一种有标记的语篇。不同于反预期标记,"原来$_1$"引导的小句本身并不会激活起一个反预期语境,但可以和反预期标记在句中同现,语序也位于反预期标记之前(如"原来……,竟然/居然……")。

3. "原来$_2$"作为解反预期标记

"原来$_2$"是评注性副词,构成解反预期语篇,语篇结构为"$S_{1【反预期】}$,原来 $S_{2【解反预期】}$",可分为释因性解反预期与醒悟性解反预期。

3.1 释因性解反预期

释因是指具有"引出原因或原委"功能,即在已说出事件结果的语境中,用释因标记可引出事件的原因或原委(李宗江,艾贵金 2016),若结果与共享预期或小句主体的预期相违背,形成他反预期,"原来$_2$"引导的后续小句 S_2 是对 S_1 的他反预期的消解。例如:

(9) 一个周末晚上,校园内静谧无声。机警的校保卫人员发现一间教室里闪出灯光,走近一看,<u>原来</u>是游海萍正聚精会神地试幻灯片。(《报刊精选》1994 年)

S_1"教室里闪出灯光"是发现的事实或者结果,该结果与共享预期相

---

① 可参看陈振宇、姜毅宁(2019)对"双重反预期"的解释。

抵牾,根据常识,周末晚上的校园静谧无声是常态,而当下却闪出灯光,因此产生反预期体验,"原来$_2$"引导的 S_2"游海萍正聚精会神地试幻灯片"既是对 S_1 原因的交代,也消解了校保卫人员的反预期。再看消解小句主体的反预期。例如:

(10) 那年,村里落实超生罚款,墙上、喇叭里都通知了,超生户却迟迟没有动静。张小民一打听,<u>原来</u>是他的堂兄悄悄躲了起来,大伙都在观望着。(《人民日报》2002 年)

(11) 第二天天刚亮的时候,这位法师就跑去昨夜踩死蛤蟆的地方,一看不禁笑了起来,<u>原来</u>,他昨夜踩破的是一个茄子。(林清玄《山道上的小虫》)

在张小民看来,村里通知超生户落实超生罚款,超生户应该遵照执行,而实际上却迟迟没有动静;法师以为自己踩死了蛤蟆,实际并没有,这都是结果,"原来$_2$"引导的小句既交代了原因,也消解了张小民和法师的反预期。不同于"原来$_1$"与反预期标记的语篇位置关系,"原来$_2$"是解反预期标记,其语篇位置通常也就安排在反预期标记之后。例如:

(12) 过了良久,眼上微觉有物触碰,她黑夜视物如同白昼,此时<u>竟然</u>不见一物,<u>原来</u>双眼被人用布蒙住了,随觉有一张臂抱住了自己。(金庸《神雕侠侣》)

在语篇功能上,"原来$_2$"具有溯源解注的衔接功能,其前常常会出现"看、打听"等亲眼所见或听说(hearsay)的示证标记,指明了后续解反预期语篇的信息来源途径,表示的是利用已知信息(通过视觉与非视觉的信息获得)对先前未意识到的心理状态的回溯推理(abduction),张谊生(1996)称这一功能为补证性解说。该回溯推理的过程为:

(10)′ 大前提:村里落实超生罚款,墙上、喇叭里都通知了,超生户应该按规定执行。

　　　小前提:超生户却迟迟没有动静。

　　　结　论:他的堂兄悄悄躲了起来,大伙都在观望着。

(11)′ 大前提:作为法师,踩死蛤蟆应该心怀愧疚。

　　　小前提:不但不愧疚,还不禁笑了起来。

　　　结　论:昨夜踩破的是一个茄子。

3.2 醒悟性解反预期

事实与说话人自己对事物的预先认知相违背,形成自反预期,自反预期是更为优势的,更容易在默认时获得的,因为说话者总是对自我的感受更为敏感,这也是说话者中心主义的产物(陈振宇 2017),"原来₂"引导的后续小句 S₂ 表达意外的原因,是对 S₁ 的自反预期的消解。例如:

(13) 马保儿把手里的一颗铁雷举了举说:"就是这玩意!"李有红笑了笑说:"呸! 我当是什么稀罕东西,<u>原来</u>是颗地雷!"(马峰《吕梁英雄传》)

自反预期的形成可以是领悟到的新信息与说话人固有认知模式的差异,在说话人李有红既有的认知模式中,"稀罕的东西"往往具有高价值、数量稀少、不常见等特点,而"我当是什么稀罕东西"是对预先的固有模式的否定,产生自反预期,"原来₂"引入的"是颗地雷"就是对说话人自反预期的消解。自反预期的形成还可以是知识信息在言者经验中呈现出的不对称性和不平衡性。例如:

(14) 马二拴立功心急,大胆地劝他向朝廷投诚,保他有官可做。王吉元突然变了脸色,拔剑在手,骂道:"妈的,你小子<u>原来</u>是个奸细,老子一向把你当人看待,没想到你是鬼披着人皮!"(姚雪垠《李自成》)

马二拴立功心急,劝王吉元向朝廷投诚与王吉元对马二拴已有知识信息"一向把你当人看待"相违背,促发自反预期,"原来₂"引入的"你小子是个奸细"消解了说话人的自反预期。"原来₂"在用作解自反预期时常常会转向意外,标记说话人突然发现(sudden discovery)或意识到的意外信息,意外语义结构包括:1)基于言者过去在类似情况下的经历以及他的常识;2)基于言者对事件或状态的当下经验。意外就产生于察觉到的以往经验与当前行为之间的联系,尤其是潜意识中的冲突成为意识并通过解释和修通而确立的联系(林崇德等 2003)。例如:

(15) "我没有疯,这也不是梦! 他活着,他还活着!"她喃喃自语着,转身朝厅外走去,对着穹苍潸然下跪。"哦,老天爷,<u>原来</u>我的丈夫并没有死! 聚散由天定,我感激老天爷的决定,决定咱们夫妻是聚不是散呵!"(琼瑶《鬼丈夫》)

　　乐梅一开始对丈夫的死深信不疑,横了心求死,映雪看到无法再维持乐梅丈夫的死是一场骗局,便向乐梅说出实情,事件前后信息的不对称对乐梅产生强烈冲击,产生意外之感,意外就是当下经验与说话人预期相反,是说话者的惊讶感受,是在处理当下经验与常规经验之间矛盾时的一种情绪反应(Mocini 2014),许多学者将"原来₂"的这一用法概括为领悟或醒悟(齐沪扬 2003、史金生 2003)。由上分析可知,"原来"产生的意外义是在消解自反预期语境下的解读,是寄生性的,不是专职的意外标记,在释因性语境下,"原来"没有意外解读。

3.3　联系与区别

　　释因性解反预期与醒悟性解反预期的语用意图都在于构建一个"设疑—解疑"的思维过程,产生解惑的语用效果,不同的是前者是客观单纯表达原因,后者是表达意外的原因(廖秋忠 1986),这种主客观的识解还可以从叙述视角、话语类型等获得解释。

3.3.1　叙述视角

　　说话人可以采用第三人称的言外视角,也可以采用第一人称的言内视角。例如:

(16) 直到有一天,宝琛拎着一壶开水上楼泡茶,在楼下就听得一片噼噼啪啪的声音。上去一看,<u>原来</u>是两个人打架。丁先生打老爷一巴掌,老爷回他一耳光,两人不说话,站在那儿死打。(格非《人面桃花》)

(17) "<u>原来</u>你是假的! 你从没害过失忆症! 你清清楚楚记得杏林餐厅中的事! 你装的,你假装记不得了! 你装的! 你装的! 你装的……"(琼瑶《聚散两依依》)

　　例(16)是第三人称的叙述方式,说话人是旁观者,不出现在叙述中,而是隐退到言语表征之外,只是站在旁观者的立场上客观地叙述事实,句中出现第三人称代词等客观识解的言语表征;例(17)是第一人称的叙述视角,说话人在言内,直接以第一人称参与叙述,成为当事者之一。我们可以采用"我就说嘛"这一言者指向的话语标记进行测试。例如:

(16)′ 直到有一天,宝琛拎着一壶开水上楼泡茶,在楼下就听得一片噼噼啪啪的声音。上去一看,[＃<u>我就说嘛</u>]原来是两个人打架。丁先生打老爷一巴掌,老爷回他一耳光,两人不说话,站在那儿死打。

(17)′"[我就说嘛,]原来你是假的!你从没害过失忆症!……"

言外视角是说话人与客体分离,其注意力集中于"她"而忽略了自我意识,不能加入言者指向的"我就说嘛",言内视角是透过语言实现自我意识的表达,"我就说嘛"是说话人自我表达的载体,说话人的词语表征也可以句法降级为词汇表征的"我"。

3.3.2 话语类型

释因性解反预期是意图陈述事实或描述事态原因的记述话语(完权2016)。例如:

(18) 金秀偷眼看看药方子,心里一阵哆嗦,原来老爸爸居然把最主要的一味"北芪"给写丢了,还有一处写了个错字。(陈建功《皇城根》)

(19) 谭婶婶站住脚,看了半晌也看不出个名堂来,就忍不住叫了她一声,潘奶奶却连头都没回,越发专注地看着前面地上,忽然,她一下扑上去,同时,有一个东西从她手边噗嗵一声跳入塘里,原来是只蛤蟆。(茹志鹃《静静的产院》)

上述两例,是按照"先结果,后原因"的语篇格局客观铺陈,采用言外视角叙述,是客观记述话语。醒悟性解反预期有自己的语用要求,需要在言者与话语参与者共同构建的一个完整的会话结构中,言者在交际互动中得到新发现。例如:

(20) 导演:是吗? 我96年毕业的,这张是我的名片。

四眼田鸡:原来是师兄啊! 你好,你好。哎怎么你现在在拍卡拉OK啊? (电视电影《喜剧之王》)

(21) 老人又问了声"谁呀?"小木人立正答道"是我!"

"哎呀!"老人惊异的说:"原来是个小孩儿呀! 怎这么黑间半夜的出来呢? 莫非走迷了路,找不到家了吗?"(老舍《小木头人》)

上述两例,"是师兄啊""是个小孩儿呀"是言者未意识到的心理知识,是在互动交际中获得的惊讶信息。惊讶的情绪通常被视为一种综合体,经常伴随着一起共现的可识别的心理和行为特征,"惊异"等是心理层面的表征,"啊""呀"等是言语行为层面的表征。

4. 反预期触发语与反预期标记

　　对反预期触发语与反预期标记的探讨始于"虽然"的研究,齐沪扬、胡建锋(2006)认为下列句中的"虽然"是一个反预期信息标记。如:

　　(22) 她<u>虽然</u>年近八十,脑瓜并不糊涂。

　　"虽然"在这里不是反预期标记,而是一个反预期触发语,因为删除"虽然"后,句子的反预期义仍然存在,像"虽然、尽管"等让步标记引导的是一个与后项小句产生对比的显性预期,最为明确地提示了反预期信息的后续出现(张健军 2013)。反预期触发语与反预期标记具有不同的概念内涵,功能差异也很多。反预期触发语表达的是程序性的意义,体现为一种后项关联,以便在前项与后项之间构建关联性,明示两者之间的信息量差异,前项是后项的参照信息,后项是与前项在理解方向性上不一致的反预期信息,而反预期标记是语言中用来标示反预期信息的手段,表示一个陈述在某种方式上与说话人认为在特定语境中属于常规的情况相偏离(Heine et al. 1991)。汉语反预期触发语范围很广,类型不限,除时间名词"原来₁"外,还有"原先、起初、起先",认证义动词如"觉得、以为"等,副词如"一度、曾经、本来、明明"以及"诚然、固然、自然、纵然"等表示让转义的"X 然"(曹秀玲、王清华 2015),连词如"虽然、尽管、宁愿、宁可"等,还有一些话语成分,如"X 是 X""说好 X 的""V 过 A 的"(赵彧 2020)、"大 N 的""人称代词+一个 NP"等也都是反预期触发语,它们在语用功能、语篇位置、信息格局上都有不同于反预期标记的特点。

4.1　预示功能

　　反预期触发语的语用功能是预示后续语篇即将通过转折形式表达反预期信息,建立起前后语段的对比关系。当然,不同的反预期触发语与反预期表达之间存在关联程度的差异,像"原来₁、以为、一度、曾经"等它们同反预期表达之间还没有形成强制性的关联,反预期义很大程度上要取决于后续命题内容。例如:

　　(23) 你不知道,<u>原来</u>她这屋子里啊,总是挤满了人,常常闹哄哄地,现
　　　　在呢,安静极了,不知道那些人都到哪里去了。(白帆《女大学生

综合征》)

(24) 市子曾一度懒得见客,可是现在,她俨然又成了一位好客的主妇。(川端康成《生为女人》)

(25) 母亲脸上就要润出的喜红不见了,她慢慢走下台阶,我以为她要抱孩子,可她却只过来摸摸孩子的头,说长高了,奶奶老了,抱不动了。(阎连科《劝儿离家》)

上述 3 例,说话人以"原来/一度/以为……现在/可是/可"明示前后语段的转折关系,听话人接收了这种明示行为,可以有效地推理出说话人的言语意图,反预期意义依赖前后语段的对比得以彰显,只是这类反预期触发语与反预期表达之间还没有规约化,在一定语境下反预期语义还可以取消,这时就无法引导受话人按照惯性思维有效进行反预期推理。如:

(23)′ 原来她这屋子里啊,总是挤满了人,常常闹哄哄地,现在还是这样。

(24)′ 市子曾一度懒得见客,现在还是老样子。

(25)′ 我以为她要抱孩子,她也真的过来抱孩子了。

像"虽然、明明、诚然、固然、自然、纵然、X 是 X、说好 X 的、V 过 A 的"等同反预期表达之间的关联也是语用的关联,不是语法的关联,其引发反预期的功能也只是一种概率的倾向性。例如:

(26) 她明明应该很悲哀,但她一直活得很快意。(亦舒《香雪海》)

(27) 诚然,他不是那种才华横溢的诗人,但他却以真诚的感情、纯朴的语言,深深感动读者的心。(曾卓《曾卓诗论》)

(28) 门开了,妈妈的脸上有高兴的表情,但她克制着,依旧淡淡地说,"说好 10 点半到的,可又迟到了。"(卫慧《上海宝贝》)

上述 3 例,"明明/诚然/说好 10 点半到的……但/可"语篇上反预期关联也较为松散,像"明明/诚然/说好 10 点半到的"等反预期触发语所在语段都可以找到与此相和谐的合预期语段。例如:

(29) 明明是罗二娘在欺侮人,因此都为任老大女人不平和担心。(何士光《乡场上》)

(30) 诚然,世事枯燥乏味,应该及时行乐呀。(紫式部《源氏物语》)

(31) 说好是送的,那就要用碎布,碎布要等的呀。迟些有碎布再缝一个给你。(张小娴《荷包里的单人床》)

　　这也说明由时间名词、认证义动词、副词、连词和话语成分等构成的反预期触发语与反预期表达之间仅仅是一种倾向性,并不是词义的规定性,触发反预期是一种语用策略。

4.2　语篇位置

　　一个和谐的语篇除了要在语义内容上相互依赖,还需要一些语篇衔接成分来串联句与句、段与段。所谓衔接,是指语篇中结构上互不相关,但语义上互相依赖的各个成分联成一体的一种语义关系(胡壮麟等2008)。反预期触发语就是在语段之间建立关联,起到衔接作用,形成具有对比性的"前项参照—后项抵牾"的语篇结构,反预期触发语位于语篇前项的位置,常位于前项的句首(包括段首)和句中。例如:

(32) 曹大元的白棋在中盘阶段一度形势不错,可惜在中盘后半程的激战中误算,使形势逆转,并最终败下阵来。(《人民日报》1996年)

(33) 在淮河下游的某个地方,顾家曾经有房也有地,可是都在洪水和家族斗争中化为乌有了,所以他们才到了宝塔集。(戴厚英《流泪的淮河》)

(34) 明明是自己做错了事,却偏要怨别人,自己明明不是个好东西,却偏还要逞英雄,充好汉,这种人我见了最恶心,恶心得要命。(古龙《小李飞刀》)

(35) 诚然,他不是那种才华横溢的诗人,但他却以真诚的感情、纯朴的语言,深深感动读者的心。(曾卓《天风诗草》)

(36) 我们游击支队的军饷是由日本人发的。能发多少,那就要看仗打得怎么样了。自然,当八路是发不了财的,但是,当八路做的事,要比发财要紧得多。(徐贵祥《历史的天空》)

　　"一度、曾经"表示过去有段时间发生过,常常暗含当前事态的逆转或变化,"明明"表示显然如此或确实,下文意思往往转折,"诚然、自然"表示对某种事实或观点的认同,它们与"原来$_1$"的语篇结构一样,引导的小句"曹大元的白棋在中盘阶段形势不错、顾家有房也有地、自己做错了事、他不是那种才华横溢的诗人、当八路是发不了财的"都具有事实性,后续语篇内容或者通过语义反转,或者通过反预期标记"却、可是、但、但是"在前项基础上形成反预期认识。就语篇位置来看,反预期触发语在反预期标记之前,反预期标记总是出现在语篇结构靠后的位置。另外,反预期触发语是用来建构反预期语篇,在语篇结构中存在结句程度的差异,像"一度、曾经"等所在语篇还可以单独结句,而像"明明、诚然、自然"则需要配套关联的后项。例如:

(32)′曹大元的白棋在中盘阶段<u>一度</u>形势不错。

(33)′顾家<u>曾经</u>有房也有地。

(34)′? <u>明明</u>是自己做错了事。

(35)′? <u>诚然</u>,他不是那种才华横溢的诗人。

(36)′? <u>自然</u>,当八路是发不了财的。

在语篇功能上,反预期触发语是后项关联性的明示信号,在"一度/曾经/明明/诚然/自然/X 是 X/说好 X 的/V 过 A 的……,可是/但是/却/没想到……"这种特定句子格局中构建起了心理认知上的完型体验,这些信号将前项与后项衔接起来,共同构成语义完型的反预期语篇。

4.3　信息格局

反预期触发语与反预期标记的语篇分布差异可以从信息格局上获得解释,反预期信息相对于中性信息与预期信息而言是一种信息量大的新信息,而预期信息的信息量最小,中性信息的信息量居中(Dahl 2000,吴福祥 2004)。"背景—前景"的信息格局是篇章结构的常规分布,背景信息居于前景信息之前,由反预期标记明示的反预期信息是需要重点关注的新信息,在篇章结构中一般位于前景位置。例如:

(37) <u>诚然</u>,他也曾经想过,许多领导同志也出身不好,社会关系复杂,他们却在战火纷飞的年代,把革命和爱情、理性和感性,结合得那样好,那样和谐,甚至举行刑场上的婚礼。(古华《芙蓉镇》)

(38) 高晓声曾经被打成右派,下放到农村,一呆就是 20 多年。<u>固然</u>,他受了很多磨难,但是,由此他更有机会接触他本来就深深挚爱着的农民兄弟。(《作家文摘》1994 年)

(39) 冠华他爸,这里好是好,可是,费用实在是太贵了,我们老家的房子已经卖了,第三期费用凑不出,为这个,亚平夫妻俩都打架了。(六六《双面胶》)

(40) 当初,县里面在电话里跟他们<u>说好给免费治疗的</u>,可当他们抱着孩子从南京赶到县医院的时候,却吃了个闭门羹。(《道歉机制缺失的四个残酷样本》新周刊 2005.03.03)

(41) 从 1991 年开始在拉萨经商的福建商人傅文进对记者说:"太残忍了,太残忍了! 我<u>见过残忍的</u>,但是没有见过这么残忍的!"(《西藏各族群众痛斥拉萨打砸抢烧事件》《福建日报》2008.03.24)

上述例句,"却、但是、可是"等反预期标记明示的信息是语篇结构中叙述的主线,构成了前景信息,而由"诚然、固然、好是好、说好⋯⋯的、见过残忍的"等反预期触发语标记的是预期信息,交代了叙述主线的背景知识,信息价值小,由"熟"而及"生"是我们说话的一般的趋势,这不完全是为了听者的便利,说话的人心里也是已知的先浮现(也可以说是由上文遗留下来),新知的跟着来(吕叔湘 1999b)。现在回过头来看"原来$_1$"与"原来$_2$"的语篇分布,就信息量来说,虽然"原来$_1$S$_1$, S$_2$"与"S$_1$,原来$_2$S$_2$"两个语篇结构都是"背景—前景"的语篇结构,符合由"熟"及"生"的一般趋势,但"原来"所引导的小句信息量不同,"原来$_1$"引导的 S$_1$ 是先时发生的已知信息,是说话人先前就已经具备的叙述前提,而"原来$_2$"引导的 S$_2$ 则是信息焦点,提醒听话人未意识到的心理状态是重点要关注的信息,所以"原来$_1$"是反预期触发语,而"原来$_2$"是解反预期标记。

5. 结语

"原来"在语用功能上具有多功能性,可以作为反预期触发语,所辖小句是说话人事先预有的事实性预期,语篇结构为"原来 S$_{1【预期小句】}$,S$_{2【反预期小句】}$",S$_2$ 常常以转折语义表达了对 S$_1$ 的偏离;可以作为解反预期标记,语篇结构为"S$_{1【反预期】}$,原来 S$_{2【解反预期】}$",可分为释因性解反预期与醒悟性解反预期,二者的差异体现在叙述视角、话语类型上。在用作醒悟性解反预期时常常会转向意外,标记说话人突然发现或意识到的意外信息。时间名词、认证义动词、副词、连词和话语成分等反预期触发语在语用功能、语篇结构、信息格局上都不同于反预期标记,就语用功能看,反预期触发语预示后文将传递反预期信息,表达程序性意义;就语篇位置来看,反预期触发语是后项关联性的明示信号,位于反预期标记之前,其与反预期标记共同构建起了心理认知上的完型体验；就信息格局来看，反预期触发语引导的是背景信息，而反预期标记引导的是前景信息。

参考文献

曹秀玲　王清华　2015　《从基本话语到元话语——以汉语让转义"X然"类词语为例》，《中国语文》第 6 期。

陈振宇　2017　《汉语的指称与命题：语法中的语义学原理》，上海：上海人民出版社。

陈振宇　2020　《概述预期系统的研究内容和方法》，2020 年汉语句法语义理论研究学术讨论会"预期与意外"，上海：上海大学。

陈振宇　姜毅宁　2019　《反预期与事实性——以"合理性"语句为例》，《中国语文》第 3 期。

陈振宇　李双剑　2020　《论语义和谐的定义和类型》，《云南师范大学学报（对外汉语教学与研究版）》第 2 期。

董秀芳　2020　《汉语语篇中的插叙标记及其演变》，《汉语学报》第 1 期。

胡壮麟等　2008　《系统功能语言学概论》，北京：北京大学出版社。

李　冰　2009　《"果然"与"果真"的用法考察及对比分析》，《汉语学习》第 4 期。

李　婵　2015　《"果然"构句能力和预期预设研究》，武汉：华中师范大学硕士学位论文。

李　强　2020　《"怎么"表达意外：疑问、反问和感叹》，2020 年汉语句法语义理论研究学术讨论会"预期与意外"，上海：上海大学。

李姝姝　2019　《"还是"情态义的来源及浮现条件》，《汉语学习》第 5 期。

李宗江　艾贵金　2016　《近代汉语"释因"类语用标记及其演变》，《语言研究集刊》（第十六辑），上海：上海辞书出版社。

廖秋忠　1986　《现代汉语篇章中的连接成分》，《中国语文》第 6 期。

林崇德等　2003　《心理学大辞典》，上海：上海教育出版社。

刘　通　2016　《论"原来"的反预期表达功能》，《四川职业技术学院学报》第 5 期。

吕叔湘　1999a　《现代汉语八百词》（增订本），北京：商务印书馆。

吕叔湘　1999b　《从主语、宾语的分别谈国语句子的分析》，《汉语语法论文集》（增订本），北京：商务印书馆。

彭小川　胡　玲　2009　《转折句中的"还是"》,《汉语学习》第 6 期。

齐沪扬　2003　《语气副词的语用功能分析》,《语言教学与研究》第 2 期。

齐沪扬　胡建锋　2006　《试论负预期量信息标记格式"X 是 X"》,《世界汉语教学》第 2 期。

邱闯仙　2010　《预期标记"瞧"》,《语文研究》第 2 期。

单　威　2017　《现代汉语偏离预期表达式研究》,长春:吉林大学博士学位论文。

史金生　2003　《语气副词的范围、类别和共现顺序》,《中国语文》第 1 期。

完　权　2016　《言者主语与隐性施行话题》,《世界汉语教学》第 4 期。

万光荣　2017　《惊讶范畴:类型学研究的新领域》,《语言科学》第 6 期。

魏红华　蒋静忠　2012　《副词仍然的语义及其预设触发语功能》,《艺术科技》第 4 期。

吴福祥　2004　《试说"X 不比 Y Z"的语用功能》,《中国语文》第 3 期。

邢福义　1985　《从"原来"的词性看词的归类问题》,《汉语学习》第 6 期。

张健军　2013　《关联论视角下的转折复句反预期表达现象分析》,《世界汉语教学》第 4 期。

张谊生　1996　《副词的篇章连接功能》,《语言研究》第 1 期。

赵　彧　2020　《语用推理与极性程度义的获得——以构式"V 过 A 的,没 V 过这么 A 的"为例》,《汉语学习》第 4 期。

Bernd Heine, Ulrike Claudi & Friederike Hünnemeyer　1991　*Grammaticalization: A Conceptual Framework*. Chicago: University of Chicago Press.

Dahl Osten　2000　*Grammaticalization and the lift cycles of construction*. Ms., Stockholm University.

Renzo Mocini　2014　Expressing Surprise: A Cross-Linguistic Description of Mirativity. *Altre Modernità* (11).

赵彧:yuziu0606@163.com

白雪飞:bxf323@126.com

原载《语言研究集刊》第二十九辑,本书收录时略有改动。

从"预期"理论看汉语仅差格式 [*]

上海立信会计金融学院外国语学院　　　干　薇
复旦大学中国语言文学系　　　陈振宇

提　要　企望说和常规说应该结合在一起,作为判断汉语仅差格式限制条件的语用原则,这一原则可以进一步整理为预期说。汉语仅差格式表达的是反预期信息,且是针对说话者预期的,这里的"预期"包括意愿预期、能力预期、道义预期和认识预期等多个情态维度。汉语仅差格式具有不同的种类:肯定式、Na 式和 Nn 式。它们每个都可以分为两种次类,各次类都有自己的焦点结构,会对预期产生影响,从而具有不同的反预期类型。

关键词　汉语仅差格式　自反预期　预期的情态类型　焦点结构

1. 问题的提出

汉语中仅差格式可以分别写作肯定式"差点＋VP"(VP 必须是肯定形式,下同)和否定式"差点＋否定词＋VP"。否定式有两种不同的意义,由朱德熙(1959)首次提出。采纳周一民(2003)的术语,可以分为:1)Na 式,强调句子最终得到肯定性的意义,文献中也常被称为"正常格式"。2)Nn 式,强调句子最终得到否定性的意义,文献中也常被称为"反常格式/羡余(否定)格式"。

鲁承发、陈振宇(2020)全面系统地总结了以往对这一对格式的研究

---

*　本研究是国家社会科学基金后期资助项目"言语行为的逻辑——汉语语义和语用接口研究"(项目编号:19FYYB032)和国家社科基金后期资助项目"现代汉语量化范畴:基于语用数、间接量化和单调性理论的方案"(项目编号:22FYYB004)的阶段成果之一。

成果,认为其中一个中心任务,是找到合适的语用条件以区分是 Na 式还是 Nn 式。这一点,论述的研究者很多,主要分为"企望说"和"常规说"两大类解释。

但是除此以外,还有肯定式是否成立的问题。如沈家煊(1987,1999:70)、渡边丽玲(1994)、李小玲(1986)、董为光(2001)等在这方面提到的例子:

(1) a. ♯差点儿买得起——差点儿买不起

　　♯差点儿交得出房租——差点儿交不出房租

b. ♯差点儿按时吃药——差点儿没按时吃药

c. ♯差点儿来得及——差点儿来不及("差点儿没来得及"可以说,而且是正常格式,因为"没来得及"表示结果)

　　? 差点儿赶上末班车——差点儿赶不上末班车①

d. ♯差点儿到站下车了——差点儿到站没下车

　　♯差点儿打开了那把锁——差点儿没打开那把锁

　　♯差点儿写上了自己的名字——差点儿没写上自己的名字

但如果构造一个合适的语境,上述不能说的句子也不是不能说,如"如果你不叫住我,我差点儿到站下车了"或"我差点儿(错误地)到站下车了","你不叫我的话,我差点儿写上了自己的名字",这是因为在这一特殊场景中,到站下车,会导致不好的结果,不应该写自己的名字。再如"我差点儿打开那把锁,虽然没有成功",这是因为这一场景中,一般是难以打开那把锁的。

早期的研究者主要是讨论否定句问题。但后来的研究者开始将仅差格式肯定句和否定句视为同一机制作用的结果,希望找到适用于二者的统一的语用规则。渡边丽玲(1994)说"在说话人的心目中必需是一个比较不一般的、非寻常的事件",使得整个句式带有意外的语气,如一般不说"♯我今天差一点赶上了火车",是因为正常情况下我们都可以赶上火车。董为光(2001)提出了"偶发事件"的问题(董的"偶发",我们可以理解为非

---

① "差点儿赶上末班车",有的人理解为"差点儿就赶上末班车了",此时可以说,因此本句有争议。

常规)。杨晓宇(2011)从渡边的观点向前走,认为"'差一点'所修饰的事件须对说话人具有意外感……这一'意外感'是由于事件的结果严重偏离了说话人的预期造成的":在肯定式"差一点 VP"中,VP 是会让人感觉到意外的事,如"差一点买着/打碎/找你去"。在否定式中,Na 式中的"没VP"是能够激起说话人"意外感"的事件,如"差一点没买着","没买着"令人意外;而 Nn 式中的 VP 是引起"意外感"的事件,如"差一点没打碎/找你去","打碎、找你"令人意外。翟汛、鲁承发(2013)、鲁承发(2014b)和鲁承发(2018)也是统一解释的代表,不过他们用的是"事态的可能性等级"这一概念。

杨子(2017)、鲁承发(2014a,2018)、范晓蕾(2018,2019)等,明确提出汉语仅差格式表达"反预期"信息。我们完全同意这一点。干薇、陈振宇(2022)将意愿说和常规说融合在一起,其实也是这一思路。我们也同意可以在反预期的基础上统一解释肯定式的适用性和两种否定式的区分问题。但由于各个研究者对"预期"系统的理解差异,在相关论述上仍有进一步澄清的必要。

下面我们将重点讨论以下几个问题:

1) 应该将企望说和常规说结合在一起。

2) "反预期"解释的引入。

3) "预期说"中需要纠正的几个重要问题,这是全文的重点。

本文所涉及的语料来自北京语言大学 BCC 语料库;还有一些语料是引用其他学者的语料,均已标明出处;根据文章需要,作者也自拟了一些语料,都表明"自拟"。

2. 企望说和常规说的结合

朱德熙(1959,1980)提出"企望说",此后毛修敬(1985)的"色彩说"、石毓智(1993)的"积极成分"和"消极成分"、渡边丽玲(1994)的"意图性"、侯国金(2008)的"合意"、袁毓林(2013)的"乐观假设"都是在此基础上的改进。

但是在研究过程中,不断有人提出企望说的缺陷,总会找到一些例外。鲁承发(2014a)、史佩信(2018)等总结了这些反对的意见,我们整理后认为以下两点最为重要:

2.1 中性的 VP 很难用企望说来解释

是不是企望的有一定的模糊性。如以下例子,都是冗余的否定 Nn 式:

(2) a. 群众拍手称快,高兴感激的百姓差点没把派出所门槛踩破。

b. 我愣了三秒钟,<u>差点没笑出来</u>:此君将普通话当成北京的方言,认为北京以外的人都不会讲了。

c. 马先生的手,<u>差点儿没贴着她的胸脯儿</u>。……她的头发,<u>差点没挨着他的衣裳</u>;现在他所以放大了胆子往前巴结:爱情是得进一步便进一步的事儿。(转引自赵万勋 2006)

在例(2a)中,赵万勋(2006)说,"派出所为群众做了好事,群众很感激派出所。……实际上,这个语段的主要内容和派出所的门槛没有什么关系,只是表达了百姓们的一种感激的心情。如果用'企望'说来解释,这句话之所以表示否定的意义是因为踩破派出所的门槛是百姓不希望的,这未免有点太牵强附会"。赵的解释说明这是一个与企望无关的例子。

例(2b),程饶枝(2007)说,"按常理'笑出来'是件好事,而在例中,如果真的'笑出来'可能就失礼了,场合不对,好事也会变成坏事"。程饶枝(2007)还说"气得差点没乐了"的"乐""其实是气到了极点的一种表现,类似于怒极反笑",所以也是消极的。程的解释说明具体场景和上下文将改变企望的方向。

例(2c)"贴着她的胸脯儿"是一个动作,不过不是一般的贴近动作,手放在女人胸脯上是耍流氓,在传统的伦理道德中是坏事。同理,女人的头发挨着男人的衣裳也是如此。不过赵万勋说"从文意来推断马先生是非常希望贴着她的胸脯!也非常希望她的头发挨着他的衣裳!应该表示肯定的意思"。很显然,在这里行为主体的企望与说话者心中的道义要求发生了冲突。

再看石毓智(1993)的冗余例子:

(3) 大妈往外一指,我一看,正是我媳妇来了,当时高兴得我呀,<u>差点儿没翻俩跟头</u>,一个箭步就冲过去了!(常更新《浪子回头》)

石说:"从上下文来看,'翻俩跟头'对我是乐意干的事情,按照朱先生的规律,应该是已经翻了俩跟头,而实际上也是没有翻。"也许我们可以勉力给予解释:换个角度思考,从中国人的道德伦理来说,在任何时候做出过分的举动都是坏事,不论这事本身是好是坏,一旦过分就不好了。但这样的解释也过于牵强,还不如按照后面的"常规说",解释为"翻跟头"是非常规的、一般不会发生的事件为好。

2.2 积极与消极的不对称性

不管是朱先生最初的推理方式,还是后来的支持者改造者给出的修正方案,都相当地"硬",即尽可能地按照充分必要条件来考虑,企望(积极)如何不企望(消极)如何,没有模糊的余地。但是企望(积极)与不企望(消极)是很不对称的:

不企望(消极)VP 在"差一点没 VP"中得到反常意义,这在语料中非常强势,例外极少。史佩信说了一个"反例":某个原先瘫痪的病人以顽强的意志练习走路,每天都要摔好几跤。有一天我们听到这样一句话:"今天他好多了,差点儿没摔跤。(摔了)"这是指他今天摔跤了,但是差一点就达到"不摔跤"的水平了,如只是摔了一跤两跤的。这里"摔跤"在词典和习俗中都是贬义的语词,也是事件主体和说话者都不希望发生的事,所以按照消极性原则,应该是 Nn 式才是,但这一例子中却是 Na 式。

我们找遍了手中的语料,没有发现史所说的这种情况。在这样的情况下,改说"今天他好多了,差点儿就不/没摔跤了"更为通顺。这一例子就是干薇、陈振宇(2022)所说的"颠倒事件"(事态是从"摔跤"向"不摔跤"发展)的例子。这是罕见的有标记的例子,下文我们再阐释。

企望(积极)VP 虽然得到正常意义的很多,但却比较容易找到"反例",即企望(积极)VP 却是 Nn 式(中性的时候得到 Nn 式的情况也不少):

(4) a. 小王平时成绩不怎样,不料这次高考发挥超常,<u>差点儿没考上北大</u>。(自拟)(没考上北大,但成绩已经相当地好)

　　b. 小王拿出彩票一对号码,嗨,就差了一位数,<u>差点儿没中500 万大奖</u>。(自拟)(没中 500 万大奖)

　　c. 他进步挺快,短短几年扶摇直上,<u>差点没当上县长</u>。(自拟)(没当上,但发起了向县长的冲击)

这些例子韵律虽然是"差点儿没＋VP",突显的是接近 VP,但都是表示赞赏的意思为主,前面的话都是表示积极评价的。这与常见的 Nn 式表示"遗憾、庆幸"很不一样,是第三种重要的情感。鲁承发(2014a)也提了这么一个例子,其中前一句是正常解读,没有问题,但后一句是反常解读,需要进一步解释:

(5) 对着空门,<u>球竟差一点没踢进去</u>!(进了)

　　守门员后场一脚长传,<u>球差一点没踢进对方的大门</u>。(没进)(转引自鲁承发2014a)

总之,大量的语料证实,当 VP 是企望(积极)的事态时,需要进一步分析,寻找其他制约条件。

再来看"常规说"。"常规"指的是在社会中形成的关于某类事物在某一特定条件下发生的概率或频次大小的主观认识。在文献中,常规性有各种不同的说法,如"可能性、偶然性、偶发、反常、非同寻常"等,但都可以统归到"认识情态"之中,即说话者对事物会不会发生、发生概率大小的认识。

Biq(1989)提出"语境反常(contextual anomaly)"说。渡边丽玲(1994)认为"在说话人的心目中必需是一个比较不一般的、非寻常的事件"。程饶枝(2007)的描写主要指出两个重要事实:1)VP 带有表示程度极大的成分时,"差点没"是 Nn 式,如"差点没乐晕/乐死/乐坏/乐蒙/乐抽了/乐疯了/乐傻了/乐桌子底下去"等,而极大的程度正是典型的非常规事件。2)VP 是不可能真正发生的事时,"差点没"是 Nn 式,如"差点没天塌下来/把头伸进屏幕"等,而不可能发生的事,正是极端的非常规事件(概率接近或等于 0 的事件)。史佩信(2018)称为"有标记事态"。

根据学者们论述的语料,常规说的问题也比较明显,而且和企望说有相似之处。

2.2.1　概率不明确的事件

鲁承发(2018)称为"不可预期事件",这是史佩信(2018)所没有考虑到的情况。鲁认为它就只是正常格式,如某次买书买不买得到是无法预期的,因此"我差一点买到了那本书"就是没买到,而"我差一点没买到那本书"就是买到了。

再如对一个我们不了解的人,他能不能考上大学我们并不清楚:

(6) a. 他差点儿没考上。(自拟)(考上了——Na 式)

　　　　b. 他差点儿没考上自己心仪的大学。(自拟)(考上了——Na
　　　　　式;没考上——Nn 式,如差一分就考上了,就差这一分)
　　　　他差点儿没考崩了。(自拟)(考上了——Nn 式)
　　　　他差点儿没名落孙山。(自拟)(考上了——Nn 式)

　　例(6)中既有正常格式,也有反常格式。说明常规性不明确时会难以判断。这时,反倒需要按照企望说来解释:考上是企望的,名落孙山是不企望的。再如:

　　(7) 狐狸差点儿没落入陷阱。(转引自鲁承发、陈振宇)

　　对于狐狸来说,"落入陷阱"是不合常规的,因为它一生中一般都不会碰上陷阱,所以解读为"没落入陷阱"。但如果说话人在一旁埋伏观察,情况就不同了,因为以往几乎在这种情况下猎物都会落入陷阱,于是"没落入陷阱"是不合常规的,于是就解读为"落入了陷阱"。但当我们听到"狐狸差点儿没落入陷阱"时,首选的是哪个答案? 应该还是 Nn 式,即"没落入",这应该是词汇的消极意义在起作用。

　　(8) 我差点儿没拣到这个便宜。(拣到了)
　　　　我差点儿没拣了一个便宜。(没拣到)(转引自董为光 2001)

　　因为"拣了一个便宜"是偶然性的,是非常规小概率事件;而"拣到这个便宜"则是有目的的,是合乎主体意愿预期的。实际上,常规说的学者大多发现,常规说很起作用,但有时仍然得靠企望说。

2.2.2　常规和非常规的不对称性

　　对"差点儿没 VP",VP 非常规会导致 Nn 格式,几乎没有反例,至少现在的研究文献和所调查的语料库中我们还没有看到。但是常规事件不仅仅是获得 Na 式解读,如"他每天都去赶火车,但今天差点儿没赶上(赶上了)";也可以获得 Nn 式解读,如这段时间气候反常,班上一大班的人都得了感冒,也就是说在这样的情景中得感冒是大概率的,但是"班上几乎人人都中招了,我也差点儿没得了感冒"还是应该解读为"我接近得感冒,但没得";再如"文革"时大多数中学生毕业都下乡,这是当时的常态,但如果说"那些年中学毕业就得下乡当知青……你不知道,我差点儿没下乡去了!"还是应该解读为"我没去下乡"。这些例子用企望说倒是更为合适,因为说话者不想得感冒、不想下乡。

干薇、陈振宇(2022)通过对历史的考察,提出了一条将企望说与常规说结合在一起的规则:"在非颠倒事件的情况下,汉语仅差否定格式,如果同时满足合乎主体/社会意愿,以及事件是正常可能这两个条件,就一定是 Na 式;反之,只要其中一条不满足,或者与主体/社会的意愿相反,或者不正常不可能,就一定是 Nn 式。"具体见表 1:

表 1　企望说和常规说结合的规则

	企望或中性	不企望
常　　规	Na 式	Nn 式
非常规	Nn 式	Nn 式

根据这样的原则,干薇、陈振宇(2022)对以往的各种争议的例句进行了解释。不过这一解释还不够普遍和精细,没有包括一些特殊的类型。因此需要引入能够将上述两个方面融合在一起的预期范畴。

3. 预期说的引入

"预期说"是从"意外说"发展出来的,而"意外说"是"常规说"的滥觞,同一个作者的文献中,"非常规、意外、反预期"几个术语往往都会出现,相互诠释。杨子(2017)明确提出"反预期"的制约作用,他的"预期"是指事件意外程度的高低(对说话者而言)。不过,在实际论述时他主要谈及的是事件的可能性、常态性等,更偏向常规性解释。如"我差点儿没买跟你一样的裙子",杨子(2017)解释:两人买到一样的裙子是巧合,这种低概率事件预期值自然也低,故往往为 Nn 解,指没买;但在特定语境下,如交际双方因演出需要必须穿一样的裙子,成为预期发生的事件,使该句生成 Na 解,指买了。鲁承发(2018)说的"预期"是指选择"高可能事态",排斥"低可能事态",又谈到"社会规范"问题,如"没按时上班""没考及格(不可预期事态)"不符合社会规范,所以归入了反预期,因为规范是与道义相关的。

范晓蕾(2018)明确提出了一套"预期说"的体系,"'差一点没 VP'的语义诠释取决于事件 VP 的'语境预期'(contextual expectation)……语境预期指特定语境里说话双方预先持有的信息,是对'事件实现的可能性

或合理性'的预期状况"。可能性就是常规性,合理性就是道义或企望。下面是她的"预期"分类(表 2):

表 2　范晓蕾的三类预期

三小类	定义	起源文献	特点刻画	大类归属(一)	大类归属(二)
已知事实	"实际上某个事件已如何",属于事件的实际状况。	借鉴了周一民(2003)的"客观事实"。	相当于概率是百分之百。	大概率状况(必定可随语境而变)。	特殊预期(事件发生与否在前文已经确定)。
惯常概率	"规律上某种事件通常会如何",属于事件的可能性状况。	近似于 Biq(1989)的"语境常态(contextual norm)"。	董为光(2001)的"偶发趋向"类似于 Biq 的"语境反常"("语境常态"的反面),只是名称不同而已。	大概率状况(常常可随语境而变)。	一般是常规预期(社会共识),少数是特殊预期(如"小明回回考试都满分")。
标准规范	社会团体对事件执行的人为要求"规范上某种事件应该如何",属于事件的可能性状况。	在一定程度上类似于鲁承发(2014:35)的"道义事件"。	1.不是道义评判,必须有违反规范的不利后果(排除"打人"一类的事件)。2.规约性事件的形式都是成对存在的词汇。	标准规范(一般不可随语境改变)。	常规预期(社会共识)。

范晓蕾(2018)的推理也很明确:"对于受规范约束的'规约性事件',如'上班迟到''考试答对题',语境预期指'事件实现'的标准规范,即'应该 VP/不该 VP'。……无关标准规范的'普通事件',如'生病''中奖'等,语境预期指'事件实现'的大概率状况,即'通常会 VP/不会 VP'。"

陈振宇、王梦颖(2021)说"语篇中单一的预期性表达,包括四个部分:条件、预期、当前信息和预期性"。而仅差格式正是用于当前信息句上,并表示当前信息与预期不符,所以是反预期标记。但是,几种仅差格式的预期模式不一样。

在一般的肯定式中,当前信息就是"差点＋VP",表达的是"VP"与预期之间不符：

　　(9) 差点儿摔了一跤！（自拟）

　　　　条件　　一般情况

　　　　预期 $P(M|O)1$　　不希望摔跤——意愿情态

　　　　当前信息 $P(M)$　　差点儿摔了一跤（突显接近于摔跤的危险事态）

　　　　预期性　　反预期信息

　　在 Na 式中，当前信息就是"差点＋否定词＋VP"，表达的是"否定词＋VP"与预期之间不符：

　　(10) 差点儿没赶上火车！（自拟）

　　　　条件　　一般情况

　　　　预期 $P(M|O)1$　　希望赶上火车——意愿情态

　　　　当前信息 $P(M)$　　差点儿没赶上（突显接近于"没赶上"的危险事态）

　　　　预期性　　反预期信息

　　在一般的 Nn 式中，因为否定词是冗余的，所以当前信息就是"差点＋VP"，表达的是"VP"与预期之间不符：

　　(11) 差点儿没摔着！（自拟）

　　　　条件　　在生活中

　　　　预期 $P(M|O)1$　　不希望摔着——意愿情态

　　　　当前信息 $P(M)$　　差点儿摔着

　　　　预期性　　反预期信息

　　范晓蕾(2019)说"显性地断言肯定义'接近 E'，E 是反预期事态"，上面三种都可以用范晓蕾的这一说法来解释。但是，现有的预期说，仍然存在一些重要的问题，例如汉语仅差格式中，有时不是 E，而是"～E"才是反预期事态，如"哎，这次考试我差点儿(，)没及格！""哎，我差点儿就赶上火车了，真是倒霉"。

　　以下三点是前面的研究者没有谈到或没有着力阐释的问题，下面我们将一一论述：

　　1) 仅差格式是否都是用于表达反预期？是说话人的预期（自预期）还是常理预期？

2）预期的情态种类到底有多少？

3）汉语仅差格式的不同种类，以及它们的焦点结构对预期的影响。

4. 仅差格式是针对说话者预期的反预期信息

汉语仅差格式是否都是表达反预期的，有没有无预期的中性信息？范晓蕾（2019）在这一方面十分纠结，她说"但'差一点VP'允许语境预期的缺失，它的E可以无关任何规范、惯常或事实，只是纯粹的新信息，指无预期（non-expectation）事态。不过，无预期事态与反预期事态是相通的。退一步看，无预期事态完全不在谈话预期中，是始料未及的信息，也会令听话人意外……'差一点VP'前可添加'竟然、甚至'等反预期副词"。其实，这是因为范没有"类指预期"这一概念的原因。让我们来看看范晓蕾（2019）的"无预期"的例子：

（12）a. 那个夏天我（甚至）还<u>差一点谈情说爱</u>，我遇到了一位赏心悦目的女孩。

　　　b. 她就站下来说："大家高兴得把帽子扔得高高的，我也扔了，掉下来（竟然）<u>差一点飘到别人的手里去</u>。"（转引自范晓蕾2019）

陈振宇、王梦颖（2021）说"以普遍状态作为条件的预期，称为'类指条件'下的预期，简称'类指预期'（kind-denoting expectation）。普遍状态O，其取值不确定，但P（M|O）的取值却趋于恒定，或者说，在一般的情况下（在某个类的范围内），无论O取值是什么，都可以得到一个比较确定的P（M|O）值"。根据陈、王，类指预期具有如下性质：类指条件是社会中的"一般情况"，具有非特定性，故是无定的，都具有通指性（generic），类指条件通常是隐性的（普遍的、通指性的规律容易为人们所忽视，就像空气被人所忽视一样），不在语篇中出现。

范晓蕾（2019）的"无预期"实际上是有预期的，只不过是类指预期，如在通常情况下，一个一般的人，在非特定的时间地点，开始谈恋爱，这是一个较小概率的事件，非常规的，所以可以用"甚至"修饰；一个东西向上扔，掉下来落到别人手上的概率也是很小的（一般来说会掉到地上），所以可以用"竟然"来说，我们不能说"掉下来竟然掉到地上"。上述两种事态，都是对普遍的事物的知识，具有通指性，是隐藏在语境中的，一般被人们所忽视,但是当事态发生或接近发生时,才会"唤起"说话者的潜意识,"自动"地被归为"非常规"的事态。

一般分析的很多仅差格式例句是陈振宇、王梦颖(2021)所说的"个体预期":"以个体状态作为条件的预期,称为'个体(指称)条件'下的预期,简称'个体预期'(individual-denoting expectation)。"个体预期有以下性质:O关涉的是某一特定认识主体在某一特定场景中的特定的知识状态,换一个变量(主体、场景等),P(M|O)的值完全不同,所以它是"有定"的。更为重要的是,由于这些条件不能替换,因此它和预期P(M|O)值有着很强的因果关联,条件O如此重要,一般在语篇或语境中就需要用语句显性地表达,或得到明确的解释。例如:"我去赶火车……差点儿没赶上。"前面的"我去赶火车"就是条件O,由它推出的预期是"我希望赶上火车";如果换个条件,个体预期就会不一样,"(特务)王某估计是准备坐火车离开本市……由于追捕不够及时,差点儿让他赶上火车",这里条件O是一个特务要赶火车逃跑,由它推出的预期是"说话者不希望让王某赶上火车"。前面例(1)讨论的就是这种个体预期,也即场景的不同导致条件O不同,预期的意义也就不同。

因此我们和范晓蕾最终的结论是一致的,也就是汉语仅差格式都是表示反预期信息的,只不过有的是个别预期,有的是类指预期罢了。

关于是否都是说话者预期的问题,这一方面的讨论主要是在"企望说"中进行的,也就是谁的"企望"的问题。

从理论上讲,可以有三个不同的认知主体,按照陈振宇、王梦颖(2021),它们分别对应着说话者预期、(行为)主体预期和常理预期:从说话者来说,积极评价还是消极评价,与当下说话者的心境和立场有关;从主体来讲,是主体希望达到的结果、目的或经历,还是偏离主体的希望,这与主体在上下文语境中的立场有关;从常理上讲,是语词自身的词典意义和社会规约意义(包括法律、习俗、伦理等做出的规约),即是褒义语词还是贬义语词,这是非常稳定的,是语言系统长期形成的规约性的意义。

显然,这些不同的方面是不同的范畴,虽然它们常有无标记的匹配,但三者并不总是在同一方向上。研究史上有过两种不同的论述:

1) 认为说话者的预期更重要,如朱德熙(1959),发现企望不企望往往因人(说话者)而异,如甲乙两方比赛足球,球踢进甲方球门是乙方企望实现的,甲方可不希望它实现。因此甲方说"差一点踢进去了"或"差一点没踢进去",两句话意思一样,都是说没有踢进去。同样两句话由乙方来说,意思就不一样:"差一点踢进去了"是说没有踢进去,"差一点没踢进去"倒是说踢进去了。这里句中事件的主体一样,"踢进球"在常理上是好事,另外,从常规性上来看,进球是偶然性的(在大多数情况下没进球)。但是本例中说话者(甲、乙)是不同的企望,于是句子的意思就有了差异,甲视进球为坏事,所以"差一点没踢进去"是反常格式,指没进;乙视进球是好事,所以"差一点没踢进去"是正常格式,指进了。朱德熙(1980)提到"我差一点没跟他结婚"这一例子,认为"结婚"是中性的,于是也需要看说话人(这时他也是事件主体)的态度:如果想跟他结婚,那么事实上是结婚了;如果不想跟他结婚,那么事实上是没结婚。

2)认为常理或语词的褒贬意义更重要。如赵万勋(2006)指出,下面的例子中,说话人可能觉得让胡佛气晕是好事,但主体胡佛本人当然认为是坏事,从社会常理看,气晕也是贬义语词。从坏事角度理解,所以是反常格式。

(13) 胡佛得知了这份电报的内容后,<u>差点儿没气晕过去</u>,……(没晕)。(转引自赵万勋 2006)

在这里,一些研究者感到困惑,如杨静夷(2004)说:"朱先生所谓'说话人的企望',实际指'一般人的企望''通常情况下人的企望',而不是任何具体情境中说话人的企望。……一概简单地判定一件事情或一个动作是不是企望的在语用中是行不通的。但朱先生能从说话人的角度去分析语义,实际上已经认识到了从语用角度解释语义的可能性与合理性。(1)组中的例句都是说话人企望的,看不出'及格'的相对性,实际上'及格'在特殊情境里也可以是说话人不企望的事。"

我们经过考察,认为朱先生的判断是对的,应该而且只应该从说话者的预期来解释,而不是常理或语词的意义。

首先,从说话者的预期看,可以解释一系列微妙的例句,其中甲、乙双方立场对立,造成竞争,所希望的正好相反。如果是常理预期,很难解释这样的例句。

其次,那些用来反对说话者预期的例子,如前例,完全可以从其他维度进行解释:说话者希望将胡佛气晕,甚至希望把他气死,但是一个人看了电报就气晕或气死的事是很不容易发生的小概率事件(非常规事件),所以违反认识预期,这才是造成这是 Nn 式的原因。

下面的例子也说明,当行为主体预期与说话者预期不一样时,也应该按说话者预期解读:

(14) 你姐姐这人犟得很——那一年她差点没下乡去了!(自拟)

条件 O1　号召下乡　　　　　　条件 O2　(我妈认为)下乡不好

预期 P(M|O)1　(所以)我姐(响应号召)**希望**下乡——意愿情态

预期 P(M|O)2　(所以)我妈**不想**让我姐下乡——意愿情态

当前信息 P(M)　我姐差点下乡去(如此接近下乡,但没有去)

预期性 1:(对行为主体我姐来说)反预期信息　希望而没有实现

预期性 2:(对说话者我妈来说)反预期信息　不希望的事却几乎实现

例 14"我妈"讲述当年的事情,说话者是"我妈"。当时号召青年上山下乡,"我妈"不希望"我姐"去,但"我姐"积极主动要求去,最后在"我妈"的强力干预下,没有去成。"我姐"的预期只是背景,"我妈"的预期和情感才是句子表达的重点,即上面的预期 2 和反预期 2,整个句子是表达"非常接近一个反预期的事(下乡去)"。可以看到说话者(我妈)的预期才是影响句子的因素,是造成句子是 Nn 式的原因。

陈振宇、杜克华(2015)认为,自反预期即说话者认为事实与自己对事物的预先知识或设想(我们通常说"预期"就是指自预期)不符或相反,这也就是"意外"(mirativity)的基础。陈振宇(2017:332)说"自反预期是更为优势的,更容易在默认时获得的,因为说话者总是对自我的感受更为敏感,这也是说话者中心主义的产物"。"预期说"是从"意外说"发展过来的,这也是我们坚持仅差格式表示"自反预期"的原因之一。

5. 预期的情态维度

上述预期说都只提到两个维度:"道义"和"常规/概率/常态"。从有关格式的研究历史来看,这里会存在一个问题:最早的"企望说"中的企望指说话者的意愿或祈愿,即说话者所希望的事,这实际上是意愿,意愿与道义是有区别的。

袁毓林(2013)指出,"在语言运用的语法这种层面上,'差点儿没有'是一种表示道义情态(deontic modal)的格式;其表达方式与这种表达内容之间的匹配关系,受到汉语使用者社团(即中国大部分人口)及其文化中的一般公认的道德规范和行为准则的约束,涉及公众对于事件或行为的好还是坏、是否应该期望等的评价。……并且,由于道义是一种公共的社会约束和惯例性的文化约束,因而通常可以超越说话人特定的好恶,压倒说话人个人性的企望"。

(15) 你在战场是个怕死鬼!*我差点儿没有枪毙你!*(转引自袁毓林 2013)

袁毓林(2013)认为例(15)是"说话人对所斥责的对象(你)说的话。虽然'枪毙你'是说话人期望的,但是它仍然是消极性的词语",所以更自由地用于反常格式,表示没枪毙。因此袁毓林(2013)说:"即使是在特定的语境中,说话人也无法顺从自己的情绪倾向,强行扭曲他的期望与词语的积极/消极之间自然的组配关系。"

我们认为,袁的观点很深刻,但实际上,这里依然是说话者的预期,以往的解释主要是把这看成是否符合说话者的企望,即袁所说的"情绪倾向";而实际上,应该看是否符合说话者心中的道义观念:作为将领,当然应该有组织观念,也即"领导直接枪毙下属"是不应该做的事。

(16) 有一次,独眼龙打抢老百姓,被史更新打了个落花流水,*差点没把他给捉住活的*,吓得他屁滚尿流得跑了。(转引自鲁承发 2014)

例(16)中,打埋伏的人当然是希望能活捉独眼龙,但是这里的反预期不是不符企望,而是不符合常规性,说话者应该知道,直接在战场上活捉敌方将领是极小概率的事,所以是当前信息与说话者的认识预期不符,因此是 Nn 式。

陈振宇、王梦颖(2021)认为"'预期'表达的是某个认识主体的预先估计或希望等心理状态或主观态度,并不是在报道事物的情况,都是非现实的。可以用'(X)猜/认为/希望'等来标出认识主体 X,如……预期本身应该加上与情态(modality)有关的语词"。因此,预期可以根据情态的类型分类,例如分为意愿预期、能力预期、道义预期和认识预期等。

　　我们发现,汉语仅差格式的"反预期",正是包括所有的这些类型。先看肯定式:

(17) a. 我差点儿掉进陷阱里了!（自拟）（不希望掉进陷阱——意愿情态预期）

　　 b. 一个老手却差点儿落网!（自拟）（老手的能力能够轻松逃脱——能力情态预期）

　　 c. 上课差点儿迟到!（自拟）（不应该迟到——道义情态预期）

　　 d. 差点儿笑死!（自拟）（人不会笑死/笑死是极小概率的事件——认识情态预期）

Na式也是如此:

(18) a. 差点儿没见到你!（自拟）（希望见到你——意愿情态预期）

　　 b. 差点儿没考及格!（自拟）（某人的能力完全能够考及格——能力情态预期）

　　 c. 差点儿没及时缴纳罚款!（自拟）（应该及时缴纳罚款——道义情态预期）

　　 d. 饮料差点儿没出来!（自拟）（贩卖机付款后通常就会将饮料吐出——认识情态）

Nn式也是如此:

(19) a. 警察把在场的人都抓了,我也差点儿没进去!（自拟）（我不希望被抓进去——意愿情态预期）

　　 b. 差点儿没考了一百分!（自拟）（某人的能力根本考不到一百分——能力情态预期）

　　 c. 差点儿没笑出来!（自拟）（这一场景中不应该发笑——道义情态预期）

　　 d. 差点儿没把门槛踩破!（自拟）（在生活中把门槛踩破的事很罕见——认识情态）

　　实际上,考察以往的研究例子,"企望说"的例子包括两种:朱德熙先生更多的是在讨论违反意愿预期的情况,袁毓林先生着力讨论的多是违反道义预期的情况;"常规说"主要讨论的是违反认识预期的情况。而违反能力预期的情况仅在个别文献的例子中提到,主要是常规说或意外说的讨论之中。

6. 汉语仅差格式的类型及其焦点结构

已有的"预期说"对汉语仅差格式的不同类型注意不够。不论是肯定还是否定格式,都有特殊的类型,它们与一般的格式的预期结构是不同的,需要一一讨论。

6.1 两种肯定结构

仅差格式的预期与句子的情感焦点有关,又分为"宽焦点"和"窄焦点"两种,这是因为"差点+XP"内有两个意义:【意义一】没有达到 XP;【意义二】一度极为接近 XP。

窄焦点:突显【意义二】,以 VP(一度极为接近 VP)为情感焦点,这是最常见的肯定式,可以称为"肯定₁",如:

(20) (庆幸)我差点(就)摔倒(了)!(自拟)

条件　一般情况

预期 P(M|O)1　我不希望摔倒——意愿情态

当前信息 P(M)　(因为某个原因)我差点(就)摔倒(了)(如此接近摔倒)

预期性　反预期信息

宽焦点:突显【意义一】,以整个"差点+XP"表达的命题,也即是～XP(没有达到 XP)为意外或反预期的情感焦点。这种肯定式不常见,但不是没有,可以称为"肯定₂"。如:

(21) [懊悔]唉!我差点(就)考及格(了)!(自拟)

条件　一般情况

预期 P(M|O)1　我希望考及格——意愿情态

当前信息 P(M)　(因为某个原因)我差点(就)考及格(了)(没考及格)

预期性　反预期信息

我的预期是希望考及格,当前信息实际上是在突显"没考及格"。由于没有达到 XP,说话者的情感焦点集聚在对预期目标未实现的"后悔"。

没有达到 XP 也就是真实预期与目标预期相背或相反。之所以称这里是"宽焦点",是因为当前信息突显的部分是"差点考及格"全体。

由于焦点范围太大会带来句法问题,所以实际使用频率大小是:肯定$_1$＞＞＞肯定$_2$。

从宽焦点和窄焦点的辖域范围来看,由于各自突显的意义不尽相同,也使两类不同的焦点承担了不同的情感表达目的,即"庆幸/后怕"与"遗憾/懊悔"。

表 3　肯定$_1$式和肯定$_2$式的区别

		肯定$_1$式	肯定$_2$式
	例句	他被什么绊了一下,差点儿摔上一跤!(他不小心差点儿就摔下去了,但总算没摔跤)	他紧赶慢赶,结果还是差点儿赶上火车!(他努力去赶火车,但差了一点,结果没赶上)
语用	积极消极	当有情感倾向时,VP 以消极意义为主,偶见积极意义的(他这次超常发挥,差点考了一百分)	当有情感倾向时,VP 为积极意义,因此"差点 VP"为消极意义
	常规性	当有非常规意义时,VP 为非常规意义	
	语用效力	接近 VP(VP 消极性——后怕) 接近 VP(VP 积极性——赞赏) 没有达到或实现(VP 消极性——侥幸)	～VP(遗憾)
	预期性	VP 为反预期事件	"差点 VP"或"～VP"为反预期事件
韵律	如果有停顿,停顿插入	可以在"差点"后	"差点＋VP"后:因为是合在一起作为焦点意义,所以"差点"和 VP 之间一般不停顿

虽然都是"反预期"决定格式是否能用,但我们需要根据两种肯定式分别给出语用推理的规律:

1) 在预期的各个情态维度(如意愿预期、能力预期、道义预期、认识预期等)中,如果 VP 能找到一个违反预期的情况,就可以用于"差点＋VP"的肯定$_1$式;如果找不到一个维度与预期不符的情况,则不能用于肯定$_1$式。

2)在预期的各个情态维度(如意愿预期、能力预期、道义预期、认识预期等)中,如果"～VP"能找到一个违反预期的情况,就可以用于"差点＋VP"的肯定$_2$式;如果找不到一个维度与预期不符的情况,则不能用于肯定$_2$式。

6.2 两种否定 Na 式

干薇、陈振宇(2022)提出,一般的 Na$_1$ 式,事件都是从"没/不 VP"向 VP 发展,如"差点没赶上车",一个人赶车,先是没有上车的状态,到一定时候才赶上车;但是,存在一种特殊的 Na$_2$ 式,其发展方向却是从 VP 向"没/不 VP"发展,称之为"颠倒事件",如"去年差点不上班了",先是上班,后来再发展为不上班。再如周一民(2003)的例子,也是 Na$_2$ 式颠倒事件:

(22) <u>我二大爷差点儿没死</u>,他都跑出来可是又回去救人了。(转引自周一民 2003)(死了)

条件

预期 P(M|O)1　我希望我二大爷没死——意愿情态

当前信息 P(M)　他差点(就)没死(还是死了)

预期性　反预期信息

死亡是人生的终点,一般而言人生是从没死向着死亡发展的,故一般只能有 Nn 式的理解,"差一点没死"(接近死但没死),因为 Na 式所需要的反向运动很难实现。但在周所说的这一特殊场景中,说话者在主观上改变了认识的方向:因为不愿意看到人死,所以努力要找出理由让他不死,是从死反过来向没死想象。这是一个知域的颠倒事件,这才会表达遗憾,指无论如何想象,已有的条件都没有让他达到"没死",虽然其中有一个时点是如此接近没死。如此想象,心理负担之大,恐怕有的读者根本就不能接受,所以如果真要表达这样的意思的话,必须要有更多更明确的手段,如说"我二大爷差点儿就没死""我二大爷差点儿不用死了""我二大爷差点儿就可以不死了"等。

再如中国足球队老输球,所以我们是希望看到他们从"输"到"没输/不输"的转变,所以可以说:

(23) 这次比赛中国队表现很好,<u>差点儿没输了</u>。(实际上还是输了)

与前面的例子不同的是,前例的焦点意义在【意义二】,强调没有达到

"没死",表示后悔懊恼;而本例的焦点意义在【意义一】,强调接近"没输",表示赞赏。

Na$_1$和Na$_2$有很多相同的地方,如都必须将"没(有)VP"看作一个整体,"没(有)VP"本身必须成立;条件许可时都可插入"就",如"差点就没赶上火车""差点就没输了"。但由于颠倒事件往往需要更多的背景信息与心理想象,所以从来不是汉语仅差格式的主流,实际使用频率大小是:Na$_1$＞＞＞Na$_2$。两个格式的表现也有很大不同(见表4):

表4　两种否定Na式的句法和语用区别

		Na$_1$式	Na$_2$式
例　句		他慢腾腾地走,差点儿没赶上火车!(他去赶火车,但迟到了一点,差点没赶上,好在总算赶上了)	——这包饼干不能吃了,保质期正好到昨天。 ——哎,就多了一天,差一点没过期哎!(过期了) (转引自范晓蕾 2018)
句法	插入"能"	条件许可时可插入 VP 前:差点儿没能赶上火车	不能插入
语用	积极消极	当有情感倾向时,"～VP"以消极意义为主	当有情感倾向时,"～VP"以积极意义为主
	常规性	当有非常规意义时,"～VP"为非常规意义	"～VP"为非常规意义
	语用效力	接近"～VP"("～VP"消极性——后怕) 接近"～VP"("～VP"积极性——赞赏)① 没有达到或实现(VP 消极性——侥幸)	接近"～VP"("～VP"积极性——赞赏) 没有达到或实现("～VP"积极性——遗憾)
	预期性	"～VP"为反预期事件	"～VP"为反预期事件

两种 Na 式虽然存在诸多的差异,但是在焦点性上是基本一致的,所以其语用推理的规律大同小异:

---

① 例如"他高兴得差点没站稳/站不稳/合不拢嘴"。

　　1) 在预期的各个情态维度(如意愿预期、能力预期、道义预期、认识预期等)中,如果"否定词＋VP"(～VP)能找到一个违反预期的情况,就可以用于"差点＋否定词＋VP"的 Na 式;如果找不到一个维度与预期不符的情况,则不能用于 Na 式。

　　2) Na₁ 式和 Na₂ 式,主要是事件发展方向性上的差异,也可以从积极消极倾向方面进行判别。

6.3　两种否定 Nn 式

　　沈家煊(1999/2015:89)提到一种推演意义追加的冗余否定格式,见下例,它始终是表示"没全"的意思:

　　(24) 黑桃差点儿全了,(但)没全。→黑桃差点儿,没全。→黑桃差点儿没全。(转引自沈家煊 1999/2015)

　　沈认为,第一句是补充追加说明,后面的"没全"是说明"差一点全了",仅用于"没 VP"表示消极意义时,说话者觉得有强调事情没有发生的必要;从第一句到第二句是省略。如果按他后来也就是沈家煊(2006)的观点,我们可以说从第二句到第三句是截搭,即将前后两个独立的小句说快一些形成一个小句,虽然意义不变,但结构关系发生了改变。

　　沈文是用这一机制解释 Nn 式的来源,但是我们认为这仅仅是其中一种子类的来源。我们把一般的 Nn 式称为 Nn₁ 式,把理解为"黑桃差点儿,没全"类的截搭式称为 Nn₂。总的来说,Nn₁ 式需要很多的限制条件,而 Nn₂ 式则自由得多。二者的确差异很大(见表5):

表 5　两种 Nn 式的句法、语用和韵律差别

		Nn₁ 式	Nn₂ 式
	例句	他被什么绊了一下,差点儿没摔上一跤!(他不小心差点儿就摔下去了,但总算没摔跤)	他紧赶慢赶,可惜还是差点儿(,)没赶上火车!(他努力去赶火车,但差了一点,结果没赶上)
句法	"没(有)"的句法归向	"差(一)点(儿)没(有)"是一个整体	"没(有)VP"是一个整体
	插入"能"	不能插入	条件许可时可插入 VP 前:差点儿没能赶上火车

续表

		Nn₁ 式	Nn₂ 式
句法	谓语的句法独立性	"没(有)VP"本身不必成立,如"差点儿没见了上帝"中,"没见了上帝"中"没、了"共现,本身不成立	"没(有)VP"本身必须成立
语用	感叹性	很强烈的情绪情感	不一定有强烈的情绪情感
	积极消极	当有情感倾向时,VP 以消极意义为主,积极意义也有	当有情感倾向时,VP 为积极意义,因此"～VP"为消极意义
	常规性	当有非常规意义时,VP 为非常规意义	
	语用效力	接近 VP(VP 消极性——后怕) 接近 VP(VP 积极性——赞赏) 没有达到或实现(VP 消极性——侥幸)	～VP(遗憾)
	预期性	VP 为反预期事件	"～VP"为反预期事件
韵律	如果有停顿,停顿插入	"没(有)"后	"差点儿"后:因为是前后两个小句合在一起的,所以断开的话应该恢复原样

虽然也都是"反预期"在起作用,但我们同样需要根据两种 Nn 式分别给出语用推理的规律:

1) 在预期的各个情态维度(如意愿预期、能力预期、道义预期、认识预期等)中,如果 VP 能找到一个违反预期的情况,就可以用于"差点＋否定词＋VP"的 Nn₁ 式;如果找不到一个维度与预期不符的情况,则不能用于Nn₁ 式。

2) 在预期的各个情态维度(如意愿预期、能力预期、道义预期、认识预期等)中,如果"否定词＋VP"能找到一个违反预期的情况,就可以用于"差点＋否定词＋VP"的 Nn₂ 式;如果找不到一个维度与预期不符的情况,则不能用于 Nn₂ 式。

请注意,VP 和～VP 的预期性应该相反,即一个符合预期则另一个不

符合预期,反之亦然。所以我们可以得到以下推理路径(见表6):

表6   差点的两种 Nn 式的语用推理规律

	差点+VP	差点+否定词+VP
VP 是反预期信息	肯定 1 式	Nn₁ 式
～VP 是反预期信息	肯定 2 式	Na 式/Nn₂ 式

可以看到,从反预期出发,可以很好地区分汉语各种仅差格式。但从表中也可以看出,有一种情况比较麻烦,就是右下角的一栏:当～VP是反预期信息时,需要利用其他特征去进一步区分 Na 式还是 Nn₂式。如:

(25) a. 中国队差点没输了。(Na₂ 式)(自拟)

     b. 我差点儿没考上大学。(Na₁ 式)(自拟)

     c. 我差点儿(,)没考上大学。(Nn₂ 式)(自拟)

区分请见表7:

表7   基于反预期角度区分的 Na 式或者 Nn₂ 式

	～VP 是积极意义	～VP 是消极意义
庆幸/后怕	Na₂ 式	Na₁ 式
遗憾/懊恼		Nn₂ 式

7. 结语

本文以汉语仅差格式为载体,将前贤提出的"企望说"和"常规说"统一起来,用"预期说"来说明肯定式、Na 式、Nn 式的限制条件。首先对已有的两种阐释的缺点进行了辨析,然后对已有的"预期说"进行了介绍,说明仅差格式是反预期标记。文章重点是指出已有的"预期说"存在一些需要进一步阐释的问题,包括:汉语仅差格式都是"反预期"表达式,仅差格式是针对说话者预期的反预期信息,包括意愿预期、能力预期、道义预期和认识预期等所有预期维度,几种仅差格式的预期模式不一样,需要具体问题具体分析。最后,本文根据汉语仅差格式的不同种类以及它们的焦点结构对预期的影响,推出了不同的语用规律,即能用于仅差格式还是不能的规律。

参考文献

陈振宇 2017 《汉语的指称与命题》,上海:上海人民出版社。

陈振宇 杜克华 2015 《意外范畴:关于感叹、疑问、否定之间的语用迁移的研究》,《当代修辞学》第5期。收录入陶寰,陈振宇,盛益民主编《汉语方言疑问范畴研究》,上海:中西书局,2017(有较大改动)。

陈振宇 王梦颖 2021 《预期的认知模型及有关类型——兼论与"竟然""偏偏"有关的一系列现象》,《语言教学与研究》第5期。

程饶枝 2007 《"差点没"和"差点"语义同指考察》,广州:暨南大学硕士学位论文。

董为光 2001 《语言认知心理对"差点儿DJ"结构的影响》,《语言教学与研究》第3期。

渡边丽玲 1994 《"差一点"句的逻辑关系和语义结构》,《语言教学与研究》第3期。

范晓蕾 2018 《再说"差一点"》,《中国语文》第2期。

范晓蕾 2019 《"差一点"的语义特征及其句法后果——兼谈否定、反预期、时体的关联》,《当代语言学》第2期。

干薇 陈振宇 2022 《再论"险些、差(一)点"等仅差语的否定式》,《语言研究集刊》(第二辑),上海:上海辞书出版社。

侯国金 2008 《冗余否定的语用条件》,《语言教学与研究》第5期。

李小玲 1986 《北京话里的"差点儿"句式》,《汉语学习》第1期。

鲁承发 2014a 《"差一点"句式研究述评》,《理论月刊》第3期。

鲁承发 2014b 《"差一点"句式研究及其方法论探讨》,武汉:武汉大学博士学位论文。

鲁承发 2018 《"差一点(没)VP"句式中的交际博弈及其句法效应》,《语言研究》第2期。

鲁承发 陈振宇 2020 《透视与展望:"差一点没VP"句式研究60年》,《语言研究集刊》(第二十六辑),上海:上海辞书出版社。

毛修敬 1985 《汉语里的对立格式》,《语言教学与研究》第2期。

沈家煊　1987　《"差不多"和"差点儿"》,《中国语文》第 6 期。

沈家煊　1999　《不对称和标记论》,南昌:江西教育出版社。

石毓智　1993　《对"差点儿"类美余否定句的分化》,《汉语学习》第 1 期。

史佩信　2018　《谈"差点儿(没)VP"句式的缺位问题》,史佩信主编《纪念罗君惕先生语言文字学术研讨会论文集》,上海:上海教育出版社。

杨静夷　2004　《"差一点(没)"句式新说》,《沧州师范专科学校学报》第 4 期。

杨晓宇　2011　《"差一点"句式能否成立的解释》,《宁夏大学学报》第 1 期。

袁毓林　2013　《"差点儿"中的隐性否定及其语法效应》,《语言研究》第 2 期。

翟　汛　鲁承发　2013　《"差一点没 P"结构的语义取值策略》,《长江学术》第 3 期。

赵万勋　2006　《论"差点儿没 VP"的歧义分化》,《云南师范大学学报》第 6 期。

周一民　2003　《北京话里的"差点儿没 VP"句式》,《语言教学与研究》第 6 期。

朱德熙　1959　《说"差一点"》,《中国语文》第 9 期。

朱德熙　1980　《汉语句法中的歧义现象》,《中国语文》第 2 期。

Biq, Y. O　1989　Metalinguistic Negation in Mandarin. *Journal of Chinese Linguistics*, 17(1).

干薇:ganwei@fudan.edu.cn

陈振宇:chenzhenyu@fudan.edu.cn

本文是两篇相关文章整合在一起的完整版。这两篇文章是:1)干薇、陈振宇:《再论"险些、差(一)点"等仅差语的否定式》,《语言研究集刊》(第二十九辑),上海:上海辞书出版社,2022 年。2)干薇、陈振宇:《从预期理论看汉语仅差格式》,《汉语学习》2023 年第 2 期。

概率、预期和管控三项特征下的 "恰好、恰恰、恰巧"辨析*

北京大学中文系/北京大学中国语言学研究中心　　　周　韧

提　要　本文对现代汉语一组近义副词"恰好、恰恰、恰巧"进行比较研究,说明汉语虚词语义分析中的三项重要特征:概率、预期和管控。文章首先指出"恰 X"词共有的语义背景是"项目 A 和项目 B(在某方面)发生相同、相符、相反、相异或相通等关系的联系",它们共有的语义核心是"低概率的精确性"。文章接下来进一步讨论三者之间的内部区别:"恰恰"正逐渐演变为一个纯粹的反预期标记;"恰好"可以在"管控"性的语义环境中出现,带有"克服困难障碍"的意味;"恰巧"的使用基于无预期无展望的环境,带有一定的"意外"因素,近期有朝"如意性"发展的倾向。文章最后简要地讨论"正好"与"恰好、恰恰、恰巧"的差别,指出"正好"也可以出现在高概率的语境中,因此和"恰好、恰恰、恰巧"有重要差别。

关键词　概率　预期　管控　"恰好""恰恰""恰巧"

1. 引言

"恰恰""恰好"和"恰巧"是现代汉语中三个意义接近的语气副词。过往研究中,晁代金(2005)、丁熠(2010)、郭方冠(2015)、杨红(2015)和孙佳(2019)等文献将它们称为"契合"义副词或"巧合"义副词。

---

* 本文的研究得到了中宣部"2019 年文化名家暨'四个一批'人才项目"的资助。感谢《世界汉语教学》匿名审稿专家对本文修订的帮助。

在《现代汉语词典》(第 7 版)中,这三个词在释义上高度接近。其中,"恰好"的释义是:正好、刚好。"恰巧"的释义是:恰好、凑巧。而"恰恰"的释义是:刚好、正。在《现代汉语八百词》(下文均简称为"《八百词》")当中,三个词的释义也基本相同,抄录如下:

> **恰好**:正好在那一点上(指时间、空间、数量等;有不早不晚、不前不后、不多不少、不……不……的意思)。

> **恰巧**:同"恰好",侧重指时间、机会、条件等十分凑巧。

> **恰恰**:1. 同"恰好",多用于书面。
>
> 　　　　2. 恰恰[十就]十是,用在正反对比的句子里。

请看相应的例句(均摘自《八百词》):

(1) a. 你们来得真巧,今天我恰好在家。

　　 b. 我正要出去,恰好老程来找我。

　　 c. 在青岛住了恰好一个月。

　　 d. 大小恰好合适。

(2) a. 路上恰巧碰上大雨,淋得一身湿透。

　　 b. 我毕业后,恰巧他们厂需要一个技术员,就把我调来了。

　　 c. 同学们正在争论,老师恰巧走了进来。

(3) a. 前面一棵大树,恰恰挡住了视线。

　　 b. 敌人倾巢出动,恰恰表明兵力不足。

　　 c. 正不知如何是好,恰恰队长赶了回来。

尽管这三个词在词典辞书释义上高度接近,但只要进一步考察,不难发现它们在使用上仍有较大差距。例(1)和例(2)中的不少句子,将其中的"恰好""恰巧"替换成"恰恰"后,都不成立。请看①:

(4) a. ?? 你们来得真巧,今天我恰恰在家。

　　 b. ?? 路上恰恰碰上大雨,淋得一身湿透。

　　 c. ♯我毕业后,恰恰他们厂需要一个技术员,就把我调来了。

而"恰好"与"恰巧"的用法虽然更为接近,但两者之间仍然存在着一定差异。请看以下例句:

---

① 例句中的"♯"表示该句不合格,"?"表示该句语感不好,"???"表示该句语感很不好。

(5) a. 在青岛恰好/? 恰巧住了一个月。

　　　b. 黑龙江体育局还是竭尽全力保证了篮球后备人才的培养，此
　　　　次能打入决赛，恰好/♯恰巧说明工夫没有白费。(《人民日
　　　　报》海外版2001年)

　　　c. 另外，汉语与诗歌之间也有关联。诗歌需要清新、活跃、利落，
　　　　汉语恰好/♯恰巧清新、活跃、利落。(林语堂《吾国吾民》)

　　上述分布差异引起了我们的研究兴趣。本文主要的目标就是通过对
比考察，在词典释义的基础上进一步揭示这三个副词的句法语义特性。
为了行文方便，有时我们会用"'恰X'词"对它们进行统一表述。①

　　除了标注出处的语料之外，本文所使用的真实语料大部分来自北京
语言大学BCC语料库，少数来自网络搜索。

2. "恰恰""恰好"和"恰巧"的语义背景和语义核心

　　《八百词》直接用"恰好"作为对"恰巧"和"恰恰"的释义说明，那我们
就从"恰好"讲起。《八百词》对"恰好"的释义：正好在那一点上(指时间、
空间、数量等；有不早不晚、不前不后、不多不少、不……不……的意思)。
例如，对于例(1b)来说，按照释义可做以下解读：

　　(1) b. 我正要出去，恰好老程来找我。

　　　解读：不早不晚，正好在"我正要出去"的时间点上，(老程来找我)。

　　但这个解读仍然有可以进一步说明的空间。我们有两点要指出：

　　第一，严格说来，"恰好"在解读中的语义贡献只有"不早不晚"和"正
好"。《八百词》释义中所说的"在那一点上"，其中的"那一点"是指"我正
要出去"的时间点，其实不在"恰好"自身的词汇意义范围之内。

　　第二，从事理上分析，"在那一点上"只说明了整个情境的一部分，对
例(1b)的解读还应包括"老程来找我"这个事件。那么，对于"恰好"句的
完整解读应该是"正好在那一点上，某事件发生"。重点是："恰好"实质上
联系了两个事件或两个事物。

　　本文认为，可以将"恰好"的语义分成两个部分：一部分是"恰好"出现

---

① "恰好"偶尔有做谓语的用法，但本文暂时忽略这种用法，就将"恰好"看成是副词。

的语义背景,另一部分是"恰好"的语义核心。按照马真(2016:91)的观点,虚词使用的"语义背景"的定义是:"就是指某个虚词能在什么样的情况或上下文中出现,不能在什么样的情况或上下文中出现;或者说,某个虚词适宜于什么场合或什么样的上下文中使用,不适宜于什么场合或什么样的上下文中使用。"①本文对"恰好"的语义分析如下所示:

① **"恰好"的语义背景**:项目 A 和项目 B(在某方面)发生相同、相符、相反、相异或相通等关系的联系,这种联系具有契合的意味。

"恰好"的语义核心:低概率的精确性。即项目 A 和项目 B 的联系不仅是精确的,而且这种精确的联系也是低概率的。

我们认为,①分析模式,不仅适用于"恰好"句,也适用于"恰巧"句和"恰恰"句。请看我们对以下几个例句作出的语义解读分析:

(1) b. 我正要出去,恰好老程来找我。

> **解读**:"我正要出去"和"老程来找我"在时间上精确相同。这种精确的相同关系是低概率的。

(2) b. 我毕业后,恰巧他们厂需要一个技术员,就把我调来了。

> **解读**:"我毕业后(要找工作)"和"他们厂需要一个技术员"在需求上精确相符。这种精确相符关系是低概率的。

(3) a. 前面一棵大树,恰恰挡住了视线。

> **解读**:"一棵大树"和"视线"在位置上形成了相斥的精确遮挡关系。这种精确遮挡关系是低概率的。

过去,晁代金(2005)、丁熠(2010)、郭方冠(2015)和杨红(2015)等研究都或多或少地提到了"恰 X"词之间的用法差异,但对于它们的共同点,一般都以"契合"或"巧合"来概括说明。"契合"与"巧合"的说法,大体上是正确的,但还不够精细。而本文对于"恰 X"词的语义背景和语义核心的分析,是对"契合""巧合"更深入和更微观的分析。

对于①中的分析,我们做以下进一步的论证:

第一,"恰 X"词一定需要关联两个项目。这里头说的项目,既可以指

---

① 在当代语言学研究中,这种关于上下文或场景的分析,一般归入语篇或话语分析范畴,而不归入语义分析的范畴。感谢《世界汉语教学》匿名审稿专家指出这一点。

人或事物,也可以指事件。如果语境和语句中只有一个事件或一个事物,"恰 X"词是不能出现的。例如:

(6) a. ?? 外面恰好/恰巧/恰恰下着雨。

　　b. ?? 老王恰好/恰巧/恰恰在家。

　　c. ?? 我恰好/恰巧/恰恰也姓周。

另外,有一些句子看似只关联一个事件,如例(1c)和例(1d)。不过仔细分析,可以发现在这些句子中,还隐藏着社会心理认知因素。例如,在例(1c)中隐含了一种社会心理,即人们对于数字有一种"求整"的嗜好。这种嗜好表现为两种情况:一种是单纯追求数值上的大整数,如"逢十逢百"的整数;另外一种是数值达到通行计量体系中的某一单位,如"周、月、年",或"米、公里、斤",等等。在例(1d)中,人们总是希望事情或事物称心如意,也就是事物或事件的真实情形能够与意愿相符。请看本文对例(1c)和例(1d)的解读:

(1) c. 在青岛住了恰好一个月。

　　解读:"求整的社会心理"和"一个月"在时间长度上精确相符。
　　　　这种精确相符关系是低概率的。

　　d. 大小恰好合适。

　　解读:"意愿中的大小"和"实际的大小"在体积或长度上精确相同。这种精确相同关系是低概率的。

对于例(1c)来说,如果不是社会心理中的整数,后面又不加说明补出项目 B 的话,句子一般都不成立,如例(7)和(8)所示:

(7) ?? 在青岛住了恰好/恰巧/恰恰 11 天。

(8) 从岭底到顶端,恰好 117 米,正好与布达拉宫一般高,象征着吉祥如意。(《人民日报》1990 年)

例(7)中的数字"11",不是社会心理中的一个大整数,因此句子比较别扭。而例(8)中的数字"117",虽然也不符合"求整求十"的大众心理,但其后的句子提供了"布达拉宫(的高度)",可与"117 米"发生在高度上的相同关联,满足"恰 X"词语义背景的要求。

第二,"恰 X"词的语义核心中包含"精确"的语义特征,该特征对应的正是《八百词》释义中所指出的"不早不晚、不前不后、不多不少、不……

不……的意思"，它说明项目 A 与项目 B 之间是一种精确的契合关系。这种精确性和前头所说的"求整"的嗜好其实有很重要的关联，因为大整数便于记忆和计算，有助于人们得到精确的结果。

"恰 X"词语义上的精确性带来的句法后果是：它们不能和"差不多、基本上、几乎、大致"等具有"接近"义的成分共现。请看：

(9) a. ? 在青岛差不多恰好/恰巧/恰恰住了一个月。

　　b. ♯大小基本上恰好/恰巧/恰恰合适。

　　c. ♯前面一棵大树，几乎恰好/恰巧/恰恰挡住了视线。

　　d. ♯距离大致恰好/恰巧/恰恰五十米。

"恰 X"词修饰形容词时，也不能和程度副词搭配。因为精确性和程度性在语义上冲突。请看：

(10) a. ♯大小恰好/恰巧/恰恰很合适。

　　 b. ♯你前进的方向，和我的地图恰好/恰巧/恰恰很一致。

同时，精确性也要求：如果项目 A 和项目 B 是具有数值差距的相异关系，那么，这种数值上的差距必须被精确地表述出来。请看：

(11) a. 执黑的邹俊杰恰好多出一个劫材，方才险胜对手。(《人民日报》1998 年)

　　 b. 可是二嫂恰好比六嫂早生了一点钟。(老舍《正红旗下》)

如果将其中的具体数值换成不大精确的"概数"成分，接受性非常差。请看：①

(12) a. ?? 恰好/恰巧/恰恰多出两三个劫材。

　　 b. ?? 二嫂恰好/恰巧/恰恰比六嫂早生了几十分钟。

不难注意到，这种相差的数值，一般是最小差异。如例(11a)的"多出

---

① 有一些"恰 X"词似乎可以和表示概数的成分共现，例如：

据接近会议的人士说，自愿认减的目标是把欧佩克目前将近二千万桶的日产量减少二百至三百万桶。石油专家估计，在世界市场上目前供给比需求恰恰多二三百万桶。(《人民日报》1986 年)

但要注意，这个例子中，"恰恰"语义背景中的项目 A 与项目 B，发生联系的不是同一小句内"供给"与"需求"的相异关系，而是整个语篇中"石油产量"(少二三百万桶)和"供需状况"(多二三百万桶)之间的相符关系。

一个"和(11b)中的"早生了一点钟"。这种最小差异更是精确性的体现，因为不通过精确计算，是得不出最小差异的。

第三，"恰 X"词说明的两个项目之间的精确联系，在发生学上来讲是低概率的。概率反映的是随机事件出现的可能性大小。随机事件是指在相同条件下，可能出现也可能不出现的事件。那么，低概率意味着这种精确联系并不是一种常见且易于发生的事件。从语义上我们可以体会，比如对于(1b)，"低概率"体现为："我正要出去"和"老程来找我"在时间点上的重合，这种事情并不多见，是不容易发生的。对于(3a)来说，"低概率"体现为：一棵大树精确地挡住视线，这是没想到的，很少发生的事情。(3a)中的低概率很大程度上是由说话人的主观性(或个人经验)决定的，即对于"大树挡住视线"的事件，说话人认为是一个不常发生的低概率事件，但是对于其他人来讲，未必如此。

如果说"恰 X"词的语义里头有"低概率"的特征，那么理所当然的，"恰 X"词无法出现在客观的稳定的高概率语境中。请看：

(13) a. 今天恰好是周末，街上人很多。

　　　b. ?? 今天恰好是周中，街上人很多。

(14) a. 十个同学抽签选三个参加比赛，小明恰好抽中了。

　　　b. ?? 十个同学抽签选八个参加比赛，小明恰好抽中了。

在例(13)中，显然随机的某一天是周末属于低概率事件，因此例(13a)合格而例(13b)不合格；在例(14)中，十个抽中三个是低概率事件，而十个抽中八个是高概率事件，因此，例(14a)合格而例(14b)不合格。

3. "恰恰"的反预期标记性质

在上一节中，我们分析了"恰好""恰巧"和"恰恰"的语义背景和语义核心，其中我们说明"恰 X"词连接的是两个项目，并且其语义核心是"低概率的精确性"。本节讨论"恰恰"。我们认为，"恰恰"正逐渐发展为一个反预期标记。

Heine 等(1991：192—211)提出了"反预期"(counter-expectation)的概念。Heine 等(1991：192)指出：说话人根据自己(或听话人)熟悉的现实世界或心理世界建立了一套常识特征和标准特征，而在某些语境中，会发生与这一套常识和标准相背离或偏离的情况，那么，用来标识这种情况的词语就会被看成"反预期标记"。Heine 等(1991:192)举出的例子有：

(15) Your home is *too* small, even if you are *only* two.

(16) A: Let us play on Sunday at 8.

　　 B: That's *too* early; I am *still* asleep at that time.

Heine 等(1991:192)指出，上述例子中的"too""only"和"still"都是反预期标记，提示了现有断言和常识标准之间的偏离状态。

我们的认识是："预期"是交际双方(或其中某一方)对某一事件的既有认识，或对某一事件发展态势或实现可能的预判。此后，说话人结合事件的真实情况，对预期作出相符或相反(偏离)等回应性判断。而在自然语言中，某些成分被用来专门标示这些判断。专门标示与预期相符判断的成分，就是"正预期标记"；而专门标示与预期不相符或相反判断的成分，就是"反预期标记"。

"恰恰"的反预期标记性质，在《八百词》的释义中就有体现。《八百词》除了指出"恰恰"有"恰好"义以外，还指出"恰恰"的另外一种常见用法，即"恰恰[＋就]＋是，用在正反对比的句子里，加强肯定的语气"。《八百词》举例如下：

(17) a. 发扬党的民主，决不是减弱党的集中制，恰恰是为了加强党的集中制。

　　 b. 把事情搞糟的不是别人，恰恰就是你自己。

毫无疑问，这两个例句中的"恰恰"可以被看成是"反预期标记"。①我们可以这样分析例(17b)：先前有一个隐含的预期"把事情搞糟的是别人"，而"恰恰"标记了与预期精确相反的论断"把事情搞糟的不是别人，是你自己"。

"恰恰"标记反预期，并不像《八百词》所说的那样，一定需要在其后面加"(就)是"。请看下列真实语料：

---

① 陈振宇、姜毅宁(2019)提出了"自反预期"和"他反预期"的区分。在我们看来，"恰恰"所标记的反预期都是"他反预期"，发话人始终认为自己掌握事实的真相，而反预期都是对受话人而言。

(18) a. 向前这样做,是要感动她。但这**恰恰**引起她对他更为深刻的反感。(路遥《平凡的世界》)

　　 b. 那神情,像是静等着聆听老师的教诲。而楚雁潮却看得出来,这**恰恰**表明她自己有话要说。(霍达《穆斯林的葬礼》)

　　 c. 就在苏联"撤军"的迷魂曲唱得最起劲的时候,它不仅没有从阿富汗撤出一兵一卒,而**恰恰**"正在(向阿富汗)增加军队"。(《人民日报》1980年)

　　 d. 你肯定不知道,你的这些优点,**恰恰**害了你!(网络语料)

　　 e. 张伟丽,一个陌生的体坛冠军,**恰恰**是乔安娜成就了最好的她!(网络语料)

这些例子中,"恰恰"都充当了反预期标记。有一点值得说明,"恰恰"连接的项目 A 与项目 B 并不对应于预期与反预期。请看我们对例(18b)作出的语义分析:

(18) b. 那神情,像是静等着聆听老师的教诲。而楚雁潮却看得出来,这恰恰表明她自己有话要说。

　　预期:那神情是静等着聆听老师的教诲。

　　反预期:那神情不是静等着聆听老师的教诲,(而是自己有话要说)。

　　"恰恰"的语义背景:项目 A"那神情",项目 B"表明她自己有话要说"。

　　"恰恰"的语义核心:"那神情"精确地反映了"她自己有话要说"的意愿。而这两者之间的关系,不同于一般人的预期。

我们预测事件发展的时候,总是将认定会发生或大概率会发生的情况作为预期。所以,预期性的事件都是说话人认定会发生的事件或高概率事件,而反预期事件都是低概率的。(严格地说,反预期事件应该是:说话人推定听话人以为不会发生或难以发生的低概率事件。)但要注意,低概率事件未必都严格符合反预期的语义,例(1a—d)中的句子都是如此。以例(1d)为例,说话人尽管用了"恰好"说明"大小合适"是一件不容易发生的低概率事件,但我们认为,说话人总是希望某种物品是"大小合适"的。重点是,说话人并不事先预期"大小不合适"。

在过去的研究当中,晁代金(2005)和郭方冠(2015)等文献都指出了"恰恰"的反预期性质。但问题的复杂性在于:如果检索语料,"恰恰"也有不充当反预期标记的实例。比如例(3c),"恰恰"的出现就和"恰好"一样,可以表达项目 A 和项目 B 在时间上的精确相同关系。而考察语料,类似的例子还有:

(19) a. 在佛宫寺的全部平面布置上,这塔恰恰在全寺的中心,前有山门,钟楼,鼓楼东西两侧配殿,后面有桥通平台,台上还有东西两配殿和大配。(林徽因《闲谈关于古代建筑的一点消息》)

b. 从发信之日到今天,算来恰恰一个月,不见登出来。(鲁迅《而已集》)

c. 前年八月日寇投降,印尼共和国宣布独立,到现在恰恰两周年了。(1947 年《人民日报》)

d. 采访余瑞明这天,恰恰是他上船十周年的日子。(1996 年《人民日报》)

我们认为,"恰恰"正快速地向纯粹的反预期标记发展。依据 BCC 语料库,我们对 1957 年、1987 年和 2017 年的《人民日报》语料分别进行检索,查找其中所有"恰恰"出现的例子,并逐一进行预期性的分析。结果如表 1 所示:

表 1　不同年份《人民日报》中"恰恰"反预期用法的比例统计

	"恰恰"总出现次数	反预期用法	非反预期用法	反预期用法比例
1957 年	326	258	68	79.1%
1987 年	224	183	41	81.6%
2017 年	377	331	46	87.8%

从表 1 可以看出,"恰恰"的反预期用法呈现出上升势头,即使在 1957 年的《人民日报》语料中,"恰恰"已经有接近八成的比例出现在反预期语境中,而经过六十年后,这个比例已经接近九成。从语料分布和发展趋势来看,我们大胆预测,"恰恰"将会逐渐发展成一个纯粹的反预期标记。

　　"恰恰"的反预期性质带来的一个后果是,"恰恰"所搭配的事件拥有较强的现实性。因为只有见到事件的最终真相或结局,才能做出反预期的论断。这和"恰好"和"恰巧"不同,请看:

（20）a. 如果你<u>恰好</u>在北京,请在这一天来到人民大会堂。(《人民日报》1998 年)

　　　b. 婺源县林业工作人员猜测,这棵松树下可能<u>恰好</u>有个泉眼,泉水被"运送"到枝头,于是形成了罕见的松树"下雨"奇观。(《人民日报》海外版 2005 年)

　　　c. 公交车到路口时<u>恰好</u>遇到红灯怎么办?(《人民日报》2017 年)

例（20）中的"恰好"都不能替换成"恰恰"。

4. "恰好"关联事件的"管控性"特征

　　在上一节中,我们已经指出了"恰恰"的反预期标记性质。这一小节我们着重讨论"恰好"。我们先测试"恰好"是否可以充当反预期标记? 方法很简单,我们将例（18）中的反预期标记"恰恰"替换成"恰好",可以发现有些例子合格,如例（21）;而也有很多例子并不合格,如例（22）:

（21）a. 向前这样做,是要感动她。但这<u>恰好</u>引起她对他更为深刻的反感。

　　　b. 那神情,像是静等着聆听老师的教诲。而楚雁潮却看得出来,这<u>恰好</u>表明她自己有话要说。

（22）a. ? 就在苏联"撤军"的迷魂曲唱得最起劲的时候,它不仅没有从阿富汗撤出一兵一卒,而<u>恰好</u>"正在(向阿富汗)增加军队"。

　　　b. ? 你肯定不知道,你的这些优点,<u>恰好</u>害了你!

　　不过,仔细分析例（21）可以发现,在这几例"恰恰"可以替换为"恰好"的句子中,其中已经有表示转折的带有反预期性质的词语,如例（21a）中的"但"和（21b）中的"却"。例（22）各句说明,"恰好"并不能脱离反预期语境,自身作为"反预期标记"使用。像例（22a）尽管已经有一个微弱的转折标记"而",但由于句子整体突显了一种强烈的反预期效应,"恰好"的出现仍然不合时宜。所以,在我们看来,"恰好"可以在反预期语境中出现,但"恰好"本身并不是反预期标记。

　　本文认为,"恰好"独特的语义体现在它与管控性事件的关联上。我们所说的"管控性事件",是指:某事件经过有意识的计划、训练、考虑、论证和计算等行为后,由人力或外力施加影响作用,最终完成或实现。与"管控性事件"相对的,无人力外力影响而自然实现或偶然发生的事件,就可以被看成是"非管控性事件"。

　　借助"管控性事件"的概念,我们再来观察"恰 X"词。首先可以看出,"恰好"可以与"非管控性事件"搭配。请看以下例句:

（23）a. 八个人一桌,十六个人恰好坐两桌。（《八百词》例句）

　　　 b. 悉尼奥运会是我真正开始意识到自己与众不同的时候。那时候我恰好 20 岁,我知道自己到底值多少钱了。（《姚语录》）

　　　 c. 所见的版本是由上海广益书局印制发行,时间为 1905 年,距今恰好 100 年。（《人民日报》海外版 2006 年）

　　　 d. "雾根茶"的商标持有人曹俊平先生说:从庐山北登山,到马尾水景区恰好 10 公里。（《人民日报》海外版 2015 年）

　　　 e. 我和孩子一起读这本书时,恰好看到当代著名古诗词学者叶嘉莹的文章。（《人民日报》海外版 2016 年）

　　在上面的例子中,"恰好"句中事件的实现都是非管控性的,句中"恰好"所修饰的事件的达成是在"无为"状态下获得的。其中,十六个人坐满两个八人桌,姚明达到 20 周岁,某本书出版 100 年,某地到某地 10 公里,看到某位学者的文章,这些都是自然实现或偶然发生的情况。

　　我们还要指出,这些例子中事件的达成,依然是低概率的。例如,坐满数个八人桌的自然概率是八分之一;而在年龄、周年、距离等计算过程中,达到"整十"或"整百"的状态也都是低概率的事件。例（23）中的"恰好"都可以被替换成"恰巧"。因为"恰恰"的反预期性质,上述句子中的"恰好"已经很难被替换成"恰恰"。

　　"恰好"的特点在于它和管控性事件的搭配,请看例（24）:

（24）a. 二十时零四分步兵进攻,要绝对遵守时间,至多七分钟攻上主峰!……二十时十一分;恰好七分钟攻上了主峰。（老舍《无名高地有了名》）

　　　 b. 他得了夸奖,更加意气风发,把那根如意棒子猛地往高空抛去,身体随着弹起,在空中连着翻了两个跟斗,稳稳地落了地,不摇不晃,无声无息,伸出只手,<u>恰好</u>接住了从天而降的如意棒子。(莫言《檀香刑》)

c. 当运动员扣球或踢球时,使其上下肢屈曲成一定角度,<u>恰好</u>让打击中心位置在腕部或踝部,这样当运动员踢球或扣球时其髋关节或肩关节处的关节反力最小(甚至等于零)。(BCC语料库科技文献语料)

d. 旧金山消息:美国史坦福研究院主任芬莱·卡特最近说,苏联人在放射人造卫星时所选择的卫星轨道角度是一件巧夺天工的事,因为这个角度<u>恰好</u>使卫星行经地球上所有有人居住的地区的上空。(《人民日报》1957年)

e. 一个被广泛接受、但尚缺乏观测证据的理论模型认为黑洞的高速自转正是形成相对论性喷射流的原因。现在张、崔、陈三位科学家的研究成果<u>恰好</u>证实了这一理论。(《人民日报》1997年)

对于本文所说的管控性事件,我们做以下几点论述:

第一,例(24)的"恰好"句中,实现或拟实现的事件并不是一种自然或偶然的情况,而是通过人的主观努力活动才获得的。在例(24a)中,"七分钟攻上主峰"是事先的计划;在(24b)和(24c)中,"接住了从天而降的如意棒子"和"让打击中心位置在腕部或踝部"需要通过多次练习达成;在例(24d)和例(24e)中,"使卫星行经地球上所有有人居住的地区的上空"和"证实某一理论"需要周密的计算才能做到。

第二,在例(24)中,"恰好"的低概率语义特征依然发挥作用,只是这种低概率意义体现在与其关联的管控性事件中,由事件中含有的"克服困难和障碍"的意味来提示。在例(24a)中,计划是七分钟攻上主峰,但在敌方的炮火下完成这件事情并不容易;在例(24b)中,当说话人表达"把那根如意棒子猛地往高空抛去"后,随后又描述了"身体随着弹起,在空中连着翻了两个跟斗,稳稳地落了地,不摇不晃,无声无息"这一连串动作,说明了"接住如意棒子"的高难度,但最终表演者"恰好接住了从天而降的如意棒子"。使用"恰好"提示了高难度低概率事件的精准实现。

在这种管控性事件的语境中,可以使用"恰好",但一般不使用"恰恰"和"恰巧"。这就是例(5b)中"恰巧"不能出现的原因,因为"培养篮球后备人才"是一项具有很强计划性的工作。再请看:

(25) a. ♯要绝对遵守时间,至多七分钟攻上主峰! ……恰恰/恰巧七分钟攻上了主峰。

　　 b. ♯当运动员扣球或踢球时,使其上下肢屈曲成一定角度,恰恰/恰巧让打击中心位置在腕部或踝部……

　　 c. ?? 现在张、崔、陈三位科学家的研究成果恰恰/恰巧证实了这一理论。

正如我们前面所指出的,"恰恰"正快速地向纯粹的反预期标记发展,而反预期事件都可以认为是计划外的非管控性事件。因此,"恰恰"一般不适合用在管控性的语境下。①同时,需要注意的是,管控性特征和预期性特征不是一回事。比如说,反预期的都是非管控性的,而非管控性的事件,未必都是反预期事件,如例(23)中的句子都描述的是非管控性事件,但都不是反预期事件。

第三,管控性和汉语语法研究中所说的"自主性"不一样。因为,非管控性事件中既有非自主动词,也有自主动词,例如:

(26) a. 中锋方纫秋给对方来个措手不及的近射,球恰好打在守门员身上弹出,方纫秋急忙又补踢一脚。(《人民日报》1956 年)

　　 b. 有一年的两会,本报记者在北京饭店贵宾楼采访霍震霆时,恰好霍启刚走了过来。(《人民日报》海外版 2017 年)

例(26)中的动词"打"和"走"都是自主动词,但从语篇看,两个动词所表达的事件都是非管控性的。例(26a)中,"球运动的轨迹"和"守门员身上"在方位上发生契合是一个随机的非管控性事件(球员射门的目标肯定不是"守门员");例(26b)中"霍启刚走了过来"和"采访霍震霆"在时间上的

---

① 《世界汉语教学》匿名审稿专家提示我们:"恰恰"可以出现在管控性语境下。如:

这样的通史,完全是一种以政治史为经、事件史为纬、以点带面、一线相系的线性式结构,具有强烈的为现实服务的史学功能,恰恰切合抗日救亡的需要。(沈渭滨《〈中国近代史〉导读》)

我们认为,尽管"恰恰"正向反预期标记发展,但仍然有少量非反预期的用法。这使得语料中仍然保有少量的"恰恰"的非反预期的管控性用法。

契合,也是一个非管控性事件。请注意,这里头的"恰好"都能换成"恰巧"。

另外,还有少量的非自主动词可以用在管控性事件中。请看例(27):

(27) a. 杨君兴介绍,"最好的人工繁殖方法,就是尽量模仿抗浪鱼的原生环境,我们长期野外调查积累的数据、经验*恰好*发挥了作用"。(《人民日报》2017 年)

　　 b. 乍看起来,两条消息是矛盾的:前者强调把知识分子推上领导岗位之重要,后者却赞成把他们撤下来,仔细一琢磨,就发现这正是一个问题的两个方面,加起来*恰好*完整地体现了党的知识分子政策。(《人民日报》1984 年)

在例(27a)中,"长期野外调查积累的数据、经验"和"发挥了作用",以及(27b)中的"两个方面加起来"和"完整地体现了党的知识分子政策",它们内部在事理上的相通关系,都需要做一定的推理和论证。这两句陈述的都是管控性事件,但是其中的"发挥"和"体现"都应为非自主动词。[①]同样请注意,这两句中的"恰好"都无法替换成"恰巧"。

自主与非自主的概念,一般只是针对动词而言,而管控性和非管控性的概念,要考虑到整个事件乃至整个语篇的性质。

第四,"恰好"所修饰的管控性事件的实现,和正预期事件的实现并不一样。前面说过,预期性事件的实现都是高概率的,反预期事件的实现是低概率的。但是要注意,预期是事先对事件结果(或情形)已有判断,而在管控性事件中,说话人了解事件实现的难度,对事件结果事先不做判断,只引起听话人的期待。

5."恰巧"关联事件的意外性特征和如意性特征

这一小节,我们讨论"恰巧"的语义性质。

我们发现,"恰巧"既不能出现在反预期事件语境中,如例(28)所示;也不能出现在管控性事件语境中,如例(25)所示。

(28) a. ♯就在苏联"撤军"的迷魂曲唱得最起劲的时候,它不仅没有从

---

①　根据马庆株(1988)的观点,"发挥"和"体现"不能受"甭"修饰,不能受方式副词修饰,没有重叠形式,这些都符合"非自主动词"的特点。

阿富汗撤出一兵一卒,而恰巧"正在(向阿富汗)增加军队"。

b. #你肯定不知道,你的这些优点,恰巧害了你!

c. #张伟丽,一个陌生的体坛冠军,恰巧是乔安娜成就了最好的她!

"恰巧"不出现在这两种情境的事实说明:"恰巧"所修饰关联的事件是一种非管控性的突发事件。"恰巧"的这种语义,来源于其中"巧"字的语素义"巧合"。正所谓"如有巧合,纯属意外",无论是说话人还是听话人,事先都没有对"恰巧"事件做过预期,也未做主观努力去促成事件发生。这正是例(5c)中"恰巧"不能出现的原因。因为前头已经出现了关于"诗歌需要清新、活跃、利落"的期待,再说汉语"清新、活跃、利落",就是一种预期实现的表达了。再请看:

(29) a. 日前,我到四川石棉县境内大渡河畔的安顺场出差。原计划走访安顺场乡卫生院,恰巧"红军强渡大渡河陈列室"与名存实亡的乡卫生院同在一个院子的一座破旧不堪的小楼里。(《人民日报》1996 年)

b. 再如今年春耕时,需围水整田,恰巧 3 月 20 日下了一场大雨,5 个承包小组均派人在水田收口截水,仅此一项每个组就减少支出近 100 元。(《人民日报》2001 年)

c. 方文煊刚刚在北京谁的家里品完茶、聊完天,恰巧在王府井大街上遇见了万群。(《沉重的翅膀》张洁)

在这些例子中,"恰巧"所关联的事件都是突发事件,不管是说话人,还是句子主语,对这些事件的发生与否,事先都无展望。所以,实际上有两种"意外"值得区分:"恰恰"的意外是对预期的意外,"恰巧"的意外是无预期无展望的意外。孙佳(2019)曾经认为"恰巧"后发生的事件是与预期相符的事件,这和本文的观点不同。①

例(29)中的各句中的"恰巧"都无法替换成"恰恰",但可以替换成"恰

---

① 孙佳(2019)提出的"恰巧"符合预期的例子是:

一位李小龙的崇拜者前来找李小龙拜师学武,恰巧碰上李小龙在打坐。

孙佳(2019)认为此例是希望发生也实际发生了的事。但希望发生,并不等于事前就预期会发生。希望发生,正是我们下面所要讲的"如意性"。

好"。"恰好"除了不能自身单独提示反预期语义外,在上述各种语境中都能出现。

　　那么,"恰巧"是否还具备有别于"恰好""恰恰"的地方呢? 在我们看来,"恰巧"要求与之关联的事件具有"如意性"的特点。这指的是:"恰巧"所修饰的事件一般是对说话人(或主语)如意的事件,也可以理解为,是说话人(或主语)希望发生且对已有利的事件。比如例(29)中,"恰巧"小句都是对说话人或主语有利如意的事件。

　　"恰好"的构词语素中尽管有个"好"字,但是语料中"恰好"不乏有修饰负面不如意事件的例子,请看例(30),其中描述的事件"中了圈套""遭到飓风"和"医生不在那里"都是不如意事件。按照笔者个人的语感,这三句中"恰好"都不宜替换成"恰巧"。

　　(30) a. 他误以为资助他应考的恩师刘筠贪赃枉法,事先泄露考题,于是不"为小恩而忘大义",告到了大理寺。他哪料到这正义之举,恰好/? 恰巧中了奸佞的移花接木的圈套。(《人民日报》1984 年)

　　　　b. 此间恰好/? 恰巧港岛遭到两次飓风,很多英船沉没、被毁。(《人民日报》1997 年)

　　　　c. 还有一次,在巴斯卡尔,有一位尼泊尔老大娘病了,我们的医生恰好/? 恰巧不在那里。这位老大娘等了三天,连路都走不动了。(《人民日报》1966 年)

　　根据我们对 BCC 语料库中历年《人民日报》的统计,在 20 世纪 80 年代以前,"恰巧"还经常修饰不如意性事件,而自 20 世纪 90 年代之后,"恰巧"和不如意事件搭配的实例越来越少。

　　语料中"恰巧"仍然可以和不如意事件搭配,一个可能的理由是:说话人和句子主语的立场可能存在分歧。也就是说,某事件的发生可能只对说话人有利,但对句子主语(或篇章中的某个其他人物)不利。请看:

　　(31) 一位顾客来到购书中心少儿部,他想买的图书恰巧已经售完,这位顾客有点失望。员工杨小琴默默地记在心里,她利用休息时间特意跑到其他书店自己掏钱买回这本书,并送到读者手里。(《人民日报》1997 年)

　　在例(31)中,"想买的图书已经售完"对于篇章中的人物"一位顾客"

来说,是不如意的。但是对说话人来说,这个不如意事件的发生,促成了其报道如意性事件"员工杨小琴热心服务顾客"的发生,这也为"恰巧"的出现提供了机会。

"恰巧"是否会发展成一个纯粹的如意性事件标记,还值得进一步关注和考察。

6. "正好"与"恰 X"词的差异

这一小节我们将眼界放宽,再考察一下与"恰 X"词意义较接近的"正好"。"正好"主要的语法功能是充当状语。①谷帅、任海波(2009)认为"正好"更倾向表达时间点上的契合,而"恰好"侧重表达时间段上的契合。但这种差异从谷帅、任海波(2009)提供的数据上看,也并没有达到特别显著的地步。②

在《现代汉语词典》(第 7 版)中,"正好"和"恰好"互为释义。其中,对"正好"的举例有:

(32) a. 这次见到王老师,正好当面向他请教。

　　　b. 皮球正好掉到井里。

将前头考察"恰好"的例句再用来考察"正好",我们发现,其中的"恰好"都可以被"正好"替换,请看:

(33) a. 你们来得真巧,今天我恰好/正好在家。(例 1a)

　　　b. 在青岛住了恰好/正好一个月。(例 1c)

　　　c. 大小恰好/正好合适。(例 1d)

　　　d. 从岭底到顶端,恰好/正好 117 米,正好与布达拉宫一般高,
　　　　 象征着吉祥如意。(例 8)

　　　e. 执黑的邹俊杰恰好/正好多出一个劫材,方才险胜对手。
　　　　 (例 11a)

---

① 本文不考虑"正好"偶尔充当谓语的情况。

② 根据谷帅、任海波(2009)的统计:在 94 句涉时间义的"恰好"句中,42 句表时间点上的契合,52 句表时间段上的契合,比例分别为 44.7% 和 55.3%;在 498 句涉时间义的"正好"句中,335 句表时间点上的契合,157 句表时间段上的契合,比例分别为 67.2% 和 31.5%。

f. 十个同学抽签选三个参加比赛,小明<u>恰好/正好</u>抽中了。(例 14a)

g. 向前这样做,是要感动她。但这<u>恰好/正好</u>引起她对他更为深刻的反感。(例 18a)

h. 八个人一桌,十六个人<u>恰好/正好</u>坐两桌。(《八百词》例句)(例 23a)

i. 他得了夸奖,更加意气风发,把那根如意棒子猛地往高空抛去,身体随着弹起……伸出只手,<u>恰好/正好</u>接住了从天而降的如意棒子。(例 24b)

这说明,"正好"和"恰好"一样,也有"低概率""精确性""关联两个项目""关联管控性和非管控性事件",以及可以在反预期下使用但非"反预期标记"等语义和语用特点。但是如果从"正好"的例子出发考察,很快就会发现有"正好"不能被"恰好"替换的情况。比如,例(32a)换成"恰好"就不好。请看例(34):

(34) #这次见到王老师,<u>恰好</u>当面向他请教。

仔细品味,在(32a)中,"正好"联系的两个事件"这次见到王老师"和"当面向他请教"在事理上是一种相通关系。但是,这种相通关系不是一种低概率的相通,而是一种自然或必然的无难度选择。那么,进一步可以推断的就是"正好"也可以出现在高概率的语境中。"正好"可以通过类似例(13b)和例(14b)的这种测试。请看:

(35) a. 今天<u>正好</u>是周中,街上人很多。

b. 十个同学抽签选八个参加比赛,小明<u>正好</u>抽中了。

因为"正好"具备高概率的特征,这使得它可以用于表达两个事件在事理上存在必然性或规律性的联系,因为必然性或规律性的联系都是高概率的。请看例(36):

(36) a. 往年,到 3 月中旬,甘蔗就砍完运走了,<u>正好/#恰好</u>抓紧种蔗。(《人民日报》1983 年)

b. 人到 40,年富力强,雄心勃勃,<u>正好/? 恰好</u>做一番大事业。(《人民日报》1998 年)

c. 社评说,如今政改方案既已告一段落,特首和特区政府<u>正好/</u>

＃恰好将主要精力重新集中到经济和民生工作上来,进一步大力推动经济发展和回应市民对民生方面的诉求。(《人民日报》海外版 2005 年)

例(36)中,"正好"联系的两个项目或两个事件都带有规律性或必然性,是一种高概率的联系。例如,例(36a)中"甘蔗砍完运走"和"抓紧种蔗"的关联是规律性的(因为往年年年如此),例(36c)中的"政改方案告一段落"和"将主要精力重新集中到经济和民生工作上来"的关联是必然性的。这些例子中的"正好"都不能被替换成"恰好"。

所以,"正好"虽然在分布上非常接近"恰好",但是"正好"可以关联高概率事件,也可以关联低概率事件。因此,它的语义核心内部不限于"低概率",这就和"恰 X"词在语义上有重要差别。对"正好"的语义背景和语义核心分析如下:

② **语义背景**:项目 A 和项目 B(在某方面)发生相同、相符、相反、相异或相通等关系的联系,这种联系具有契合的意味。

　　语义核心:精确性。即项目 A 和项目 B 的联系是精确的。

由于"正好"的语义核心内不限于"低概率"特征,因此和"恰 X"词有着重要的句法语义差异。

7. 小结

本文对现代汉语的一组"恰"字副词"恰好、恰恰、恰巧"做了句法和语义上的辨析,说明了它们使用的语义背景,指出它们共同的语义核心是"低概率的精确性"。文章进而通过引入预期特征和管控性特征,指出:"恰恰"正向反预期标记快速发展;"恰好"还可以和具备管控性特征的事件关联,这和其他两个"恰 X"词不同。同时,我们还简要说明了"恰巧"有可能发展成一个如意性标记。文章最后,我们还讨论了"正好"与"恰 X"词的差别,说明"正好"可以出现在高概率事件的语境中,因此和"恰 X"词的语义核心有关键性的不同。对于三个"恰 X"词和"正好"在概率、预期和管控三项特征上的异同,我们将本文的考察结论总结在表 2 中:

表 2　"恰 X"词与"正好"的异同总结

	概　率	预　期	管　控
恰好	＋低概率，－高概率	可出现在各种预期环境	±管控
恰恰	＋低概率，－高概率	大多数情况下只出现在反预期语境	－管控
恰巧	＋低概率，－高概率	一般只出现在无预期环境	－管控
正好	＋低概率，＋高概率	可出现在各种预期环境	±管控

　　需要注意的是，"概率"特征是这几个词语义内核的特征，而预期特征和管控型特征（包括如意性特征）主要是与这几个词相关联的事件的特征。

　　本文推出三项虚词研究中的重要特征：概率特征（高概率或低概率）、预期特征（反预期、正预期或无预期）和管控性特征（管控或非管控）。这三项特征（尤其是前两项特征）都体现了较强的主观性倾向，因为概率的高低，预期的正反以及管控性的有无，主要是根据说话人的主观认识而确定的。这种意义上的差别，就会带来相应的句法分布上的不同。

　　在当前的汉语虚词研究中，对于预期特征的探索和挖掘较为充分，从吴福祥（2004）、袁毓林（2008）以来，已经有大量利用预期理论（尤其是反预期理论）分析汉语虚词的论著。对概率特征的作用，近几年也开始有一定的认识，如石定栩和孙嘉铭（2016）、张谊生（2016）、李命定和袁毓林（2018）以及周韧（2019），等等。而本文提出了一个新的观察角度，即"管控性特征"，这个特征注重控制事件过程和关注事件完成，它是否还适用于其他虚词的辨析与考察，值得进一步研究。

参考文献

　　晁代金　2005　《"巧合"类语气副词研究》，桂林：广西师范大学硕士学位论文。

　　陈振宇　姜毅宁　2019　《反预期与事实性——以"合理性"语句为例》，《中国语文》第 3 期。

　　丁熠　2010　《"契合"类语气副词研究》，上海：上海外国语大学硕士学位论文。

　　郭方冠　2015　《"恰好"类副词研究》，武汉：华中师范大学硕士学位论文。

谷　帅　任海波　2009　《"正好"与"恰好"的用法考察和对比分析》,《语言应用研究》第 3 期。

李命定　袁毓林　2018　《信念与概率:认识情态动词的语义差异及其功能分化》,《世界汉语教学》第 1 期。

吕叔湘等编　1980　《现代汉语八百词》,北京:商务印书馆。

马庆株　1988　《自主动词和非自主动词》,《中国语言学报》第 3 期,北京:商务印书馆。

马　真　2016　《现代汉语虚词研究方法论》(修订本),北京:商务印书馆。

石定栩　孙嘉铭　2016　《频率副词与概率副词——从"常常"与"往往"说起》,《世界汉语教学》第 3 期。

孙　佳　2019　《契合类副词"X 巧"的用法考察与功能分析》,上海:上海师范大学硕士学位论文。

吴福祥　2004　《试说"X 不比 Y·Z"的语用功能》,《中国语文》第 3 期。

杨　红　2015　《"恰巧""恰好""恰恰"的句法成分辨析》,《现代语文(学术综合版)》第 11 期。

袁毓林　2008　《反预期、递进关系和语用尺度的类型——"甚至"和"反而"的语义功能比较》,《当代语言学》第 2 期。

张谊生　2016　《揣测与确信评注的兼容模式及其功用与成因》,《世界汉语教学》第 3 期。

周　韧　2015　《现实性和非现实性范畴下的汉语副词研究》,《世界汉语教学》第 2 期。

周　韧　2019　《也谈"都"字的义项分合》,《对外汉语研究》第 20 期,北京:商务印书馆。

中国社会科学院语言研究所词典编辑室编　2016　《现代汉语词典》(第 7 版),北京:商务印书馆。

Heine Bernd, Claudi Ulrike & Hünnemeyer Friederike　1991　*Grammaticalization: A conceptual framework*. Chicago: Chicago University Press.

周韧:zhouren@126.com

原载《世界汉语教学》2022 年第 2 期。

从客观匹配到主观评价副词
——"恰"类副词的语义来源及历时演变 *

北京联合大学师范学院　　鲁　莹
香港城市大学语言及翻译学系　　刘美君

提　要　通过考察历史语料,本文讨论了"恰"从单音词到双音词构成语素的历时演变。"恰"最早出现于六朝,描述两种场景或条件的精确匹配,基于这一核心语义不断虚化及双音节化。唐宋时期,形容词"恰好"和副词"恰恰"逐步形成。到了元代,"恰好"由形容词发展为副词,分化了副词"恰恰"的正向评价义,后者则逐渐向反预期义过渡。及至明代,副词"恰好"和"恰恰"的功能正式分化,形容词"恰当"正式形成并分担了形容词"恰好"的功能,还出现了新的副词"恰巧"。至此,副词"恰好、恰恰、恰巧"三足鼎立,共同承继了"恰"的核心"匹配"义,三者功能趋于分化。从清代到当代,这一副词词群的区别意义体现于言者预期:"恰好"为合预期匹配,"恰恰"是反预期匹配,"恰巧"则是无预期匹配。总之,"恰"类词群的词汇化机制是"恰"的核心义抽象化与主观化的过程。语义上,随着"恰"与新语素搭配组合,不断发展出新词类,表达新词义,但始终围绕其核心语义"A与B精确匹配";语用上,强化与叠加的语法现象伴随着"恰"的双音节化过程,当副词词群"恰巧、恰好、恰恰"分工合作的局面形成,就

---

　*　本文为国家社科基金项目"汉语强调表达的句法、语篇形式及语义来源研究"(项目编号:19BYY173)与北京联合大学科研项目"汉语强调表达中的概率、信念、情感研究"(项目编号:SK70202101)的阶段性研究成果。初稿于第 20 届 CLSW 会议(香港城市大学,2020 年 5 月)报告,修改稿于汉语句法语义理论研究"预期与意外"学术讨论会(复旦大学,2020 年 8 月)宣读,感谢与会专家的意见,文责自负。

以言者预期的不同体现出使用差异。本文对近义词群的词义演变和分化,提出了具体明确的历时证据与共时描述,说明了语义和语用交互下的预期关系,对词汇语义及评价研究有联结性的创新贡献。

关键词 "恰恰""恰好""恰巧" 精确匹配 历时演变 词汇化 预期关系

1. 引言:"恰"类副词的多层意义

在现代汉语中,动词"恰如、恰似"、形容词"恰当"和副词"恰、恰恰、恰好、恰巧",尽管词义不同,但都有着相近的概念意义:(状态或情况)正好、正合适,(时间、空间、数量、条件等)刚好符合某一标准或预期。例如:

(1) a. 他的处境恰如笼中之鸟。

    b. 这消息恰似晴天霹雳,令人十分震惊。(转引自吕叔湘 2001:446)

(2) 这篇文章里有些字眼用得不太恰当。〔转引自《现代汉语词典》(第 7 版)〕

(3) a. 左边锋疾射入网,恰在此时鸣笛终场。

    b. 前面一棵大树,恰恰挡住了视线。

    c. 八个人一桌,十六个人恰好坐一桌。

    d. 我毕业后,恰巧他们厂需要一个技术员,就把我调来了。(转引自吕叔湘 2001:445)

为了方便,我们把这七个词统称为"恰"类词。从上例可看出,这类词的意义有比较统一的一面:事物 A 与事物 B 的精确匹配。尤其是以例(3)为代表的"恰"类副词,学界一般打包为"契合"或"巧合"集合,认为这个集合具有[+巧合,+主观性]的语义特征(丁熠 2010),表达契合语气(刘小鹭 2017),或表示事件、情况发生的巧合与说话人的预期相关(罗主宾 2013)。不过,在表达什么样的预期上,意见存在分歧:一说"恰"表示事情、情况在情理上互相吻合,"恰"类语气副词都表达主观意料内的语气(李素英 2010;罗主宾 2013)。一说"恰恰"强调与预期相反、事实出乎意料,表转折关系;"X 好"既可与预期相符,也可相反;"X 巧"侧重客观事实的巧合性、偶然性,事先没有预期(晁代金 2005;郭方冠 2015；刘凤鸣 2019）①。

可以看出，分歧的焦点在于预期和意料。如果把对"恰"类副词的考察聚焦于"契合"语义集合，是否能涵盖所有可能性？其内部成员是否有预期相反、意料之外的表达？如果有，为什么会出现在看似矛盾的语义集合中？"恰"类副词与动词、形容词语义有何关联？

权威词典中的"恰恰"常与"恰好"同义互释，比如，《现代汉语八百词》将"恰恰"释为："1）同'恰好'，多用于书面；2）'恰恰［＋就］＋是'用在正反对比的句子里，加强肯定语气"；《现代汉语词典》（第 7 版）将其释为"刚好；正"。但这些说法似乎解释不了语料②中大量这样的例子，例如：

（4）a. 他觉得事事都是有为的，只要把事情做到尽善尽美，就一定会万无一失。可是这种脱离现实的有为，恰恰可以理解为过分的欲望，是不合理的，它不是真正的积极。（石建勋《职业生涯与规划》）

   b. 在"男女平等"的大旗下，中国学校以统一的内容、统一的方式、统一的标准来要求男孩和女孩，而这恰恰不是真正意义上的平等。（孙云晓《中国应试教育对男孩伤害更大》）

   c. 倘若打算趁有权的时候赶快捞一把，安度晚年，这恰恰不会有一个平安的晚年。（张平《抉择》）

例（4）的"恰恰"不同于"恰好"，因为它们都不能替换为"恰好"。根据语境，a 句中的"恰恰"可以用"其实"代替，前后句表达蕴涵转折关系（A→M1～B）③，即在当前条件下有较大可能的情况（"事事有为就会万无一失"）不成立，标记违反听话人预期的信息；b 句"恰恰"用在"是"前，但它加强了否定语气（"不是真正的平等"），而非肯定语气，前后句呈互补对立关系；c 句的"恰恰"也不能解释为"刚好、正"，释为"反而、相反"比较合适。

根据例（1）至例（4）的表现并结合以往的研究，我们认为，"恰"类副词

---

① "X 好、X 巧"中的"X"可以是"刚、正、恰、可"，详情请参看相关文献。

② 文章所引用语料除标注辞典工具书外，均来自北京大学中国语言学研究中心 CCL 语料库与北京语言大学 BBC 语料库。

③ 蕴涵转折是转折关系中的一种预设，意思是"如果 A，那么较大可能（M1）非 B，但是结果是 B"，由此构成了转折关系，详情请参见王维贤（1994）的"蕴涵转折"与邢福义（2001）的"因果违逆"。

可以表达与说话人的预期或意料相关的主观性意义,但意义比较复杂,至少有三层相关、性质不同的语义呈现:

Ⅰ表示"匹配义"的中性评价立场,不带主观评价。说话人客观描述某种巧合与空间、时间、数量、条件等情况精确匹配的客观局面,主要是无预期的客观巧合,是一种客观匹配。

Ⅱ表示"反预期"的负向评价立场,指某种情况与受话人、社会共有预期刚好相反,包含转折与递进两种逻辑语义关系,表明客观情况与主观预期或性质或程度、范围上呈差异性反向匹配。

Ⅲ表示"适当性"的正向评价立场,即说话人主观认为某情况与空间、时间、数量、条件等客观情况精确匹配,并且这种匹配满足了说话人的愿望和意图,从主观上评价这种匹配是好的、适当的,是一种主观正向匹配。

其中,Ⅰ是"恰"类词的词汇意义,关于这种语义及其变化,是基于目前权威词典释义("正在那一点上")和研究("契合、巧合")而提出的假说,后文将细化其演变的历史路径;Ⅱ和Ⅲ是"恰"类词的语用蕴涵和逻辑语义,这两种意义当前研究不够明确,本文将集中展开讨论。

2. 中古汉语中"恰"类词的意义和用法

"恰"是《说文解字》新附字,非许慎原有收录。最早语料来自六朝,只有 5 例①。六朝时"恰"用于动词谓语前,表示情况 A 与情况 B 在空间、时间等场景上精确匹配,是一种客观描述。例如:

(5) a. 信纯卧处,恰当顺风。犬见火来,乃以口拽纯衣,纯亦不动。（六朝·《搜神记》）

　　 b. 恰对妆台,诸窗并开。遥看已识,试唤便回。（六朝·《后堂望美人山铭》）

　　 c. 李冰当时随地理形便造桥,恰有形似北斗之排列。（六朝·《华

---

① 文章的古汉语语料全部来自北京大学中国语言学研究中心 CCL 古代汉语语料库。除例(5)中 4 例外,还有 1 例是陶渊明《归鸟·其一》"和风弗恰,翻翩求心",一说是"和风不洽",《广韵》释"洽"为"和也",所以此处"恰"字存疑,较大可能是"洽"。

阳国志》)

　　d. 寻至秦国,以枕于市货之,<u>恰</u>遇秦妃东游,亲见度卖金枕,疑而
　　索看。(六朝·《搜神记》)

　　以往研究一般认为六朝语料的"恰"表示契合义,或表示两件事情或
情况正好吻合。这种观察是准确的,但不应把"恰"看作"正好、刚好"等
视为"好"的巧合,解释为"正"比较贴切,即精确匹配。因为在例(5)中,
"恰"表示的不都是好的巧合,比如 a 句李信纯睡卧的地方处于顺风处,
引发火灾险致人伤亡,这是坏的巧合;d 句辛道度售卖秦妃女儿的遗物
时正碰上其母秦妃,也绝不是好的巧合;其他两句"恰"描述的匹配局面
也是中立、客观的,如 b 句美人正对妆台,c 句李冰所造七桥与七星排列
相似。

　　除了考察语料,我们还对比检索了权威辞典对"恰"的释义:《汉语大
字典》引清代郑珍《说文新附考五·恰》"六朝已前书无此字,唐人诗乃常
用之",这也证明了六朝才出现"恰"的语料是可靠的。《故训汇纂》引《说
文新附·心部》释为"恰,用心也",但语料已不可考。《辞源》只取"正、正
好"义。这些释义进一步支持了我们对"恰"早期语料的分析,故采信。总
之,六朝的"恰"所呈现的是空间、时间、形状上两种场景和条件的匹配,均
为客观陈述。

　　到了唐代,"恰"的句法环境更为丰富:一是句法功能上,不仅修饰动
词谓语,也修饰形容词、量词谓语(例6)。二是句法组合上,与语义较为
虚化的"似、如"、判断动词"是"结合,"恰似、恰如"不仅出现在谓语前,
还能向左扩展于小句句首充当高层谓语(例7);还出现了"恰好",不过
"恰"与"好"尚未形成固定词组,"恰巧"尚未出现。除了环境的拓展外,
"恰"的语义与六朝相比基本没有变化,仍是客观描述两种场景的精确匹
配。例如:

(6) a. 秋水才深四五尺,野航<u>恰</u>受两三人。(唐·《南邻》)

　　b. 毕卓醉狂潘氏少,倾来掷去<u>恰</u>相宜。(唐·《袁明府以家酝寄
　　　余余以山梅答赠》)

　　c. 不须更向沧溟望,惆怅欢情<u>恰</u>一年。(唐·《别青州妓段东美》)

　　d. 唯有分司官<u>恰</u>好,闲游虽老未能休。(唐·《勉闲游》)

(7) a. 愁颜恰似烧残烛,珠泪阑干。(唐·《采桑子》)

b. 贪人好聚财,恰如枭爱子。(唐·《寒山诗》)

c. 长忆狂游日,惜春心恰同。(唐·《寄黄鹂秀才》)

d. 向见称扬,谓言虚假,谁知对面,恰是神仙。(唐·《野朝金载》)

唐五代时期,"恰"除与其他词复合构词外,还通过重叠形成"恰恰"一词,其语料最早出现于唐诗,不过人们对唐诗中"恰恰"的解读有较多争议,有"用心""莺啼声""处处""密密""频频""融合貌""适当、正好"等看法。用例不多,但在唐诗中是固定搭配。例如:

(8) a. 年光恰恰来,满瓮营春酒。(唐·《春日》)

b. 留连戏蝶时时舞,自在娇莺恰恰啼。(唐·《江畔独步寻花》)

c. 栾栌与户牖,恰恰金碧繁。(唐·《游悟真寺诗》)

d. 恰恰用心时,恰恰无心用。无心恰恰用,常用恰恰无。(唐·《禅宗永嘉集》)

由此,及至唐代,"恰"类副词还未完全出现:"恰好"偶有零星用例,"恰巧"未出现,只有"恰恰"是固定组配,且释义繁多,一诗一句一义,时至今日仍未有定论①。而在唐五代高频出现的组配"恰似、恰如、恰同、恰是"中,"恰"的核心义较之六朝并未改变。

3. 近代汉语中"恰"类词的意义和用法

晚唐五代以后,"恰"在双音节化过程中一直向主观评注的语气副词发展。原因有两个:一是"恰好"在宋代形成了固定组配,用作精确匹配义的形容词(例9a),但宋末元初进一步向副词发展,表示条件和时间的匹配(例9b、9c);二是"恰似、恰如"不仅充当高层谓语,还修饰全句,"恰是""恰恰"还能独立成句,用于问答,例如:

(9) a. 只是难得到恰好处,不着意又失了,才着意又过了,所以难。(宋·《朱子语类》)

---

① 可参考《汉语大词典》中"恰恰"的释义,对唐诗和变文有五种释义:"用心貌、融合貌、象声词、正好、处处";《故训汇纂》释为"用心、无余"义;唐诗中"恰恰"的诸多考释、别解文章,有"密密、时时、处处、莺啼"等多种分析。

  b. 府尹大怒,喝道:"胡说!世间不信有这等巧事!他家失去了十五贯钱,你却卖的丝<u>恰好</u>也是十五贯钱,这他明是支吾的说话了。"(宋元·《错斩崔宁》)

  c. 汴京吏民指所乘车曰:"<u>恰好</u>去九十年,谁知又归在此耶!"(金·《南迁录》)

(10) a. <u>恰如</u>久雨积阴,忽遇天晴,光景便别,赫然为之一新!(宋·《朱子语类》)

  b. 对曰:"<u>恰似</u>和尚行却时,在当寺看经。"(宋·《本心斋疏食谱》)

  c. 林云:"丹霞患哑庞公患聋。"士云:"<u>恰是</u>。"(宋·《五灯会元》)

  d. 问:"如何是学人时中事?"师曰:"<u>恰恰</u>。"(宋·《古尊宿语录》)

不仅如此,人们对于唐诗、变文中"恰恰"的释义分歧,到了宋代,得到了一致解读:"适当、正好"的匹配①。例如:

(11) a. 风动槐龙交翠舞。<u>恰恰</u>花阴亭午。(宋·《清平乐》)

  b. 问答证明。<u>恰恰</u>相应。照中失默。便见侵凌。证明问答。相应<u>恰恰</u>。(宋·《宏智正觉禅师广录》)

  c. 自今夏来,觉见得才是圣人说话,也不少一个字,也不多一个字,<u>恰恰</u>地好,都不用一些穿凿。(宋·《朱子语类》)

  例(11)出自宋代的词、佛经和语录。可以看出,"恰恰"在宋代的用法趋向统一,用作副词修饰谓语,除一部分宋词沿用莺啼声释义,在佛经和语录中均表示精确匹配,这种精确匹配体现在时间(例11a)、范围(例11b)、程度(例11c)上,与"恰"并无二致。

  从元代语料看,"恰"与"洽"通假较多,表"和谐"义,多见于杂剧、散曲、小说,这也是造成"恰"多种释义的原因(例12)。"恰恰"依旧沿袭了宋代的两种释义(例13),"恰好"多用作副词,表示符合言者主观预期的正向评价,形容词用例很少(例14)。此外,"恰"还在持续双音节词汇化,"恰"还与"才、待"等组合为"恰才、恰待"等时间副词。例如:

---

  ① 除此之外,宋词中的"恰恰"还沿用了象声词"莺啼声"的释义,比如《鹧鸪天》"轻便燕子低低舞,小巧莺儿<u>恰恰</u>啼",《莺啼序(宫中新进黄莺)》"有黄莺、<u>恰恰</u>飞来,一棱金羽"。

(12) a. 想他每富家,杀羊也那宰马,每日里笑<u>恰</u>。(元·《宜秋山赵礼让肥》)

b. 端端正正美人姿,月里嫦娥还喜<u>恰</u>。(明·《西游记》)

(13) a. 须尽道、人间罕见。更<u>恰恰</u>占得,美景良辰,小春天暖。(元·《瑞鹤仙》)

b. 猛听的莺声<u>恰恰</u>,燕语喧喧,蝉声历历,蝶翅翩翩。(元·《鲠直张千替杀妻》)

(14) a. 哥也,休道是白日里,晚夕揣摩着你兄弟也不是个<u>恰好</u>的人。(元·《鲁智深喜赏黄花峪》)

b. 我如今修下家书一封,争奈没人寄去,<u>恰好</u>遇着先生,相烦捎带与俺父亲,但不知先生意下肯否?(元·《洞庭湖柳毅传书》)

c. 大人不知,<u>恰才</u>一个人,把这个妇人,恰待要勒死他。<u>恰好</u>撞着小人,救活他性命。(元·《风雨像生货郎旦》)

例(14)充分体现出"恰好"在元代逐渐由形容词转用为副词,以 a 句为代表的形容词用法不多,以 b、c 句为代表的副词用法在元代更为常见,表示说话人"适当义"的正向评价:遇人带信、救活性命,都是好的巧合。与宋末元初的"恰好"(例 9b、9c)相比,可以看出"恰好"的变化趋势:由场景匹配而产生的、各种类型的巧合,发展为符合说话人预期的巧合。

"恰"在明代进一步双音节化,表现在三方面:一是出现过的双音节复合词进一步巩固,比如唐宋出现的"恰如、恰似"成为常用动词;二是尚未词汇化的"恰"字组配形成双音节复合词,比如"恰当"最早在六朝出现,副词"恰"修饰动词"当",两个性质不同的语言单位由于语义不断虚化、词义逐步融合,到明代固定为形容词"恰当",承担唐宋时期形容词"恰好"的语义功能,清代时用例大幅增加,用作形容词表示"适当、合适",一直延续到现代;三是出现了新的词语"恰巧",偶有两例,用作副词,例如:

(15) a. 当夜月黑,军士皆执灯火,明耀天地,<u>恰如</u>白昼。(明·《三国演义》)

    b. 父老内中也有斯文在行的,大加赞赏道:"怎的两人写来恰似出于一手? 真是才子佳人,可称双绝!"(明•《二刻拍案惊奇》)

(16) a. 但以杨形吴,见其褒贬恰当,可谓良工心苦矣。(明•《万历野获编》)

    b. 江老反怀着一肚子鬼胎道:"敢怕有甚不恰当处。"(明•《二刻拍案惊奇》)

(17) a. 王殷士在西宁城上,窥探朱兵,恰巧杨璟驾着飞天炮,直打过来,把头顶打得粉碎。(明•《英烈传》)

    b. 仁德且战且走,恰巧为马所蹶,被军士活捉了过来。(明•《英烈传》)

到了明代,副词"恰恰"开始频繁出现在负面语境的巧合中;与此同时,副词"恰好"则常表示说话人希望出现的、好的巧合,其"适当义"的正向评价义自元代开始形成,至明代固定下来。自此,副词"恰恰"与"恰好"的主观评价功能正式分化了。例如:

(18) a. 而雁灾之岁,亦属壬寅,恰恰六十年。岂非上天仁爱,同一示警哉!(明•《万历野获编》)

    b. 他道:"如何不前不后,恰恰里到家便死,不信有恁般凑巧!"(明•《醒世恒言》)

(19) a. 玄德欲弃了古城去守汝南,恰好刘辟、龚都差人来请。(明•《三国演义》)

    b. 尊者心里想道:"我正要见他见儿,他恰好就来请我,却不是有些凤缘?"(明•《三宝太监西洋记》)

清代、民国时期,副词"恰恰"的用法也固定下来,表达所匹配的场景违反言者预期,或在言者意料之外。"恰好"偶有形容词用例,主要用作副词,表示符合言者预期的匹配场景。"恰巧"在清代、民国的用法多样,形容词和副词用法并存,其所表达的巧合和匹配场景,不在说话人预期之中,是一种中性、客观的立场。例如:

(20) a. 谁知他这一支镖,不偏不倚,恰恰中在太阳穴上,哪里还救得过来?(清•《痛史》)

    b. 见一个小大姐,候在门口向我道:"今天恰恰不巧,老爷在家不

便讲话。奶奶说请单少爷明日九点钟来罢。"(清·《十尾龟》)

(21) a. 两人接上手，这才是棋逢对手，将遇良材，<u>恰好</u>杀个对敌。
　　　　(清·《三侠剑》)

　　　b. 太太正欲去叫媳妇，这个时候，<u>恰好</u>两个媳妇刚刚走来。
　　　　(清·《儒林外史》)

(22) a. 欧阳德说道："师弟不用夸口，你乃事逢<u>恰巧</u>。"(清·《三侠剑》)

　　　b. 船已将到济南，<u>恰巧</u>有些微微的小雨，衬着空间轻烟，风景实
　　　　在可爱。(民国·《乾隆休妻》)

　　从例(20)可以看出，a 句中突然身中暗镖的巧合局面不在言者预期
中；b 句中实际情况"老爷今天不在家"违反了听说双方的预期。我们可
以借助最小差别对(minimal pair)验证：a 句"恰恰"能与"没想到、竟然、
谁料"等意外义词汇互换，且句首本身就有主谓短语"谁知"强化意外
义；b 句"恰恰"能与"真是、真的"等强调标记词互换，强调了违反预期的
巧合局面。

4. 现代汉语中"恰"类词的意义和用法

　　现代汉语中，"恰"往往以双音节词构成语素出现，很少单独使用，使
用时多保留文言用法，如"恰也""正恰""恰为"等。作为语素的"恰"，仍是
客观描述一种巧合或匹配局面。"恰"词汇化后的双音节动词"恰似""恰
如"表达比况义，后接名词或动词短语，宾语后还常出现比况助词"一般、
一样"，表示多种层次的匹配局面；形容词"恰当"自明代形成后，语义比较
固定，保留了"恰"的客观匹配语义，并用来评价正向的匹配情况或局面。
例如：

(23) a. 玉成夫妇，<u>恰</u>也是不曾经过这种事的，跟着也就叫嚷起来。
　　　　(张恨水《欢喜冤家》)

　　　b. 此时<u>恰</u>为金风送爽之晨，梧叶新黄，柿叶初红，松柏旧绿，乌
　　　　柏乍紫。(王旭烽《茶人三部曲》)

(24) a. 所有人都不知道他在心里正与一个人作着热烈的交谈，情话
　　　　<u>恰如</u>潮涌。(张炜《你在高原》)

　　　b. 金军恶狠狠地进山搜杀，<u>恰似</u>进了迷魂阵一般。(徐兴业《金

瓯缺》)

(25) a. 历史是可以歌颂的,但是歌颂要安于本分,要用得<u>恰当</u>,不要使读者讨厌。(卢奇安《论撰史》)

b. 食物的选择搭配要<u>恰当</u>,使之充分满足少年对各种营养素的需要量,防止偏食。(丁锦宏《教育学讲义》)

副词"恰恰""恰好""恰巧"在现代汉语中并存且常用,都由单音节"恰"词汇化而来,所以保留了"恰"的语素义:描述当前情况与某一条件精确匹配。基于这一语义内核,三个词有时可以互换使用。但更多时候,它们互相区别、无法替换。区分这三个副词就要分辨语境中说话人的主观性。即,虽然都表示两种局面或条件的精确匹配,但"匹配"在主观性上有差异:"恰巧"是无预期匹配,"恰好"是合预期匹配,"恰恰"是反预期匹配。例如:

(26) a. 驼背八斤没有去食堂吃年夜饭。他养的老母猪<u>恰巧</u>在前天夜里生出了一窝小猪,说不定此刻他正在照顾那些小猪仔呢! (格非《山河入梦》)

b. 大家一怔,回头望去,原来阮大铖不迟不早,<u>恰巧</u>在这当儿回来了。(刘斯奋《白门柳》)

当言者客观描述当前情况与某一客观条件匹配、巧合,即这一巧合局面客观发生、存在,不管匹配是好是坏,这是"恰巧"。例(26)中"夜里母猪生崽、阮大铖回家"等情况和时间因匹配呈现的巧合,不在所有人的预期之中。进一步说,由于没有人事先对这些巧合持有预期,所以只是客观描述匹配所产生的巧合状态,其语义语用重在匹配的"巧"。如果匹配状态符合言者的主观意图,满足其愿望,言者由此认为匹配是好的、适当的,就是"恰好",其语义、语用聚焦于匹配的"好"。例如:

(27) a. 柳生便在近旁的一家茶亭落座,要了一碗茶,喝毕,觉得腹中饥饿难忍,正思量着,<u>恰好</u>一个乡里人捧着许多薄饼来卖。 (余华《古典爱情》)

b. 她决定立即动身,将它当面交给杨福妹。这天上午,杨副县长<u>恰好</u>不在办公室,因此,省掉了一番不必要的盘诘、慰留等等口舌。(格非《江南三部曲》)

一旦这种匹配违反了话语双方的预期,要强调和突显这种反预期的语用义,就是"恰恰"。"恰恰"所在复句有两种典型的逻辑语义关系[①]:转折与递进,根据前后两个命题的范围和前提,转折关系又分为否定转折、对立转折、蕴涵转折,递进关系根据方向分为反向递进、同质递进。它们的共性是违反了预期,语用环境突显匹配的"反"。两者的区别在于:递进与转折关系体现的反预期不同,递进是量的反预期,转折是质的反预期(陈振宇、张莹 2018)。例如:

(28) a. 这样理解产权虽然行得通,但有一个缺陷,就是有些行为对某甲来说是被禁止的,但对某乙来说却可能恰恰是合法的。(薛兆丰《浅说产权》)

b. 国家与政治的产生,不仅与道德无关,而且恰恰是人类非道德的产物。(唐士其《西方政治思想史》)

不仅如此,副词"恰巧、恰好、恰恰"的使用频率也与其语义、语用表现相"匹配":我们从 CCL 语料库中搜索"恰巧"得到 1 147 条语料,"恰好" 3 102 条,"恰恰"6 460 条,其用例呈倍数递增。究其原因,首先,写作和说话都是表达意义的行为,说话人除了传递信息外,还要表达自己的兴趣、观点、看法、价值观,还需要考虑社会影响以及读者的理解,中立的情况很少(Hyland 2008:4)。所以,言者纯粹、客观地描述事件的情况相对较少,这就能解释为什么表达客观匹配场景的"恰巧"用例最少。其次,相对于合预期信息,反预期信息量更大、信息值更高(Dahl 2000:27),"恰恰"的用例是"恰好"的一倍多,也正好说明了这一点。

5. "恰"类词的演化路径和意义层次

通过前文的语料及分析,我们试图归纳出"恰"类词的词义演化过程和派生路径:"恰"的核心义(客观匹配)的抽象化,伴随着主观化增强的过程,两者互相促进;同时,强化与叠加的语法现象也始终伴随着"恰"的双

---

① 之所以说转折与递进关系是"恰恰"的典型复句类型,是因为在我们搜集整理的 602 条例句中,"恰恰"复句中有 391 条是转折关系,占比 65%;166 条是递进关系,占比 28%。除此以外,还有 45 条语料既非转折也非递进关系,占比 7%。

音节化过程①。具体而言,双音节化过程体现为从自由的单音节词"恰"到黏着语素"恰"的变化,双音节化结果体现在,从单音节副词"恰"的客观匹配义到双音节"恰"类副词主观评价义的变化,过程和结果都与 Traugott (1995:48)的主观化指征相符。一旦主观化完成,说话人表达主观性,并进一步向交互主观性发展(Traugott 2010:72),由此"恰恰"聚焦于受话人与社会共有预期,表达了交互主观性意义。这一历史过程梳理如下:

六朝时期,"恰"表示所述动作、状态的情况是在说话人意料之外的巧合,或与另一客观情况精确匹配,但不表达对这种巧合或匹配局面的主观评价,是一种纯客观描述。这种意义用于描述空间、时间、动作、性状等条件语义的匹配。此时,"恰"是独立的单音节副词,修饰谓语动词,尚未与其他成分组合成双音节词,用例较少。

及至唐宋,"恰"的使用环境更为丰富,语义更加抽象,不仅可以修饰动词谓语、形容词谓语、量词谓语,还有多种类型的双音节化趋势,这包括与其他语义较虚的像似义动词"似、如"和判断动词"是"结合,由动词短语向动词"恰似、恰如"虚化,修饰全句或独立成句、用作答语;与实义语素"好"双音节化为形容词"恰好";重叠"恰"字形成双音节副词"恰恰"等。人们对唐诗中"恰恰"的释义解读争议颇多,但发展到宋代"恰恰"的释义趋向统一,除惯用的莺啼声外,还表示好的匹配和巧合局面。这种"适当义"的主观评价立场,现代汉语中由副词"恰好"表达,而当时"恰"与"好"逐渐双音节化为形容词,没有用作副词。在词类与词义上,唐宋的副词"恰恰"与形容词"恰好"相当于现代汉语中的副词"恰好"与形容词"恰当"。

到了元代,"恰好"由形容词向副词发展,分化了副词"恰恰"适当匹配的正向评价义。所以,元代是"恰恰"的分化过渡期,逐渐由适当义的正向评价向反预期的负向评价过渡。在这个时期,"恰"有继续双音节化的趋势,如与表示时间的语素"才""待"结合为"恰才""恰待",有的研究认为元代以后出现了一些语素"恰"组合的时间副词(李宗江 2017:67)。其实,这些副词中"恰"的语义很虚,只表示"条件匹配"这一抽象意义,将"恰才"

---

① 主观化增强指说话人表达客观词义的同时,言者的立场、态度和情感等因素的现象日益显现(Traugott 2010;张谊生 2017);强化是在已有的虚词和虚化成分上面再加同类的或相关的虚化要素,加强原有虚化单位的句法语义(刘丹青 2001)。

"恰待"界定为时间副词,更多依赖于后一语素"才、待"的语义,正如"恰似、恰如"的语义也主要由语素"似、如"承担。总之,这很好地说明"恰"在双音节化过程中,基本义不断抽象化、虚化,又不断在已有虚化成分上加上同类或相关的虚化义素,加强了原有的语义。

到了明代,"恰"进一步双音节词汇化,主要表现为:已有的双音节复合词进一步巩固,比如唐宋出现的"恰如""恰似"成为常用动词;或是尚未词汇化的组合形成了新的双音节复合词,比如,最早在六朝语料中出现副词"恰"修饰动词"当",两个性质不同的语言单位由于语义不断虚化、词义逐步融合,到明代合成为一个新的形容词"恰当",承担了之前形容词"恰好"的语义;还出现了新的双音节复合词"恰巧",偶有两例,用作副词。在明代,副词"恰好"和"恰恰"的功能分化正式完成:"恰恰"不再出现于"适当义"语境,而是出现在不好的、违反预期的巧合中;"恰好"则更多修饰符合言者预期的、好的巧合局面。

一直到清代和民国,形容词"恰当"的用例大幅增加,表示"适当、合适",延续到现代。副词"恰恰"的用法在清代也固定下来,描述其适当匹配局面不在言者预期之中,或强调情况违反自己的预期。"恰巧"的用法多样,用作形容词和副词,其描述的匹配场景,说话人不持有任何预期,表达中性、客观的立场。

发展到了现代汉语,动词"恰似""恰如"、形容词"恰当"、副词"恰巧""恰好""恰恰"仍都共享语素"恰"的核心语义:描述当前情况与某一条件精确匹配。其中,副词的区别意义主要体现在言者的主观性上:"恰巧"是无预期匹配,"恰好"是合预期匹配,"恰恰"是反预期匹配,当言者的表达聚焦于预期关系时,这三个副词各司其职,无法互换。一旦它们不作语用区分,只表示某一客观条件精确匹配主观预期时,它们可以互换。

总之,"恰"类词群的词汇化机制是"恰"的核心义抽象化与主观化的过程。语义上,随着"恰"与新语素的搭配组合、不断发展出新的词类,表达新的词义,但始终围绕其核心语义"A 与 B 精确匹配";语用上,强化与叠加的语法现象始终伴随着"恰"的双音节化过程,当副词词群"恰巧、恰好、恰恰"分工合作的局面固定以后,就以言者预期的不同体现出使用的差异性。至此,本文对近义词群的词义演变和分化,提出了具体明确的历时证据与共时描述,用以说明语义和语用交互下所表达的预期关系,对词汇语义及评价研究有连结性的创新贡献。

表1 "恰"类词群的词汇化路径

六朝	"恰"描述两种场景或条件的客观精确匹配。				
唐	动词"恰似、恰如、恰是"修饰谓语或作高层谓语。	副词"恰恰"释义繁多,一句一义。			
宋	动词"恰似、恰如"还可修饰全句;"恰是"还能独立成句用于问答。	副词"恰恰"释义趋向统一,莺啼声及精确匹配义。	形容词"恰好"形成,表示匹配下的各种巧合类型。		
元		副词"恰恰"依旧沿袭了宋代两种释义。	"恰好"多用作副词,形容词用例很少。表示适当性的正向匹配。		
明	"恰如、恰似"成为常用动词。	副词"恰恰"频繁出现在负面巧合语境。与副词"恰好"的主观评价正式分化。	副词"恰好"的正向评价义自元代形成,至明代固定下来。	副词"恰巧"开始出现,偶有两例,表示匹配下的各种巧合。	形容词"恰当",固定承担唐宋时期形容词"恰好"的语义功能。
清民国		副词"恰恰"匹配场景违反言者预期,或在言者意料之外。	"恰好"偶有形容词用例,主要用作副词,表示符合言者预期的匹配场景。	"恰巧"的形容词和副词用法并存。	
现代	动词"恰如、恰似",宾语后常出现比况助词"一般、一样",表示多层次的匹配局面。	副词"恰恰",反预期匹配。	副词"恰好",合预期匹配。	副词"恰巧",无预期匹配。	形容词"恰当",评价正向匹配情况或局面。

参考文献

晁代金　2005　《"巧合"类语气副词研究》,桂林:广西师范大学硕士学位论文。

陈　斌　世　英　1986　《杜诗"恰恰"考释》,《汕头大学学报》第 3 期。

陈振宇　张　莹　2018　《再论感叹的定义与性质》,《语法研究与探索(十九)》,北京:商务印书馆。

丁　熠　2010　《"契合"类语气副词研究》,上海:上海外国语大学硕士学位论文。

郭方冠　2015　《"恰好"类副词研究》,武汉:华中师范大学硕士学位论文。

何九盈　王　宁　董　琨　2019　《辞源(第三版)》,北京:商务印书馆。

李素英　2010　《中古汉语语气副词研究》,济南:山东大学博士学位论文。

李宗江　2017　《语法化与汉语实词虚化》,上海:学林出版社。

刘丹青　2001　《语法化的更新、强化和叠加》,《语言研究》第 2 期。

刘凤鸣　2019　《巧合类语气副词的对外汉语教学研究》,南宁:广西民族大学硕士学位论文。

刘小鹭　2017　《"契合"类副词历时演变考察》,南昌:江西师范大学硕士学位论文。

罗主宾　2013　《明清时期语气副词研究》,长沙:湖南师范大学博士学位论文。

吕叔湘　2001　《现代汉语八百词》,北京:商务印书馆。

王维贤等　1994　《现代汉语复句新解》,上海:华东师范大学出版社。

吴福祥　2004　《试说"X 不比 YZ"的语用功能》,《中国语文》第 3 期。

吴福祥　2019　《语义演变与主观化》,《民族语文》第 5 期。

宗福邦　陈世铙　萧海波　2003　《故训汇纂》,北京:商务印书馆。

谢　玥　2017　《重叠式副词的来源、演变及成因》,上海:上海师范大学硕士学位论文。

邢福义　2001　《汉语复句研究》,北京:商务印书馆。

袁毓林　2018　《汉语形容词造句词典》,北京:商务印书馆。

袁毓林　2019　《从礼貌表达到充分必要条件副词——"亏"类词幸好与充要条件意义的来源和演变》,《语言学论丛》。

张谊生　2017　《与汉语虚词相关的语法化现象研究》,上海:学林出版社。

Dahl, O　2000　*Grammaticalization and the lift cycles of construction*. Ms., Stockholm University.

Heine, Bernd, Ulrike Claudi & Friderike Hünnemeyer　1991　*Grammaticalization: A conceptual framework*. Chicago: University of Chicago Press.

Hyland，K　2008　*Metadiscourse*. Beijing：Foreign Language Teaching and Research Press & Continuum.

Liu，Mei-chun　1997　From motion verb to linking element：discourse explanations for the grammaticalization of JIU in Mandarin Chinese. *Journal of Chinese Linguistics* 25(2)，258—289.

Traugott，E.C.　1995　Subjectification in grammaticalization. In Stein，D. & Wright，S.（eds.）. *Subjectivity and Subjectivisation：Linguistic Perspectives*，31—54. Cambridge：Cambridge University Press.

Traugott，E.C.　2010　Intersubjectification and intersubjectification：a reassessment. In Lieselotte Brems(eds.). *Intersubjectivity and Intersubjectification in Grammar and Discourse*，29—71. Amsterdam：John Benjamins Publishing Company.

鲁莹：luluphd@163.com

刘美君：meichliu@cityu.edu.hk

英文版本发表于 *Chinese Lexical Semantics：21st Workshop*，M. Liu et al.（Eds.）：CLSW 2020，LNAI 12278，Springer，Cham. 2021。本书收录时略有改动。

从多功能互动视角审视句式"有点(儿)VP"的语义色彩倾向机制 *

上海师范大学对外汉语学院　　　朱庆祥

提　要　"有点(儿)VP"的语义色彩倾向是多功能互动竞争的结果。"有点(儿)VP"的贬义倾向有"委婉策略"的影响作用,但主流互动模式是"Ⅰa模式:合作原则＞礼貌原则"。人类普遍的"消极偏向"对该句式的贬义色彩倾向有重大影响。

关键词　有点(儿)　功能主义　互动视角　消极偏向

1. 引言

"功能主义"尽管不是一个统一的学派,但是具有一些共同的理念,比如强调功能决定形式,功能驱动形式对应(陈平 1987;陶红印 1994;张伯江、方梅 1996;沈家煊 1999;张伯江 2005;陆丙甫 2006)。重视外在语用交际功能的语法学家认为,语言表达形式的多样性源自互动交际中不同的功能需求,不同需求之间的相互竞争塑造了语言的结构形式;多功能的互动竞争是语法塑形的根本动力,共时的语法现象是多功能互动的结果。(Du bois 1985:360; MacWhinney et al. 2014:4—8)"功能驱动形式对应"的实质是"多功能互动,合作或竞争,共同驱动形式对应"。

　　* 本文曾在第九次互动语言学工作坊(厦门大学中文系,2019/11/8—9)汇报,方梅、陶红印等先生和《当代修辞学》编辑部专家提出了宝贵的修改意见,谨致谢忱,文责自负。本研究得到了国家社科基金后期资助项目(项目编号:15FYY015)资助,是上海师范大学"比较语言学与汉语国际传播"创新团队成果。

根据前辈时贤的观点(Grice 1967；Leech 1983；Du Bois 1985；Mac-Whinney et al. 2014)，多功能互动关系类型可以简明地概括为三种类型：1)不同功能各有自己的适应范围；2)不同功能互相促进，形成合力；3)不同功能竞争冲突。上述三种情况是简单的分类说明，真实的情况有可能是交织在一起，不可能那么截然分明。例如经济原则(economy principle)和清楚性原则(clarity principle)既具有冲突性，也具有合作性，过度追求经济性会伤害清楚性，而过度追求清楚性则会伤害经济性，语言的表达要在两种功能之间寻求一个平衡。竞争的结果有可能是一种功能胜出，另一种功能被压制；也有可能是两种功能互相妥协，在某个点上达成平衡；多功能冲突，甚至可能造成某些现象不合法。多功能的竞争关系特别受到交际功能语言学家重视，很多学者认为语法形式就是多功能互动竞争塑造起来的，多功能之间的互动竞争关系才是语言塑形和发展的根本动因。

所以一种句式及其相关特征的形成(特别是比较复杂的句式或语言现象)往往是多种动因共同作用的结果。本文以句式"有点(儿)VP"的语义色彩倾向动因来论证多功能互动竞争是语法塑形和发展的根本动力这一理念在汉语中也有效，一些较为复杂的语法现象仅仅从某种单一功能去描写和解释很可能会捉襟见肘，而从多功能互动的角度去描写和解释可以使问题得到较好的解决。

2. "有点(儿)VP"的贬义倾向及解决方法

2.1 贬义色彩倾向

现代汉语有两个"有点(儿)"，一个是述宾词组，一个是副词，本文研究的是副词性的。副词"有点(儿)"及其句式"有点(儿)VP"的使用特点得到了学者们较为广泛的关注，吕叔湘(1980:559)指出：1)有点儿[副]表示程度不高；稍微。多用于不如意的事情。2)有点儿＋形/动，形容词、动词多半是消极意义的或贬义的。吕先生的这个观点为副词"有点(儿)"及其句式"有点(儿)VP"的用法做了基本概括：多用于不如意的事情(贬义)，具有"贬义"倾向，排斥褒义性质的"VP"①。后来学者多持此观点，无

---

① 这里的"VP"代指谓词性成分，可以是动词性的，也可以是形容词性的。

论是本体研究还是对外汉语研究。(马真 1989;沈家煊 1999;韩容洙 2000;杨寄洲、贾永芬 2005;冯胜利、施春宏 2015;范晓蕾 2018)例如单句"有点(儿)VP":

(1) 有点儿笨。　→♯有点儿聪明。　有点儿消极。→♯有点儿积极。(马　真 1989)

有点儿糊涂。→♯有点儿清楚。　有点儿骄傲。　→♯有点儿谦虚。(沈家煊 1999)

有点儿脏。　→♯有点儿干净。　有点儿挤。　　→♯有点儿宽敞。(韩容洙 2000)

动词和形容词性成分都可以进入"有点(儿)VP"句式。"有点(儿)VP"既可以用在口语中,也可以用在书面语中。葛锴桢(2015:89)对北京大学中国语言研究中心语料库(CCL)和北京语言大学口语语料(BJKY)统计发现:口语的 381 例子中,贬义(消极)的谓词性成分占 67%;书面语的 9 955 个例子中,贬义(消极)的谓词性成分占 74%(见表 1)。

表 1　葛锴桢(2015)"有(一)点儿 VP"的语义色彩类型

谓词性成分的性质	口　语		书　面　语	
	数量	比例(%)	数量	比例(%)
贬义	254	67	7 374	74
中性	112	29	2 388	24
褒义	15	4	193	2
总数	381	100	9 955	100

根据上述分析,副词"有点(儿)"及其句式"有点(儿)VP"的贬义倾向是成立的。

2.2　目前的主要解决方法

时贤(沈家煊 1999;范晓蕾 2018)分别是从"乐观原则"的"委婉策略"和"反预期"角度来解释说明的,下面逐一分析。

2.2.1　"乐观原则"驱动的结果

Boucher & Osgood(1969:1—8)提出"乐观假说",Leech(1983:147)概括

为"乐观原则",这个原则从积极的角度看是会话者倾向选择令对方愉快的话题来说,而不是相反;从消极的角度来说就是使用委婉的说法,掩饰真正不好、不愉快的事情,而采用不太冒犯的说法。减量表达是委婉策略的重要手段,也是跨语言的普遍手段。沈家煊(1999:188)指出在互动评价的语境中,汉语评议句的贬义表达倾向于采用"有点(儿)VP"句式,排斥褒义性质的"VP",这是由其互动的交际功能决定的(遵从乐观原则):"人总是倾向好的一面,令人如意的事情就希望往大里说,不如意的事情就往小里说,这种说法固化的结果就是程度副词'有点儿'只修饰贬义词。"

沈先生(1999)借鉴"乐观原则"对"有点(儿)"贬义倾向的阐释确实有道理,但是最后得出程度副词"有点(儿)""只修饰贬义词"这个结论有点绝对了。实际是:

1) 越来越多的学者发现,副词"有点(儿)"也可以用于如意的事情(程美珍 1989,马真 1989,张邱林 2006,葛锴桢 2015)。例如:

(2) a. 他们的工作方法**有点儿**改进。(转引自程美珍 1989)

b. 这个西瓜**有点儿**甜。(转引自张邱林 2006)

c. 现在似乎都**有点**可爱。(老舍《骆驼祥子》)

2) 也存在中性色彩的句子,如:

(3) a. 那衣裳**有点儿**相近,是长的。(1982 年北京话调查资料)

b. "嗯!你也认识罗大方吗?"她好像**有点儿**惊奇。(杨沫《青春之歌》)

c. 蘑菇的模样**有点儿**像植物。(《中国儿童百科全书》)

从葛锴桢(2015:89)的调查表也可以看到,中性和褒义的也是存在的,但是贬义色彩可以达到 67％以上,所以描述为倾向性更为稳妥。

2.2.2 "反预期义"驱动的结果

范晓蕾(2018:81—90)发现"有点(儿)＋消极义 VP"代表其典型用法,其典型性体现在它的使用不受语境限制;相反,"有点(儿)＋积极义 VP"若描述状态,不能自由分布,常见于 VP 跟其他状态并存的语境或者 VP 指反预期状态。范文认为,"有点(儿)"的搭配倾向表明它不仅表达程度轻微,也隐含"相异于另一状态"的意义,其典型表现是反预期义,这容易带上不如意的主观义。因为常规的"企望的状态"是积极性状态,这是默认的"正常期待"。范文从反预期的角度来解释"有点(儿)"的贬义倾向有一定道理,比如"有点(儿)+消极义 VP"前面可以加上反预期标记,构成[反预期标记+[有点儿+消极义 VP]]模式。如果预期只是局限于语用色彩的"消极/积极"这唯一衡量尺度的话,那么预期常规情况下肯定是"正常的、积极的",反预期自然就是倾向消极的。

实际上,"反预期"内容丰富,并不局限于"消极/积极"这唯一衡量尺度,也不同于人们的积极期望,比如"感叹、疑问、否定"等都具有一定的反预期性,显然"感叹、疑问、否定"不适合都用"褒贬"这种尺度去衡量。反预期主要是指和说话人所参照的"常规情况"不符(Heine et al. 1991,吴福祥 2004,谷峰 2014,陆方喆 2017)。反预期成分会发展为元话语标记成分,语义上会从概念意义发展为程序性意义,"元话语""程序性意义"等也基本决定了很多反预期标记不可能呈现贬义趋势,这是谷峰(2014:84)指出反预期研究的误区之一就是"负面评价色彩=反预期"的主要原因。[①]

反预期手段多样,要具体分类分析,很多和贬义色彩也没有直接关系。副词、连词、重音、语序、助词、特殊句式等都可以是反预期使用的手段,但是跨语言地看,副词、连词是世界语言中最普遍的反预期手段。(Heine et al. 1991,吴福祥 2004)Heine et al. (1991:193)指出,英语常见的反预期标记是"too, nevertheless, only, already, not yet, still, no longer",也并没有说这些标记容易带上贬义色彩。陆方喆(2017:60)总结归纳了现代汉语四类三十多个反预期标记,也很难说这四类标记都容易带上贬义色彩(见表 2):

---

① 反预期容量比较大,有必要进一步分类,郑娟曼(2009:10)区分"期望"与"预期",认为"期望"是对某个对象或结果的心理期待,一般是积极方向的,而"预期"是根据已知经验等对某一结果作出的预先判断,二者并不相同,预期信息与反预期信息会因为某个结果的不同而出现角色互换,而期望信息与反期望信息不会。比如高考录取一定是考生期望的信息,而不是反期望的;但是预期就不同了,有的学生考得好,则预期录取,考不取则反预期;有的学生考得不好,预期是不能录取,录取了则是反预期。

表2　陆方喆(2017)现代汉语四类反预期标记

语气类	并、还、也、甚至、竟然、居然、偏、偏偏、啊、倒、反而、反倒、"连……也/都"
否定类	不料、不想、没想到、没料到、别说、谁知(道)、谁想、哪知、哪料、哪想
转折类	但是、可是、不过、然而、却、其实、实际上、事实上、再X也Y、"宁可……也"
疑问类	怎么、什么、"就/只/是/没/不……吗""不会是/该不是/别不是/别是……吧"

　　所以,无论从反预期的内容看还是从具体手段看,不能说反预期的所有内容和手段都容易和贬义色彩联系起来。除非反预期内部再分类,人为地把贬义色彩的反预期归类为严格的反预期,把非贬义的反预期划归其他类型或排除出去。但不可否认,某种具体类型反预期或者某种特定形式手段确实容易和贬义色彩联系起来,所以要看具体语法现象。

　　句式"有点(儿)VP"有时不仅不是反预期的,反倒是合预期的。陈振宇(2019)提出汉语合预期的句式有"X,所以、因此、故、于是、便、终于Y""X,当然、也就是说、也可以说Y"等。从句法匹配的形式标记角度看,"有点(儿)VP"句式在一定语境下可以和合预期标记词语"自然、当然、必然、果然、果真、一定、难免、难怪①、明知、因此、所以、于是、便"等匹配,这也证明"有点(儿)VP"句式也可以用在合预期的语境中。例如:

(4) a. 陆宝宝深谙王家各人的脾气,对王伟这话<u>自然</u>有点不信。(李可《杜拉拉升职记》)

　　b. 在一个有竞争的评比中,任何符合评选资格的非政府机构、团体都可以参与。开始时这种评比<u>必然</u>会有点乱,也会评出不同的结果。(CCL:CWAC\CEB0133)

　　c. 借伟大的哲学家(并且是德国人),来做小品随笔的开篇,<u>当然</u>有点大材小用,好比用高射炮来打蚊子。不过小题目若不大做,有谁来理会呢?(钱锺书《释文盲》)

---

　　①　这里说"难免、难怪"等可以作为合预期标记,但不是说,这类词语在所有语境中都绝对是合预期标记,具有复杂性。可以参见饶宏泉、杨方《"状态改变"与醒悟类语气副词的功能异同》,第五届汉语副词研究学术讨论会论文(上海外国语大学,2019年11月15—18日)。

d. 她对这孙女儿忽然产生浓厚的亲切感,她笑了笑说:"<u>果然</u>有点像我,这孩子很有趣,皮肤也很不错。"(岑凯伦《合家欢》)

e. 他什么事都干⋯⋯我想大家<u>一定</u>有点讨厌他。(《读者(合订本)》)

f. 帝尧在外面等了良久,不见许由出来,<u>明知</u>有点蹊跷,但是又不好进内去问,又不便就走。(钟毓龙《上古神话演义》)

g. 这样大规模的国际比赛,小将们谁也没有参加过,心情<u>难免</u>有点紧张。(林浩《布达佩斯的国际乒乓比赛》)

h. 我要知道的太多,所知道的又太少,有时<u>便</u>有点发愁。(《沈从文自传》)

i. 二头猜不透他是干什么的,<u>所以</u>有点怕。(老舍《抓药》)

j. 两个国家她都很喜欢,<u>因此</u>有点进退两难。(新华社 2002 年新闻报道)

从事理逻辑关系看,例(4a)首句"陆宝宝深谙王家各人的脾气"交代了前提、前因,那么"对王伟这话有点不信"这种后果是符合前后逻辑事理顺序,是合预期的结果,使用了合预期标记"自然"来明示。例(4d)的事理逻辑符合预期更明显,孩子像父母、像爷爷奶奶、像家人,肯定是合预期而不是反预期的。

上面的合预期是有标记的,是明示的;有些类型,即使没有合预期标记,不是明示的,但是从上下文事理逻辑看,也可以判断出是合预期的,而不是反预期的。例如:

(5) a. 九月九,<u>有点儿</u>冷。(《中国传统相声大全》)

b. 只是那窗子上没有玻璃,下雨天<u>有点儿</u>漏。(陆文夫《人之窝》)

c. 春天马上就要来了。近几天,天气<u>有点儿</u>变暖,雪开始融化。(《地球杀场》)

以例(5a)而言,前一句"九月九"则意味着进入秋天,后一句"有点儿冷"是符合季节气温变化预期的,而不是反预期。

我们抽取 11 个有标记的合预期句式"自然、当然、果然、一定、难免、难怪、所以、因此、于是、便、终于+有点(儿)VP"进入 CCL 语料库调查,总共统计到 146 例(见表3)。

表3　合预期"有点(儿)VP"句式语义色彩类型分布

	贬义色彩	褒义色彩	中性色彩
自然有点(儿)VP	5 例	0 例	0 例
当然有点(儿)VP	18 例	0 例	2 例
果然有点(儿)VP	3 例	2 例	2 例
一定有点(儿)VP	6 例	0 例	0 例
难免有点(儿)VP	25 例	2 例	1 例
难怪有点(儿)VP	1 例	0 例	1 例
所以有点(儿)VP	10 例	0 例	0 例
因此有点(儿)VP	1 例	1 例	0 例
于是有点(儿)VP	4 例	0 例	0 例
便有点(儿)VP	47 例	2 例	2 例
终于有点(儿)VP	5 例	4 例	2 例
数量统计	125 例	11 例	10 例
数量比例	85.62%	7.53%	6.85%

根据上表,可以得出:1)"有点(儿)VP"句式不仅可以用在反预期语境中,也可以用在合预期语境中;2)即使是合预期的,"有点(儿)VP"句式仍然是以贬义倾向为主。反预期和合预期标记都可以前置于"有点儿",构成以下句法层次对比模式:

[反预期标记+[有点儿[VP]]]
[合预期标记+[有点儿[VP]]]
[主　观　+　[? 客　观]]

相对而言,从功能主义视角看来,句法层次越是外层的,越是主观性强的成分,倾向传递主观意义;越是处于句法内层的成分,越是客观性强的成分,传递概念命题意义。"反预期/合预期"标记都是主观化较强的成分,既然都可以前置于副词"有点(儿)",那就说明,尽管副词"有点(儿)"可能带上了一定程度的主观性,但是远远没有发展到凝固化为"反预期"

的主观化标记阶段,还停留在相对客观的概念命题为主的阶段。

　　总之,很难说反预期标记都容易带上贬义色彩,也很难说"有点(儿)VP"一定是反预期的,也有可能是符合预期的。即使是反预期,反预期标记那么多,为什么选用副词性"有点(儿)"? 这从"反预期"本身也不好解释,而这从沈家煊(1999)借鉴"乐观原则"的委婉策略来解释就很简明"不如意的事情就往小里说"。更为关键的是,即使是合预期的,"有点(儿)VP"句式仍然是以贬义倾向为主,这从反预期的角度就根本无法解释了。

　　"委婉策略"和"反预期"都有一定道理,说明部分事实,但是从一条原则来解释这种复杂的现象都不全面。基于"功能驱动形式对应"的实质是"多功能互动,合作或竞争,共同驱动形式对应"的理念,副词"有点(儿)"及其句式的贬义倾向也是多功能互动竞争的结果。下面在借鉴沈先生"委婉策略"的基础上,主要从多功能互动竞争的角度来描写解释这种现象。

3. "有点(儿)VP"的语义色彩是多功能互动竞争的结果

3.1 "礼貌原则"与会话"合作原则"及其相关准则的互动

　　Grice(1967)提出会话"合作原则"及其四个准则,但是会话"合作原则"的"质/量"准则不好解释为什么语言存在大量委婉、间接的说法,这就需要 Leech(1983:79)的"礼貌原则"来补充。反过来,如果委婉策略或相关"礼貌原则"在起作用,那么往往也就意味着会话"合作原则"等已经在起作用或某方面出问题了。很多情况下,会话"合作原则"和"礼貌原则"在同时起作用,有时候是相辅相成,有时候是竞争冲突。例如 Leech(1983:148—150)指出,委婉(litotes)策略不是独立的语用原则,而总是因为其他语用原则导致了事实的扭曲而同时在起作用。副词"有点(儿)"及其句式的实际使用也是如此,是"礼貌原则"与会话"合作原则"等多功能互动竞争塑造的结果。

　　原则一:会话"合作原则"的"质/量"准则要求。

　　副词性"有点(儿)"来源于动词性短语"有点(儿)"的词汇化(董秀芳2011:283),动词性短语"有点(儿)"最初是客观小量,副词性"有点(儿)"

也必有客观小量语义特点,客观小量是其语义量级的基础,主观小量来源于客观小量,这既符合语法化的语义继承性特征,也符合 Grice(1967)"会话合作"原则的"质/量准则"要求:该用小量的要用小量,不能说假话,也不能说信息过量或信息不够的话。现实互动交际需求是语言使用的动力,现实需求首先有客观需求的基础,然后才是主观需求,现实表达不仅需要高量级程度副词,也需要低量级程度副词,张谊生(2004:5)把绝对量程度副词分为三类"超级量—高级量—低级量",其中低级量程度副词主要包括"有点类",比如"有点、有点儿、有些"。

原则二:"礼貌原则"的"委婉策略"要求。

"乐观原则"和"礼貌原则"不同,但是也有一致之处,都要求为了礼貌而要采取委婉策略。从"乐观原则"的消极的角度来看,就是使用委婉的说法,采用不太冒犯的说法。这个策略和 Leech(1983)"礼貌原则"有一致的地方。"礼貌原则"的第一个准则是"得体准则:尽量使他人受损最小,使他人收益最大",第三个准则是"赞扬准则:尽量减少批评对方,充分表扬对方"。这两个准则共同要求尽量避免说对方不愉快的事情或把不愉快的事情说得委婉,使用间接策略(strategies of indirectness)削弱批评的效果(Leech 1983:135)。所以,在其他条件相同的情况下,Leech(1983:81)把"礼貌原则"简化为:积极的角度(尽可能降低不礼貌的说法)和消极的角度(尽可能增加礼貌性的说法)。

沈家煊(1999:126)把"礼貌原则"简述为:用言语进行评价,尤其是评价人的社会行为时,对坏的要说得委婉,对好的要说得充分。从"乐观原则"来解决副词"有点(儿)"贬义色彩倾向实际上主要根据其"委婉策略";而"礼貌原则"同样要求人际互动需要"委婉策略"。异曲同工,这里主要从"礼貌原则"的角度来分析"委婉策略"。

3.2　"礼貌原则"与会话"合作原则"的互动方式

"有点(儿)VP"的语义色彩虽然以贬义倾向为主,但是三种类型都存在,分别是:贬义色彩、中性色彩和褒义色彩。不同色彩类型中,"礼貌原则"与会话"合作原则"的互动竞争关系并不相同。

3.2.1　当句式"有点(儿)VP"呈现贬义色彩倾向

从"VP"的本身色彩类型看,"有点(儿)VP"句式色彩呈现贬义倾向有两种类型：

1)"VP"本身具有贬义色彩，则句式"有点(儿)VP"具有贬义色彩，例如：

(6) a. 他的嘴和鼻子都<u>有点儿</u>歪斜。(刘流《烈火金刚》)

　　b. 心里的疙瘩解不开，所以<u>有点儿</u>发愁。(姚雪垠《李自成》)

　　c. 想到单薄的拉拉今后要形单影只了，<u>有点儿</u>不忍心。(李可《杜拉拉升职记》)

2)"VP"本身不具有贬义色彩，是中性的，但是"有点(儿)VP"呈现贬义色彩。中性色彩词语在一定条件下可以传递贬义色彩(Leech 1983;沈家煊 1999;邹韶华 2001)。中性色彩的形容词进入"有点(儿)VP"句式，往往整个句式呈现贬义色彩(程美珍 1989;马真 1989 等)，例如：

(7) a. 菜谱交给我，我接过来翻看，脑子<u>有点</u>大。(李承鹏《寻人启事》)

　　b. 就是<u>有点</u>远，再有就是楼层有点高，六楼，天天爬累死了。(六六《蜗居》)

　　c. 她又想，那也好，他真骂我，我还可以少内疚<u>一点儿</u>。这一天对杜拉拉真有点儿长，但是曲络绎那边一直没有动静。(李可《杜拉拉升职记》)

"大、高、长、远"这四个形容词从本身看，都是中性形容词，但是进入句式"有点(儿)VP"后，句式都呈现贬义色彩。这就体现构式的压制作用，原来是中性色彩的形容词语，进入该句式后，由于构式的压制，呈现贬义色彩。

当句式"有点(儿)VP"呈现贬义倾向时，"礼貌原则"与会话"合作原则"的互动方式为Ⅰ模式，具体又分为两种：

Ⅰa 互动模式：如果"贬"的程度本身不高，这个时候进行小量限制，是"会话合作"原则的"质/量"准则在起主导作用。"礼貌原则"起到辅助作用，没有把事情说得更坏；或者说，没有"礼貌原则"，连合作都谈不上。尽管带有一定的主观性，但是"质/量"准则起主导作用，客观性相对较强，这里称为客观小量限制。"贬"的程度不高从句法分布上看也有"真实出现的语言材料"证据(陈平 2018:3)。主要分为五类。

1)与表示小量的词语"微微、稍微、稍稍、稍许、多少"等匹配，进一步证实是相对客观小量限制。例如：

(8) a. 那笑声低沉甜蜜，微微<u>有点儿</u>沙哑，十分好听。(欧阳山《苦斗》)

　　b. 动作稍稍<u>有点儿</u>迟缓，就让他接连扳回了两局。(《人民日报》2000 年)

　　c. 尽管他多少也<u>有点儿</u>可怜对方。(《作家文摘》1994 年)

2) 与程度等级高的成分先后出现，形成等级递进关系，由低到高的等级变化证实前面是相对客观小量限制。例如：

(9) a. 刚才就觉着肚子<u>有点儿</u>疼，这时突然开始加重。(《新结婚时代》)

　　b. 他的腰本来就<u>有点儿</u>弯，一走累了就更弯得厉害。(刘流《烈火金刚》)

　　c. 姿态看上去<u>有点儿</u>野，再过分<u>一点儿</u>就是粗鲁了。(铁凝《大浴女》)

3) 下文的高强度转折否定了前面程度高的贬义存在，证实是相对客观小量限制。例如：

(10) a. 他们只不过<u>有点儿</u>颓废，但并不糜烂。(梁晓声《感觉日本》)

　　 b. 他<u>有点儿</u>紧张，但不十分激动。(《从乞丐到元首》)

　　 c. 一切都<u>有点儿</u>脏，有点儿乱，却让她莫名地觉得又脏又亲。(铁凝《大浴女》)

这种类型有一种比较特殊的小类，就是通过互动双方的对话模式来实现：后一说话人以高程度贬义来否定前一说话人程度低的评价不恰当，也证实前文是小量评价限制。例如：

(11) a. 甲：看这意思你是<u>有点儿</u>不大相信。乙：我不是不大相信，而是根本不信。(《中国传统相声大全》)

　　 b. 绍尔：今晚他<u>有点儿</u>找不到自己的位置。比尔霍夫：今晚他完全不在状态。(新华社 2001 年新闻报道)

　　 c. "<u>有点儿</u>偏。"海萍撇着嘴断言。"是太偏了。"海藻笑了。(六六《蜗居》)

当然，该小类型可能还有一种情况就是，前一说话人使用的是委婉说法，但是后一说话人并没有意识到其是委婉说法。这种情况逻辑上是存在的,尽管事实语料少见。

4) 对同一对象,贬义低的和贬义高的同时并列存在,也证实贬义低的是相对客观小量限制。否则,同一语境下,不宜同时一方面使用了委婉策略,而另一方面就不使用了。例如:

(12) a. 老太太虽然耳朵<u>有点儿</u>背,嘴巴可是不饶人。(《家有儿女》)

　　b. 六十多岁,大胖子,<u>有点儿</u>近视眼。(《中国传统相声大全》)

　　c. 有没见到两小姑娘:一个<u>有点儿</u>跛,另一个是个丑八怪? (金庸《神雕侠侣》)

5) 无标记原则。上述四种类型论证"有点(儿)VP"贬义程度低都是有形式证据的,但是还有很多"有点(儿)VP"从上下文看,既没有突显其客观小量的证据,也没有进一步突显其所指事件有贬义程度高的证据。如果没有特别证据证明事件原来具有贬义程度高而主要采用主观委婉用法的话,那么我们认为这种"有点(儿)VP"还是呈现相对客观的小量贬义事件。这从标记理论看,是很自然的选择,因为标记本身就是特殊的,标记形式就是用来标记那些需要特别标记的内容,小量是"有点(儿)"的无标记用法,贬义大量的委婉策略是其有标记用法,如果没有特别形式标记,那么更宜确定为是它的无标记用法。例如:

(13) a. 这当然算是不坏,可这事由金秀跟周仁一块儿捣鼓出来,张全义的心里总<u>有点儿</u>不是滋味儿。(陈建功《皇城根》)

　　b. 目前,城市交通紧张,"的士"多起来,但价格都比大公共、小公共汽车贵得多,"工薪族"<u>有点儿</u>坐不起。(《人民日报》1996 年)

　　c. 尽管天气明媚,阳光灿烂,但室外还是<u>有点儿</u>凉,父亲有些担心,要是母亲出门,她没准会着凉的。(《读者(合订本)》)

语言的无标记原则和法律上的"疑罪从无"原则有共性:首先,认知共性是一致的,语言的认知是社会认知的一部分,都讲究证据证明;其次,特别强调特殊现象要有证据或标记,如果没有证据或标记,那只能默认其无标记状况。

Ⅰb 互动模式:如果事件"贬义"的程度实际可能比较高或很高,但是要遵守"礼貌原则","对坏的要说得委婉",所以主观上有意用小量"有点

（儿）"限制。这个时候就是"礼貌原则"压倒了"会话合作"原则的"质/量"准则，这里称为主观小量限制。也有一些形式证据，主要分为三类。

1) 与"真、简直、的确、确实、实在"等程度高的词语匹配，强化"消极性"，相对而言，"有点(儿)"的委婉作用就突显，主观小量明显。例如：

（14）a. 陶光忠禁不住热泪盈眶："祖祖辈辈住在这里，说要搬，真有点儿故土难离啊！"（《人民日报》1993 年）

b. 我们家老爷子不但脾气古怪、暴躁，还简直有点儿不通人情，刚才吃午饭的时候还耍酒疯儿呢。（陈建功《皇城根》）

c. 也许有人觉得这个事儿太稀奇了！的确是有点儿稀奇。（刘流《烈火金刚》）

2) 事件自身的高程度消极性与评价的低程度形成鲜明对比，"有点(儿)"改成"非常"或"完全"也可以，主观小量限制相对明显。例如：

（15）a. 让烤熟的鸭子飞起来，听着有点儿（非常）玄。（1994 年报刊精选）

b. 你是在醋坛子里洗澡——有点儿（完全）扑通不开。（《中国传统相声大全》）

c. 为了一把刀子闹得个身败名裂，甚至是全派覆灭，可有点儿（完全）犯不着。（金庸《倚天屠龙记》）

上面各例中，"烤熟的鸭子"根本不可能飞起来，"醋坛子里"根本无法洗澡，"身败名裂，甚至是全派覆灭"是极其糟糕的事情，这些事件明显都是高度消极事件，但是后面都用"有点儿"进行小量评价，这种鲜明对比，自然突显其主观小量的委婉用法。

3) 语境逐渐显示"有点(儿)VP"是委婉，甚至是欺骗，是消极程度高的事件。如：

（16）老汉就问这个女人，"你多大了？""二十……""不像啊？"……这时媒人说了，"她就是长得有点儿老（相）。"……老汉去了趟厨房，回来对这个女人说，"我看见一只猫在咱家厨房里偷吃了盐，变成燕巴虎儿了。"女人笑了，"我活了四十三岁了，只听说耗子会变成燕巴虎儿，头回听说猫也能变成燕巴虎儿。"（《审计一家言》）

3.2.2 当句式"有点(儿)VP"呈现褒义色彩倾向

当"有点(儿)VP"句式呈现褒义色彩倾向,"礼貌原则"与会话"合作原则"的互动方式为Ⅱ模式,从逻辑上看,也存在两种可能。

Ⅱa 互动模式:如果"VP"本身是褒义事件,但是褒义程度并不高,那么根据"礼貌原则","好的应该充分说好",如果没有充分说好,还要用小量限制,则说明这里的"有点儿"遵守 Grice(1967)"会话合作"原则的"质/量"准则,"质/量"准则压倒了"礼貌原则"的主观性,是相对客观小量限制。例如:

(17) a. 特别是对那些同行的,现在似乎都<u>有点</u>可爱。(老舍《骆驼祥子》)

b. 大概一小时后,便可看到关永实,想到这里,<u>有点儿</u>高兴。
(亦舒《紫薇愿》)

c. 望着美丽的蓝天和大海,心里也<u>有点儿</u>依依不舍。但我一想到庄先生,这些惜别之情很快就被爱情战胜了。(《作家文摘》1996 年)

值得分析的是农夫山泉的广告案例,如下:

(18) 农夫山泉<u>有点</u>甜。(农夫山泉的广告语)

一般来说,自然的水是不甜的,农夫山泉的矿泉水不是"很甜",所以该广告没有欺骗消费者,也不是"委婉策略"。农夫山泉公司强调长白山的水源是没有经过污染的纯天然矿物质水,大自然水的口感与净化的自来水有较大区别,有一定的甜口感,所以使用了"有点"来评价,基本上属于会话合作的"质/量"准则在起作用,让消费者感觉比较恰当,而不是夸大欺骗消费者。这种语言策略在维护产品质量的前提下有效地宣传了产品,赢得了市场信誉,取得了巨大的经济效益。所以,颇具语言艺术的农夫山泉广告是一个成功的案例。

Ⅱb 互动模式:"VP"本身是褒义程度高的事件,却用"有点(儿)"小量限制,削弱褒义。这种模式首先并不符合会话"合作原则"的"质/量"准则,也不符合通常所说的"礼貌原则",根据"礼貌原则",如果"VP"本身是褒义事件,那么"好的应该充分说好",如果没有充分说好,还要用小量限制,这就不是礼貌问题了,而是故意贬低。因为这种模式同时违反两种语用原则,所以出现概率极低,在所有类型中是最少见的。

无标记情况下,评价主要是指对他人评价,而不是自我评价。对他人评价和对自我评价有所不同,对他人评价,好的要尽量说好,不好的要尽量委婉;对自我评价,好的要谦虚委婉,而不是充分说好,"礼貌原则"中的"谦逊准则"起到作用。比如一个女孩非常喜欢一个帅气的男孩,常规情况下别人来当面评价这个男生,遵守"礼貌原则",好的要充分说好,一般会说"很帅/非常帅";如果让这个女孩自己评价心中的男孩,女孩可能当面不好意思,会委婉地说"有点儿帅",这同样也是遵守"礼貌原则","礼貌原则"的"谦逊准则"压倒会话"合作原则"的"质/量"准则,主观小量突显。例如:

(19) a. "阮清泽,我<u>有点</u>喜欢你。""为什么只有一点?""再多一点,怕你骄傲。""你喜欢我,已经足够让我骄傲了。"(《嘿,我有点喜欢你》)

b. 那小子<u>有点</u>帅。……嘿,周舟,我承认你还是有那么一点点帅的啦!(《那小子有点帅》)

c. 朱莉亚忙擦干泪水,回头对儿子说:"我只是<u>有点儿</u>想你爸爸了。""妈妈,你不是说只要你很想爸爸,他就会飞到你身边吗?"(《青年文摘》2003)

所以,"委婉策略"要分两类:一类是对他人而言,对他人评价,遇到消极事件要使用委婉策略;另一类是对自我而言,对自己评价,遇到积极的事情要谦逊委婉。

也有明显从上下文看,褒义程度很高,却使用了"有点儿"的。这说明也是"谦逊准则"压倒会话"合作原则"的"质/量"准则,不过分张扬。例如:

(20) 发表华农第一篇 Nature、成为长江学者、入选万人计划……这个 80 后教授<u>有点</u>牛!(青春湖北/华农学声)

从上下文语境看,80 后还不到四十岁,已经"发表华农第一篇 Nature、成为长江学者、入选万人计划",这对一般的 80 后而言,是非常厉害的了,但是该句式使用了"有点",说明"谦逊准则"在起到主导作用。

总体而言,"有点(儿)VP"呈现褒义色彩的比例并不高,作为单句,该句式具有排斥褒义词语的倾向;能够进入该句式的褒义词语,语境多数突显指小量的细腻亲切评价或者细腻的心里褒义变化等有关,限制较强。

3.2.3 当句式"有点(儿)VP"呈现中性色彩倾向

当"有点(儿)VP"句式呈现中性色彩倾向时,"礼貌原则"与会话"合作原则"的互动方式为Ⅲ模式。从语料统计看,Ⅲ模式主要是指:如果"VP"是中性事件,还要用小量限制,则说明这里的"有点儿"遵守 Grice(1967)"会话合作"原则的"质/量"准则,"会话合作"原则的"质/量"准则压倒了"礼貌原则"的主观性,是相对客观小量限制。例如:

(21) a. 那衣裳有点儿相近,是长的。(1982 年北京话调查资料)

   b. 猴头菌……有点儿像猴子的头,又有点儿像刺猬。(《中国儿童百科全书》)

   c. 加法、乘法和指数的定义有点儿类乎基数算术里的定义。(《我的哲学的发展》)

   d. "地理"在这里,和常说的意思有点儿不同。(《读书》Vol-206)

   e. 与英国相比,欧洲大陆的情况有点儿不一样,但仅仅是有点儿。(《万物简史》)

   f. 并不等于一点儿都没有,有时候也有点儿变化。(张铁城《备战高考》)

   g. 近一星期了,已经有点儿习惯了加拿大的地广人稀。(《作家文摘》1997)

   h. 今天却有点儿憋不住:"你跟她是小学同学?"(魏润身《挠攘》)

   i. 是不是最近有点儿想试试?(石康《奋斗》)

   j. 他多少有点儿认为,如果他果真尽力,他是可以和克李斯蒂娜结婚的。(《天才》)

Ⅲ模式和前两种模式有不同之处,表现在两方面:

1) 前两种模式都可以分为两个小类,而Ⅲ模式只有一类。前两种都有程度高(贬义/褒义)的事件而使用委婉手段降为程度低的主观化操作,但中性事件在这方面表现不明显。程度高的"贬义/褒义"事件使用委婉手段降低程度有现实互动交际需求,比如"礼貌原则",对他人评价,不好的(贬义)要委婉;对自我评价,好的(褒义)要谦逊。这都是主观上使用"有点(儿)"现实互动交际需求的语用动力。但是中性色彩就不一样了,即使降低,也没有改变中性的特点,还是中性的。所以语言只会在现实交际互动需求强的地方展现其魅力,没有互动需求或互动需求弱的地方就遵守经济原则,能简则简。

2)从"VP"自身语义色彩类型看,当"VP"本身具有褒义色彩的时候,"有点(儿)VP"整体肯定是褒义色彩的;当"VP"本身具有贬义色彩的时候,"有点(儿)VP"整体肯定是贬义色彩。但是,当"VP"是中性色彩的时候,句式"有点(儿)VP"不一定是中性色彩,存在两种情况:1)如果是形容词,如"大、小、多、少、高、低、远、近、长、短"等,整个句式一般呈现贬义色彩,见前文贬义色彩类型。2)从实际语料看,"有点(儿)VP"句式呈现中性色彩的词语主要有三类:a.表示类同的词语,如"像、相似、类似、接近、差不多";b.表示区别的词语,如"不同、不一样";c.表示变化或者心理活动的中性词语,如"变化、改变、想起、认为"等。

3.3　多功能互动的结果

根据三大语义色彩类型,我们进入 CCL 语料库①,共统计到"有点儿VP"1 897 例(不带"儿"的没有统计),其语义色彩类型和多功能互动模式如下表:

表 4　"有点儿 VP"句式语义色彩类型和互动模式分布表

	"有点儿 VP"总计 1 897 例				
语义色彩大类	贬义色彩 1566		褒义色彩 120		中性色彩 211
互动模式大类	Ⅰ互动模式		Ⅱ互动模式		Ⅲ互动模式
大类比例	82.6%		6.3%		11.1%
互动模式小类	Ⅰa 模式	Ⅰb 模式	Ⅱa 模式	Ⅱb 模式	Ⅲ模式
互动具体方式	合作原则>礼貌原则	礼貌原则>合作原则	合作原则>礼貌原则	礼貌原则>合作原则	合作原则>礼貌原则
小类数量	1 458	108	114	6	211
小类比例	76.9%	5.7%	6.0%	0.3%	11.1%

---

①　这里调查的语料主要是书面语或者是书面化的口语,不是纯粹的自然互动口语,纯粹的自然口语交际是否也是如此有待进一步研究。

根据上表,可以看到多功能互动的结果是:

1) 从多功能互动的角度看,两个原则主要有两种互动方式。

A. 合作原则＞礼貌原则,有三种模式"Ⅰa 模式、Ⅱa 模式、Ⅲ 模式",数量比是 94％。

B. 礼貌原则＞合作原则,有两种模式"Ⅰb 模式、Ⅱb 模式",数量比是 6％。

所以,无论是从具体模式类型看,还是从数量比例看,"合作原则＞礼貌原则"是该句式的主要互动方式。这也证明,尽管二者都很重要,但是两个功能原则地位并不相等,会话"合作原则"是一般会话的基础、前提,"礼貌原则"是会话"合作原则"的有益补充。

2) 就"有点儿 VP"句式语义色彩类型而言,该句式贬义色彩占主流。

从三种语义色彩类型看,贬义色彩的占 82.6％,占主流,这再次验证了"有点儿 VP"具有贬义倾向。但是细分的话,问题就暴露了,贬义倾向有两种互动类型,占主流的是"Ⅰa 模式:合作原则＞礼貌原则",数量比例高达 76.9％。也就是说,"有点儿 VP"用在贬义语境,主流是:"贬"的程度本身不高,这个时候进行小量限制,是"会话合作"原则的"质/量"准则在起主导作用,而不是"委婉策略"在起作用。

根据实际语料调查,我们得到一个令人惊讶的结果:"有点(儿)VP"句式呈现贬义倾向是成立的,但这主要是"合作原则＞礼貌原则"互动的结果,是"质/量"准则在起到主导作用;尽管"礼貌原则"也起到了一定的作用,但是"礼貌原则"的"委婉策略"并没有起到主导作用。而且,这个调查结果和前文的分析是一致的,前文指出,"反预期/合预期"标记都是主观化较强的成分,都可以前置于副词"有点(儿)",构成"[反预期标记/预期标记+[有点儿[VP]]]"句式。这共同说明,尽管副词"有点(儿)"可能带上了一定程度的主观性,但并没有发展为一个主观化很强的副词,还是一个表相对客观小量的副词。

消极或积极本身就是主观性很强的范畴,从主观性角度来解释说明是比较容易的事情。但是语料调查表明,过于强调副词"有点(儿)"的主观性并不符合语言事实。能够解释说明副词"有点(儿)"的消极倾向的规约化动因必须符合下面两个条件:一是以相对客观小量为基础,"质/量"

准则是前提;二是具有普遍意义的消极倾向规约,这种规约也必然带上主观性,不过这种主观性是以人类社会普遍的规约为主,主观性较弱。符合这两个条件才能更好地说明这个问题。客观小量本身没有褒贬倾向,这毋庸置疑,而要以客观小量为基础和消极规约联系起来,这无形中就是一个难题。

3.4 "有点(儿)VP"句式呈现贬义倾向的解释

Boucher & Osgood(1969:1—8)提出"乐观假说",认为人类倾向于积极的一面。但是大量的人类学、心理学和医学研究(Ito et al. 1998;Baumeister et al. 2001; Dijksterhuis & Aarts 2003 等)指出人类有消极偏向(the negativity bias)的特点,消极偏向假设的主要观点可以概括为:消极性事件比积极性事件对人类影响更加深刻,这主要源于人类自我保护、适者生存的本能。也就是说人类既有积极的一面,也有消极的一面。积极和消极并不绝对,各自作用于某个范围,对某些现象具有解释力,都不能包打天下,要具体问题具体分析,因为语言现象往往是多功能互动塑造的结果。①Zhuo(2007:435)认为消极偏向主要源于人类预防危险的生物机制本能,而乐观主义倾向源于后天规避社交风险,二者的内在关系也证明了自然本能和后天教养在人类社会上具有连续统特征。

鉴于人类预防危险的生物机制本能的"消极偏向",一些学者(Ito et al. 1998, Dijksterhuis & Aarts 2003)进一步提出,消极刺激更加容易引起人类注意,观察得更早更快;人类对小量的消极现象就很敏感。也就是说,消极事件有苗头或者有小量出现,那么就会引起人类特别注意和分析评价,因为其危害性严重。这从标记理论也可以得到解释:正常普通事件是无标记的,相对而言,消极和积极事件都是有标记的;积极事件相当于锦上添花,没有也不影响事件正常发展,但是消极事件的危险性更加值得注意,因为消极事件的出现会影响事件的正常发展,甚至会带来毁灭性灾难。常规事件、积极事件、消极事件从标记角度看,无标记的相对顺序是:

---

① 　比如袁毓林(2014)从"乐观主义"原则倾向,说明汉语的积极评价词语比消极评价词语用得频繁,从"疑善信恶"的特点说明"怀疑"词义的引申机制,指出句义的理解是多平面互动的过程。

常规事件＞积极事件＞消极事件。常规事件的出现会被人们当作无标记信息处理，刚露头出现不需要特别重视；但是有标记事件，特别是消极事件，因为其危害性，所以往往一开始出现就值得高度关注，甚至需要防患于未然。对于消极事件的治理，中华民族也特别注意早预防早控制，防早防小，我们从腐败、疾病、黑恶势力、黄赌毒等消极事件的治理策略就可以明显看到：

(22) a. 要抓早抓小，有病就马上治，发现问题就及时处理，不能养痈遗患。(《习近平关于党风廉政建设和反腐败斗争论述摘编》)

b. 上医治未病，中医治欲病，下医治已病。(《黄帝内经》)

c. "打早打小、露头就打"是打黑除恶需要遵循的原则。(新华社《打黑除恶必须"打早打小"》2011.09.18)

d. 禁毒工作实行预防为主。(《中华人民共和国禁毒法》)

无论是常规事件，还是积极事件，或是消极事件，事件都有一个从小到大的发生发展过程。对于消极事件的治理，有两个显著而有效的措施："防早""防小"。防患于未然，尽早控制消极事件的发生发展，尽可能不要出现，一旦出现最好在萌芽阶段就要将其消灭；否则后患无穷，甚至无法治愈。事件的"早""小"和程度的"小"是有密切关联的，事件的"早""小"往往体现事件发展的程度处于初始小量阶段，消极事件的小量值得特别注意。上述社会需要就导致：相对而言，人们更加高频地把"小""早"和消极事件的评价分析联系起来，而不是和普通正常事件、积极事件联系起来。

这种消极偏向(the negativity bias)强调对小量消极事件的高度注意非常符合前文解释副词"有点(儿)"及其句式消极倾向的两个条件：1)以相对客观小量为基础，"质/量"准则是前提；2)具有普遍意义的消极倾向规约。所以，尽管影响副词"有点(儿)"及其句式消极倾向的动因很多，比如"反预期"或者"委婉策略"等，都可以解释一小部分事实。但是，实际语料表明，人类的普遍消极偏向(the negativity bias)在这个问题上才能解释说明大部分的事实。

这种消极偏向(the negativity bias)和小量的联系还有进一步的证据，可以得到进一步的论证或辅证：

1) 从社会生活看,生活中的有标记现象会反映到语言中。一个明显的社会生活证据就是:消极事件的"防早""防小"这两种有效措施手段往往不会用在常规事件或积极事件上的,常规事件的初始容易被当作无标记普遍现象而不会引起特别重视,积极事件不仅不预防,不防小,而且希望其壮大发展。

2) 小量用于消极评价或否定性事件是跨语言的普遍现象,不是个案。Leech(1983:147—148)指出英语的"a bit, a little, a little bit"和消极评价词语搭配成立,但是和积极评价词语搭配不成立。例如:

(23) a. The paint was a bit dirty.　←→　♯ The paint was a bit clean.

b. She is a little too young for the job.　←→　♯ She is a little young enough for the job.

汉语学界(沈家煊 1999,石毓智 2001/1992,邹韶华 2001)也已经认识到小量意义与消极意义具有一定关联性。小量用于消极评价的也并不是"有点(儿)VP"句式这一个孤例,涉及小量评价"一点、一个、有些、欠"等,如"太 A 了一点"(太安静了一点),"NP 一个"(屌丝一个),"有些 VP"(有些为难),"欠+AP"(欠佳)等都有一定程度的贬义色彩倾向或可以比较自由地包容贬义词语。胡清国、王光和(2019:11—20)指出,"太 X 了"受到"X"的制约,可以表达贬义但是也可以表达褒义;但是增加了小量"一点"后构成"太 X 了一点",无论"X"的语义色彩如何,构式"太 X 了一点"主流倾向都是负面评价。当然,每种句式的消极动因倾向不完全相同,值得进一步研究。

3) 从语义阐释看,对他人评价的时候要遵循会话"合作原则"和"礼貌原则","好的事情要充分说好",如果不充分说好,实际上还有可能带来负面效果,言外之意是"不够好"。比如"有点吃饱了"好像还不够饱,"有点儿漂亮"好像不很漂亮,"有点儿积极"好像还不够积极。这种言外之意也影响了"有点(儿)VP"用于褒义倾向。相比较而言,小量评价"有点(儿)"用于消极事件上,要么是会话"合作原则"的"质/量"准则在起作用,是相对客观小量评价;要么是"礼貌原则"的"委婉策略",把不好的说得更加委婉。也就是说,小量评价"有点(儿)"用于消极事件上基本不会带来更严重的负面效果。两相比较,也可以看出小量评价用于消极事件上是无标记的，用于积极事件上是有标记的。有标记不等于绝对没有，也存在少量能够进入该句式的褒义词语，语境多数突显指小量的细腻亲切评价或者细腻的心里褒义变化等有关。

语言反映了社会生活需要，语言认知是社会认知的一部分，语法源于用法。基于用法的功能主义语言学认为，"语法乃言者着力之码"（"Grammar code best what speakers do most." Du Bois 1985）。施春宏（2018：5—19）指出"信息加工只对那些需要信息处理的地方做出特别注意"，"标记形式就是用来标记那些需要特别标记的内容"。所以用于评价的"有点（儿）"和消极事件的匹配是无标记匹配，和中性、积极事件匹配是有标记匹配。

4. 结语

"小量"[①]评价和消极现象联系起来，既是人类社会的普遍现象，也是跨语言的普遍现象。时贤在解释说明"有点（儿）"这种"小量"和消极意义评价的联系时，主要是从某一种功能来解释，例如"委婉策略"或"反预期"，都有一定道理，但是又不全面。一些比较复杂的语言现象往往是多功能互动竞争的结果：

1）语言表达形式的多样性是多功能互动的结果，多功能的地位也是不完全相同的，有的起到主导作用，有的起到辅助作用。"有点（儿）VP"的多种语义色彩是"合作原则"和"礼貌原则"互动竞争的结果。"有点（儿）VP"的贬义倾向有"礼貌原则"的"委婉策略"的影响作用，但主要还是"合作原则＞礼貌原则"互动竞争的结果，是会话"合作原则"的"质/量"准则在起到主导作用。

2）不同功能有各自的适应范围，没有哪一种功能可以解释所有现象。本文强调语言现象是多功能互动竞争塑造的结果，实际的研究主要落在

---

① "小量"评价和消极现象联系起来比较普遍，但不是说只能和消极现象联系起来。还要看观察视角等各种主客观条件。比如"指小"与可爱细腻在跨语言上也具有关联性，这也证明了语言的复杂性，多功能互动对语言形式的塑造。很难指望一种功能解释所有现象，或某种现象只和一种功能联系起来。这是客观事实，所以最好的办法就是尽量描写清楚某种功能的适应范围，描写清楚多功能互动关系的条件。

会话"合作原则"和"礼貌原则"这两种功能的互动关系上。因为两种功能的互动关系较为简明。后来发现,单纯这两种功能互动还是解释不清楚,于是引进第三种功能:人类预防危险的生物机制本能的"消极偏向"(the negativity bias)。这主要源于人类自我保护、适者生存的本能,对待消极现象比较重视,因此重视"防小""防早",消极现象的小量发展就很值得注意。"有点(儿)VP"的贬义倾向是社会需要的反映。

3)即使是消极事件,也可以从多角度解释说明。就"有点(儿)VP"的贬义倾向看,"礼貌原则"的"委婉策略"起到了一定作用,但是从消极偏向(the negativity bias)的一面可以更好地解释说明这个问题,因为大部分的"有点(儿)VP"的贬义倾向是"合作原则>礼貌原则"互动竞争塑造的结果。可取的策略是把二者结合起来,描写清楚具体互动条件。

在功能主义者看来,当语法研究从描写走向解释,也必然是从语义走向语用功能的过程。从某一角度或某一功能来描写解释语言现象可能会在一定程度上解决问题,但是对于较为复杂的语言现象而言,很可能会带来片面性问题。因为没有哪一种功能可以包打天下,语言现象本来就是多因素、多功能共同互动竞争塑造的结果。

参考文献

陈 平 1987 《描写与解释:论西方现代语言学研究的目的语方法》,《外语教学与研究》第 1 期。

陈 平 2018 《论现代汉语语法研究中的证据问题》,《当代修辞学》第 5 期。

陈振宇 2019 《言语行为的逻辑——汉语语义和语用接口研究》,国家社科基金后期资助申请书稿。

程美珍 1989 《受"有点儿"修饰的词语的褒贬义》,《世界汉语教学》第 3 期。

董秀芳 2011 《词汇化:汉语双音词的衍生和发展》(修订本),北京:商务印书馆。

范晓蕾 2018 《"有点儿"的句法性质和语义功能》,《语言教学与研究》第 2 期。

冯胜利、施春宏 2015 《三一语法:结构·功能·语境》,北京大学出版社。

葛锴桢 2015 《"有(一)点(儿)"和"(一)点(儿)"的语义、语用对比》,《华文教学与研究》第 3 期。

谷　峰　2014　《汉语反预期标记研究述评》,《汉语学习》第 4 期。

韩容洙　2000　《现代汉语的程度副词》,《汉语学习》第 2 期。

胡清国　王光和　2019　《反预期构式"太 A 了一点"》,《汉语学报》2019 年第 3 期。

李　莺　2001　《也说"一点儿"和"有点儿"》,《语文研究》第 2 期。

陆丙甫　2006　《论形式和功能的统一是语法分析的根本基础》,《外国语》第 3 期。

陆方喆　2017　《现代汉语反预期标记研究》,北京:中国社会科学出版社。

吕叔湘　1980　《现代汉语八百词》,北京:商务印书馆。

马　真　1989　《说副词"有一点儿"》,《世界汉语教学》第 4 期。

沈家煊　1999　《不对称与标记论》,南昌:江西教育出版社。

施春宏　2018　《影子论元的句法效应及其认知解释》,《汉语学习》第 1 期。

石毓智　2001　《肯定和否定的对称和不对称》,北京:北京语言文化大学出版社。

孙鹏飞　2017　《形容词谓语句中的量级共现》,《语言教学与研究》第 1 期。

陶红印　1994　《言谈分析,功能主义及其在汉语语法研究中的应用》,石锋主编《海外中国语言学》,北京:语文出版社。

吴福祥　2004　《试说"X 不必 Y·Z"的语用功能》,《中国语文》第 3 期。

杨寄洲　贾永芬　2005　《近义词语用法对比》,北京:北京语言大学出版社。

袁毓林　2014　《"怀疑"的意义引申机制和语义识解策略》,《语言研究》第 3 期。

张伯江　2005　《功能语法与汉语研究》,《语言科学》第 6 期。

张伯江　方梅　1996　《汉语功能语法研究》,南昌:江西教育出版社。

张邱林　2006　《从入句规约看"有点儿 A"》,《汉语学报》第 2 期。

张谊生　2004　《现代汉语副词探索》,上海:学林出版社。

郑娟曼　2009　《"还 NP 呢"构式分析》,《语言教学与研究》第 2 期。

邹韶华　2001　《语用频率效应研究》,北京:商务印书馆。

Baumeister, et al.　2001　Bad is Stronger than Good. *Review of General Psychology*(5):323—370.

Boucher, J. & Osgood, Ch. E.　1969　The Pollyanna Hypothesis. *Journal of Verbal Learning and Verbal Behavior*(8):1—8.

Dijksterhuis, A. and Aarts, H.　2003　On Wildebeests and Humans: The Preferential Detection of Negative Stimuli. *Psychological Science*(1):14—18.

Du Bois, J. W.　1985　Competing Motivations. In J. Haiman(ed.) *Iconicity in Syntax*. Amsterdam: John Benjamins:343—365.

Givón，T. 1990 *Syntax：A Functional Typological Introduction．Vol．Ⅰ & Ⅱ*．Amsterdam：John Benjamins.

Grice，H. P. 1967 *Logic and Conversation：The William James Lectures*．Harvard University，MS.

Heine，et al. 1991 *Grammaticalization：A Conceptual Framework*．Chicago：University of Chicago Press.

Ito，et al. 1998 *Negative Information Weighs More Heavily on the Brain：The Negativity Bias in Evaluative Categorizations*．Journal of Personality and Social Psychology(4)：887—900.

Lakoff，G. 1987 *Women，Fire，and Dangerous Things：What Categories Reveal about the Mind*．Chicago：The University of Chicago Press.

Leech，G. N. 1983 *Principles of Pragmatics*．London：Longman.

MacWhinney，et al. 2014 *Competing Motivations in Grammar and Usage*．Oxford：Oxford University Press.

Zhuo，Jing-Schmidt. 2007 *Negativity Bias in Language：A Cognitive Affective Model of Emotive Intensifiers*．Cognitive Linguistics(3)：417—443.

朱庆祥：zhuqingxiang80@sina.com

原载《当代修辞学》2020 年第 2 期,本书收录时略有改动。

再说"果然"
——与(正)预期标记有关的问题

复旦大学中国语言文学系　　　陈振宇　王梦颖　姜毅宁

提　要　正预期标记罕见,因为一般预期实现不需要给予特殊的标记。汉语中的"当然"不是正预期标记,而是强断言(情态)标记。"果然"是正预期标记,而且涉及个体条件下的预期,因此语篇和语境中通常会表达特定的条件。但是在"果然"的绝大多数用例中,从条件推出的预期,说话者都怀疑它是否真的能够实现,因此当它实现为真时,就出现了两层预期结构:当前信息符合前面的预期,所以是预期信息;但不能肯定或无把握的预期的实现,也令人感到意外。这些"果然"句表达的是说话者的小概率预期。从新旧信息和正反预期信息的对比中,可以看到存在一个中间地带:新信息不但包括反预期信息,也包括无预期信息和部分正预期信息,只要这一正预期信息涉及的是小概率预期即可。

关键词　果然　当然　正预期标记　新信息　小概率预期

1. 引言

1.1 预期理论

预期的本质可以看作是指认知上的"可预见性"(predictability)。Heine 等(1991)在讨论语法化的相关问题时,明确提出了"反预期标记"(counter-expectation markers)这个术语。一般把这看成语法学中预期研究的开始。Dahl(2000:117)从言语事件参与者的预期角度将信息三分为正预期信息、中性信息、反预期信息。

汉语语法学界的预期研究,成果斐然。如吕叔湘(1942/2002:341)就已经使用"预期"来描述汉语的转折复句:"凡是上下两事不谐和的,即所谓句意背戾的,都属于转折句。所说不谐和或背戾,多半是因为甲事在我们心中引起一种预期,而乙事却轶出这个预期。"吴福祥(2004)参看国外学者的文献资料时指出,"预期是一种与人的认识、观念相联系的抽象世界,通常与一定的社会常规、言谈事件中说听双方的知识状态以及特定的话语语境(Discourse context)密切相关。"此后的研究者多针对具体汉语现象中的预期问题,或者是对汉语中表达预期意义和性质的语词、构式等展开讨论,如袁毓林(2006、2008)等。

对预期理论加以总结和发展,是近年来的事。其中,陈振宇、王梦颖(2021)指出,一个完整的简单预期的语篇包括四个部分:条件 O、预期 P(M|O)、当前信息 P(M)和预期性。其中前三个是语篇中的句子或小句(在具体语篇中,它们可能省略,其中预期部分是最容易省略的),最后一个预期性则是语篇的整体性质。如:

(1) [房顶漏了],(所以)不希望下雨,但竟然/偏偏下起了瓢泼大雨。
　　　(转引自陈振宇、王梦颖 2021)
　　　条件 O　　房顶漏了
　　　预期 P(M|O)　　(所以)不希望下雨——意愿情态
　　　当前信息 P(M)　　(但)(竟然/偏偏)下起了瓢泼大雨
　　　预期性　　反预期信息

"[　]"内的部分是语篇中表达的引发预期的条件 O。有下画波浪线的是预期,P(M|O)指"在条件 O 为真的情况下对事件 M 的估计概率"。有下画直线的则是当前信息,P(M)指"所得到的关于事件 M 的概率取值",下同。

陈振宇、王梦颖(2021)还认为,预期部分实际上就是情态语句,并根据不同的情态意义分为"意愿预期、能力预期、道义预期、认识预期"等。按照产生预期的主体又分为"自预期、他预期、常理预期、前文预期、行为主体预期",并讨论了它们之间的同异关系。

1.2　对正预期的研究

和国外研究一样,研究者们更为关心的是"反预期信息"。吴福祥(2004)提出了信息量等级:反预期信息>中性信息>正预期信息。既然正预期信息的信息量(也称为信息价值)最小,那么似乎就没有什么好说的,语言中表达的机会也少,高度语法化的标记也很罕见,那有什么好讨论的呢?

这里先解决一个术语问题。对当前信息与预期相符的情况,最早由吴福祥(2004)译为"预期信息",相应的"果然"也称为"预期标记"。不过,这样一来,"预期"这一术语就有两个不同的解读:

1)一个是对事件的事前认识,不涉及事实性,如"出门的时候天就阴了,可能会下雨"。这里预先知道的条件是"天阴了",在这一条件或知识背景下,说话者得出"可能会下雨"的估计,这就是"预期"这一术语的意义。

2)另一个是指事物的当前情况符合某方的预先估计,是对事实性与预先认识的关系的表达。比如"出门的时候天就阴了,果然,不久之后便开始下雨了。""开始下雨"就是吴福祥所称的"预期信息"。

由于"预期"同时承担了两个层面的意义,我们可能会出现"预期信息就是与预期相符的信息"这样拗口的表述。

陆方喆、朱斌(2019)比较激进,把术语改称为"合预期",以便与"违预期"相对立(他们认为反预期是违预期中的一种)。单威(2017)则比较折中,基本不改变吴的译语格局,只是把"预期信息"改成"正预期信息",以便与"反预期信息"相对立。

本文采用陈振宇、王梦颖(2021)"正预期信息"和"正预期标记"的名称。

早在周兴志(1986)对"果然、竟然"的逻辑分析中,已经初步解开了预期范畴的面纱。他用的是"预料/意料"这一术语,说"果然"表示"事与预料相合",有"意料之中"的意思;"竟然"表示"有初意其不如此终乃如此的口气",有"意料之外"的意思。已有主要是对"果然"的预期性质进行揭示,北京大学中文系1995、1997级语言班编《现代汉语虚词例释》(1982)认为"果然"是副词,表示事情的结果与预期的相符。侯学超编(1998)还加了一句,"前文必有预料的或所说的成分"。其他工具书、教科书中的提法基本一致。谷峰(2014)则指出人类语言反预期标记种类繁多,而预期标记(相当于本文的"正预期")罕见。

一些学者提出汉语还有其他正预期标记,如邱闯仙(2010)认为"瞧"

是预期标记,强调话语内容与说话者预期一致。吕为光(2011)认为"我说什么来着"经常与"果然、果不其然、应验"等词语同现,强调事件的实际结果与说话者此前的预期一致。谷峰(2014)则批评说,实际上,"瞧"和"我说什么来着"的作用仍然是引导反预期信息,只不过它们标注的是违反听话者预期的信息。

张则顺(2014)是对正预期问题提出最为重大的修改的论文。《现代汉语词典》把副词"当然"的意义描述为"表示合乎事理或情理,没有疑问"。张则顺因此概括"当然"的两个编码意义:合预期(本文的正预期)和确信。他所说的"合预期"指,说话人用副词"当然"来表明自己陈述的背景是一种包括听话人在内的社会公众的共有知识,说话人的陈述是以共有知识为背景的合预期推理。谷峰(2014)明确地说,汉语典型的预期标记(本文的正预期标记)仅有"当然"和"果然"。

我们认为,上述研究还远没有满足我们对正预期信息和标记研究的需要,很多重大的问题仍然没有得到解答。本文将讨论以下问题:

1) 从陈振宇、王梦颖(2021)所说的预期语义语篇结构看,"当然"和"果然"是正预期标记吗?

2) 按照谷峰(2014)所说,反预期情况的信息量大,需要用显性的语言形式来标注;预期情况的信息量小,一般无须加显性标记。有一般就有特殊,那么是什么"特殊"因素,使得汉语中需要出现高度语法化的正预期标记?

3) 新旧信息与正反信息是什么关系?预期既然是从条件语用推导出来的,那么就会有概率大小,正预期标记与小概率预期是什么关系?

2. "当然"与"果然"是否正预期标记

2.1 "当然"不是正预期标记

刘瑞(2020)首先提出触发语与标记的不同,认为只有在当前信息句中的标记才能称为"反预期标记",否则就是"反预期触发语"。陈振宇、王梦颖(2021)在提出预期的四个部分后给予了更为准确的定义:在当前信息句上的标记如"但是、可、竟然、居然、果然"等,才是"正/反预期标记",用来直接说明当前信息是和预期相符的信息,还是不相符的信息。而用在条件句和预期句上的"本来、说好的、毕竟、虽然"等,不是标记,而是

"正/反预期触发语",它们并不直接表明当前信息和预期的关系,而是在暗示可能有某种倾向。如"说好的":

(2) a. 先头说好的呀。(王朔《浮出海面》)

　　b. 咱俩原来说好的嘛?(《编辑部的故事·歌星双双》)

　　c. 不是早说好的吗,98 分以下的作业马上告诉我?(唐刃《学苑(连载之一)》)

上例如果不看上下文,我们会倾向于认为当前情况与说好的不符,出现了反预期信息,如例 c,听到这句话,我们会倾向于认为肯定没有告诉"我",一查上下文,果然如此。这就是反预期触发语的语用功能。但是,触发语没有加在当前信息句上,所以对预期性的影响是间接的暗示。间接暗示就很可能不是百分之一百的,在绝大多数情况下暗示事件没有按预期进行,但这并非毫无例外,会有相反的情况,如:

(3) 马锐一笑,"我不是怀疑你,而是我得按我妈妈的嘱咐行事,[出来前说好的]。"(王朔《我是你爸爸》)

　　[说好的雨],要来了!(《潇湘晨报》2021.09.06)

上面两例都表明事情将按照预期的方向进行,当前信息将会是正预期信息。只不过比较而言,"说好的"的反预期用例出现得更多罢了。

我们对张则顺(2014)关于"当然"的观点表示怀疑。仔细分析"当然"句的情况,会发现它其实是一个认识情态标记,表示"确信",而不是表示正预期信息。下面是一个比较典型的"当然"句,被前面的研究者当成正预期标记的例子:[下面例(4)—(10)都引自张则顺(2014),但我们对其预期结构做了重新分析]

(4) 不能说自己出门忙事业,[把老婆扔在家里不闻不问,那样日久天长],感情当然会有变化了。(王海鸰《不嫁则已》)

　　条件 O　把老婆扔在家里不闻不问;日久天长(在语篇中显性表达)

　　预期 P(M|O)　(所以)感情当然会有变化——认识情态(语篇中显性表达)

　　当前信息 P(M)　(**怪不得**)老婆要和他离婚(在语篇的前面部分表达了)

　　预期性　正预期信息

　　张认为,"把老婆扔在家里不闻不问,日久天长,感情会有变化",这个情况是完全符合事理情理的,这就是他把"当然"看成合预期标记的理由。但是我们可以看到,"当然"所在的小句实际上是表示"预期"的句子,而不是表示"当前信息"的句子,更为完整的结构应该是再补出一个当前信息句,如上所示。

　　在绝大多数情况下,说话者既表达了从条件推出的预期,也表明他认为当前信息就是预期的内容,当然,这仅仅是说话者的主观判断:

　　(5) 他当然信了,因为[她不会说谎]。(王海鸰《不嫁则已》)

　　　　条件 O　她不会说谎(在语篇中显性表达)

　　　　预期 P(M|O)　(所以)他当然信她所说的话——认识情态(语篇中显性表达)

　　　　当前信息 P(M)　他信她所说为真(语篇中隐含,说话者相信的事实)

　　　　预期性　正预期信息

　　但是,既然"当然"和当前信息是间接的关系,就可能有相反的例子,我们发现,"当然"也可以用于反预期语篇之中,如:

　　(6) [中国是弱国],所以中国人当然是低能儿,分数在六十分以上,便不是自己的能力了;也无怪他们疑惑。(鲁迅《藤野先生》)

　　　　条件 O　中国是弱国

　　　　预期 P(M|O)　(所以这些日本人认为)中国人当然是低能儿,分数在六十分以上,便不是自己的能力了——认识情态

　　　　当前信息 P(M)　鲁迅考得不错(前面语篇中表达过)

　　　　预期性　反预期信息(对这些日本人而言)

　　有些"当然"句居于转折句的前件,后面的小句提出相反的预期,两个预期相互矛盾:

　　(7) 当然,[这种投资额非常庞大,万一失败就无法挽救了]。但是如果因此[对设备投资抱消极态度,可能会错失获得收益的大好机会]!

　　　　条件 O1　这种投资额非常庞大;万一失败就无法挽救了

　　　　预期 P(M|O)1　(所以)不应该投资——认识情态

条件 O2　对设备投资抱消极态度,可能会错失获得收益的大好机会

预期 P(M|O)2　(所以)该投资——认识情态

当前信息 P(M)?

预期性:?

这里讨论的是未来的投资行为,因此不知道是否已经或会投资,当前信息是不明确的,也就没有什么预期性。

以上各例说明,如果说"当然"表示预期性质,仅仅是因为他"表示合乎事理或情理",也就是说,有充分的条件,并且从条件到预期的推理是充分符合社会大众的理据的,因此说话者认为不是自己独有的预期,而是常理预期。

更为重要的是,有很多"当然"句,根本就没有或无法知道它的条件是什么,如下例从语篇中根本看不出颂莲选择嫁人和嫁有钱人的条件(理由),仅仅是颂莲说话者对相关语句内容的强调肯定,所以我们无法谈论什么"预期"问题:

(8) 继母:想做工还是嫁人?

　　颂莲:**当然**嫁人。

　　继母:你想嫁个一般人家还是有钱人家?

　　颂莲:**当然**有钱人家,这还用问?(苏童《妻妾成群》)

更有一些例句,"当然"仅仅是一个强化了的肯定答语而已:

(9) 杨澜:你受到过威胁吗?人身的威胁?

　　李连杰:**当然**。(杨澜《杨澜访谈录》)

前人已经发现,"当然"有衔接功能和话语标记功能,这时也不涉及什么预期:

(10) 后来知青下放,在农村呆了四年,没有路子上大学,招工回城,谁想到会被分配到这个厂? **当然**,我们厂也没什么不好的,工人师傅都挺好,只是我,我在冷库,成天扛冷冻猪肉。**当然**,扛冷冻猪肉也没什么不好的,毛主席说各门工作没有高低贵贱之分。(池莉《来来往往》)

综上所述,所有这些例句的共同之处是,说话者对"当然"句的内容进行强化肯定,也就是说"当然"是确定情态标记,仅有部分例句与预期有关;在

这些预期性例句中,"当然"是用在预期句上的,并不是当前信息句,所以不是"正预期标记";不过,在绝大多数情况下,说话者会认为当前信息与预期相符,从这一点讲,"当然"是前面说过的"正预期触发语";但是,触发语只是间接的暗示,所以仍有一些例句是反预期。由此可知,正预期是"当然"语义的语用含义,是因为说话者对自己的认识如此肯定,极大地倾向认为当前信息必然与此相符;不过,这种强烈的自信在遭遇反预期信息后,会转为极度的意外(强意外),根据陈振宇、杜克华(2015),会触发语用否定,即对当前信息感到极为不合理,怀疑它是假的,如鲁迅的那个例子所示。

2.2　"果然"是正预期标记并需要个别的、明确的条件

历史上和现代汉语中的"果然"不仅仅有表示预期的用法,根据李小平(2007)、李冰(2009)等的分辨,还有以下两个用法:

1) 表示"假设"的"果然"句,如"果然有书,就打死了,我也甘心"(《西游记》),这是说"如果果真有书的话",并不是与预期相符的意思。

2) 在疑问句中的"果然",如"若以今世论之,则人才之可数者,亦可见矣,果然足以致大治乎?"(《朱子语类》),这是说"果真足以致大治吗?"它们都是在历史上演化出来的另一个义项"果真"。

以上两类,在我们的统计中占 3% 的例句,并不多,本文不再多说。排除它们之后,"果然"可以称为"预期/正预期/合预期"标记。可以从预期语篇看出这一点:

(11)　[车厢里有几个小青年东瞅西瞧,挤来窜去],引起了他的警觉,
　　　周生泉判断这是一伙小偷。**果然**,一个青年在同伙的掩护下开
　　　始偷一位乘客放在车厢板上的密码箱。(《人民日报》1995 年)
　　　条件 O　车厢里有几个小青年东瞅西瞧,挤来窜去。
　　　预期 P(M|O)　(所以周生泉判断)它们是一伙小偷——认识
　　　情态
　　　当前信息 P(M)　(**果然**)他们开始偷东西
　　　预期性　正预期信息(对周生泉而言)

我们的调查发现,"果然"句紧邻或在几个句子之内的距离里,有明确的表示"条件"或"预期"的小句的情况占总例句数的 97%,这为我们研究"果然"句提供了极为宝贵的依据。与之比较,在"竟(然)"句中,前面有这

样明确的条件或预期小句的情况只占 14％。二者的使用频率也不一样，在同一语料库中，"竟(然)"句有 6 382 例，而"果然"句为 1 649 例。可见，"竟(然)"的使用情况远比"果然"复杂得多。

"果然"和"竟然"在条件上的差异，反映了一个重要的理论问题。陈振宇、王梦颖(2021)说，可以从条件的性质不同，分出两类预期：

1) 以普遍状态作为条件的预期，称为"类指条件"下的"预期"，简称"类指预期"(kind-denoting expectations)。普遍状态 O，其取值不确定，但 P(M|O)的取值却趋于恒定，换言之，指在一般的情况下(在某个类的范围内)，无论 O 取值是什么，都可以得到一个比较确定的 P(M|O)值。类指预期时的条件是社会中的"一般情况"，具有不确定性，或者说非特定性，故是"无定"或"不定指"的(indefinite)。同时，这些条件是一般的，可以(在理论上)任意替换，所以也都具有通指性(generic)。由于这些条件可以在集合内替换，因此从本质上讲，它们中间的每一个，和 P(M|O)值都没有因果关联；既然类指条件中的每一个选项与 P(M|O)值的关联不大(但以类的整体关联很大)，这些选项便通常是隐性的，通过实践与日常知识得知，或根据语用条件或规律才能识别。

2) 以个体状态作为条件的预期，称为"个体(指称)条件"下的"预期"，简称"个体预期"(individual-denoting expectations)。个体状态或特定条件是某一特定认识主体在某一特定场景中的特定的知识状态，换一个变量(主体、场景等)，P(M|O)的值完全不同。所以它是"有定"或"定指"的(definite)的。由于这些个体条件不能替换，因此从本质上讲，它和 P(M|O)值有着很强的因果关联；特定的条件 O 如此重要，一般在语篇或语境中需要用语句显性地表达，或得到明确的解释；把条件换一下，会得到不同的预期。

陈振宇、王梦颖(2021)说明，"竟然"语篇的条件部分相当自由，既可以自由地用于类指条件，如该文的例子"我竟然在街上看见了韩红"，我是普通人，街上是一般的地方，把我换成任何一个人，街上换成任何一个地方，其预期都一样，所以这一关于"普通性"的条件在语篇中都没有出现。"竟然"也可以自由地用于个体条件，如"[老王是她的领导，老王让她去买烟]，(所以)她很可能会去，但她竟然不去"，其中的条件是明确的，如果发生改变,预期也会发生变化,如"老王"不是她的领导,那么她很可能不会去。

在"果然"句中,即使局部语篇没有出现条件句或预期句,这些条件或预期也往往是很明确的,或者是前文提过,或者是语篇的内容决定,或者是文化语境所蕴涵着的。例如:

(12) a. 骑手加木措就是这样走进了我在拉萨的一段生活。<u>果然不出我所料,加木措是个康巴汉</u>。(池莉《让梦穿越你的心》)

　　　b. 有人对此推崇备至,称之为"用艺术形式演绎高深理论的可贵尝试"。愚以为,不然。<u>现在果然是"图画本"走俏</u>,即所谓"文化快餐"能调众口,颇得口彩。(《日期:1995.03.23》)

　　　c. 我们惊奇我们也能和东亚的强敌抗战,我们也能迅速的现代化,迎头赶上去。世界也刮目相看,东亚病夫居然奋起了,<u>睡狮果然醒了</u>。从前只是一块沃土,一大盘散沙的死中国,现在是有血有肉的活中国了。从前中国在若有若无之间,现在确乎是有了。(朱自清《这一天》)

　　　d. 上述话语,<u>果然实在</u>。(《人民日报》1995 年)

　　　e. 英国政府下达了减少使用私人汽车的通知。[伦敦高级法院一位年逾六十的法官]<u>果然认真</u>。他家住离伦敦十几公里远的泰晤士河上游,早晨划一独木舟前来上班,要一个多小时;下午逆流而返,用去他 3.5 个小时。(《人民日报》1995 年)

其中例(12a)句,在前面很远的地方有一个言者的猜测"加木措显然有康巴汉的血统",中间隔了很长的语篇,才给出肯定的断言。从本质上讲,这依然是有条件句的,但是在局部语篇没看到。b 句,表面上看前面没有讲到"图画本"走俏,但这一段就是在讲这种文化快餐繁荣的现象,所以是在语境中隐藏着条件。c 句的"睡狮"隐喻是大家都知道的,即传说出自拿破仑的一段话"中国是一头睡狮,一旦醒来将震惊世界",因此是一种不必说出来的预期。d、e 前面根本没有提到什么"实在"和"认真",但仔细看,可知"实在"是对领导干部讲话的要求,"认真"是对法官的要求,这都是普遍存在的"呆板印象"。

这说明,"果然"句只或基本只用于个体条件的语篇,这是它与"竟然"的极大不同。

3. 正预期信息的信息价值

3.1　说话者对相关预期的不确信性

正预期标记是比反预期标记更特殊的语法形式,我们需要更为仔细地考察它的主要功能。

(13) a. 万万没想到竟然是你啊!(爱奇艺)

　　 b. 好像只是在等那个女学生自己出现,没想到果然是你!(好看视频《一把青》)

两个句子都有"没想到",从语义看,这是表示当前信息违反说话者的预期(反预期)。在例 a 中,它与反预期标记"竟然"同现,这是正常的;但是在例 b 中,它和正预期标记"果然"也共现,很令人吃惊。

这其实不难理解,因为对一般的预期而言,它的实现是很自然的,信息价值最低,不需要特别标注,因此不需要发展出正预期标记。因此,如果我们发展出专用的正预期标记,一定是这一预期与一般的预期不同,有特殊的性质。

这一点,前人实际上已经注意到了,但没有深究。周兴志(1986)在讨论"果然"时就说,虽有必然算子 N,但它并不起决定作用,只起预料或猜测作用;可能算子 M 也只起预料或猜测作用,既然只是预料或猜测,因此这里的"必然""可能"都带有"可能"的意味,只是程度不同罢了。陈振宇、杜克华(2015)说,不论反预期还是(正)预期,都有可能产生意外,如预期标记"果然",它暗示与预期一致的事实是有可能不会发生的,现在发生了,因此也令人吃惊。上面的例 b 就是有意外的意思,所以同时用了"没想到"。

让我们看看这一例子的预期结构:

(14) 条件 O　说话者听说某女有他思念的女孩(句中的"你")的特征。

预期 P(M|O)1　(所以说话者判断)他思念的那个女孩可能会自己出现——认识情态

预期 P(M|O)2　(说话者不能肯定或怀疑)即将出现的就是他思念的那个女孩——认识情态

当前信息 P(M)(没想到)(果然)是她思念的女孩

预期性 1　　正预期信息

预期性 2　　反预期信息

这里的预期有两面性:一方面,当前信息与说话者的预期一致,故是正预期信息;但是,说话者并不能肯定他的预期的有效性,即多少存在疑虑,这可能是一个错误的预期,也就是说,预期 $P(M|O)$ 的取值不大,大于 0.5,但是远低于 1,可能只是比 0.5 大一点。我们的考察表明:一般来说,当从条件部分推出的预期的"概率较小"的一面时,也就是说话者认为事情真的这样的概率仅比随机概率大一点(较小的倾向性),无法作出肯定的判断时,才会使用正预期标记"果然"。我们可以从不确定来定义这种特殊的预期,称为"小概率预期",简称"小预期"。

3.2　新旧信息与正反预期的关系

要进一步说清楚这种特殊的预期是什么,需要看看新旧信息和正反信息的关系。

Chafe(1994)从认知的角度,根据激活耗损(activation cost)的大小,将信息分为旧信息、易推信息(accessible information)和新信息。这说明新旧信息的区分是存在模糊地带的。其中,易推信息包括:人类共有知识,这是指语篇中没有出现但是在语境和人类文化中默认存在的知识;言谈场景规定的知识内容,这是指现场的事物;说话人和听话人共有的知识。

但是,易推信息也存在概率大小的问题,即有的易推信息概率很大,所以可以归入旧信息;有的概率很小,所以具有新信息一样的性质;当然,还有在中间的模糊地带。

陈振宇、吴越、张汶静(2016)用一个例子来说明新旧信息阈值的范围。在此基础上,我们本文假设有人说"地球绕太阳转",即 $P(M)=1$,那么对不同的接受者而言,有:

1)接受者是一个现代人,地球绕太阳转是一个公开的知识,因此 $P(M|O)=1$ 或相当接近 1,此时 I 为 0 或约为 0,很显然,这句话是旧信息,这似乎不成问题。同时,这一信息与他的预期一致,所以是正预期信息。

2)如果接受者是哥白尼,他通过观察太阳的轨道 O,运用当时已知的科学知识(为学术团体共有的知识),推测出地球绕太阳转。这一预期的

概率对他而言不为 1,因为推测毕竟是推测,未予证实;但比较靠近 1,如 P
(M|O)=0.75。请注意,取值 0.75 是对情态研究的结果,其实这并没有精
确的数值,完全可以上下浮动,做一些微调,只要大致表现出在哪一段就
可以了。此时,"地球绕太阳转"对哥白尼而言是不是旧信息? 公允地讲,
他可能会觉得这个信息不够新,因为在意料之内;但也不完全是旧信息,
因为推测毕竟是推测,并不能确定。这就是新旧信息中间的模糊地带。

另一方面,他已经猜测到地球绕太阳转,所以当前信息与他的预期相
符,是正预期信息。

3) 如果接受者是一个路人甲,从来不关心太阳与地球的位置问题,也
没得到过有关的知识,于是他对这一事件的判断完全是随机的,即其概率
为 P(M|O)=0.5,正反事件的概率完全相当。此时"地球绕太阳转"对他
而言是不是新信息? 由于此前他对这事完全缺乏认识,现在有了知识,当
然是新信息。同时,因为他的预期是随机概率,所以可以说是"无预期",
无预期则当然既不是正预期信息也不是反预期信息,而只能是中性信息。

4) 如果接受者是一个中世纪的牧师,圣经告诉他太阳绕地球转,所以
对他而言"地球绕太阳转"的可能性极小,P(M|O)=0。很显然,对他来
说,这是新得不能再新的信息了。并且由于这一信息与其预期相反,所以
也是典型的反预期信息。

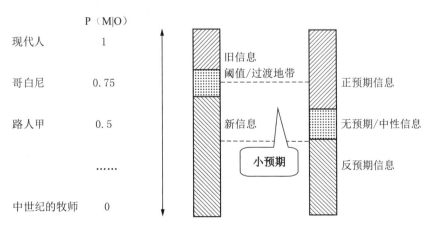

图 1　新旧信息以及预期性的范围与阈值(当 P(M)=1 时)

很有意思的是,新、旧信息的分界点并不在中点 P(M|O)=0.5 那里,只有到达哥白尼那样的层次,才敢说这开始有了旧信息的性质。对于毫无知识只能做出随机判断的路人甲来说,这仍是典型的新信息。与之不同,正反预期的临界点就是 P(M|O)=0.5。而图中两条虚线中间的部分,就是本文所说的"小预期"的范围,小预期就是在这一个"夹缝"里面存在。这样一来,我们就有如下的关系:

图 2　新旧信息以及正反预期信息的关系

1)当前信息是反预期信息或无预期信息,则一定是新信息。

2)旧信息一定是正预期信息。

3)新信息,可以是正预期信息或无预期信息或反预期信息,不过其中的正预期信息仅仅涉及小预期的情况。

4)而正预期信息,可以是新信息或旧信息,不过其中的新信息也仅仅涉及小预期的情况。

3.3　小预期的价值就是它是新信息

新旧信息是决定语言现象的制约因素,也就是说,如果一个语句表示新信息,哪怕是很微弱的信息(靠近或处于过渡地带),也有报道的价值,因为它毕竟使得听话者对信息的确信程度加强了。只有旧信息才缺乏报道的价值。由此看来,正预期信息可以分为两个层次:

1)当预期为大概率时,是旧信息,没有报道的必要,也就没有发展出什么标记的必要。例如那个现代人,当别人告诉他"地球绕太阳转"时,他是不可能说"♯地球果然是绕太阳转的",因为对他来说,这一正预期信息毫无意义,纯粹废话。

2)当预期为小概率时,是新信息,有报道的必要,也就有发展出标记的必要。例如是哥白尼被告知"地球绕太阳转",对他来说,这一正预期信息就是有着非常重要的意义了,因为证实了他的研究成果,是新信息,或至少不是旧信息（处于过渡区域）。这时，他就可以感叹地说："地球果然是绕着太阳转的！"

4. "果然"句的"条件——预期"关系

下面，我们仔细统计"果然"句局部出现的条件句或预期句，看看都包括哪些情况。以前的研究者并没有考虑到"果然"句预期的性质的数据调。上面各个类型的百分比数字由作者统计，那些没有比例数值的都是用例极少的。但是这一数据仅供参考，如果语料库选取不同，会有不同的比例。不过我们认为，大致序列会差不多。我们的目的是证实，"果然"句在表示预期时，的确是以小概率预期为主，而不仅仅是个别例句的性质。

4.1 非叙实性的条件句，以及正/反预期标记的共现

57.5％的"果然"例句中，条件句都以"非叙实动词"为中心，它们有"安慰、保证、报告、表示、不放心、猜出、猜想、承诺、答道、道、断定(1.5％)、断言、发誓、反驳、告诉(2.5％)、估计(1.5％)、喊、喊道、喝道、厚望、汇报、坚信、建议、讲话(要求)、叫着、嚷着、接电话、介绍、介绍说、惊叹、久闻、看到(猜测)、看到希望、看好、可疑、冷笑、梦、纳闷(灾难感)、纳闷儿、判断、凭经验明白、期望、强调(说)、让(我)、认定、认为(1.5％)、盛传、说(16％)、所料、提出(1％)、提醒、听说(2％)、希望(1.5％)、想(1.5％)、想到(1％)、心里有根、宣布、预报、预言、注意到、自称"等。

按照袁毓林(2014)，李新良、袁毓林(2016)和陈振宇、甄诚(2017)，"非叙实"(none-factives)动词的宾语从句构成"封闭语境"(opaque context)，例如说话者认为"李四觉得/说/听说/希望会出现流星雨"为真，说话者也无法断言"会出现流星雨"是真是假，因为这不过是李四个人的观念，李四可能产生错误的认识，不过我们暂时没有证据说他的确没看见。用"传信"范畴的话说，这些动词都是指某一认识主体想到、猜到、判断、注意、希望事物的可能性；或者是有某一主体告诉另一主体自己关于事物的观点，包括告诉、说、答、叫、预言、建议、提醒等；或者是说话者听说某种传闻，包括传说的事物情况。这三种都是传信范畴中事实性较弱的一种，一个人的猜想判断，他从别人那儿听来的信息，都可能真也可能假。

非叙实动词引入的预期,有以下预期结构:

(15) [他觉得/说/希望会出现流星雨],(没想到)果然,当天晚上猎户
座流星雨璀璨绽放。

条件 O　他觉得/说/希望会出现流星雨

预期 P(M|O)1　(所以他认为/希望)会出现流星雨——认识/
意愿情态

预期 P(M|O)2　(说话者不敢肯定他的话,也就是不相信)会出
现流星雨——认识情态

当前信息 P(M)　(没想到)(果然)当天晚上猎户座流星雨璀璨
绽放

预期性 1　正预期信息(对他而言)

预期性 2　反预期信息(对说话者而言)

P(M|O)2 的取值甚至是小于 0.5。因此,当它真的是事实时,对说话
者来说,才会出现一个尴尬的局面:一方面,果然与"他"的认识或意愿相
符,所以用了正预期标记"果然";另一方面,与说话者的认识相差很大,用
了反预期标记"没想到"。

在实际语料中,会因为焦点的不同而突显不同的方面:当突显信息来
源主体(提供或产生相关信息的那个人,如上例的"李四")时,只需要用
"果然"就可以了,不用反预期标记;当突显说话者时,同时使用"果然"和
反预期标记,并且由于说话者自己的意见才是最重要的,因此最终是反预
期引起了说话者的情绪情感,据我们的统计,"没想到"一般都在"果然"的
外围/上位。

从逻辑上讲,不能既认为一个事件合乎预期,而又认为不合乎预期。
比如汉语中被认为是正预期标记的"果然",和反预期标记的"竟然"
"连……都/也"等,二者出现在不同的预期语境之中,不能互换,亦不能共
现。对此,张晓英(2014:16—19)做了详尽考察,只说了"果然"与"幸好、
反正、原来、看来、显然、也许、或许、至少、本来、根本、只好、索性"等的共
现,没有提到与"竟然"共现的例子。不过张晓英也提到了"果然"和"甚
至、倒是、反而"的共现,这几个一般被认为是反预期副词。可惜张的文章
没有对此进行分析。

但语料事实却并非如此。在同一个句子当中可能存在不同的预期，比如不同认识主体对同一事件的掌握程度和预期有所不同。如：

(16) 这小伙可真是料事如神，直接猜到皇上的行踪，<u>竟果然</u>如他所料！

猜到皇上行踪的是"小伙"，所以对他而言，实际的情况符合其预期；但是站在说话者角度，一开始说话人可能是不太相信小伙的猜测的，可结果竟然真的如小伙所料。这里的"果然"代表小伙的正预期认识，在内层；而"竟"代表说话者的意外（反预期认识），在外层，因为说话者感到意外的是，事实怎么会与小伙的预期相符①。因此，当主体双方各有预期且两种预期都突显时，正预期和反预期可以共存于同一语篇中。

但这一解释对下例还是不够的：

(17) ［丈夫怀疑妻子有了外心］，跑去问妻子闺蜜，<u>竟果然</u>如他所料。

　　条件 O　　丈夫怀疑妻子有了外心

　　预期 P(M│O)1　　（所以丈夫认为）妻子可能有外心——认识情态

　　预期 P(M│O)2　　（丈夫不敢肯定）妻子一定有外心——认识情态

　　当前信息 P(M)　　妻子（<u>竟</u>）（<u>果然</u>）有外心

　　预期性 1　　正预期信息（对丈夫而言）

　　预期性 2　　新信息（对丈夫而言）

更进一步的例子是，信息来源主体就是说话者自己，如：

(18)［我想，难道他真的没有听说这事？］后来见面一问，<u>竟果然</u>是这样。

　　条件 O　　我想，难道他真的没有听说这事？

　　预期 P(M│O)1　　（所以我认为）他有可能没有听说这事——认识情态

---

① 2014 年作者在一次讲座中，听邵洪亮讨论"竟"与"果然"的共现，前面这一段是引用邵的解释，不过他的文章后来一直没有发表。请注意，本书的观点与邵并不相同，因为我们认为，造成预期差异原因不仅是不同认识主体的预期的问题，更主要是预期信念程度的问题。

预期 P(M|O)2　（我不敢肯定）他一定没有听说这事——认识情态

当前信息 P(M)　（**竟**）（**果然**）没有听说这事

预期性 1　正预期信息（对我而言）

预期性 2　新信息（对我而言）

最后,我们看看具体的动词的情况：

这些非叙实动词中,最多的就是"说"类谓词,达到"果然"句总数的27.5%。例如(有下画线的是条件句,下同)：

(19) a. 突然,他叫住了正在勾画一幅山水画的青年画家,[说这幅画的构图从侧面看更有味道]。说着他兴奋得像个孩子,快步走到画案前,把画旋转了 90 度,**果然**,画面上的山势出人意料地变得奇险起来。(《人民日报》1995 年)

　　b. 巩月江下班时看到了,[问明情况后说："别着急,把取药单给我,地址留下,我给你们邮回去。"]……8 天后,王正德的母亲**果然**收到了巩月江寄的药品。(《人民日报》1995 年)

　　c. 他绕着涵洞转了三圈,[阴着脸说："跑模"了五厘米]。大家一测量,**果然**如此。(《人民日报》1995 年)

　　d. [阿迈德先生介绍说这种纤维物质经化学处理,还有阻燃作用]。他当场用记者的打火机做实验,这种状似泡沫塑料的植物纤维**果然**不燃烧,只是表层熏黑,烟也很少。(《人民日报》1995 年)

　　e. 到了下午,"老师"把考题和答案写在黑板上,让大家抄,并且[告诉大家明天就考这些题]。第二天早上,考卷发下来,**果然**如此,于是整个考场一片哗然。(《人民日报》1995 年)

　　f. 我问一个名叫蔡良田的老汉："这玉米是啥方法种的?"[蔡老汉答道："这叫 4:1,苞米、小麦间作。"]**果然**,这片地是 4 垄玉米 1 垄小麦套着种的。(《人民日报》1995 年)

"听说"类的要少得多,只占 3%。例如：

(20) a. 小溪市离家十里,是个集镇,我从未去过,[只听说好热闹好热闹]。……小镇上**果然**人来人往,弯弯曲曲一条街的铺面,看

得我脚步都挪不动了,常常要哥催。(《人民日报》1995年)

b. [我久闻王式廓先生之名],此次才得见他的作品(仅两幅),**果然**卓尔不群,诚为成熟之天才……(《人民日报》1995年)

"想"类(表示猜想义,其宾语表示预期)也是一个常见的类型,达到"果然"句总数17%。例如:

(21) a. 我想,这位自然就是师专的校长张毓吉先生了。**果然**是。(《人民日报》1995年)

b. 我想,待会儿,该有红衣红帽的小仙子走进这白茫茫的童话世界里来,我该会看到一场堆雪人、滚雪球的嬉戏了。**果然**,一个红影出现了,从迷蒙中姗姗而来。(《人民日报》1995年)

c. 然而,西方多数舆论从一开始就断定,美国的这道禁令"完全行不通",其根本原因在于,美国对伊朗的"大部分指控都是未经证实的",盟国很难追随。事实**果然**如此。(《人民日报》1995年)

d. 有一次,一位朋友发出传真后两天没收到他的回复,估计他出了什么事,**果然**是因为他住进了医院。(《人民日报》1995年)

e. 他认为,进城"租养"虽然要付一笔租金,但省下了运费,而且可以直销卖到最好的价钱。**果然**不到一年,他便比往年多挣了2万多元。(《人民日报》1995年)

这些动词,也称为"意向谓词"。陈振宇(2020a:62—63)说,除了意向谓词,还有意向名词,在它们的语义内容中隐含有意向谓词,所以也有非叙实性质(对"叙实名词"的研究另参看寇鑫、袁毓林2018)。"果然"句中也有这样的例子:

(22) a. [中国有一句**古训**:名师出高徒]。**果然**这样。这些金、银得主从被发现到着意培养,最后走向领奖台的每一步,无不凝聚着他们的指导老师的慧眼、胆略和高超的教学艺术。(《人民日报》1995年)

b. 忽然一天,[我姐夫单位有人给他贴张**大字报**,题目是《他为什么从来不笑?》。]祸找到头上来了!这张大字报比一宗上百万美元的出口买卖更强烈震动了整个公司。全公司二百多人

　　一同从记忆里搜寻我姐夫平时给他们的印象,**<u>果然</u>**,没人见他笑过。(冯骥才《一百个人的十年》)

　　上面的"古训、大字报"表明了预期的来源,它们都隐含"说"这一非叙实谓词,是古训提出了"名师出高徒",是大字报说到"他从来不笑",大家发现真的是这样。

　　还发现用疑问句表达说话者的猜测的例子,"果然"句是说这猜测为真,这里没有用非叙实动词,但可以确定说话者是在猜测:

(23) a. 记者返回咸阳机场时,猛然看到一位端庄秀丽的"空姐",["她会不会是米脂姑娘呢?"]一问,**<u>果然</u>**是。(《人民日报》1995 年)

　　 b. [这样的心理素质和球风能取胜吗?]**<u>果然</u>**,他一蹶不振被淘<u>汰</u>。(《人民日报》1995 年)

　　 c. 北京师大二附中发校服了,学生们喜气洋洋地试穿着刚刚领到的校服。[老区学生的校服合体吗?]他们远离父母,不合身找谁去裁呢? 母亲般的情怀驱使高一年级组长刘老师找到学生宿舍,她叫 4 个学生试穿校服。**<u>果然</u>**,4 人的裤子都长<u>许多</u>。(《人民日报》1995 年)

　　疑问是条件,从疑问可以推出,说话者对她的籍贯有了猜测,预期是"她可能是米脂姑娘",不过概率不高,不敢肯定。有的条件句是直接讲说话者的担心,"果然"句是说这种担心的情况是真的。

　　另外,有个别例句中,只有一部分的预期内容符合,另一部分则不符合:

(24) 你听了,[淡淡一笑说,血可以放,但法不能丢,有胆量的拿刀子来吧!]不久,那人**<u>果然</u>**来了,手里没拿刀,倒给你送来了一份检讨,再后来,他洗心革面,变成了遵纪守法的个体户。(《人民日报》1995 年)

　　"来了"符合预期,但"没拿刀"不符合预期。这也可以算是证实类的。我们还发现强调说话者不相信所接受的信息的情况,而当前信息句则证实了该信息,证伪了说话者自己的想法:

(25) a. 我姐姐回家大哭一场,那天真把我们全家吓坏了,以为她出了什么事,她一说,我们全懵了,想劝她都不知该怎么劝。<u>我不信他真不会笑</u>,后来见面一试,**<u>果然</u>**真不笑。(冯骥才《一百个

人的十年》)

  b. 我挺纳闷儿：<u>看得见叶儿的茶这么稀罕吗？</u>后来注意了一下，**果然**<u>稀罕</u>。(《人民日报》1995年)

  最后，我们看看那些正反预期标记共现的例子，我们的考察表明，的确基本就是使用本类非叙实谓词：

(26) a. 于是，他又想起他们曾经一起去请一位高人算过一次命，[说他们两人八字一配，他就要漂洋过海，还说他们两个聚少离多]，现在**竟果然**一一<u>应验</u>。(言说动词"说")

  b. 我又被"出卖"了一次，[那位党员同学竟向工宣队汇报，说我要与他达成一笔"交易"——我请他帮我解决组织问题，以帮他修改文章为报答]……我虽愤怒，但……随他们去好了。又过了几天，那党员同学，**竟果然**拿了一篇什么文章请我帮忙润色文字。(言说动词"汇报")

  c. 我见他神志异常清醒，[担忧这是回光返照]。**果然**，这次见面，<u>竟成永别</u>。当天下午就传来了陈云同志逝世的噩耗。(《人民日报》1996年)(心理动词"担忧")

4.2 表示主体行为的条件句

  有27％的"果然"例句中，条件句是某一主体实施的行为，而且都是有着非常明确的目的的行为，陈振宇、王梦颖(2021)称为"行为主体预期"。显然，行为为真时，行为的目的并不一定会实现，而仅仅是有可能实现，如我们不能说"♯他在看书，所以他会看懂/看不懂"。当行为目的实现时，就可以用"果然"来表达说话者的欣慰和满意。

  用本书的话讲，有以下预期结构：

(27) [镇党委采取严厉的措施打击非法采煤]，果然，当年的煤矿事故下降了三分之二。

  条件 O 镇党委采取严厉的措施打击非法采煤；矿难事故多发生于非法采煤

  预期 $P(M|O)1$ (所以镇党委希望)大大降低矿难事故——意愿情态

  预期 $P(M|O)2$ (说话者无法判断)会不会大大降低矿难事

故——认识情态

当前信息 P(M)　（**果然**）当年的煤矿事故下降了三分之二

预期性1　正预期信息（对镇党委而言）

预期性2　新信息（对说话者而言）

陈振宇、王梦颖（2021）说，说话者很容易"移情"到行为主体身上，以他的眼光看问题。这符合本类例句的特点，即在语料中，基本都突显主体预期的实现，句中只有正预期标记"果然"。

按照行为（动词）的类型，本大类至少可以分成以下几种：

1）努力工作，如"奔忙在筑路工地上、开会强调、倾尽心力、四面出动、西进开拓、抓住时机投放市场、钻研、做充分的准备"等。

2）总结经验，采用更好的措施、方式等，如"按要求管理果树、帮客户收购、采取措施、采取特定方式方法、使出惯用战术、调整战术、总结教训、想出了新招"等。

3）决断，树立目标等，如"当机立断、定下目标、决定、抓住时机投放市场、做出决策"等。

上面三种都期待这些行为会带来好的结果，"果然"都是讲这些预期的结果的实现。

(28) a. 之后，[集团领导和人事部的工作人员四面出动，先后走访了北京、上海、南京、武汉等省市的近50个科研院所、高等院校，把工作做到了博士生、硕士生的宿舍，把招聘广告贴到了学生食堂。]这一着**果然**有效，金凤凰一只只、一批批飞向西北，飞向山海丹。（《人民日报》1995年）

b. 林益世深知棋王厉害，[他采取大量兑子的方式，牺牲车马保大帅]。这一招**果然**见效，达到同李来群讲和的目的。（《人民日报》1995年）

c. 春兰当时实力不足，如果硬着头皮较量，势必事倍功半。[陶建幸当机立断，只开发两个产品——7 000大卡以上柜式空调、3 000大卡以下家用空调]。这一避"热"就"冷"之举，**果然奏效**。春兰空调大步走向市场，成为供不应求的热门货。（《人民日报》1995年）

4) 任命或提议任命某人担任某重要职务,如"根据……选定……、请出山、提拔、提议担任"等,都是期待被任命的人会取得好的成绩,"果然"表达这些成绩的实现。

(29) a. 1991年,已届70岁的柳谷书按规定回到北京在贸促会办了退休手续,他本想安享晚年,但[司法部坚持请他再度出山],重回香港,担任中国法律服务(香港)有限公司董事长。**他果然不负众望,业务范围大大扩展**……(《人民日报》1995年)

b. 副段长李朝炯是大学毕业生。刘恒友因材施用,[破格提拔他为养护股股长]。小李**果然不错**,在负责八一大桥加固时,大胆使用分节式加固新技术,一举成功,荣获国家科技进步二等奖。(《人民日报》1995年)

5) 具体的行为,如"端详、反问对方、改建道路、检验分析、复制铜凹面镜、故意答错题、混入会场、假装发怒、交流提醒、看货、旅游、来硬的、连续战胜、捧对方、品尝、扑向渔场、食之、提交领导、涂香油、围腰带、选择伏击地、寻找、诱敌、诱饵行为"等。他们有各自的特定的目标,"果然"也都是表达这些目标的达成。

(30) a. [王贤良仔细端详冬儿],发现她**果然骨格灵秀**,眉宇清洁,皮肤晶莹。在冬儿未开口之前他还以为她的脸比别人白净不过是女孩子爱洗脸罢了。(池莉《你是一条河》)——端详的目的是发现事物的不同寻常之处,果然发现它骨格灵秀。

b. [兰医生佯装发怒]。……郁容秋**果然慌了**。(毕淑敏《女人之约》)——发怒的目的就是让对方惊慌。

c. 钱老欣然回信说:"……也因此,[我已把您的来信、附件及录像带转送化工部顾秀莲部长参阅]。"顾秀莲部长**果然看重这项试验**,亲赴徐州参观。(《人民日报》1995年)——提交领导的目的是让领导重视。

d. 经过再度反复讨论,决定"就地取材",就是[要求盟军总部准许将经该总部密封的日本陆军省机密档案开启,让中国检察组寻找所需要的证据]。……经过一番努力,**果然在陆军省档案中查到一些中国检察组殷切需要的日本陆军省与日本**

在华派遣军之间的往来电报,其中有前面提到过的那份"谈虎色变之慨"的电报。(《人民日报》1995年)——寻找的目的是找到有用的东西。

有的例子需要根据语境才知道是什么样的行为,如:

(31) [陈燕萍和她的姐妹们,穿起从箱子底翻出的花衣衫,装作从工厂回来的样子,匆匆地走着,海阔天空地聊着。]**果然**,走到僻静处,3个小青年,弹簧般从小树林"腾"地钻出,瞪着一双双色眼,不容分说就去搂抱,就往林子里拖。(《人民日报》1995年)

仅看本段文字,并不知道这是怎么一回事。根据上下文才知道,陈燕萍和她的姐妹们执行的是诱饵行动,其目的就是要找出近段时间袭击女工的歹徒。

一般而言,这些"果然"句都是说行为主体的目标实现,也就是说说话者是站在行为主体一边的,通过"同情"而与该主体处于同盟关系。但是也有极少的例外:说话者与行为主体是反同盟关系,站在了该主体的对立面,认为有关行为将带来坏的结果,因此后面的"果然"句表达的不再是行为目的的达到,而是行为偏离了原有的目的,造成了消极的结果:

(32) 然而,一些目光短浅的急功近利者,[他们连听一听社会声音的耐心都没有,便贸然开始了圆明园的"修复"工程。]**果然**,仅仅几年工夫,圆明园内船帆点点,绿树丛丛,歌声笑语,鼓乐喧天,甚至在"西洋楼"跟前抬起了"花轿",吹吹打打,好不热闹,把让人静穆凭吊的"圆明园遗址",变成了熙熙攘攘的"遗址公园",甚至把象征国耻的重要文物遗迹,当作生财不息的摇钱树!(《人民日报》1995年)

4.3 表示事物属性的条件句

前面两类都证实了"果然"句以小预期为主,这才是它存在的主要话语价值。不过,语言从来不是绝对的,会出现"反例"。我们发现,在8.5%的例句中,条件句是说话者对事物的属性、状况、历史、情理等方面的讲述,这些情况都有着非常明确的意义指向,因为具有此类属性的事物,在常理预期中很容易达成当前信息句所说的事件,不存在任何小预期的可能。由此看来,这一类和前面的两种有极大的区别。例如:

(33) 在今天进行的温布尔登网球公开赛女单四分之一决赛中,[一号
至四号种子格拉芙、桑切斯、马丁内斯、诺沃特娜]**果然**厉害,分
别战胜各自的对手,进入四强。(《人民日报》1995 年)——种子
选手,很可能厉害。

条件 O　格拉芙、桑切斯、马丁内斯、诺沃特娜是种子选手
预期 P(M|O)　(所以)她们很厉害,会战胜对手——认识情态
当前信息 P(M)　(**果然**)分别战胜各自的对手
预期性　正预期信息

同样的例子还有:

(34) 歌曲借助了一些大家所熟悉的旋律,对"中国"这个大题目,进行
了颇为新鲜的阐释。[此外,MTV 的拍摄也颇为考究。场面宏
大,构思精巧,特别是片尾由数百名儿童手持蜡烛的烛光凸现的
中国地图,给人以巨大的情感冲击力。]**果然**,不久就听到不少朋
友的称赞,而且阶层十分广泛。(《人民日报》1995 年)——场面
宏大,构思精巧,自然有很大可能得到广泛的称赞。

有一种特别的例子,是篇中的行为主体(如下例的"辣辣"),利用对事
物属性(如下例中贵子的情况)的了解,来达到自己的目的,"果然"句表明
了该主体真正的意图(把信给王贤良)的实现,如:

(35) 辣辣揣着信过了三天,等社员去学校报了名之后,[她悄悄把信
塞到了贵子的衣袋里。贵子上小学三年级,刚好能认出王贤良
的名字,她又是个绝不会拆信,绝不会多话的主儿。]**果然**,贵子
发现了信之后毫不理睬艳春的追问,径直把信交给了叔叔。(池
莉《你是一条河》)

有的条件句是讲事物此前的发展,因此会推出符合发展方向的结果
或下一阶段的发展,如:

(36) a. 今天清晨,NHK 早间新闻报道,[悉尼外汇市场日元对美元比
价已突破85 比1,]这个消息又使刚从睡梦中醒来的人们吃了
一惊。**果然**,今天东京外汇市场上日元汇率一路上升,峰值不
仅突破了 85,又突破了 84,达到 83.65 日元比 1 美元。(《人民
日报》1995 年)——此前汇率已上升,很可能汇率继续上升。

b. [四条"龙"抬起头],非煤产业**果然**形成"气候"。(《人民日报》1995 年)各方面的发展,当然可能带来总体发展。

有的是讲事物的道理,因此会推出符合道理的事件,如:

(37) a. [其实,冬日围炉读史照样会沐浴一番历史的温馨,夏天摇扇读经也未必就不能悟到思辨的风凉,春秋两季气候宜人,读起书来又何尝不能长久?]**果然**,一个读过《幽梦影》的人便说:"读《幽梦影》,则春夏秋冬,无时不宜。"(《人民日报》1995 年)——从道理上讲四季都适宜读书,因此有人说春夏秋冬无时不宜。

b. [我们搞的是社会主义市场经济,占主导地位的思想体系是爱国主义、社会主义、集体主义],因此,我们理应有更多的"环保夫妇"。**果然**,这几年,我们的见义勇为之风,扶危济困之风,扶老携幼之风,不是一个一个地,而是成批成批地出现。(《人民日报》1995 年)——从道理上讲,社会主义更讲道德,因此优秀的风气应该大量地出现。

4.4 与感叹无关的"果然"句

最后,还有 4%的"果然"例子,根本与预期无关。这些例子一般都是前面的条件句是说话者在讲述某种场景(用下画线表示),后面的"果然"句则对这种场景给予了总结性的评价或评说:

(38) a. 在曲江路邮电所,一位女营业员办存款时明明嫌少却骗用户说没有存单,微服私访的检视员当场核实后,经邮局领导研究立即通报全局,并处罚该营业员 5 000 元,同时按规定扣罚有关上级奖金共达 2 万元。在河北路地区一市话局,职工打公用电话不付费,并给提意见者掐了电话,邮电局领导照章办事,将责任者开除。与此同时,热心为世乒赛作出"超常服务"的中山路邮局,环境整洁的武清县邮电局则受到重奖。这些,加上对失职者相应扣罚工资总额和给予黄牌警告等措施,**果然**是罚得心疼,奖得眼红!(《人民日报》1995 年)——"罚得心疼,奖得眼红"是对前面的各种故事的一个总结性评说。

b. 第五届全国象棋棋王赛结束后,记者访问了策划和组织这次大赛的主要负责人林阿信。<u>他对象棋运动有颇多见解,并对大赛进行评述</u>,**果然**是棋乡人。(《人民日报》1995 年)——称他为棋乡人,这不是断言,而是夸奖,指他不愧是棋乡之人,对棋如此了解。

c. <u>世事浇漓很难说,/我画钟馗夜巡逻。/你想他是来捉鬼,/还是寻鬼讨酒喝</u>。画中的一副馋酒模样的钟馗,**果然**可气复可笑。(《人民日报》1995 年)——"可气可笑"是对前面的钟馗的表现的评价。

　　"果然"在这里已经演变为表示感叹的标记了,有的可以换为"果真、真(的)是",如"真是罚得心疼,奖得眼红!""真的是一位棋乡人!""果真可气复可笑!"因此不在本文的讨论范围之内。关于"果然"与"果真"的异同,参见李冰(2009)。

5. 结语

　　本文考察了汉语的"正预期标记"。

　　首先说明"当然"是表示确定意义的情态词,不是正预期标记,是正预期触发语,但因为是间接的暗示,可以有例外,即它后面可以是表示反预期的当前信息。

　　本文重点对"果然"的使用情况进行了考察,发现上文或语境中必须要有对个体条件的表述或语义解释,"果然"一般不用于类指预期。接着,通过新旧信息和正反信息的关系,解释了所谓小概率预期,是正预期信息,但却是新信息,所以具有报道的价值,发展出了标记。

　　进一步考察发现,"果然"句涉及的条件,主要是两大类:非叙实动词条件和主体行为条件。它们反映不同的信息构成:前者是有人说、猜想或听说某一事件,由此信息推出预期;后者是有人实施某种行为,他们所希望的行为目的构成预期。它们的共同之处是,说话者都觉得该预期实现为真的概率较小。除了表达预期实现意义外,还有如此小概率的预期也得以实现所带来的意外意义,因此往往兼具正预期和反预期两方面性质,甚至有时正反预期标记在句中共现。

　　综上所述,汉语的"果然"在表预期时,是正预期标记兼新信息标记,其涉及的预期是小概率预期,这几条合在一起才是完整的解释。

　　当然,上述讨论需要排除"果然"不表示预期性质的一些情况:作为条件标记、疑问句和感叹句中表示"果真"意义。汉语语法化很难是纯粹的,往往有不同的义项产生,我们在理论解释时需要先界定一番。

参考文献

　　北京大学中文系 1995、1997 级语言班编　1982　《现代汉语虚词例释》,北京:商务印书馆。

　　陈振宇　杜克华　2015　《意外范畴:关于感叹、疑问、否定之间的语用迁移的研究》,《当代修辞学》第 5 期。

　　陈振宇　王梦颖　2021　《预期的认知模型及有关类型——兼论与"竟然""偏偏"有关的一系列现象》,《语言教学与研究》第 5 期。

　　陈振宇　吴　越　张汶静　2016　《相对信息价值与语言研究》,《语法研究与探索(十八)》,北京:商务印书馆。

　　陈振宇　甄　成　2017　《叙实性的本质——词汇语义还是修辞语用》,《当代修辞学》第 1 期。

　　谷　峰　2014　《汉语反预期标记研究述评》,《汉语学习》第 4 期。

　　侯学超编　1998　《现代汉语虚词词典》,北京:北京大学出版社。

　　寇　鑫　袁毓林　2018　《汉语叙实反叙实名词的句法差异及其认知解释》,《语言研究集刊(第二十辑)》,上海:上海辞书出版社。

　　李　冰　2009　《"果然"与"果真"的用法考察及对比分析》,《汉语学习》第 4 期。

　　李小平　2007　《"果然"的成词过程及用法初探》,《东方论坛》第 1 期。

　　李新良　袁毓林　2016　《反叙实动词宾语真假的语法条件及其概念动因》,《当代语言学》第 2 期。

　　刘　瑞　2020　《终竟义词语的语义和功能的演变研究——以"到头(来)"等为例》,北京大学硕士学位论文。

　　陆方喆　朱　斌　2019　《语言中的违预期信息与违预期范畴》,《常熟理工学院学报(哲学社会科学)》第 4 期。

　　吕叔湘　1942/2002　《中国文法要略》,《吕叔湘全集·第一卷》,沈阳:辽宁教育出版社。

吕为光　2011　《责怪义话语标记"我说什么来着"》,《汉语学报》第 3 期。

邱闯仙　2010　《预期标记"瞧"》,《语文研究》第 2 期。

单　威　2017　《现代汉语偏离预期表达式研究》,长春:吉林大学博士学位论文。

吴福祥　2004　《试说"X 不比 Y·Z"的语用功能》,《中国语文》第 3 期。

袁毓林　2006　《论"连……都/也"的主观化表达功能——兼析几种相关的"反预期"和"解-反预期"格式》,(日)《中国语学》第 253 期。

袁毓林　2008　《反预期、递进关系和语用尺度的类型——"甚至"和"反而"的语义功能比较》,《当代语言学》第 2 期。

袁毓林　2014　《隐性否定动词的叙实性和极项允准功能》,《语言科学》第 6 期。

张晓英　2014　《语气副词"果然"的多角度分析》,武汉:华中师范大学硕士学位论文。

张则顺　2014　《合预期确信标记"当然"》,《世界汉语教学》第 2 期。

周兴志　1986　《"果然"、"竟然"逻辑特性探微—兼谈假说分类》,《新疆师范大学学报》第 2 期。

Chafe, Wallace　1994　*Discours, Consciousness, and Time: The flow and displacement of conscious experience in speaking and writing.* Chicago: University of Chicago Press.

Dahl, Osten　2000　*Grammaticalization and the lift cycles of construction.* Ms., Stockholm University.

Heine, B. & Urike, C. & Friederike H.　1991　*Grammaticalization: A Conceptual Framework.* Chicago: University of Chicago Press.

陈振宇:Chenzhenyu@fudan.edu.cn

王梦颖:17210110030@fudan.edu.cn

姜毅宁:20110110014@fudan.edu.cn

原载《当代修辞学》2022 年第 2 期,本书收录时略有改动。

语义范畴的寄生策略
——以绍兴方言体标记"上"寄生
表达反预期语义为例

复旦大学中国语言文学系　　盛益民

提　要　基于语言库藏类型学中寄生范畴的思想,本文提出,某个语义或者语用范畴的表达方式可以分两大类:专职手段与寄生策略。对于反预期语义的表达来说,也存在两类:既可以使用专职的语法手段来表达,比如普通话的反预期副词"竟然、居然";也可以通过寄生手段来实现,比如短时副词"忽然"也寄生了反预期语义。本文主要以绍兴方言的完整体标记"上"为例,讨论语义范畴寄生策略的相关问题。文章首先探讨了认定寄生范畴的操作性程序,指出需要确定存在对立表现以及满足寄生语义的规约化要求。文章也探讨了寄生范畴这种语义语用限制对语法标记句法表现制约所能产生的影响,指出这是寄生策略的句法后果。此外,文章还就寄生范畴相关的演变问题进行了考察,对寄生范畴的来源与去向做了进一步思考。

关键词　库藏类型学　寄生范畴　绍兴方言　完整体标记　反预期信息

1. 语义范畴的专职标记与寄生策略

1.1　专职标记与寄生策略

21 世纪以来,学界开始关注到语义范畴①的寄生现象。比如 Peterson

---

①　本文的语义范畴取广义,也包含了语用范畴。

(2013)在研究意外范畴(mirativity,也译为"惊异范畴")时,就根据意外之义的获得是否与其他语义、语法范畴相关,区分出两种不同的意外表达手段:寄生性意外(parasitic mirativity),指意外语义是由其他范畴蕴涵的(implicated),例如英语的 Wh 感叹结构可以兼表意外;非寄生性意外(non-parasitic mirativity),指该语法手段可独立衍推(entail)出意外之义,例如 Nepali 语有专用的意外标记 rahe。强星娜(2017)将其系统整理如下:

图 1　Peterson(2013)意外手段体系图

语言库藏类型学(刘丹青 2011,2012)的理论框架下,寄生现象得到了更广泛的关注以及更全面深入的理论阐述。语言库藏类型学致力于从跨语言视角研究形式和语义之间的复杂关系,关注特定范畴特别是显赫范畴的超范畴扩张及语言之间的跨范畴对应。在学界关于"间接实现"的语义范畴和"非自主范畴"等相关研究基础上,刘丹青(2018)在库藏类型学框架下提出"寄生范畴"(parasitic category)的概念,这是库藏手段和语义范畴的一种非直接对应现象,即由于表达甲范畴的库藏手段在使用中存在语义条件乙的限制,因此语义乙也在该手段中得到隐性表达,成为寄生于甲范畴的语义范畴;而承载语义乙寄生的甲范畴则可以称为"宿主范畴"或者"目标范畴"。刘丹青、孙泽方(2020)对"寄生范畴"及相关问题"寄生模式""寄生范畴的对立表现"等做了更进一步的理论探讨。

基于库藏类型学理论中寄生范畴的思想,我们认为某个语义范畴的表达策略可以分成以下两种情况:一种是直接由某个语法形式作为专职手段来标记,一种是由表达其他范畴的语法手段寄生实现。[①]针对本文要讨论的反预期语义来说,就存在着专职标记和寄生策略两种方式。

吴福祥(2004)根据 Dahl(2001)等文献,认为预期是"一种与人的认识、观念相联系的抽象世界,通常与一定的社会常规、言谈事件中说听双方的知识状态以及特定的话语语境(discourse context)密切相关"。Dahl(2001:117)从言语事件参与者的预期角度,将信息分为正预期信息、反预期信息、中性信息三种,其中中性信息并不涉及预期性的问题,正预期(符合预期)与反预期(偏离或违背预期)是预期性的两个重要方面。其中,反预期常有专门的反预期标记,更是得到了学界的广泛关注。

Heine 等(1991)较早对反预期标记作深入探讨,他们认为人类语言都有区别符合常规状况与偏离常规状况的表达手段,偏离常规的就是反预期,一般需要某些标记加以编码,而表达符合常规的状况则通常是无标记的;他们进一步提出,反预期标记的来源十分广泛,既可以是形态句法的(如副词、连词、助词、语序等语言手段),也可以是语音的(如重音这样的超音段成分),其中副词、连词是世界语言中最常见的反预期标记。谷峰(2014)总结了汉语标记反预期信息的六种手段:连词(如"反而")、插入语(如"谁知")、副词(如"竟然""居然")、句式(让步复句、"连"字句、问原因的"怎么"句)、语气词(如"呢、啊")、语序("吃多了"vs."多吃")。也可参陆方喆、曾君(2019)对反预期标记的讨论。

学界较多关注的是反预期的专职表达手段反预期标记[②],我们认为反预期信息的寄生现象同样非常值得重视。反预期信息也会作为寄生范畴,寄生于其他目标范畴之中。反预期信息可以寄生于比较范畴(如吴福祥 2004 讨论的"不比"差比句)、程度范畴(如根据毕鸣飞 2021 的讨论,程度副词"怪"寄生表达与说话人的预期相反,"可"寄生表达与听话人的预期相反)、时间范畴〔如短时副词"忽然"相较于"一下(子)、顿时",有反预期语义的寄生〕等。

---

　　①　专职手段与寄生策略的区分,只是语义表达的一种区分维度,特此说明。

　　②　当然,以往讨论的反预期标记恐怕不全是专职标记。相信引入寄生表达的思想,也可以更好地梳理普通话反预期语义的表达策略。

1.2 寄生表达的相关属性

接下来,我们打算结合刘丹青(2018)和刘丹青、孙泽方(2020)的相关理论讨论,对语义范畴寄生表达相关属性的几点初步认识总结如下:

第一,寄生范畴具有非独立性。寄生范畴是某个语法形式使用中的语义限制造成的,不是这种语法形式"表达"的,而是其在使用中"带来"的。因此,其具有非独立性,寄生范畴是相对于宿主/目标范畴而言的,是在相对关系中存在的,离开了宿主/目标范畴就无所谓寄生范畴了。既然涉及相对关系,那么还应该考虑谁寄生谁的问题。刘丹青、孙泽方(2020)考察发现,时、体、态等事态范畴所寄生的目标范畴非常庞杂零碎,如表示动作的方式、速度、决断、时间点、时间量、频度概率、时间进程、结果、被动、处置、意愿、可能、各种语气等,大都是比较具体的语义。而寄生范畴则较为抽象,包括生命度、时、体、现实性、预期性等范畴。因此,我们总体上认为,相较于宿主/目标范畴,寄生范畴往往更为抽象。

第二,寄生范畴是规约化的表达。寄生范畴虽然需要依托于目标/宿主范畴,但它是一种规约化的表达,其意义在使用中是不可取消的。这也正是刘丹青、孙泽方(2020:334)提出"寄生范畴是由刚性的语法规则导致的"这一论断的依据。正因为寄生范畴是规约化的表达手段,因此在工具书的释义中也可以体现出来,刘丹青(2018)就提到,工具书往往在指出宿主/目标范畴义的同时,附加用法说明来体现寄生范畴义。比如吕叔湘主编《现代汉语八百词》(1999:644)在比较"再""又"时,先指出两者的宿主/目标范畴都是表达"动作重复或继续",然后用附加用法来说明两者都可以寄生表达现实性。如果某种使用限制并非规约化的,那么更适合看成是该语法成分的一种相容性/相斥性语境,可能是本身语义的一种要求,而并非寄生范畴。比如郭晓麟(2018)认为普通话起始义"V上"的语用功能是表达意外,但是我们认为其意外义并没有规约化,可以用于并无意外义的语境(如"已经住上房子的人就没办法拿到住房补贴"),因此意外义并非起始义"V上"的寄生范畴。

第三,寄生范畴具有对立表现性。刘丹青、孙泽方(2020)指出,"寄生范畴必须在同一最小语义域里有用法的对立,即成员之间在用法上有限制A和限制B的对立(即两者寄生的义值不完全相同),或者至少有限制

A 和无限制的区别"。先看前一种情况,比如"又"和"再"在表示目标范畴义动作增量的同时,分别寄生表达现实性与非现实性;后一种情况比如,双音节介词"自从""打从""自打"表达目标范畴义引介起点功能的同时,还寄生表达过去时意义,而单音节介词"从""自""打"则无时体上的限制条件。而"如果所有成员都有同样的限制,说明这种限制是由这些成分作为一个小类共有的内在语义决定的,因而这种限制的语义是目标范畴本身的组成部分,至多是一种功能扩展,而不是外在寄生的"(刘丹青、孙泽方 2020),比如表示行为决断的副词"索性""爽性""干脆"等,全部排斥正反是非问句,一定程度上排斥助词是非问句,这说明与是非问句里含有的两极选择语义相排斥的"决断"语义是其固有词义的一部分,不是外在寄生的。

第四,寄生策略与专职标记具有可共存性。某个语言系统的语义是选用专职手段还是寄生策略,具有多种可能性:可以只用专职手段,尤其是那些抽象程度不高的语义范畴,往往很难通过寄生手段来表达,那么首选就是专职手段;也可以只用寄生策略,比如生命度范畴在汉语中并没有专职的语法手段,不过可以在"们"表达复数的过程中寄生表达;使用专职语法手段的同时,依旧采用寄生手段表达,两者可以共存于一个系统,比如刘丹青、孙泽方(2020:333)提到,虽然普通话有完成/完整体的专职语法手段"了",但是被动介词"叫、让"和框式介词"为……所"仍然可以寄生表达完成/完整体语义,以区别于不寄生表达任何体意义的被动介词"被"。

1.3 本文的研究目标

在介绍寄生范畴的理论背景及相关属性基础上,本文打算以吴语绍兴方言的完整体标记"上"体意义寄生反预期语义作为个案,进一步探究考察语义范畴寄生策略的研究程序和方法。

一般意义上的绍兴方言指旧山阴县和会稽县境内的方言,大致相当于今浙江省绍兴市越城区、柯桥区以及上虞区曹娥江以西这个范围内的方言。根据《中国语言地图集》(中国社会科学院与澳大利亚人文科学院 1987),绍兴方言属于吴语太湖片临绍小片。

陶寰(1996)详细地讨论了绍兴陶堰方言(属于东头埭土语)的体貌系

统。文章指出,绍兴话有两个虚化的完整体标记"嘚"和"上"①,例如:

(1) 吃嘚/上 三碗饭。吃了三碗饭。

其中"嘚"是绍兴话最重要的完整体标记,它表示事件的实现,而不强调事件的结束;而"上"与"嘚"表达的时体意义大致相同,但陶寰(1996:311)认为其"带有强调意味,突出动作行为的程度重、数量大等等,超过了说话人的预想"。陶文敏锐地抓住了"上"使用上的重要限制"超过了说话人的预想",也即反预期语义。本文进一步提出,这种反预期语义是作为寄生范畴实现的。

本文在陶文的基础上,以绍兴方言完整体标记"上"为对象讨论语义范畴寄生策略的相关现象。着重讨论如下问题:第 2 节讨论寄生现象的认定问题,从寄生范畴的对立现象与寄生范畴的规约性表达两个角度详细证明体标记"上"表达反预期语义属于寄生策略;寄生范畴的存在也会对相关的句法表现有制约作用,第 3 节考察"上"带有寄生范畴之后与中性完整体标记"嘚"的句法差异;第 4 节基于本文讨论的个案,对寄生范畴的来源和去向进行了专门的讨论。

本文主要以笔者的母语绍兴柯桥话(属西头埭土话,具体情况请参盛益民 2021)作为讨论对象。若使用绍兴其他方言点的材料,则随文说明。文中语料主要来源于日常口语的调查记录以及笔者的内省。标调一律用调值,如柯桥话"上"音[zɒŋ⁰],"嘚"音[te⁵];一律用本字或者通行写法,同音字后加⁼。

2. 寄生范畴的操作性认定

2.1　寄生范畴的对立表现

1.2 节提到,寄生范畴的一个重要属性就是要有对立表现。陶寰(1996)已经指出绍兴话有两个虚化的完整体标记"嘚"和"上",我们赞同该文将"上"认定为体助词的观点,这也满足寄生范畴对立表现的要求。

---

①　完整体原文称为"完成体"。"嘚"和"上"原文写作"得"和"浪","得"本文写作"嘚",以免与补语标记"得"相混;而"浪"是"上"的弱化形式(郑伟 2010),请参 2.1.2 节的讨论,本文一律写作"上"。

不过陶文并未在句法测试上对"上"已经发展成为体标记进行证明,本节详细论证。

2.1.1 "上"的补语用法

从趋向补语经由动相补语发展为体标记,是一条汉语史及汉语方言中反复出现的语法化路径。(刘坚等 1992,刘丹青 1996 等)绍兴话的体标记"上"也是从趋向补语语法化而来的。

绍兴话在位移事件表达类型上属于卫星框架型(盛益民 2021:184—186),趋向成分"上"在绍兴话中是一个唯补词。我们把补语用法的"上"记为"$上_0$",以与体助词用法的"上"相区别。这一节首先讨论"$上_0$"的用法。

吕叔湘主编(1999:474—475)将普通话作补语的"上"归纳为四类义项:1)表示人或事物随动作从低处到高处;2)表示动作有结果,有时兼有合拢、存在或添加于某处、达到一定的目的或标准等意思;3)表示动作开始并继续下去,强调开始;4)表示达到一定的数量。

作为补语,柯桥话的"$上_0$"功能比普通话的"上"要少得多。主要有下面两种用法:第一,"$上_0$"可以表示从低处到高处的位移义,例如:

(2)东西已经驮$上_0$嚜哉。东西已经拿上来了。

(3)渠老早楼顶抢跑$上_0$哼哉。他早就跑上楼了。

第二,"$上_0$"也能表示将分离的事物合成一处的结果义,例如:

(4)只抽斗我已经上$上_0$哼哉。那只抽屉我已经安装上了。

(5)衣裳好穿$上_0$咚哉。衣服可以穿上了。

普通话"上"可以用于表达门、窗等的合拢,由于门、窗等并非分离的事物,因此在绍兴话中并不能使用"$上_0$"。

绍兴话的"$上_0$"并没有表示达到一定的目的或标准、表示动作开始、表示到达一定数量等意思,下面这些例子在绍兴话中都是不合语法的:

(6)#伽他们新屋也已经登$^=$住$上_0$哼哉。他们已经住上新房子了。

(7)#电灯已经亮$上_0$哼哉。电灯已经亮上了。

(8)#我想益$^=$头登$上_0$三、四日。我想在这里住上三四天。

2.1.2 体标记"上"的句法属性测试

刘丹青(1996)等文提出了区分补语与体助词的判定标准,可以总结为以下五条:能否表达焦点以及语音是否弱化、适用面的广狭、有无可能式、能否与纯体助词连用、能否用于动结式之后。下面逐一测试。

第一,能否表达焦点以及语音是否弱化。体助词是唯语音弱化形式,在不少方言中表现为附着词/附缀(clitics)形式,语音上依附于之前的动词性成分;而补语由于还可以表达焦点信息,因此语音上一般不弱化,即便是动相补语(phase complement)也是可弱、可不弱的。在西头埭土话中,"上"[zɒŋ⁰]没有固定的声调值,语音依附于之前的动词性成分;在东头埭土话中,"上"音[lɒŋ⁰],声母已经从 z-弱化为了 l-。在吴语中,功能词的声母发生 z>l 的弱化较为普遍,如后置词"上"在不少方言中声母从 z-弱化为了 l-而写作"浪"。

第二,适用面的广狭。部分趋向补语或动相补语对所搭配动词的词义具有选择性,而"上"可以与各类语义(包括消失义、取得义等)的动词搭配;同时,"上"不仅可以跟动词搭配,还可以跟形容词搭配。例如:

(9) 实个些东西,渠卖上三日啦。这么点儿东西,他卖了三天。

(10) 前日渠一日孤注赢上三十万啦! 前天他一天赢了三十万!

(11) 大上三公分。大了三公分。

第三,有无可能式。趋向补语和动相补语能构成可能式,"上₀"(例12)和动相补语"患⁼掉"(例13)能构成可能式,而"上"(例14)不能。例如:

(12) a. 楼顶走弗上₀。楼上走不上去。　　　b. 拉机拉得上₀。拉链拉得上。

(13) 介星东西我吃弗患⁼。这么多东西我吃不掉。

(14) #买得上三张票。#买得上 3 张票。

第四,能否与纯体助词连用。由趋向补语和动相补语构成的动补结构之后可以加体助词"嘚",而"V＋上"则不能与"嘚"连用。例如:

(15) 走出嘚好两年哉。走出了好几年了。

(16) 死患⁼嘚三四个人。死掉了三四个人。

(17) #登⁼上嘚三日哉。住了三天了。

第五,能否用于动结式之后。体助词可以用于动补结构之后,而趋向补语或者动相补语则不能用于另一个动补结构之后。虽然上文例(15)和(16)中有体标记"嘚"用于动补结构之后的例证,不过绍兴话中更加地道的表达还是"V＋嘚＋O＋C",用于动补结构之后可能是外来影响的结果;

而绍兴话的"上"并不能用于动补结构之后,大概是其未受到外来影响。①例如:

(18) a. 廿个人里头,渠话道考进嘚/#上十九个啦! _{二十个人当中,竟然考进}了十九个!

b. 廿个人里头,渠话道考嘚/上十九个进啦! _{二十个人当中,竟然考进了}十九个!

此外,我们根据还有另外两条证据可以支持"上"已经语法化为体助词:

第一,根据盛益民、陶寰(2019)和盛益民、朱佳蕾(2020),绍兴方言 VC 结构如果带受事成分 P,那么语序只能是 V-P-C 或者 P-V-C。"上"与"嘚"一样,受事成分只能出现在其后,可见"上"已经不是补语,因为如果其仍是补语,那么必然不允许 V-C-P 的语序而只能用 V-P-C 或者 P-V-C。这也可以与从对应表完结的补语性成分"落"的对比中看出来。

(19) a. 吃上三碗。_{吃了三碗。} ~ #三碗吃上哼哉。_{已经吃了三碗。}

b. #吃落三碗。_{吃下三碗。} ~ 三碗吃落哼哉。_{已经吃下三碗。}

第二,这种定性也能得到吴语史材料的支持。郑伟(2010)指出,在《型世言》《清夜钟》等资料所反映的早期吴语中,就已经有"上"用作完整体标记的用法了。绍兴话"上"的完整体用法,跟早期吴语材料中的用法应该是一脉相承的。下面吴语历史文献的例子引自郑伟(2010)一文:

(20) 不上半月,只见遍身发痕,起上一身广疮。(《型世言》,61 页)

(21) 正走进门,忽见一个尸首,又没了头,吃上一惊。(《型世言》,353 页)

(22) 一时便堆上一屋人。(《清夜钟》,87 页)

有学者认为,"上"附有反预期意义,所以还不能算典型的体助词。我们的看法是,判定"上"是否已经发展成为体标记,根据的是其共时层面的句法表现。根据以上几条句法测试,已经可以有充足的理由证明,

---

① 其实,体标记"上"对谓语的音节数也有一些限制,与多音节动词共现不是很自然。可能"上"本身就对所搭配动词有韵律上的限制,也是其未受外来影响的一种原因。例如:

(i) 伢_{我们}去捉渠商量嘚/? 上好两卯!_{我们去跟他商量了好几次呢!}

(ii) 诺_你半日奈个收捉嘚/? 上介许多房间?_{你半天怎么收拾了这么多房间?}

"上"已经是体助词了。至于语义上，"上"的目标范畴是表达完整体，也符合体助词的要求；寄生范畴只是使用上的限制，对认定"上"的目标范畴并不妨碍。

2.2 寄生范畴的规约化要求

绍兴话完整体标记"上"在使用上有语义限制，只能用于表达反预期信息的语境当中。这种反预期语义限制具有规约性，只要使用了完整体标记"上"，就一定会触发出反预期语义来，符合寄生范畴的规约化要求。

根据反预期的性质，可以分为量反预期和质反预期两类。下面分别从这两个方面讨论反预期语义是如何寄生于体标记"上"之中的。

2.2.1 量反预期

在绍兴话中，当宾语为"数量（名）"短语、量化词短语等数量宾语时，"上"所在的句子表达了该数量与预期相反。其中的数量宾语往往需要重读，中心名词也可以不出现。

"上"用于反预期语境具有规约性，这可以从其与另一个完整体标记"嘚"的对比中看出来，请比较：

（23）a. 渠只股票连遍吃嘚五个涨停板。他那只股票连续吃了五个涨停板。

　　　b. 渠只股票连遍吃上五个涨停板。

这两个句子对应普通话，都是"他那只股票连续吃了五个涨停板"的意思。a 例用"嘚"只是客观地描述了这个事件，与预期性无关；b 例用"上"，除了表达了相同的事件意义之外，还同时表达了说话人的反预期，也就是说说话人的预期是不可能吃五个涨停板，实际情况"吃了五个涨停板"与说话人的预期不符，因此说话人使用的是体标记"上"而非"嘚"。

由于"上"只能用于反预期语境，因此排斥中性信息（非预期信息）与预期信息，这也能证明"上"表达的反预期语义具有规约性。下面例（24）表达的是中性信息，例（25）表达的是预期信息，都只能用"嘚"，而不能用"上"。

（24）A：诺买嘚/#上些啥西？B：我买嘚/#上三本簿子。A：你买了些什么？B：我买了三本本子。

（25）我呕渠驮十个来，渠是驮嘚/#上十个。我叫他拿十来个，他果然拿了十个。

同时，由于"上"寄生了反预期语义，所以常与表反预期的副词"渠话道_{竟然}"和表惊讶语气的语气词"啦"等共现，例如：

（26）介大嗰桃子，阿兴渠话道吃<u>上</u>十个。<small>这么大的桃子，阿兴竟然吃了十个。</small>

（27）渠一日孤注用<u>上</u>三千块啦！<small>他一天用了三千块钱呢！</small>

与数量相关的反预期实际上存在两种情况。齐沪扬、胡建锋（2006：33）提出预期信息量，认为"实际量超过预期信息量的叫超预期信息量（以下简称超预期量），低于预期信息量的叫负预期信息量（以下简称负预期量）"。我们发现，"上"只能表达超预期量，而不能表达负预期量。请看以下例句：

（28）渠闲卯一顿有两碗饭好吃，今朝究˜吃嘚/≠<u>上</u>一碗。<small>他以前一顿能吃两碗饭，今天才吃了一碗而已。</small>

（29）渠闲卯一顿有两碗饭好吃，今朝吃<u>上</u>三碗饭。<small>他以前一顿能吃两碗饭，今天吃了三碗呢。</small>

例（28）和（29）都是反预期语境，但是例（28）由于表达的是低于预期的数值，因此不能用"上"，只能用"嘚"；例（29）表达的是超出了预期的数值，优先使用"上"，中老派用"嘚"不地道。"上"只能表达超过预期值，大概与其来源于"上"义趋向补语有密切关系。

此外，还有另外一个问题需要讨论，就是句中该超量反预期信息的具体来源。吴福祥（2004）把反预期信息分为三类：1）与说话人的预期相反；2）与受话人的预期相反；3）与包括说听双方在内的特定言语社会共享的预期相反。其中1）、3）两类都是与说话人有关（即"自反预期"），2）类与受话人有关（即"他反预期"）。"上"所在的句子都是言者导向（speaker-oriented）的，只能表达自反预期，例如下面这个句子中，表达了"两个小时"超出了言者的预期：

（30）上昼头阿兴走<u>上</u>两个钟头啦。<small>上午阿兴竟然走了两个小时。</small>

以上论述可总结如下："上"只用于超过说话人预期数值的反预期语境，中性、预期信息和低于预期值的反预期信息都只能用另一个完整体标记"嘚"。

2.2.2　质反预期

除了表示量反预期，"上"还能表示质反预期，表达事物、行为或者事件与言者的预期背离。

先来看宾语有名量词的情况。李艳惠、陆丙甫（2002）等指出，数量名结构既可以作数量解读，也可以作指称解读。在量反预期中，数量名结构一律作数量解读，数量是其焦点，中心名词可以不出现；而当数量名结构作指称解读（尤其量名结构只能作指称解读），"上"表达的不再是量反预期而是质反预期。

一种情况是，实际动作与说话人的预期一致，仅仅是动作所支配的对象与预期相反，此时中心名词不能省略，而且还需要重读。请看下面两个例子：

（31）我沤阿兴去驮箩，渠话道驮<u>上</u>只篮来！我让阿兴去拿箩筐，他竟然拿了只篮子！

（32）头卯缺嗻张"五"，信卯奈个又缺<u>上</u>张"五"呶！刚才缺了张"五"，现在怎么又缺了张"五"呢！

例（31）中说话人的预期是让阿兴拿箩筐，而实际上阿兴拿的是篮子，这与说话人的预期不符，所以用了"上"；例（32）是打牌的场景，由于之前已经缺过一张"五"，所以说话人预期不可能再缺"五"了，可实际情况是又缺了一张"五"，因此是一种反预期信息，所以用了"上"。

同时，"上"也可以表达动作的反预期，此时中心名词可以省略，重音在动词上，比如例（33）说话人预期的动作是"借凳"，而实际的动作是"买凳"，动作的对象相同，是动作本身的反预期；"上"还可以表示整个事件的反预期，此时整个动宾结构都是重音所在，比如例（34），说话人预期的动作是"看书"，而实际的动作是"走棋_{下棋}"，整个事件都与说话人的预期相反。

（33）沤渠去凳借梗够哉，渠话道去买<u>上</u>梗。叫他去借一条凳子就行，他竟然去买了一条。

（34）我想沤渠书看歇功夫，渠话道去走<u>上</u>盘棋，真当人都气煞啦！我想让他看会儿书，他竟然去下了盘棋，真是气死人了！

表达质反预期时，"上"同样也排斥用于中性语境和符合预期的语境，这两种语境都只能用"嗻"。例如：

（35）A：倷拉＝在饭店里吃啥西？B：伢吃嗻/#<u>上</u>只羊。A：你们在饭店里吃什么？B：我们吃了只羊。

（36）我话要吃杨梅，阿兴诚果道拨＝给我买嗻/#<u>上</u>篮杨梅。我说要吃杨梅，阿兴果真给我买了一篮杨梅。

当"上"后的宾语为光杆的时量词和非同形动量词时,基本上表达的都是动作或者事件的反预期。例如:

（37）阿兴话道到渠里去坐上歇！阿兴说是去他那儿坐了会儿!

（38）本来无有伢个事体啯,阿兴去讴上声,遭于是伽要捉伢着哉。本来没我们的事儿,阿兴叫了一声,那他们都要找我们算账了。

例(37)中,"阿兴去他那儿坐了会儿"是说话人意料之外的事儿;而例(38)表明,说话人认为阿兴不该叫那一声。

而当"上"所带宾语为动词的同形动量词,也即"上"用于"V＋上＋V"结构时①,情况最为复杂,主要也是表达该动作与预期相反,比如下面两个句子都表达了说话人认为不该进行该动作,该动作是说话人的反预期信息。

（39）把椅子本来已经有些破哉啯,倷小爹介大个人来坐上坐,信＝卯现在已经坐弗来哼哉。那把椅子本来就已经有点破了,你叔叔这么大个人过来坐了坐,现在已经不能坐了。

2.2.3　"V＋上＋V"结构的功能扩展

当用于"V＋上＋V"结构中时,除了标明本句所在的事件的反预期语义之外,还发展出另外一种功能。"V＋上＋V"只表示该动作V完成,而与该动作相关的其他事件才是反预期信息。

（40）还道以为是阿兴,后首看上看,是阿旺呦！还以为是阿兴,后来看了看,原来是阿旺!

（41）只甲鱼我用秤约上约,有四斤重啦！那只甲鱼我用秤称了称,有四斤重呢!

这两个例子中,表达的都不是"上"所在"V＋上＋V"结构本身的反预期信息。例(40)中,"是阿旺"是说话人的反预期信息;例(41)中,"有四斤重"是说话人的反预期信息。这主要是因为"是"和"有"等静态动词都不能与完整体标记共现,如果要表达反预期只能借助相关的其他动词性成分。

由于"V上V"只是一种触发形式,其所表达的反预期信息需要有较大的语境支持,此时"V上V"一般不能直接完句,需要有后续句才行,这

---

① "V＋上＋V"类似于普通话的"V＋了＋一V",本文按照朱德熙(1982)的语法系统,将其看成是动词带同形动量词;而在该语法体系中,动量成分和时量成分都处理为准宾语。

也是其与"V 嘚 V"的一个差异。试比较下面两个例句：

（42）a. 渠头卯来坐嘚坐。_{他刚刚来坐了坐。}

　　　b. 渠头卯来坐<u>上</u>坐，♯（当时就去哉）。_{他刚刚来坐了坐，竟然一下子就}
_{走了。}

2.3　小结

本节从对立表现和规约化表达两个方面考察了确立寄生范畴的操作性程序。在对立表现方面，"嘚"是中性的完整体标记，"上"是完整体寄生反预期语义，两者的区别完全符合寄生范畴的对立表现要求。从规约化要求来看，"上"只能用于反预期的语境而排斥中性语境和符合预期语境，这种使用环境的限制不能取消，符合寄生范畴的规约化表达要求。

相较而言，量反预期是"上"的核心寄生功能，质反预期应该是从量反预期进一步发展而来的，"V＋上＋V"结构还有了更进一步的功能扩展。当然，以上所有的功能扩展都未离开结构制约，一方面受制于宾语为数量宾语的结构现象，另一方面也受制于静态动词不能与完整体标记共现。库藏类型学特别重视形式对意义的反作用（刘丹青 2011，2012），从本文的讨论可以看出，寄生范畴的扩展也同样要受制于形式，是形式对意义反作用的又一例证。

3. 从寄生范畴看句法限制

有寄生范畴的语法成分与对应无寄生范畴的语法成分相比，在句法表现上可能会存在更多的限制，这可以看成是寄生表达的一种句法后果。本节讨论绍兴话"上"的句法限制，这些限制大多能从"上"的寄生范畴中得到解释。由于"上"的句法功能均未超出另一个完整体标记"嘚"的用法，下面我们从"嘚""上"比较的角度考察"上"的句法功能。

3.1　宾语及其类别的限制

"上"对宾语的要求主要体现在以下两个方面：

一方面，是宾语是否出现的问题。"上"要求必须与宾语共现，否则句子都是不合语法的。而"嘚"在简单句中也要求必须出现宾语，不过如果是连动句或者紧缩复句的前件，则是允许宾语隐含或者前置的。请看以下例句：

（43）♯北京去嘚/上嘴哉。去了北京了。

（44）渠饭吃嘚/♯上嘞就去哉。他吃了饭就走了。

另一方面，是宾语的类别问题。"上"只能与数量名短语、量名短语或带有量化成分的名词性短语共现，或者有它们参与的双宾语，如例（45）—（47）；"上"后的宾语不能是光杆名词、专有名词、人称代词等，如例（48）—（49）。另一个体标记"嘚"在主句中也基本上遵循相同的语法规则。①

（45）诺去弯嘚弯，还究＝得多用嘚/上半个钟头。你去拐了个弯，反倒多用了半个小时。

（46）诺奈个半日工夫用嘚/上介许多钞票。你怎么半天时间用了这么多钱！

（47）实个看嘚看感冒，用嘚/上阿兴一千块洋钿。就这么（去医院）看了看感冒，花了阿兴一千块钱呢！

（48）♯渠已经吃嘚/上饭哉。他已经吃了饭了。

（49）♯渠打嘚/上阿兴。他打了阿兴。

而在非主句位置，"嘚"则可以与非数量类宾语共现。由于3.2节要提到，"上"的使用具有主句效应，基本上不能用于非主句位置，因此也就不能像"嘚"一样可以带非数量宾语。

"上"宾语类别上的限制与其寄生了反预期有密切关系。我们认为，量反预期是体标记"上"寄生功能中的基本，所以其要求有宾语并且主要与数量宾语共现。虽然语义上从量反预期扩展到了质反预期，不过语法结构上并未发生改变，加之完整体标记主要与数量宾语共现是绍兴话的句法要求，因此表质反预期也未扩展到非数量宾语。

3.2　小句类别限制

主句现象（main clause phenomena）指的是某些结构或者成分只能出现在主句的现象。②我们发现体标记"上"基本上只用于主句，属于主句现象。

完整体标记"上"最常用的环境就是用于简单句，上文已论，本处不

---

① 在一定条件下，主句中"嘚"与指人名词可以共现，但是并不一定是作为完整体标记，如以下两例所示。绍兴话完整体标记"嘚"的问题比较复杂，需另行研究。

(i) 渠话道上外＝日子昨天来还嘚/♯上伢哉。他竟然昨天还来我们了。

(ii) 渠就气嘚/♯上阿兴啦。他就气阿兴。

② 关于主句现象的新近成果，可参 Aelbrecht 等（2012）一书。

赘。除此之外,也可以用于复杂句的主句部分〔如例(50)(51)〕和复合句的各小句〔如例(52)(53)〕。例如:

(50) [上ᵈ外ᵈ昨天来过]两个人今朝又来等上歇。昨天来过的那几个人今天又来等了会儿。

(51) 究ᵈ得[生活一堆生做过]两个人来看上看。只有一块儿工作过的几个人来看了看。

(52) 诺前里前天老酒是吃上一斤,还是吃上两斤? 你前天是喝了一斤酒,还是喝了两斤?

(53) 上ᵈ外ᵈ阿兴输上三万嘞,阿旺输上十万。昨天阿兴输了三万,阿旺输了十万。

刘丹青(2012)认为,汉语中的句子如果有连词是主从关系,如果没有连词可以看作"主次"关系,而主次关系的句子独立性较强,并非从属句。因此"上"并不排斥主次关系的句子,例如:

(54) 阿兴死上死,家人家弄得实个套啦。由于阿兴的死,使得一家人变成这个样子。

(55) 渠吃上三斤老酒,该ᵈ以ᵈ怪不得醉得一世界。他喝了三斤黄酒,怪不得醉得一塌糊涂。

(56) 渠吃上介许多黄甲蟹,啥嘞肚皮射哉。他吃了这么多螃蟹,所以拉肚子了。

但是体标记"上"用于从属结构则比较受限,"上"除了可用于宾语从句,基本上不能用于其他各类内嵌(embedded)小句;而"嘚"则完全没有这方面的限制。"上"不能用于主语从句、表语从句、定语从句等内嵌小句。

(57) a. 去嘚/上三四埭。去了三次。

　　b. [去嘚/#上三四埭]是勿够咯。去了三次是不够的。[主语从句]

(58) a. 用嘚/上三千洋钿。用了三千块钱。

　　b. 渠上外ᵈ日子是[用嘚/#上三千洋钿]。他昨天是用了三千块钱。[表语从句]

(59) a. 考嘚/上八十多两分。考了八十多分。

　　b. [考嘚/#上八十多两分]啯人举手。考了八十多分的人举手。[关系从句]

(60) a. 伽爿厂旧年亏嘚/上三十万。他们那家厂去年亏了三十万。

　　b. [伽爿厂旧年亏嘚/#上三十万]桩事体伢都有数带哉。他们那家厂去年亏了三十万这件事,我们都知道了。[同位性的定语从句]

而"上"并不排斥出现于宾语从句当中。这是因为宾语从句具有更强

的独立性,表现与主句相类似。(唐正大 2013)例如:

(61)伽话道[阿兴上＝外＝输嘚/上三十万]。他们说阿兴昨天输了三十万。

(62)我还道[诺吃嘚/上三碗]。我还以为你吃了三碗。

(63)我怕[诺又缺嘚/上张"五"]。我怕你又缺了张"五"。

"上"以上限制跟"上"只能用于反预期语境有关。反预期是说话人"视点"的表征,可看作广义认识情态的成员,是语言中"主观性"的表现。(吴福祥 2004)"上"排斥进入内嵌的从属结构主要与这个因素有关,因为广义认识情态这种言者导向的情态可以看作是一种主句现象。

3.3　现实性限制

现实(realis)与非现实(irrealis)是语言中的一对重要的范畴。跨语言来看,现实句总是表达现实世界实际发生(已经实现或者正在发生)的事件,而非现实句表达并未在现实世界实际发生的事件(Mithun 1995;Palmer 2001)。虽然不同句法结构(比如否定、疑问)的具体归属,容有语际差异,但是多数情况下,非现实句表达否定、疑问、可能、意愿、将来、祈使、惯常等意义。

绍兴话的完整体标记"上"只能用于现实句,而不能用于非现实句;而"嘚"则没有这方面的限制。

先来看简单句。"上"不能用于下面各类非现实句中,只能用"嘚"。例如:

(64)渠奥＝卯＝可能考嘚/#上九十分。他可能考了九十分。[可能]

(65)阿兴堪＝板肯定赢嘚/#上十万块洋钿。阿兴肯定赢了十万块钱。[可能]

(66)渠是勿是吃嘚/#上三碗饭?他是不是吃了三碗饭?[疑问]

(67)诺饭再吃嘚/#上三碗咚嚓!你再吃三碗饭呀![祈使]

"上"在状语从句中的使用情况,主要取决于该从句的现实性类别:如果从句是现实句,那么可以用"上";如果该从句是非现实句,那么不能用"上"。表达条件关系、让步关系等时,状语从句都是非现实的,因此"上"不能用于这些结构当中,而只能用"嘚",如例(68)、(69);而如果表达因果关系,状语从句可以是现实句,因此"上"可以用于这样的结构,如例(70)。

(68)a. 渠连遍去吃嘚/上三日。他连续去吃了三天。

　　　b. 是话渠连遍吃嘚/#上三日,堪板是呆子。如果他连续吃了三天,他肯

定是傻瓜。[条件关系]

(69) a. 伽亏嘚/上十来万。他们亏了十来万。

b. 伽就算亏嘚/#上十来万,总还有介许多家事咚唻咕。他们就算
亏了十来万,总还有这么多家产吧。[让步关系]

(70) 为之道上外阿兴输上三千块,啥嘞伽爹今朝要敲渠杀哉。由于昨天
阿兴输了三千块,所以他爹今天要打死他了。[因果关系]

谷峰(2014:85)指出"反预期标记表示事实与预期不符,这意味着它
出现的语句多是陈述已然的事实"。由于完整体标记"上"只能用于反预
期语境,因此这个反预期语境必然也是陈述已然的事实的。因此,反预期
语境必然只可能是现实的,而不可能是非现实的,这也正是"上"排斥非现
实句的原因。

3.4　小结

通过以上三小节的讨论,可以把"嘚"和"上"各项句法上的差异列表
总结(见表1)。"上"的句法功能限制都可从其寄生了反预期信息的角度
得到解释。

表 1　完整体标记"嘚""上"分布对照表

	宾语类型		小句结构		事态类型	
	数量宾语	非数量宾语	内嵌	非内嵌	现实	非现实
嘚	+	+受限	+	+	+	+
上	+	−	+受限	+	+	−

我们把寄生范畴对于语法成分进行的句法限制看成是一种寄生范畴
的寄生效应。由于寄生范畴有对立表现要求,即在表达相同目标范畴语
义时存在多种语法成分的对立,因此,寄生效应可以为辨析这些不同语法
形式的句法限制及其动因提供很好的研究视角。

4. 寄生范畴的演变:来源与去向

4.1　寄生范畴的来源

刘丹青、孙泽方(2020:334)提出敏感范畴的概念,认为"寄生范畴的

存在是以母语者对此范畴比较敏感为前提的"。敏感范畴是导致出现寄生现象很重要的一个原因,不过我们认为其并非产生寄生范畴的唯一动因。接下来我们打算基于体标记"上"寄生反预期语义的现象,讨论寄生范畴的另一种来源可能性。

实词语法化会产生新兴语法形式,同时新旧形式会在系统中共存一段时间。根据经济性原则,两者不大可能是完全等义的形式,于是就会产生两者的功能分化,让其中一个语法形式寄生一些较为抽象的语义语用范畴,大概就是一种很好的选择。绍兴话"上"所寄生的反预期语义,就是通过这种方式获得的。

绍兴话的中性完整体标记"嗻"来源于"著"的弱化(陶寰 1995、1996),与苏沪一带的体标记"仔"同源。吴语的体标记"著"来源于中古文献中的处所介词"著"(梅祖麟 1979,等等),具有十分深远的历史深度;而"上"应该是较为晚期兴起的体标记(郑伟 2010),伴随着"著"类体标记的功能泛化应运而生。在吴语"著"类体标记与"上"共存的方言点中,多数都发生了两者的功能分工,比如郑伟(2010)指出,常州方言"上"为完整体标记,而来源于"著"的"则"为完成体标记。绍兴话"上"寄生反预期,也正是其与"嗻"两者分工妥协的一种优化结果。

"上"应该是从早期的动相补语功能发展而来的,不过发展出体助词用法后,其动相补语用法消失了。类似的创新也见于其他吴语方言。比如根据皇甫亿(2011:34—35),常熟方言的动相补语"着"(来源于《广韵》直略切)表示行为的完成不如意或完成后的结果不如意,可与完整体标记"则"连用,而且一般需要与数量词共现。例如:

(71) 裤子稍微长<u>着</u>(则)点。(裤子稍微长了点。)

(72) 袖子管浪划<u>着</u>一刀。(袖管上划了一刀。)

虽然"着"的体意义较弱,不过当后面没有"则"时〔如例(72)〕,"着"实际上表示"没有意料到事情发生或者极力躲避但还是发生了"(皇甫亿 2011:35)。再往前发展,就有可能演变成无锡、江阴那样真正的体标记"着"。

当然,分工之后其中一种形式会寄生什么样的语义范畴,肯定也不是偶然而取决于该形式语法化源头的语义表现。我们发现,除了"上"之外,

"开""到"等词也能表达类似超预期量的功能。比如根据陈山青、施其生(2015:303),湖南汨罗方言有两个体标记"开""得",文章指出"开"的一种体标记用法"表示动作完成之外,还含有'达到比较大的量'的附加意义"。例如下句可以用"开"或者"得",用"得"只是客观的叙述写书五本的事实,而用"开"则含有"主观上有将书的数量往大里说的意味"。

(73) 张明写开/得五本。_{张明写了五本。}

而根据钱曾怡(2005),浙江嵊州长乐方言用于已然的体标记通常读[təʔ⁷],如果读成[taʔ⁷]就有了数量大的含义。我们认为[taʔ⁷]的本字是"到",长乐方言的补语"到"音[ta],促化之后就会读[taʔ⁷]。例如:

(74) 我喊伊去买葛两个苹果来,伊倒一记生买□[taʔ⁷]十个。_{我叫他去买两个苹果来,他倒一下子买了十个。}

"上、开、到"这些正向的趋向成分都可表示达到某个数量程度,因此都能发展出超量的语义。陈振宇、张耕(2022:118)总结了一条主观大/小量标记生成规律:"事物的发展方向与主观大量同向,而与主观小量反向。当特别强调按照事物发展方向,已经达到或接近某一发展阶段时(肯定意义)是主观大量;当特别强调存在着某一阶段在某一特定时间,还没有达到或没有接近时(否定意义)是主观小量","上、开、到"等寄生主观大量与这个规则相一致。

4.2 寄生范畴的去向

对于具有对立范畴的方言来说,有寄生范畴的形式可以与其他形式一直和平共处。不过,寄生范畴的形式是更加有标记的形式,有标记的形式也可能会有另外的两条发展途径:

一种是这种有标记项的消失。比如在绍兴柯桥话中,城镇新派基本上已经不用"上","上"多见于老派与乡下,"上"在逐渐式微,很多母语者完整体标记只有"嘚"一种形式了。

另一种就是有标记项的无标记化。我们也的确发现有一些方言点的"上"发生了无标记化或者在朝无标记化发展。比如盛益民、李旭平(2018:328)指出,富阳方言的"浪"(本字也是"上")多用于说话人不期待的语境,也即反预期语境;而李旭平(私人交流)告知,当用于回答时,"上"也可以有限地用于一些非反预期语境,而且对现实性语境、小句对立性都没有限制。例如：

(75) A：尔早间头吃何事嗬？ B：吃上一个馒头。A：你早上吃什么了？ B：吃了一个馒头。

(76) 渠肯板得上个 100 分。她肯定得了 100 分。

(77) 尔是弗是去上两埭？你是不是去了两次？

而根据我们的调查，诸暨街亭方言中，"上"已经演变成本方言高频使用的中性完整体标记了，例如：

(78) □[me²]老倌喊上你两卯。那个人喊了你两次。

(79) 张老师是弗是拨上呆厚本书得尔？张老师是不是给了一本很厚的书给你？

(80) 渠袋里向抽上张一百块头出来。他从口袋里掏了张一百块出来。

此外，寄生范畴是否还存在其他的去向，比如寄生范畴反客为主发展成为该词项的目标范畴等，尚需进一步探讨。

5. 总结

寄生范畴是一类非直接表达的语义。引入语义范畴的寄生策略，有利于探究人类语言中形式和意义之间异常复杂的关系。

本文在刘丹青（2018）和刘丹青、孙泽方（2020）基础上，对语义范畴的寄生表达问题做了进一步的研究。文章以绍兴方言的完整体标记"上"为例，探讨了认定寄生范畴的操作性程序，需要确定存在对立表现（"上"与"嗬"构成对立）以及寄生语义的规约化要求。也探索了寄生范畴这种语义语用限制对语法标记的句法表现能够有哪些制约，"上"只能在主句的现实性语境中与数量类宾语共现，受制于其寄生表达有反预期信息。此外，文章还就寄生范畴相关的演变问题做出了考察，着重探讨了寄生范畴的来源与去向问，"上"寄生表达反预期语义，来源于演变过程中的功能分工；吴语中"上"的寄生范畴有两条发展路径，一条是该词项不再使用，另一种是寄生范畴消失后成为中性表达。

刘丹青、孙泽方（2020）对宿主/目标范畴的库藏手段类别进行了考察，主要是副词、介词、连词、时间名词、助词、唯补词；而结合刘丹青（2018）和刘丹青、孙泽方（2020）可知，生命度、时、体、现实性、预期性等抽象范畴较容易成为寄生范畴。本文发现体标记可寄生表达反预期语义，扩大了宿主范畴的可能库藏手段类别,同时也给我们提出了一个是否存在"寄生等级"(parasitic hierarchy)的问题,即不同语义成分作为寄生范畴的优先性等级问题。刘丹青、孙泽方(2020)提到被动语义可以寄生表达体义,而本文考察了完整体寄生表达反预期意义。如果能考察足够多的寄生现象个案,相信可以逐步建立起寄生等级来。

同时,由于个案研究和篇幅所限,本文对寄生范畴的来源和去向问题暂未做出更加全面深入的研究,这也是未来值得努力的一个方向。

参考文献

毕鸣飞 2021 《程度副词与反预期的视角——以"怪"为例》,日本中国语学会第 71 回全国大会,关西大学。

陈山青 施其生 2015 《湖南汨罗方言的体貌助词"开"》,《方言》第 4 期。

陈振宇 张耕 2022 《概述主观量范畴的语用规律》,《语法研究与探索(二十一)》,北京:商务印书馆。

谷峰 2014 《汉语反预期标记研究述评》,《汉语学习》第 4 期。

郭晓麟 2018 《意外:起始义"V 上"的语用意义》,《汉语学习》第 4 期。

皇甫亿 2011 《常熟话体范畴研究》,上海:复旦大学硕士学位论文。

李艳惠 陆丙甫 2002 《数目短语》,《中国语文》第 4 期。

刘丹青 1996 《东南方言的体貌标记》,李如龙、张双庆主编《动词的体》,香港:香港中文大学吴多泰中国语文研究中心。

刘丹青 2011 《语言库藏类型学构想》,《当代语言学》第 4 期。

刘丹青 2012 《汉语的若干显赫范畴:语言库藏类型学视角》,《世界汉语教学》第 2 期。

刘丹青 2018 《寄生范畴:源于语法库藏限制条件的语义范畴》,《中国语文》第 6 期。

刘丹青 孙泽方 2020 《寄生范畴、敏感范畴和形—义关联度——以汉语事态范畴为例》,《世界汉语教学》第 3 期。

刘坚 江蓝生 白维国 曹广顺 1992 《近代汉语虚词研究》,北京:语文出版社。

陆方喆 曾君 《反预期标记的形式与功能》,《语言科学》第 1 期。

吕叔湘主编 1999 《现代汉语八百词》修订本,北京:商务印书馆。

梅祖麟 1979 The etymology of the aspect marker *tsi* in the Wu dialect. *Journal of Chinese Linguistics* 7，1—14.

梅祖麟 1988 《汉语方言里虚词"著"字三种用法的来源》,《中国语言学报》第 3 期。

齐沪扬 胡建锋 2006 《试论负预期量信息标记格式"X 是 X"》,《世界汉语教学》第 2 期。

钱曾怡 2005 《嵊县长乐话语法两则》,《吴语研究》(第三辑),上海:上海教育出版社。

强星娜 2017 《意外范畴研究述评》,《语言教学与研究》第 6 期。

盛益民 2021 《吴语绍兴(柯桥)方言参考语法》,北京:商务印书馆。

盛益民 李旭平 2018 《富阳方言研究》,上海:复旦大学出版社。

盛益民 陶寰 2019 《话题显赫和动后限制——塑造吴语语序类型的两大因素》,《当代语言学》第 2 期。

盛益民 朱佳蕾 2020 《浙江绍兴方言隔开式动补结构的句法表现与语义限制》,《方言》第 3 期。

陶寰 1995 《论吴语的时间标记》,上海:复旦大学博士学位论文。

陶寰 1996 《绍兴方言的时间标记》,李如龙、张双庆主编《动词的体》,香港:香港中文大学吴多泰中国语文研究中心。

吴福祥 2004 《试说"X 不比 Y·Z"的语用功能》,《中国语文》第 3 期。

郑伟 2010 《现代和早期吴语中"上"的完成体用法》,《方言》第 1 期。

朱德熙 1982 《语法讲义》,北京:商务印书馆。

Aelbrecht, Lobke, Liliane Haegeman, and Rachel Nye 2012 *Main Clause Phenomena：New Horizons*. Amsterdam：John Benjamins.

Dahl, Osten 2001 Grammaticalization and the life cycles of constructions, *RASK* 14，91—133.

Heine, Bernd, Ulrike Claudi, and Friederike Hünnemeyer 1991 *Grammaticalization：A Conceptual Framework*. Chicago：University of Chicago Press.

Mithun, Marianne 1995 On the Relativity of Irreality. In Joan Bybee and Suzanne Fleishman, eds. *Modality in Grammar and Discourse*. Amsterdam：John Benjamins. pp.367—388.

Palmer, Frank Robert 2001 *Mood and Modality*, 2nd edition. Cambridge：Cambridge University Press.

Peterson, Tyler 2013 Rethinking mirativity：The Expression and implication of surprise. http://semanticsarchive.net/Archive/2FkYTg4O/Rethinking_Mirativity.pdf. [accessed 4，Jun. 2022]

盛益民：fdshengym@163.com
原载《当代语言学》2022 年第 5 期，本书收录时略有修改。

"说好 X 的"构式的违实性与反预期性 *

浙江师范大学人文学院　　　姜其文

提　要　"说好 X 的"是个表达引述传信功能的构式,它具有违实性和反预期性表达倾向。该表达倾向主要通过事理关联以及语篇的转折对比关系来体现。它在话轮中的位置与其表达功能密切相关:当它处于话轮起始位置时,它单纯表达引述功能;当它处于话轮接续位置时,它主要表达传信功能,突显说话人的违实性和反预期性。

关键词　说好 X 的　传信　违实性　反预期

1. 引言

"说话人使用传信范畴要向听话人传达的是所言信息的来源及信息获取的方式,其中也会暗含说话人对信息可靠度的判断"(乐耀 2013b)。在现代汉语中存在一批引述类传信构式,它们从引语标记发展为了传信标记,相关的研究已有很多(陈颖、陈一 2010,刘焱 2010,乐耀 2013a,乐耀 2013b 等)。其中部分传信构式常常表达与事实相反的情状或传递言说者的反预期,比如"说是 X"构式(樊中元 2016,方梅 2018,李冬梅、施春宏 2020)。"说好 X 的"构式也是这类构式的典型案例之一。

关于"说好 X 的"构式的直接相关研究很少,但"说好的 X"构式的研

---

　*　本文受到浙江省哲学社会科学规划课题青年项目"现代汉语情态构式专题研究"(项目编号:21NDQN217YB)和 2019 年浙江省教育厅一般项目"网络文学作品中的汉语道义情态副词"(项目编号:Y201942566)的资助。《汉语学习》编辑部和匿名审稿专家也提出了宝贵意见。谨致谢忱!

究成果相对较多,如伍伶俐(2016)、陈景元(2016)、闫珂(2017)、毕晋、肖奚强(2017)和李元瑞(2018)等。以上研究对这类构式的内部结构和表达特点进行了比较深入的探析,但还有诸多问题尚未解决:(1)对"说好 X 的"构式的语义表达没有进行全面的总结;(2)对它在交际互动中的话轮敏感位置和传信表达之间的关联也没有进行探讨;(3)对与其相关的构式没有进行系统、全面的归纳与分类。

鉴于此,本文拟对"说好 X 的"构式进行全面系统的阐述:(1)分析构式的内部组构成分;(2)探讨构式的情态表达;(3)阐述构式的违实性与反预期倾向;(4)探究该构式的话语序列敏感位置与传信功能之间的关系;(5)归纳相关构式及其疑问形式和反问形式。

2. "说好 X 的"构式的内部组构

"说好 X 的"构式是由间接引语标记"说好"、引述内容 X 和"的"构成的。

2.1　间接引语标记"说好"

"说好"是由动词"说"与形容词补语"好"组成的述补结构。"好"表示"应允或答应"。它是表示承诺的间接引语标记,相当于"承诺或约定"。在句法上,"说好"既可以位于句首,也可以处于主谓之间。例如:

(1) 说好我们明天请他吃饭。

(2) 小王和小李说好这个暑假去上海玩儿。（自拟）

例(1)、(2)的"说好"是引述标记。充当"说好"宾语的小句或谓词性短语是其承诺的内容。这种承诺刚开始都是客观引述,并未暗含对说话内容的主观评价。它一般是间接转述而非直接引述。它所承诺的内容也多指向将来。如果指向过去时间,常常需要在句尾添加语气词"的"。例如:

(3) 我们说好明天去上海玩儿。

(4) 我们上次说好昨天去上海玩儿的。（结果没去）（自拟）

引语标记"说好"在例(3)中与将来时间搭配,在例(4)中与过去时间搭配。如果它指向现在,则两种情况都存在。不加"的"表示情况很可能即将发生;而加"的"则表示该情况很可能不发生了。例如:

（5）他们说<u>好</u>现在去外婆家吃饭。

（6）他们说<u>好</u>现在去外婆家吃饭<u>的</u>。（怎么还没来？）（自拟）

从语义上看，"说好"的话语内容有些是说话人的单方承诺，有些是双方互相商定之后的约定。例如：

（7）客人说<u>好</u>下午到，岳鹏程跟大勇几个边等候着，边交换着……（刘玉民《骚动之秋》）

（8）大家说<u>好</u>了不开手电，黑灯瞎火地在更衣室的隔断两边脱衣服。（王朔《动物凶猛》）

例（7）的"下午到"是说话人单方面对听话人的承诺；例（8）的"不开手电"是听说双方共同的约定。无论是单方面的承诺还是共同的约定，"说好"都具有一定的道义情态和外在约束性。会话双方的商定为引语内容的达成预设了外在条件。除此以外，"说好"的话语内容还可以是社会性的规范或约定。也就是说，约定主体既可以是个体，也可以是社会群体。

2.2　引述内容 X 的性质与类别

X 是承诺标记"说好"的引述内容，它主要用来表达行为事件或具体动作。因而 X 主要是谓词性成分，极少是体词性成分（时间名词可以）。例如：

（9）昨夜她和王女士说<u>好</u>，同到南湖去参加第二期北伐誓师典礼。（茅盾《蚀》）

（10）♯小王和我说<u>好</u>上海。（自拟）

例（9）的引语是谓词性小句。而例（10）的引语由于是处所名词，所以该句不合语法。从音节上看，X 可以是单音节成分，也可以是双音节或多音节成分。例如：

（11）她们说<u>好</u>来<u>的</u>。（自拟）

（12）我们说<u>好</u>去旅游<u>的</u>。（自拟）

以上是"说好 X 的"构式中 X 的性质。而"说好的 X"的 X 则与其有所不同，毕晋、肖奚强（2018）认为，当 X 是多音节谓词性成分或小句时，它们一般可以互换。例如：

（13）你看，说<u>好</u>我们三个人一起去<u>的</u>，现在只剩下你一个人了。（王旭烽《南方有嘉木》）

(13)′你看,说好的我们三个人一起去,现在只剩下你一个人了。

不同之处在于,前者的 X 一般不能是体词性成分,而后者的 X 可以;前者的 X 可以是单音节谓词性成分,而后者的 X 一般不能。例如:

(14)♯说好周末的怎么又泡汤了。

(14)′说好的周末怎么又泡汤了。

(15)他们今天说好去的,谁知道临时又有事了。

(15)′♯他们今天说好的去,谁知道临时又有事了。

2.3　"的"的性质

"说好 X 的"构式的"的"是语气词,它是对原先话语内容的肯定,具有加强语义确信的作用。"说好 X 的"与"说好的 X"相比而言,前者的"的"是表示确认或肯定的语气词,而后者的"的"既可以是语气词,还可以是结构助词。可以通过移位来区分。例如:

(16)嵋很生气,大声抗议:"你说好一起回家的,你答应娘的。"(宗璞《东藏记》)

(16)′嵋很生气,大声抗议:"你说好的一起回家,你答应娘的。"

(17)说好的向对手学习,杜指导的良心不会痛吗?（虎扑网 2018-05-30)

(17)′说好向对手学习的,杜指导的良心不会痛吗?

(18)说好的暖冬呢? 怎么会这么冷!（腾讯新闻 2019-11-27)

(18)′♯说好暖冬的呢? 怎么会这么冷!

例(16)、(17)的"的"是语气词,因为它们可以自由移位,如例(16)′、(17)′所示;例(18)的"的"是结构助词,因为结构助词无法移位而语气词可以,如例(18)′所示。

而"说好的"构式的内部结构是"[说/好]的","的"既可以是语气词,也可以是结构助词。当"的"是语气词时,"说好的"主要修饰指称化的事件或行为。这些事件或行为突显的是它们的外部整体性,而不是内部的动态过程,因而它们都具有非动态性特征(毕晋、肖奚强 2017)。像"说好的幸福呢""说好的快乐呢"中的"幸福""快乐"也是侧重它们的形容词用法而非名词性用法。当"的"是结构助词时,后接成分 X 主要是体词性成分。以往的研究极少关注到"说好 X 的"与"说好的 X"之间的关系。当

"的"是语气词时,"说好的 X"实际上是"说好 X 的"移位造成的。X 作为焦点和语义重心发生了后移,"的"附着于引语传信标记"说好"之后,它们一起组构成相对稳固的传信构式"说好的 X"。

"说好的 X"是相对新颖的表达形式,它比框式构式"说好 X 的"结构更凝固,传信义更突显。由于"的"表达的是对承诺事件或行为的确认或肯定,因而它往往不能删略。无论该承诺指向的话语或行为事件发生在过去、现在还是将来,该承诺都是已然的。这种已然与现实情状常常相反,因而"的"的添加强化了它的传信功能。例如:

(19) 小李和家人说好今天去金华旅游。(自拟)

(19)′ 小李和家人说好今天去金华旅游的。

在例(19)′中,"的"的添加强化了"小李和家人今天去金华旅游"这一事件的肯定性,使得其反预期或违实性概率大大加强,具有突显说话人主观评价的作用。

3. 情态表达

从情态视角来看,"说好 X 的"可以表达两类情态:推断或猜测的认识情态;必要或应该的道义情态。当表前者时,"说好"的事件具有较强的约定性。而约定好的事件具有较高的可能实现概率。因此可以对其进行推测和判断,预估它将来发生的可能性。例如:

(20) 三天前她随师父来到虎跑寺,说好今日走的。(王旭烽《南方有
　　　嘉木》)

(21) 小邦成正在独木桥边等着他,他们说好了这时候在这里碰头的。
　　　(王旭烽《不夜之候》)

在例(20)中,承诺发生在三天前,而所承诺的行为预计发生的时间是今天,因而是表达推测义,例(21)类同。

当"说好 X 的"表示道义情态时,它常常表达与现在或过去事实相反的情状。"说好"的话语内容对说话人或听说双方具有一定的约定性和规约性,在情态上就体现为道义上的必要性。"说好"的事情一般来说都是约定好的,一旦约定好就具有了实现或达成的义务。"的"表示确认或确定,"说好 X 的"因而常常表示与现在或过去现实相反的情状。例如:

(22) 说好了嘉平一到北京就给他来信的,结果等了那么些日子也没见他寄回一个字来。(王旭烽《南方有嘉木》)

(23) 土改后杭家送给小撮着的这口台钟,此时已经中午十二点,但杭家人说好十点就要到的。(王旭烽《筑草为城》)

例(22)中的"嘉平一到北京就给他来信"是先前的约定,但是到了北京以后"也没见他寄一个字回来"。现实情状与约定情状相反,它并没有按照约定来实现,因而违反了约定。例(23)中约定的"十点就要到"与现实情状"已经中午十二点(还没到)"不同,这也是已然事实与约定情状相反。因而"说好 X 的"就具有了违实性。这种违实性是通过语用预设和回溯推理机制,推导出约定事件在约定的时间或地点未实现而体现出来的。

当"说好"充当引语标记,并且语义比较客观时,X 才可以是未然事件。例如:

(24) 丁小鲁等得有点不耐烦,哪来那么多说的? 说好了中午要给人家还服装的。(王朔《你不是一个俗人》)

(25) 赵京五说:"人家说好今日也来我家的,你拿定主意,钱的事你不要提,我要他先交钱再写稿,现在这些个体户暴发了,有的是钱。"(贾平四《废都》)

例(24)、(25)的"中午要给人家还服装""今日也来我家"等都是未然事件,因而也就无法判定它的事实性。

与"说好 X 的"不同,"说好的 X"只能表达义务性的道义情态,不能表达推断性的认识情态。例如:

(26) 说好的十年赚十倍 那些曾经的大牛股如今怎样了? (和讯网 2019-05-31)

(27) 说好的一起健身,昆凌却"打"周杰伦脸! 只有她敢这么干了吧? (凤凰网 2019-11-19)

"说好的 X"既然是约定好的情状,那么对于对话双方来说就产生了外在约束力,而且它已经成为现实,因而不可能也无须对其进行推测。

4. 违实性与反预期倾向

当"说好 X 的"构式表达道义情态时,具有较为明显的违实性和反预期表达倾向。现实性与违实性、预期与反预期之间并不是一一对应的关系。现实和违实反映的是事件的现实属性,与客观事实相关;而预期和反预期突显的是说话人的主观认识,与说话人的主观预期相关。

4.1　违实性倾向

约定事件在约定的时候只是承诺,是否必然发生并不确定,因而话语承诺时间一般要早于行为发生时间。通过回溯推理机制,从行为发生时间来看,它的承诺时间一般指向过去,并且该承诺往往不能兑现。既然允诺无法实现,那么从现在的时间点往前回溯,约定行为并未在规定的时间或地点发生,它就具有违实性。可以印证的是,承诺分句在语篇上往往与转折分句共现。这些承诺分句多数充当背景信息,而转折分句则充当句子的焦点信息。与林若望(2016)和朱庆祥(2019)讨论的"应该 X 的"构式类似,"说好 X 的"构式语义复杂多样,既可以是现实的,也可以是违实的。其中违实性是一种较为强烈的倾向,表达该构式大多数情况下的语义。我们运用陈振宇、姜毅宁(2019)提出的语篇检验格式,对其进行合理性测试。例如:

(28) 小王说好今天来参观浙师大的。(自拟)

(28)′小王说好今天来参观浙师大的,所以他今天来了。

(28)″ #小王说好今天来参观浙师大的,但是他今天来了。

(28)‴ #小王说好今天来参观浙师大的,所以他今天没来。

(28)⁗ 小王说好今天来参观浙师大的,但是他今天没来。

我们通过合理性测试,发现例(28)′和例(28)⁗可以说,而例(28)″和(28)‴不能说。例(28)′反映的是"说好 X 的"构式表达的行为是现实的;例(28)⁗中该构式表达的行为没有实现,是违实的。例(28)″和(28)‴由于违反了语义的和谐关系,因而是不合格的句子。因为"在语用蕴涵强度上,具有完全概率和大概率蕴涵关系的才是和谐的关系"(陈振宇、姜毅宁2019),否则就是不和谐的。小王既然已经事先承诺,那么根据其语义和谐关系,它较大概率蕴涵"(小王)今天来参观浙师大",特殊反例就是"小王今天没来参观浙师大"。但是,就信息价值而言,语义关系和谐时,"(小王)今天来了"是低价值信息,它是对旧信息的复述或肯定;当它语义关系不和谐时,反映的是说话人的主观意外情态,传递的是新信息"(小王)今天没来",信息价值大,所以该构式常常具有违实性倾向。

1)现实型

现实型是指"说好 X 的"构式表达当时事件,其承诺时间正好是事件发生时间。例如:

(29)小张说好今天去医院看病的,一大早就去排队了。(自拟)

(30)老王一大早就准备好了东西,因为我们说好今天去郊游的。

例(29)、(30)中小张和老王承诺的时间与事件发生的时间都是"今天",因而它是现实的。

2)违实型

违实型是指"说好 X 的"构式表达的是现实的已然事件,其承诺时间早于行为发生的时间。从现在回溯推理到过去的承诺,由于已然事件与所承诺的事件语义相反,所承诺的事件没有实现,因而表达违实义。例如:

(31)仪儿在的时候,本来是说好了要送到保育院去的。现在仪儿是已经死了。(郭沫若《月光下》)

(32)朋友劝他不必如此,说好是包他茶水饭费的,他却回答,交个朋友嘛!(王安忆《长恨歌》)

例(31)、(32)中的承诺时间是过去时间,表达的是与现实相反的情状,因而它们是违实事件。由于已然事实与过去承诺不同,通过回溯推理,承诺的行为没有达成,因而它是违实的。

4.2 反预期表达

"说好 X 的"构式的反预期功能是由其传信义表达的。它的话语内容常常与现实不同,焦点句与引述句在语篇上呈现出转折对比关系。从话语内容看,反预期大致有以下两类:

1)话语与话语之间的反预期

话语与话语之间的反预期是指引述的话语与焦点句之间呈相反关系。标记内的话语是说话人的承诺,体现的是说话人的预期,而转折分句则与预期相反。引语标记的内容揭示预期,而转折对比句则表达与之相反的情境。因而从语篇上来看,整体上是反预期的。无论焦点句出现与否,这种整体上的反预期义并不会改变。例如:

(33)她说好要来的,但她腿断了。(贾平凹《废都》)

(34) 黄会有说,你们怎么不讲信用呢。我<u>说好</u>要回头<u>的</u>。(范小青
　　《我们的会场》)

在例(33)中,"她腿断了"导致没办法来,这与先前的承诺"要来"呈现
为转折关系,因而可以添加转折标记"但"。与例(33)有所不同的是,例
(34)中的引述句处于后分句,焦点句处于前分句。"不讲信用"表明没有
遵守先前的约定,而引述句揭示出先前的承诺。

2) 话语与行为的反预期

第二类是引语所标记的动作行为与实际动作行为不一致导致的反预
期。承诺某种行为就预示着在约定的时间或地点会施行该承诺约定的行
为。如果最终结果不是按照承诺的那样,那么也是反预期。例如:

(35) 你看,<u>说好</u>我们三个人一起去<u>的</u>,现在只剩下你一个人了。(王
　　旭烽《南方有嘉木》)

(36) 毕刀火了:"这不是拿人开心么? 她<u>说好</u>了来<u>的</u>,怎么变卦?"(毕
　　淑敏《预约财富》)

表达反预期时,"说好 X 的"还可以与其他反预期标记连用,如"原是"
"原先""明明"等,以加强这种反预期意义。例如:

(37) "人老了,<u>原是说好</u>去串个门<u>的</u>,哪知这一跤就把我摔糊涂了!"
　　老人嚅嚅地说。(《人民日报》1984 年)

(38) <u>原先说好</u>在来双扬这里休养两三天的,一个星期过去,来双元还
　　没有离开的意思。(池莉《生活秀》)

(39) 只给他发这么多,我当时就不信,你过去<u>明明</u><u>说好</u>给他每月五百
　　<u>的</u>,不会只给他三百六,我相信你不会赖他这点钱。(周大新《湖
　　光山色》)

"说好 X 的"自身具有反预期功能,"原是"等反预期标记的叠加强化
了反预期效果。

4.3　事理关联与语篇转折

关联关系主要分为情理关联、事理关联和逻辑关联。"说好 X 的"构
式反映的是事理关联。这种关联关系对后续行为事件的评价提供了参
照,常常引发语篇上的转折。按照事理来说,承诺某行为 X 就应该去实施
它,但事实是大部分 X 往往没有实施或没实现,因而就具有了违实性或反

预期性。这种事理关联可以分为肯定性关联和否定性关联,二者的语义表达如下:

    肯定性关联——应该 X 的,结果没有发生 X(发生了 Y)

    否定性关联——不应该 X 的,结果发生 X 了(没发生 Y)

    肯定性关联和否定性关联往往都会引发语篇上的转折。例如:

    (40)说好天气晴了我们就出去玩儿的,你怎么不想去了?(自拟)

    (41)说好下雨天不出门的,你为什么偷偷跑出去?(自拟)

    在例(40)、(41)中,承诺好的事一般来说都是对话双方已经商定的,对说话人或对话双方具有道义上的约束力。承诺一旦没有遵守,该承诺会失去效力,也就违反了双方之间的约定,引发违实性或反预期解读。由于商定的行为事件没有发生,因而对于说话人来说是不期望的,就会产生惊讶或嗔怪的语气。

    在对话或语篇上,"说好 X 的"常常充当背景成分。这些背景句主要处于前分句,少部分处于后分句。当"说好 X 的"所在的引述句在前时,该构式提供事理上的背景参照,用以跟焦点句形成对比,因而这些焦点句常常与意外标记、转折标记以及直接表达失望情绪的词语相搭配,李元瑞(2018)对这些词语进行了总结。当"说好 X 的"引述句在前,焦点句在后时,它可以与意外标记、转折标记和结果动词等成分共现。例如:

    (42)学生说好今天交作业给我的,怎么还没上交?(自拟)

    (43)你说好开车和我们一起去上海的,可是你却一个人坐高铁走了。
      (自拟)

    当"说好 X 的"引述句在后,焦点句在前时,它一般只与意外标记共现,极少与转折标记和结果动词共现。例如:

    (44)小王竟然睡了一上午的觉,说好早上要上网课的。

    (45)♯可是他没来,说好今天一起去逛街的。

    意外标记可以位于前分句,也可以位于后分句。而转折标记和结果动词一般只能位于后续句,不能出现于前分句。因为转折标记和结果动词前面必须有前分句充当背景成分作为预设或前提。因而当焦点成分处于前分句时,转折标记和结果动词一般不出现。

    "说好 X 的"在句法上基本不能独立成句,它是个非自足性成分。汉语非自足性成分在句子中往往充当背景信息,作为对焦点句进行评价和说明的参照。"说好 X 的"必须带焦点分句,与之一起构成语义完整和信息突显的句子。"说好"是约定承诺标记,"的"是表确信的语气词。随着语义焦点的后移和信息焦点的突显,整个结构发生句法降级,由独立的句子降级为非自足性小句成分,充当背景信息。X 的发生具有一定的理据性,这个理据性就是说话人的承诺或对话双方的约定。"说好 X 的"就是为了揭示和强化其理据性,明确背景句和焦点句之间的预设关系和语义相关性,以突显对比或转折的意外性。当事理上的关联没有得到应有的回应或实现时,说话人的意外性就越突显。

5. 话语序列敏感位置与传信功能的表达

"说好 X 的"构式在长期使用中逐渐规约化,当它突显说话人的反预期时,出现的语境基本是转折对比语境。这种规约化是通过与焦点句的共现实现的。承诺在常规状态下是处于隐含状态,一旦得到形式上的突显,则表明该承诺出现了意外情状。"语法结构的塑造和社会交际互动的运作之间是一种天然的互育关系。语法是在互动交际中形成并沉淀下来的。"(乐耀 2016)当"说好 X 的"构式与事理的关联越来越紧密,它的使用频率就会增高。在话语高频互动中,其整体形式和语义会得到固化和定型。"说好 X 的"构式主要出现于对话语境中,它为交谈双方提供了言谈背景。例如:

(46) 赵京五说:"人家说好今日也来我家的,你拿定主意,钱的事你不要提,我要他先交钱再写稿,现在这些个体户暴发了,有的是钱。"(贾平凹《废都》)

(47) "不会呀,说好是九点的呀。"端午嘟囔了一句。"你再给他打电话!"(格非《春尽江南》)

话语序列敏感位置与传信功能紧密相关。越是处于句中位置,"说好 X 的"的传信义越强,它的立场表达功能就越显化。在实际言谈会话中,"说好 X 的"一般不处于话轮的起始位置,不直接引出话题,而是处于话轮的后续句中,用以表达对前一话语的主观评价。约定的内容必定是经过说话人的事先承诺或会话双方的事先商定。当该构式处于话轮起始位置

时,它一般用于对后续句内容进行锚定。例如:

(48) A:上次老师和我们说好今晚上课的。

B:好的,那我赶紧把课本预习一下。(自拟)

当"说好 X 的"处于话轮的起始位置时,它只表示对后续句的规范或道义上的约束,而没有表明说话人的反预期倾向。当它处于话轮接续位置时,它就具有表达说话人主观评价和明显的反预期倾向。可以印证的是,它的后续句往往与引述句呈现为对比或转折关系。例如:

(49) A:今晚我们不上课。

B:老师上次说好今晚上课的,怎么突然改了?(自拟)

也就是说,"说好 X 的"对话语位置有较强的敏感性,在不同的位置表达的主观性有明显差异。当它处于话轮起始位置时,是引述或复述话语内容;而当它处于话轮接续位置时,则表达较为强烈的反预期。因此它的传信功能与其话语序列位置具有较强的相关性。"立场是言者对信息的态度、情感、判断或者承诺的显性表达。"(方梅、乐耀 2017:3)处于话轮接续位置的"说好 X 的"构式反映的正是说话人的主观立场,即表示对话语的惊讶、意外或嗔怪的语气。

6. "说好 X 的"相关构式

"说好"作为引语传信标记,它可以扩展成一系列的构式。"说好 X"可以添加"了""的"构成"说了 X""说好了 X""说好的 X""说好了的 X"构式,它们同样可以作为引语标记。例如:

(50) 说了你别来,怎么又来了。(自拟)

(51) 张健鹏和家人说好了,准备在"五一"期间接老人来京安装心脏起搏器。可是,置身抗非典一线,张健鹏忙得连给家人打电话的时间都没有。(《人民日报》2003 年)

(52) 说好的限期完工,到头来却是各种"烂尾"。作为一座养老示范城市,当地养老机构的迟滞与市民期待形成了巨大落差。(《工人日报》2018 年)(转引自李元瑞 2018)

(53) 说好了的,帮老人扎一个拦羊的棚圈,为老人过一个内地风俗的生日,因为时间关系都没能如愿……(《人民日报》1985 年)

这些构式在表达上有所不同。"说了 X"是说话人单方面的表述,"说好了 X""说好的 X""说好了的 X"都是会话双方的共同约定。

表示引述传信义的"说好的 X"是由"说好 X 的"移位而成。而表示定中结构关系的"说好的 X"则与之无关。"说好的 X"类属于一般构式,包括"说了 X""说好 X""说好了 X""说好的 X""说好了的 X";而"说好 X 的"类则属于框式构式,包括"说好 X 的""说好了 X 的"。以上几种构式在对话语进行复述或引述时,可以表达说话人的主观意外情态。这些构式还有两种常见的扩展形式:一是反问形式,二是疑问形式。

表 1 　"说好的 X"与"说好 X 的"的扩展式比较

构　　式		反问形式	疑问形式
一般构式	说了 X	不是说了 X 吗	—
	说好 X	不是说好 X 吗	—
	说好了 X	不是说好了 X 吗	—
	说好的 X	不是说好的 X 吗	说好的 X 呢
	说好了的 X	不是说好了的 X 吗	说好了的 X 呢
框式构式	说好 X 的	不是说好 X 的吗	说好 X 的呢
	说好了 X 的	不是说好了 X 的吗	说好了 X 的呢

从以上扩展形式来看,这些构式都存在反问形式。而只有当构式包含语气词"的"时,该构式才具有疑问形式。反问形式和疑问形式实际上都是表达传疑功能,增强说话人对话语信息的怀疑度和传递意外情态。与肯定形式相比,反问和疑问形式都是对已然事件或行为进行怀疑。因为只有发生的已然事实与先前的承诺不同,说话人通过反问和疑问形式所传递的怀疑语气才具有效力。相对来说,"不是……吗"的怀疑度更高,惊讶和责备的语气更强;而"呢"传递的怀疑度相对较低,主要表达反预期。

"说好的 X 呢"由于网络新媒体的传播而变得非常流行,使用频率颇高。当 X 为否定式时,它一般是消极事件或负向预期行为;当 X 为肯定式时,它一般是积极事件或正向预期行为。同样是表达反预期,对前者的反预期是表示不该发生的发生了,对后者的反预期是表示该发生的没有发生。与其否定表达相关联的是反事实。它本来预设的是行为事件不应该发生,但事实是它发生了,与现实相违背。与其肯定形式相关联是反预期。它本来预设的是行为事件应该在商定的时间或地点发生,但事实是它没有发生,出乎说话人的预料,与说话人的主观预期相违背。

7. 结语

　　"说好 X 的"是个表达引语传信的构式,它由间接引语标记"说好"、引述内容 X 和确信标记"的"构组而成。在语义上它可以表达认识情态和道义情态。当它表达道义情态时,具有较为明显的违实性和反预期表达倾向。可以印证的是,"说好 X 的"所在的背景句与焦点句之间呈现为转折对比关系。该构式的传信表达还与其所处的话语敏感位置密切相关,当它用于接续话轮时,意在突显说话人的反预期。它还有一系列的相邻构式。这些构式大多都有反问形式,部分还有疑问形式。具有疑问形式的构式其构组成分必须包含语气词"的"。相对而言,反问形式的反预期性比疑问形式更强烈。

参考文献

　　毕　晋　肖奚强　2017　《"说好的 X 呢"构式的语义演变与语用价值》,《语文研究》第 2 期。

　　陈景元　2016　《网络流行语构式"说好的 X 呢"的动态建构》,《新疆大学学报》第 3 期。

　　陈　颖　陈　一　2010　《固化结构"说是"的演化机制及其语用功能》,《世界汉语教学》第 4 期。

　　陈振宇　2017　《汉语的指称与命题》,上海:上海人民出版社。

　　陈振宇　姜毅宁　2019　《反预期与事实性——以"合理性"语句为例》,《中国语文》第 3 期。

　　樊中元　《"说是 X"语篇的语义关系及其特征》,《华文教育》第 4 期。

　　方　梅　乐　耀　2017　《规约化与立场表达》,北京:北京大学出版社。

　　方　梅　2018　《"说是"的话语功能及相关词汇化问题》,《中国语言学报》(第十八期),北京:商务印书馆。

　　李冬梅　施春宏　2020　《跨层词"说是"的多重话语功能及其浮现路径与机制》,《语文研究》第 4 期。

　　李元瑞　2018　《元话语成分"说好的"探析》,《汉语学习》第 6 期。

　　林若望　2016　《"的"字结构、模态与违实推理》,《中国语文》第 2 期。

　　刘　焱　2010　《"说是"的功能与虚化》,《宁夏大学学报》第 4 期。

　　伍伶俐　2016　《现代汉语"不是说好 X 吗"问句研究》,武汉:华中师范大学硕士学位论文。

　　闫　珂　2017　《"说好的 X 呢"构式研究》,合肥:安徽大学硕士学位论文。

　　乐耀　2013　《汉语引语的传信功能及相关问题》,《语言教学与研究》第 2 期。

　　乐　耀　2013　《论北京口语中的引述类传信标记"人说"》,《世界汉语教学》第 2 期。

　　乐　耀　2016　《从互动交际的视角看让步类同语式评价立场的表达》,《中国语文》第 1 期。

　　朱庆祥　2019　《也论"应该 ø 的"句式违实性及相关问题》,《中国语文》第 1 期。

　　姜其文:1137810911@qq.com

　　原载《汉语学习》2021 年第 3 期。

也说意外的本质[*]
——从典型意外标记"竟然"说起

济南大学文学院　　王恩旭

提　要　《意外的本质》(Aikhenvald 2012)一文将意外意义概括为突然发现、惊讶、猝不及防、反预期、新信息五种,由于界限不清、标准不明,意义之间无法有效区分,受到学者们的批评。该文也没有解决为什么意外有如此多的意义、这些意义源于哪里、它们之间的关系如何、为什么事实和预期相符/相反有时可以造成意外而有时却不能等问题。通过分析典型意外标记"竟然"的语义结构,本文发现,意外本质上是一个大概率不可能事件。只要发生了大概率不可能事件,就可以造成意外;只要造成了意外的理解,就一定发生过大概率不可能事件。利用大概率不可能事件,可以对上述问题做出统一的解释。

关键词　意外　预期　大概率不可能事件

1. 引言

"我们并不了解心智是如何工作的,我们对心智的了解程度远不及我们对身体的了解程度。"(平克 1997/2016:Ⅰ)拿意外(mirativity)来说,意外是一种跨语言的语法范畴,几乎所有语言都有意外编码的手段,但到目

---

　*　本文受国家社科基金项目(19BYY030)、教育部青年基金项目(18YJC740095)资助;论文写作中和陈振宇先生多次讨论,受益良多;完稿后在 2020 年汉语句法语义理论研究学术研讨会"预期与意外"(2020 年 8 月 15—16 日,上海)宣读,承蒙陈振宇、李宇凤、唐正大、张新华、张谊生、朱庆祥等先生指点,在此一并表示感谢。

前为止我们对意外的了解并不多。

　　Aikhenvald 在《意外的本质》(*The essence of mirativity*，2012)中尝试回答"什么是意外"的问题。文章发现，意外是说话人(听话人或故事主人公)意料之外的信息，可能包含突然发现、惊讶、猝不及防、反预期、新信息等意义，主要通过动词词缀、复合谓语、代词等来表达。该文系统地概括了意外的各项意义及其表达手段，但并未深入意外的内部、探讨意外的内部特点，因此无法解决以下问题：为什么意外有如此多的意义、这些意义来自哪里、它们之间的关系如何、为什么事实和预期相符/相反有时可以造成意外而有时却不能，等等。

　　对于这些问题，本文尝试从典型意外标记"竟然"入手加以解决。全文的结构安排：首先，分析"竟然"的语义结构，弄清哪些情况可以造成意外；其次，分析意外的运行机制，解释为什么有时可以造成意外而有时却不能；最后，解释意外有关的问题。

2. 哪些情况可以造成意外

　　预期(expectation)和意外密切相关，没有预期不会产生意外。意外标记可以指向预期信息(Adelaar 2012，转引自 Aikhenvald 2012：452)，反预期(counter-expectation)信息(陈振宇、杜克华 2015)，也可以指向难以预料(unexpected)的新信息(Aikhenvald 2012；强星娜 2017)。从以往的研究来看，学者们主要关注了预期明确的情况，对预期不明确或难以预料的情况关注较少。①

---

　　①　对预期的分类主要是从概念语义入手的。比如，袁毓林(2008)从预期与命题意义(或焦点意义等)关系的角度，将预期分为三类：正预期(焦点意义部分与预期一致)、反预期(焦点意义部分与预期相反或不同)、解-反预期(开始觉得焦点意义部分与预期相反、后来发现实际上与预期一致)；郑娟曼(2018)从言语互动的角度将预期分为所言预期(直接从话语中获得)和所含预期(间接地通过语用推理获得)两类；陈振宇(2019)根据来源的不同将预期分为自预期(说话者自己的预先知识)、他预期(说话者以外的其他人的预先知识)、常理预期(包括社会常识、情理、习俗等)、上文预期(可以从上文推出的知识)四类；强星娜(2020)分析"竟然"和"偏偏"的反预期情状时将预期分为两类：一类是和"竟然"相关的无定预期(该预期和无定/类指 NP 相似，具有稳定性、类指性、普遍性的特点)，一类是和"偏偏"相关的特定预期(该预期和特定事件相关，具有可变性、可取消性等特点)。

为全面反映跟意外有关的各种预期,陈振宇、王梦颖(2021)根据造成预期的条件不同概括为两类,一类是个体预期,一类是类指预期,并从主观概率入手做了区分:前者以特定场景中的特定个体状态为条件 O,条件和预期 P(M|O)之间存在明显的因果关联;后者以社会中的一般情况为条件 O,这样的条件较多,且和预期 P(M|O)之间没有明显的因果关联。下面,将基于这一分类分析"竟然"句的情况。

2.1 跟意外有关的预期:个体预期和类指预期

在自然语句中,个体预期比较容易确定。它们通常是有标记的,比如例(1a—b)的"本来""本以为"等;有些尽管没有标记,但也可以根据常识、上下文等推导出来。比如,例(1c)根据上文"一路参观一言不发"可以推出"研究生姑娘不会说话"的预期,例(1d)根据常识可以推出"出过杂文集"的人应该知道什么是"杂文"的预期。

(1) a. 伪军<u>本来</u>是可以回答清楚的,可由于他……一时<u>竟然</u>记不起"统一口令"了。①

 b. 疫情发生以后,我们一家……开启了前所未有的"宅生活"模式。<u>本以为</u>"宅"会百无聊赖,谁知……<u>竟然</u>收获颇丰!(《广州日报》2020 年 3 月 15 日)

 c. <u>一路参观一言不发</u>的研究生姑娘,经我这一问,<u>竟然</u>开口说话了。

 d. 一位<u>出过杂文集</u>……的同志,在考"杂文"这一定义时<u>竟然</u>考了个零分。

 e. 今天,……莫斯科的新沙皇<u>竟然</u>派出上十万侵略军,占领了一个<u>主权国家</u>,血腥屠杀无辜的人民。

相对而言,类指预期比较难以确定。因为和个体预期相比,类指预期有以下特点:1)个体预期是显性的,和意外事实有直接的关系,通常可以在上下文中找到;类指预期是隐性的,和意外事实没有直接的关系,通常不在上下文中,需要专门的语用分析才能得到。2)个体预期的内容是确定的,数量通常只有 1 个;类指预期的内容是不确定的,数量往往不止

---

① 本文例句,如无特别说明,均源于语料库在线(www.cncorpus.org)。检索日期:2020 年 2 月 8 日。

1个。3)个体预期在事实发生前已经存在,容易被人觉察得到〔如例(1a—b)"本来/本以为"后的信息〕;类指预期在事实发生前也存在,但隐藏在说话人的内心深处,不容易被人觉察到,只有事实发生后才会被激发、释放出来。以例(2a)为例,对于火车晚点的原因,人们潜意识里可能有多种预期,比如气候不良、线路施工、设备故障、上下车旅客多、列车运行时间变化等;并认为以下因素(比如"太阳东升西落""蜜蜂采蜜授粉""夫妻拌嘴吵架"等)不会造成火车晚点,但这些预期在"火车晚点"发生之前是意识不到的。只有事实发生后,才会被激发出来,让说话人突然意识到和事实不符,进而产生意外。例(2b—c)也是如此,不再赘述。

(2) a. 据"中央社"6 日报道,日本一对夫妻吵架<u>竟然</u>造成火车晚点。(中新网 2015 年 9 月 7 日)

b. 从此,因吃素而放下欲望,<u>竟然</u>治好了吴秀波的恐惧症。(搜狐网 2017 年 7 月 22 日)

c. 刀战中有人不小心甩了下鼠标,结果<u>竟然</u>意外杀敌了……(第一手游网 2016 年 7 月 6 日)

预期既是一种语言现象,也是一种心理活动(是对未来情况的预先估计或期待)。因此,语言学上的预期分类大体对应于心理学上的意识分类。根据能否察觉自己的心理活动,心理学将意识分为两类:一类是可察觉的显性意识,表现为感觉、知觉、思想、宗教、感情、动机、信念等(张昱 1982,柳海涛、殷正坤 2006);一类是不可察觉的潜意识,表现为本能、原始冲动、直觉、顿悟、习惯、人格等(傅文录 2003,李元薇 2015)。个体预期是一种显性意识知识,依赖于特定的语境,表现为说话人的感觉、知觉、信念等,比如例(1a)预期"大个子伪军本来是可以回答清楚的"是说话人的知觉知识,例(1e)预期"主权国家神圣不可侵犯"是信念知识。类指预期是一种潜意识知识,不依赖于特定的语境,表现为说话人的直觉、顿悟等,比如例(2a)预期"夫妻吵架不会造成火车晚点"是说话人的直觉知识。

2.2 预期和意外事实的关系

2.2.1 个体预期和意外事实的关系

从"竟然"句来看,个体预期和意外事实之间存在三种关系:

关系一：事实和预期相符。表达和预期相符的意外，汉语有专门的手段①；"竟然"不是专门的手段，不能单独表达该类意外，需要辅助以其他手段才行。比如例(3)辅助以"真的"，不用"真的"整个句子便不自然，意外语气也弱了很多。

(3) a. 柳先生……听朋友说起"现在很多'黑手机'都在木樨园交易"的说法后，就去那里"碰运气"，<u>竟然真的</u>看到了自己的苹果5手机。(《北京晨报》2016 年 11 月 29 日)

　　b. 吴谨言刚来节目时就提到过自己希望演"赵敏"，没想到这次<u>竟然真的</u>出演了这个角色，满心欢喜。(《中国新闻网》2019 年6 月 23 日)

　　c. 买彩票那天，他……说，"这次感觉要中了！"没想到当晚<u>竟然真的就中了</u>！(新华网 2019 年 7 月 18 日)

关系二：事实和预期相反。事实和预期处于认识上的两个极端，它们在说话人心目中是对立的、不相容的。比如，例(4a)心目中"最好的男人"和现实中的"大坏蛋"对立；例(4b)心目中"生活富裕、锦衣玉食"的副市长和现实中"身居陋室、家无奢物"的副市长对立。

(4) a. 过去，我把你当成了全世界最好最好的男人，没想到你<u>竟然</u>是一个大坏蛋！

　　b. 一位副市长<u>竟然</u>身居陋室、家无奢物……，在今天不能说不是一条新闻。(1994 年报刊精选)

　　c. 只见大象面对着她，行了一个屈膝礼，好像是在道歉。那庞大的身躯，屈膝点头时<u>竟然</u>优雅得像一个彬彬有礼的绅士。(赵丽宏《与象共舞》)

关系三：事实远超出预期。如果事实只超出心理预期一点点，还在说话人的可接受范围内，不会让人意外；只有当事实远超出说话人预期、远超出说话人可接受的范围时，才会造成意外。事实远超出预期，包括两种情况：一种是远大于预期，另一种是远小于预期。

---

① 以"果然"为例，即便事实和预期相符，也可以造成意外。比如：

夏先生说："买 885 的时候，突然就有了灵感，赶紧多打了两张。"果然中了 16.5 万大奖。

所谓"事实远大于预期",是指事实超出了说话人可接受的心理上限,达到了令人惊讶地步。比如例(5a),橡皮擦通常卖1元左右,即便偶有波动也不可能达到100元的高价,100元完全超出了说话人的心理预期,达到了不可思议的地步。①

(5) a. 每块不到1元钱的橡皮擦,<u>竟然</u>卖出100元的高价,而且一次卖出105个!(《楚天都市报》2019年7月4日)

b. 最近,我们班出了件大怪事:绰号"错别字大王"的马小良,这次语文考试<u>竟然</u>得了九十八分,全班第一名!

c. 我没有想到的是,时隔3年,我的成绩<u>竟然</u>提高了近29分钟。(中国新闻网2012年7月8日)

所谓"事实远小于预期",是指事实超出了说话人可接受的心理下限、达到了令人惊讶的地步。事实远大于预期和远小于预期不是截然对立的,同样的事实,对照不同的心理预期可能会产生不同的意外。比如例(5c),同样是"提高29分钟"的成绩,如果"我"的心理预期较高,希望至少提高40分钟,那么会产生"事实远小于预期"的意外;如果"我"的心理预期较低,希望保持3年前的水平或比3年前稍稍提高几分钟即可,那么会产生"事实远大于预期"的意外。

为了区分两种意外,说话人会采用不同的手段:表达"远大于预期"意外默认是无标记的,而表达"远小于预期"意外需要添加小量标记(比如"只")。比如例(6a),由于有小量标记"只",因此理解为"小于预期"意外(没想到剩这么点儿钱);如果去掉"只",则理解为"大于预期"意外(没想到剩这么多钱)。除了"只"外,否定形式("不到……""没有……一次"等)也可以辅助表达小量,比如例(6c—d):

(6) a. 业务员准备去转账的时候却傻眼了——魏某公司账户<u>竟然</u>只剩下了20万元!(《浙江日报》2019年7月27日)

b. 排号在前10个的,<u>竟然</u>只来了1个人,太夸张了吧!(《扬子晚

---

① 除数量上的"远大于预期"外,也存在范围、程度、方式方面"远大于预期"的情况。比如"他们没想到作为政治家的周先生竟然对经济情况了如指掌"崖壁上,由于水的冲刷与渗透,竟然出现了多种玛瑙色斑纹"等,属于范围方面的"远大于预期"。由于数量上的"远大于预期"更有代表性,因此本文主要关注这一情况。

报》2019 年 9 月 26 日)

    c. 太阳 84 次出手只命中 31 个,命中率<u>竟然</u>不到 37％,只能接受
       失败。(搜狐体育 2003 年 3 月 31 日)

    d. 她感到有些不可思议,自己与昔日的恋人同住在东京,<u>竟然</u>没
       有见过一次面。(川端康成《生为女人》)

    总之,"竟然"既可以表达"远大于预期"意外,也可以表达"远小于预
期"意外。但表达两类意外的自由度是不同的,表达前者是自由的,无标
记的,而表达前者是不自由的,需要辅助性的标记。

2.2.2　类指预期和意外事实的关系

    从"竟然"句来看,类指预期和意外事实之间存在以下关系:

    一种是说话人(当事人)同时拥有两种不同的预期,一种是显性的,一种
是隐性的。两种预期对应于两个事件,事件之间没有明显的因果关系,但一
个事件的发生却意外地促成了另一个事件。比如例(7a),吴秀波希望放下
欲望,同时也希望不再有恐惧症,"吃素"本来是为了解决前一个问题,没想
到却意外地解决了后一个问题。例(7b)的情况比较复杂,按照一般的理解,
"我"去丽江出差似乎只有公事预期、没有碰见老朋友的预期。这样,可以解
释为什么我碰到老朋友后会感到意外(因为没有预期),可如果进一步追问
(同样是没有预期,为什么碰到老朋友会意外而碰到陌生人就不会意外
呢?),会发现"没有预期"说是立不住的。因此要解释此类意外,最好认为
"碰到老朋友"也是有预期的。前面说过,所有的意外都是有预期的,没有预
期不会产生意外。意外和意外的差别不在于预期的有无,而在于有的是个体
预期还是类指预期。这样看来,例(7b)我去丽江出差其实包含了两种类指预
期,一种是显性的和公务有关的预期,另一种是隐性的碰见老朋友的预期。

    (7) a. 从此,因吃素而放下欲望,<u>竟然</u>治好了吴秀波的恐惧症。(搜狐
        网 2017 年 7 月 22 日)

      b. 去年我出差丽江,路过大理剑川,想不到在县城里<u>竟然</u>碰到当
        年和李书记一起带我进象图的彝族干部阿卓。(《人民日报》
        2019 年 11 月 20 日)

    类指预期的另一种情况,是说话人没有显性预期、只有隐性预期。此时
意外不是有意造成的,而是另一个意外事件促成的。比如例(8a),说话人

(玩家)事先不知道甩动鼠标可以杀敌,因此对之没有显性的预期,但对杀敌有隐性的预期(比如预期可以通过刺刀、警棍、铲子、斧头等杀敌,不能通过拍手、跳舞、甩鼠标等杀敌)。只是该预期隐藏在说话人(玩家)的潜意识中,直到不小心甩动鼠标杀敌后才被激发出来。类似的还有例(8b—c)。

(8) a. 刀战中有人不小心甩了下鼠标,结果<u>竟然</u>意外杀敌了……(第一手游网 2016 年 7 月 6 日)

　　b. 墙角的砖缝中掉进一粒香瓜子,过了几天,<u>竟然</u>冒出一截小瓜苗。(杏林子《生命,生命》)

　　c. 出乎祝捷意外的是,自己的随手涂鸦<u>竟然</u>会给战友们带去满心的温暖。(搜狐网 2020 年 4 月 1 日)

3. 探索意外的运行机制,解释为什么有些情况不能造成意外

通过以上分析,大体弄清了哪些情况可以造成意外:当事实和预期相符、相反、远大于预期、远小于预期时可以造成意外,除此之外其他情况不太可能造成意外。但知道了这些还不够,研究表明:事实和预期相符往往不会造成意外[1],事实和预期相反并不必然造成意外(陈振宇 2017,胡承佼 2018),难以预料的新信息中未必总包含着意外(Peterson 2015)。那么,为什么事实和预期相符、相反等有时可以造成意外有时却不行呢?

3.1　以往研究的不足

Peterson(2015)指出,意外是一种概率现象,语言动态系统中期望值的任何突然变化,都可以量化为该系统中的意外。Peterson 所说是一种理想状态,自然语言不会将所有的突然变化都量化成意外,事实上也是如此,只有一部分被量化成了意外。从某种意义上说,无法预料的事件往往都是小概率事件或新事件,如果不是小概率事件,即便是新事件也不会造成意外(陈振宇 2019)。

"小概率事件"说符合人们的语言直觉,可以解释为什么事实和预期

---

① 比如"央视新闻'谢谢你为湖北拼单'公益行动第二场直播,共卖出 6 100 万元的湖北产品"中,预期(央视希望通过直播帮助湖北销售产品)和事实(卖了 6 100 万产品)相符,没有造成意外。

相符、相反等可以造成意外：能够造成意外的往往都是不太可能发生的小概率事件，由于不太可能发生，因此当其真的发生时才让人意外（陈振宇2019）。但该说法也存在着一定的不足，主要表现为：

1）无法解释为什么发生了小概率事件有时却没有造成意外。以例（9）为例，如果说话人的心理预期是"张三能考上重点大学"，那么根据自信程度的不同可以细分为 5 种情况，每一种情况内部又包括"实现""没实现"2 种情况，共形成 5×2＝10 种情况。

(9) **预期**：张三能考上重点大学。（自拟）

　自信a. 张三的学习成绩极好，一定能考上。（考上概率 100％,考不上概率 0％）

　　a_1如果考上了，不意外，即不会说"竟然考上了"。［事实和预期完全相符］

　　a_2如果没考上，会意外，即可以说"竟然没考上"。［事实和预期完全相反］

　自信b. 张三的学习成绩极差，一定考不上。（考不上概率 100％,考上概率 0％）

　　b_1如果考上了，会意外，即可以说"竟然考上了"。［事实和预期完全相反］

　　b_2如果没考上，不意外，即不会说"竟然没考上"。［事实和预期完全相符］

　自信c. 张三的学习成绩很差，很可能考不上（80％），但也有可能考上（20％）。

　　c_1如果考上了，会意外，即可以说"竟然考上了"。［事实和小概率预期相符］

　　c_2如果没考上，不意外，即不会说"竟然没考上"。［事实和大概率预期相符］

　自信d. 张三的学习成绩一般，有可能会考上（50％），但也有可能考不上（50％）。

　　d_1如果考上了，不意外，即不会说"竟然考上了"。［事实和等概率预期相符/相反］

d_2 如果没考上,不意外,即不会说"竟然没考上"。[事实和等概率预期相符/相反]

自信e. 张三的学习成绩很好,很可能会考上(80%),但也有可能考不上(20%)。

e_1 如果考上了,不意外,即不会说"竟然考上了"。[事实和大概率预期相符]

e_2 如果没考上,失望但不意外,即不说"竟然没考上"。[事实和小概率预期相符]

以上 10 种情况包含了 4 种小概率事件,但只有 3 种造成了意外,分别是 a_2、b_1 和 c_1:a_2 预期张三肯定能考上、考不上的概率几乎为零,因此当"考不上"事件发生时会让人意外;b_1 和 a_2 相反,说话人预期张三肯定考不上、考上的概率几乎为零,因此当"考上"事件发生时会让人意外;c_1 说话人预期张三极有可能考不上、考上的概率微乎其微,因此当"考上"事件发生时会让人觉得意外,很难相信这是真的。除此之外,还有一种小概率事件 e_2,即说话人预期张三极有可能会上、考不上的概率很小,但当"考不上"事件发生时却不会造成意外[①]。可见,不是所有的小概率事件都能造成意外。

2) 不好解释为什么发生了小概率事件就能让人感到意外。根据上文的分析,小概率事件和意外没有必然的联系,发生了小概率事件并不必然造成意外。从语义上看,小概率事件并不必然包含意外义。如果同意小概率事件造成了意外,那么势必要解决意外意义从哪里来的问题。显然,这是"小概率事件"解决不了的。

3.2　本文的解决方案:大概率不可能事件

虽然"小概率事件"不能彻底解决意外问题,但却为意外问题的解决提供了新的思路。沿着该思路分析意外事件,本文发现意外本质上是一个大概率不可能事件(impossibility)。

---

① 至于为什么不能造成意外,可能跟人的认知心理有关。袁毓林(2014)指出,人们倾向于"疑善信恶",即宁愿相信那些负面的、消极的事情发生,而不愿意相信诸如"天上掉馅饼"这样正面的、积极的事情发生。拿例(9)来说,c_1"考上了"是一个积极事件,由于说话人不相信它会发生,因此当其真的发生后会让人意外;相对而言,e_2"考不上"是一个消极事件,虽然发生的概率很小但说话人还是倾向相信它会发生,因此当其真的发生时不会让人感到意外。

　　对于不可能事件,法国当代哲学家德里达(Derrida)做过专门的研究。所谓不可能事件,是指超出了人的认识、实践、想象水平的不可知、不可做、不可想象之事。该事件具有"不可把握性、不可预见性、绝对的诧异、不可理解、危险的误解、无法预料的新异、视野的缺失"等性质,外部表征为人的"诧异、惊惧、不可思议"之感。①

　　德里达对"不可能"的界定似乎过于严苛,仅指"超出所有可能性的不可能"②。从自然语言来看,发生完全不可能的事会让人意外,发生大概率不可能的事同样让人意外。为了全面反映自然语言意外的各种情况,本文适当放宽了"不可能"的界限,只要是大概率的不可能都看作是"不可能"。比如,例(9b$_1$)是大概率不可能事件(概率100%),例(9c$_1$)也是大概率不可能事件(概率是80%)。相对而言,例(9a$_2$)的情况较为复杂,概率100%有两种解释:从可能性的角度看,表示事件一定会发生;从不可能性的角度看,表示事件一定不会发生,即莱布尼茨所说的"必然 p 等值于不可能非 p"③。因此,例(9a$_2$)是大概率不可能"考不上"(概率100%)。

　　有了以上知识,就可以回答本节开头的问题了。

　　同样是事实和预期相符、相反等,为什么有时可以造成意外有时却不能?

　　因为事实和预期相符、相反等只是造成意外的必要条件,而非充分条

---

①　以"9・11事件"为例,自1812年以来,美国本土从未遭受过外部势力的暴力袭击;尤其自冷战结束以来,美国一直高高在上扮演着世界秩序的守卫者或保护神的角色,它代表着世界的真理,代表着世界的安全、自由和平。但就是这样一个国家,在2001年9月11日却被人以难以想象的方式突然袭击了。"9・11事件"的爆发超出了人们的认识极限,颠覆了人们对安全、自由、和平国家的认识,让人觉得完全不可思议,因此德里达将之看作是"空前的"不可能事件。(转自肖锦龙 2020:142—146)

②　德里达认为,正是不存在任何形式的可能性,才成就了真正的不可能。比如承担责任,如果承担责任之前就已经有了一套理论、知识等为保障(存在可能性),那么算不上承担责任;只有在没有任何事情能够保证一定成功的前提下(不存在可能性),才真正负担起了责任(参见孙杨杨 2019:48)。

③　莱布尼茨指出,一个命题 p 是必然的,当且仅当非 p 导致逻辑矛盾,p 是不可的,当且仅当 p 导致逻辑矛盾;p 是可能的,当且仅当 p 不导致逻辑矛盾。这就是说,"必然 p"等值于"不可能非 p"(转引自张家龙 2002:12)。比如,"今天一定会下雨"等值于"今天不可能不下雨"。

件,满足了该条件并不必然造成意外。相对而言,大概率不可能事件是造成意外的充分条件。只要满足了该条件,就会造成意外;否则,不会造成意外。

为什么"难以预料的新信息中未必总含有意外"?

因为不是所有难以预料的新事件都是大概率不可能事件,只有包含了大概率不可能事件的新信息才含有意外。拿饭菜来说,如果说话人对一个饭店的饭菜味道没有任何预期,那么无论其饭菜好吃还是难吃(难以预料的新事件),都不会让说话人意外(即不会说"这个饭店的饭菜竟然这么好吃/难吃");只有当说话人对饭店的饭菜味道有所预期时,才可能会造成意外,而且预期的不可能性越大,就越容易造成意外。比如,在"小饭店**不可能**做出好吃饭菜"的预期下,可能会产生"这个小饭店的饭菜**竟然还挺好吃**"的意外;在"不起眼的小饭店**绝不可能**做出好吃饭菜"的预期下,可能会产生"这个小饭店的饭菜**竟然这么好吃**"的意外。

4. 本文的优势

从小概率可能事件到大概率不可能事件,看似只是观察视角上的变化,实际上带动了整个分析思路和研究方法上的变化。原来在小概率可能事件视角下不好解释或解释不好的问题,换成大概率不可能可能视角后,大多可以解决。上一节从微观层面展示了"大概率不可能事件"的优势(回答了几个"为什么"),本节进一步从宏观层面展示"大概率不可能事件"还可以解决哪些问题。

4.1 可以回答"意外意义从哪里来的"的问题

前面说过,"小概率事件"解决不了"意外意义从哪里来的"的问题(见3.1节)。那么,换成大概率不可能事件后是否可以解决呢? 答案是肯定的。根据3.2节,不可能和意外看似是截然不同的两类事件,其实两者共处于同一事件之中,是同一事件的两个方面。当说"这是一件不可能的事件"时,突显了事件的内在性质,指事件超出了人的认识、想象水平,属于"不可知、不可做、不可想象之事";当说"这是一件意外的事件"时,突显了事件的外在表现形式,指事件引起了人们的情绪反应,给人以"诧异、惊惧、不可思议"之感。说到这里,就可以解释"意外意义从哪里来的"了。答案是,源于大概率不可能事件。由于意外和大概率不可能共处于同一事件之中，是同一事件的两个方面，出现了一个方面必然同时出现另一个方面。

4.2　可以对意外和预期关系做出统一的解释

阅读意外文献时，常常会看到这样的表述：一面说意外事实和预期相符、相反、远大于预期等可以造成意外；一面又说意外有或强或弱的否定功能（陈振宇 2019），意外本质上是反预期的。这些表述看似自相矛盾，实则反映了研究者观察视角上的变化。受定式思维的影响，人们习惯于站在可能的视角上观察事物。从可能性的角度看，意外和预期之间确实存在多种关系，有的与预期相符（如例 10），有的与预期相反（如例 11），还有的远大于或远小于预期（如例 12）。（以下例句转写自例 3a、4a、5a）

(10) 柳先生……听朋友说起"现在很多'黑手机'都在木樨园交易"的说法后，就去那里"碰运气"，竟然真的看到了自己的苹果 5 手机。

可能性视角：可能会看到/很可能看不到/……$_{预期}$——看到了$_{事实}$[事实和预期相符]

不可能视角：大概率不可能看到$_{预期}$——看到了$_{事实}$[事实和预期相反]

(11) 过去，我把你当成了全世界最好最好的男人，没想到你竟然是一个大坏蛋！

可能性视角：是最好的男人/一定不是坏蛋/……$_{预期}$——是坏蛋$_{事实}$[事实和预期相反]

不可能视角：不可能是坏蛋$_{预期}$——是坏蛋$_{事实}$[事实和预期相反]

(12) 每块不到 1 元钱的橡皮擦，竟然卖出 100 元的高价，而且一次卖出 105 个！

可能性视角：橡皮擦 1 块钱左右/可能不贵/……$_{预期}$——卖 100 元$_{事实}$[事实远大于预期]

不可能视角：橡皮擦不可能卖 100 元$_{预期}$——卖 100 元$_{事实}$[事实和预期相反]

以上观察是一种表象。它们像所有的表象一样，始终是变化的，不确定的。正因为如此，所以无法确切地把握它们。比如例(10)，基于可能的视角我们无法确切地说出预期到底是什么（只能列举），也无法确切地说出预期和意外之间到底是什么关系（以"可能会看到"为预期会得到和事实相符的关系，而以"很可能看不到"为预期会得到和事实不符或相反的关系）。如果从不可能入手重新观察意外，会发现以上的不确定性统统消失了，取而代之的是确定性和唯一性：不论意外事实是什么，其所对应的预期都是确定的（即"大概率不可能……"）；无论语境怎样变化，意外和预期之间的关系是不变的（都是反预期的），如例（10）—（12）。这样，通过变换观察视角就去除了外部表象的干扰，实现了大概率不可能视角下意外和预期关系的统一解释。

4.3　有助于弄清意外意义之间的区别和联系

"语义地图连续性假说"表明，同一范畴内的不同意义之间存在系统的、普遍性联系。比如，工具范畴的工具、伴随、处置、方式、来源之间存在普遍的联系；运动范畴的起点、经由、方向、处所之间语义上密切相关（李小凡、张敏、郭锐等 2015）。和其他跨语言范畴一样，意外范畴也包含着多项意义，比如突然发现、惊讶、猝不及防、反预期、新信息等（Aikhenvald 2012：435），由于没有建立起有效的联系，一直为学术界所诟病①。对于该问题，可以从大概率不可能事件角度加以解决。

1）根据观察的角度不同，从不可能事件中分出"惊讶"和"新信息"义

跟可能世界事件不同②，不可能事件超出了说话人的认识、想象范围，属于"不可知、不可做、不可想象之事"。正因为这样，所以事件发生后带给说话人的往往不是他所熟悉的旧信息，而是不熟悉的、没有预料或没有想象到的新信息，而且该信息尚未整合（integrated）到说话人的知识体系之中（Watters 2002）。

如果以上分析是正确的，那么就可以解释为什么意外会含有"惊讶"和"新信息"义了。因为意外本质上是一个大概率不可能事件，其内核为说话人"不可知、不可做、不可想象"的新信息，外部表征为说话人惊奇、诧

---

①　陈振宇（2019）、胡承佼（2020）曾批评过 Aikhenvald（2012）的意义分类问题，认为其分类界限不清楚、分类结果有交叉，难以将"惊讶""新信息"等意义区分开来。

②　对于"可能世界"，莱布尼茨最早做了阐释，"世界是可能的事物组合，现实世界就是由所有存在的可能事物所形成的组合"（转自张家龙 2002：12）；"现实世界是一个可能世界"，除此之外"在现实世界基础上可以想象的其他世界也都是可能世界"（邹崇理 1996）。可见，学术界对可能事件的分析和德里达对不可能事件的分析恰好是相对的（见第 3.2 节部分）。

异的情感反应。从"竟然"句来看,"惊讶"和"新信息"同时存在,都可以通过某种手段表现出来。比如,例(13)用"呆""傻""惊愕"等表现"惊讶",用"竟然"标记其后的内容是"新信息"。

(13) a. 索泓一呆了,傻了,老半天他才去解开那个小包包,里边包着的<u>竟然</u>是四个白面馒头。

　　 b. 他惊愕地回头一看,<u>竟然</u>是她——那朝思暮念的高婕,<u>竟然</u>站在眼前!

　　 c. 一看到这封电文,高林他们不禁惊讶得目瞪口呆,因为这封电文有两种文字形式……而另一种……<u>竟然</u>是用瓦尔塔星文字写成的。

2) 根据应对新信息的方式不同,区分出"突然发现"和"没想到"义

意外事件具有突发性的特点。语言系统中期望值的任何突然变化,都可以被动态地量化为意外(Peterson 2015);语言信息从一个阶段到另一阶段的突然变化,都可以被语用解释为意外(Mexas 2016)。面对突如其来的新信息,说话人有两种应对方式:一种是积极主动地顿悟或发现新信息,语义上描述为"突然发现或突然意识到",句法上表现为"发现""突然发现""突然意识到"等,比如例(14);另一种是消极被动地等待新信息的到来,语义上描述为"猝不及防或没有思想准备",句法上表现为"没想到、没成想、没料想、不想、不料想、不成想、谁知道、谁料到、谁想到、谁想、谁成想、哪知道、哪料到、哪成想、岂知、岂料"等,比如例(15)。

(14) a. 她<u>突然发现</u>,今年春天刚刚种下的几棵柠条<u>竟然</u>冒出了新叶,凭自己感觉在山上修出的小路,无意间<u>竟</u>成了通往各山头的连环路。(《人民日报(海外版)》2018 年 7 月 10 日)

　　 b. 田龙在会上<u>突然意识到</u>,原来大学四年经历了这么多,而自己也错过了那么多——<u>竟然</u>有那么多活动没参加过。(人民网 2019 年 4 月 11 日)

(15) a. 他万万<u>没想到</u>,站在他面前的这个手无寸铁的年轻人,<u>竟然</u>是个劫机分子!

　　 b. <u>哪知</u>效果适得其反,蔡桂凤听了他这番……话语后,<u>竟然</u>低声地抽泣起来。

3) 从意外和预期的关系上看,意外新信息本质上是"反预期"的

　　根据 4.2 节,无论新信息和预期相符、相反、远大于预期还是远小于预期等,从不可能的视角看本质是一样的,即都是反预期的。但该部分只考虑了可以触发意外的情况,未考虑不能触发意外的情况,因此结论的适用性有待检验。例(9)描述了新信息和预期之间各种可能的情况,但是基于可能性的视角描述的,内部的规律性还不明显。如果换成不可能的视角重新描述例(9),会看得更清楚(见表 1)。

表 1　从不可能视角描述"张三能考上重点大学"

预期:张三能考上重点大学。			
自信程度	新信息/事实	新信息和预期关系	是否意外
自信 a. 不可能考不上/100%①	考上了	完全相符	否
	没考上	完全相反	是
自信 b. 不可能考上/100%	考上了	完全相反	是
	没考上	完全相符	否
自信 c. 大概率不可能考上/80%	考上了	大概率相反	是
	没考上	大概率相符	否
自信 d. 等概率不可能考上/50%	考上了	等概率相反	否
	没考上	等概率相符	否
自信 e. 小概率不可能考上/20%	考上了	小概率相反	否
	没考上	小概率相符	否

跟例(9)相比,重新描述后的例(16)表现出很强的规律性。只要造成了意外的解读,其预期就是统一的(大概率不可能),"新信息和预期的关系"也是统一的(即"相反"或"大概率相反"关系,且相反程度和不可能事件的发生概率呈正比例关系,如箭头所示);否则,不太可能造成意外的解读。以

上规律用一句话概括：

如果发生了意外事件，那么一定事先发生过大概率不可能事件，此时新信息和预期之间是相反或大概率相反关系；反之亦然。

综上，意外的各项意义看似杂乱无章、毫无联系，实则有一个共同的"根"，即都是在大概率不可能事件的基础上派生出来的，不同意义突显了事件的不同方面（见表2）。

表2　大概率不可能视角下的意外各项意义的关系

大概率不可能事件		意外意义		句法表现
	从外部表征看		惊讶	惊呆/吃惊/啊？……
	从内核看	应对新信息的方式	突然发现或突然意识到	突然发现/意识到……
			猝不及防或没有思想准备	没想到/哪知道/不料……
		新信息和预期的关系	反预期	惊呆/发现/没想到……竟然

对于表2，有两点需要说明：1)意外包含着多项意义，但意义之间的地位是不均等的。其中，"惊讶"和"新信息"是基本义，只要触发了意外事件就会产生这两方面的意义；"突然发现""猝不及防""反预期"是从"新信息"派生出的意义，比如从应对新信息的方式中派生出"突然发现""猝不及防"义，从新信息和预期关系中派生出"反预期"义。2)从跨语言的研究看，尚未发现一种语言可以同时突显表2的所有意义，多数语言通常只突显其中的一个或几个方面。比如，土耳其语、厄瓜多尔高地西班牙语突显"突然意识到或突然发现"方面（Mexas 2016），Kham（藏缅语族康方言）突显"新信息"方面（Watters 2002：300），汉语突显"惊讶""反预期"方面（陈振宇、杜克华 2015）。从"竟然"句来看，主要突显了"新信息""反预期"方面。因为"竟然"表达这两方面意义时是自由的，不需要辅助以其他手段；而表达其他意义是不自由的，比如表达"猝不及防"往往辅助以"没想到""哪知道"等、表达"惊讶"辅助以"吃惊""惊呆""啊？"等。

5. 结论

早期的意外研究是在跨越语言比较中进行的。受研究方法的局限，研究重点主要集中在跨语言描写方面,不太关注意外的跨语言解释。近年来,学术界加强了对意外解释的研究,解释了为什么语法证据可以表示意外(Peterson 2015)、为什么体态标记可以造成意外(De Wit 2017)、为什么事实和预期相符或相反可以引起意外(陈振宇 2019)等,但尚未发现解释意外本质的研究。

通过分析"竟然"句的概念语义结构,本文发现意外本质上是一个大概率不可能事件:只要发生了大概率不可能事件,就可以造成意外的解读;反之,只要造成了意外的解读,就一定发生过大概率不可能事件。和以往的研究相比,大概率不可能事件有多方面的优势:不仅可以解释事实和预期相符/相反等为什么有时可以造成意外而有时却不能的问题,除此之外,还可以解释意外意义的来源、关系问题。当然,本文的结论主要是基于典型意外标记"竟然"得出的,是否适用于非典型意外标记还有待于检验。另外,本文的结论主要是就汉语而言的,是否适用于其他语言或方言也需要检验。

参考文献

陈振宇　杜克华　2015　《意外范畴:关于感叹、疑问、否定之间的语用迁移的研究》,《当代修辞学》第 5 期。

陈振宇　2017　《汉语的指称与命题:语法中的语义学原理》,上海:上海人民出版社。

陈振宇　2019　《言语行为的逻辑——汉语语义与语用接口研究》,国家社科基金后期资助项目书稿(待出版)。

陈振宇　王梦颖　2021　《预期的认知模型及有关类型——兼论与"竟然、偏偏"有关的一系列现象》,《语言教学与研究》第 5 期。

傅文录　2003　《中医临证思维中的潜意识心理学特征》,《上海中医药大学学报》第 2 期。

胡承佼　2018　《意外范畴与现代汉语意外范畴的实现形式》,《华文教学与研究》第 1 期。

胡承佼　2021　《意外信息的回应立场与回应形式》,《华文教学与研究》第 4 期。

李小凡　张　敏　郭锐等　2015　《汉语多功能语法形式的语义地图研究》,北京：商务印书馆。

李元薇　2015　《关于潜意识、集体潜意识、社会潜意识的比较》,《科技展望》第5期。

柳海涛　殷正坤　2006　《意识本质研究的历史审视与方法论转换》,《内蒙古社会科学》第4期。

强星娜　2017　《意外范畴研究述评》,《语言教学与研究》第6期。

强星娜　2020　《无定预期、特定预期与反预期情状的多维度考察——以"竟然""偏偏"等为例》,《中国语文》第6期。

史蒂芬·平克　1997/2016　《心智探奇》,郝耀伟译,杭州：浙江人民出版社。

孙杨杨　2019　《可能—不可能的激进伦理政治》,《广西师范大学学报(哲学社会科学版)》第1期。

肖锦龙　2012　《不可能和事件——论德里达的事件学说》,《兰州大学学报(社会科学版)》第1期。

袁毓林　2008　《论"连"字句的主观化表达功能——兼析几种相关的"反预期"和"解—反预期"格式》,《中国语学》第253号。

袁毓林　2014　《"怀疑"的意义引申机制和语义识解策略》,《语言研究》第3期。

张家龙　2002　《可能世界是什么?》,《哲学动态》第8期。

张　昱　1982　《意识问题杂谈》,《心理学探新》第4期。

郑娟曼　2018　《所言预期与所含预期——"我说呢、我说嘛、我说吧"的用法分析》,《中国语文》第5期。

邹崇理　1996　《情境语义学》,《哲学研究》第7期。

Aikhenvald，A. Y.　2012　The essence of mirativity. *Linguistic Typology*(163).

De Wit，A.　2017　The expression of mirativity through aspectual constructions. *Review of Cognitive. Linguistics*(2).

Mexas，H.　2016　*Mirativity as realization marking*：A cross-linguistic *study*. MA dissertation. Leiden：Leiden University.

Peterson，T.　2015　Mirativity as Surprise：Evidentiality, Information, and Deixis. *Journal of Psycholinguistic. Research*(6).

Watters，D.E.　2002　*A grammar of Kham*. Cambridge：Cambridge University Press.

王恩旭：wangbush000@126.com

意外信息的回应立场与回应形式[*]

安徽师范大学文学院　　　胡承佼

提　要　文章立足受话层面,从受话人视角讨论意外信息的回应立场与回应形式。首先说明了触发意外的四种信息类型:无预期信息、反预期信息、低概率合预期信息、不确定性合预期信息。以此为基础,指出意外信息的回应立场就是人们接收到意外信息时对于该信息所给予的认识定位表现,将意外信息的回应立场区分为相信、怀疑、不相信、下意识应对四类。进而具体考察了不同回应立场下的回应形式选择,相信立场下的主要回应形式为陈述性肯定、惊叹性感叹以及陈述性肯定+感叹,怀疑立场下的主要回应形式为真性疑问、真性疑问+感叹,不相信立场下的主要回应形式为陈述性否定、反问、陈述性否定+感叹、反问+感叹,下意识应对立场下的主要回应形式为带极高升调的假性疑问、带极高升调的假性疑问+感叹。最后,简要论及应如何认识意外表达中感叹、疑问、肯定、否定几种具体形式的关系表现。

关键词　意外信息　信息类型　回应立场　回应形式

1. 问题的提出

国内对于"意外"的注意肇始于助词研究。黎锦熙(1924/1992)从语气表达差异出发,将助词分为:决定、商榷、疑问、惊叹、祈使五类,吕叔湘(1942/2014)则谈及了"惊讶"语气,很多时候"惊叹""惊讶"正是基于"意

---

　*　本研究得到国家社科基金一般项目"汉语意外范畴的句法实现与类型特征研究"(项目编号:16BYY132)的资助。

外"的一种语气表现。在相当长的时间内,汉语意外表达问题主要散见于虚词(特别是副词)、语气系统、情态系统、结构式(包括句式)等方面的讨论之中,既未专门展开,也未上升到句法语义范畴层面来认识。

近年来,意外范畴(mirativity)作为一个新兴类型学研究领域逐渐受到国内学者的关注。王健(2013),宗守云(2015)分别讨论了南方方言中源自言说动词的意外范畴标记和晋方言中可用作意外范畴标记的情态动词"待";胡德明(2011),李宗江(2015),刘焱、黄丹丹(2015),胡承佼(2016a、2017)分别揭示了一些话语标记表意外的功能;胡承佼(2016b、2019)分别考察了"至于"反问句和意外因果句的意外语义表达;陈振宇、杜克华(2015)具体论述了意外与疑问、感叹、否定的语用迁移问题;强星娜(2017),万光荣(2017),胡承佼(2018)分别对意外范畴相关研究进行了述评,并初步辨析了意外与语气、情态、反预期、示证等概念之间的纠葛。

纵观这些年来的研究,对于发话人如何利用某些特定句法手段组织语句并传达出令自己意外的信息已有颇多很深入的个案探察,从单纯发话层面关注意外语义表达及其句法实现的研究已经取得显著进展。但言语交际是一个听说互动过程,人们也可能对经由他人言谈告知的信息产生"惊异"(surprise)或"不备"(unprepared)的意外感知体验,这就涉及受话人如何在言语上回应所接收意外信息的问题。即,对于言谈过程中听到的令自己意外的信息,受话人(此时其已经不能视为单纯的发话人)如何组织语言加以回应?可能采用哪几种比较主要的回应形式?不同回应形式究竟意味着什么差异?这种立足受话层面、观照受话人视角的意外范畴研究较少专文讨论。本文打算从触发意外的信息类型、意外信息的回应立场、意外信息的回应形式、回应形式的关系表现等方面入手,对意外信息回应立场与形式表现进行具体考察,尝试分析上述问题。

2. 触发意外的信息类型

Aikhenvald(2012)明确提出意外范畴的语义类型问题,将其分为:突然发现或意识到(sudden discovery, sudden revelation or realization)、惊异(surprise)、不备的大脑知识(unprepared mind)、反预期(counter expectation)、新信息(information new)。该分类存在两个问题:首先,上述

五类所关涉的明显不是语义表达,而是信息特点,与其说是意外范畴的语义类型,不如说是触发意外的信息类型;其次,即使作为触发意外的信息类型,其分类结果仍旧交叉,界限不清晰,"新信息"与其余四类应如何区分?"惊异"与其他四类该怎样分辨?实际上很难说清楚。

其实,言谈互动中受话人之所以对某一接收到的信息产生意外,原因通常不外乎四个:其一,该信息对受话人而言不常见、陌生度高,其不在受话人的理解范围内或受话人心理上未预先做出任何主动判断,因而令受话人感到意外;其二,该信息与受话人事先已有的某种心理预期不符甚至相反,因而令受话人感到意外;其三,该信息尽管与受话人事先已有的某种心理预期相吻合,但由于此心理预期在实现上具有低概率特性,因而还是令受话人感到意外;其四,该信息虽然与受话人事先已有的某种心理预期相吻合,但由于此心理预期在受话人看来本身就具有实现的不确定性,只不过是受话人所抱有的希望,结果希望成真,因而令受话人感到意外。据此,从信息与受话人预期的关系入手,触发意外的信息类型可以一分为四:无预期信息、反预期信息、低概率合预期信息、不确定性合预期信息。

2.1　由无预期信息触发的意外

细究起来,这里有两种情况。一种是该无预期信息不在受话人的理解范围之内,伴随着"解意外"过程受话人往往会呈现"恍悟"的情绪特征。句法表现上,受话人会高频使用"难怪""原来""怪不得"等"恍悟"类评注副词充当句子的高层谓语。例如:

(1)(背景:和平想把老胡有私生子的事情说成是傅老干的,老胡妻子信以为真。)

老胡妻子:这一类事情呀在我们这一代中间倒也不足为奇。

和平:是是,现在奇就奇在这位表姐去世了,他这儿子来找上门来认亲来了。

老胡妻子:噢,嘿,难怪下午你胡伯伯跟我讲了个同样的故事,我看他吞吞吐吐的。

和平:啊。

老胡妻子:我还有点疑心呢,哎呀,原来是老傅干的呀!(《我爱我家》)

另一种情况是该无预期信息具有现场突发性,受话人心理上来不及预先作出判断,往往会呈现"震惊"或"不知所措"的情绪特征。句法表现上,受话人往往高频使用叹词句或疑问句,有时句中还会伴有明显的无意识停顿。例如:

(2)(背景:春生每天在傅老家里好吃懒做,志新发现春生下午居然出门了。)

志新:二混子,这一下午干嘛去啦?

春生:干活去啦。自食其力么。

志新:就你啊?

春生:不是说捣腾这易拉罐酒瓶子也能挣钱么?我看咱家阳台上就不少。

傅老:你!?……你……怎么可以乱卖我家的东西?(《我爱我家》)

2.2　由反预期信息触发的意外

反预期信息是触发意外的最常见信息类型,与预期方向相反(包括反自预期和反常理预期)、与预期量不符(包括未达到预期量和超出预期量)均可能触发意外。例如:

(3)(背景:于大妈原本准备继续将"卫生之家"流动红旗挂在和平家。)

和平:志国快点儿,我该上班儿了。赶紧上咱屋看看,有没有耗子,我不敢进!

志国:我吃完就去。

和平:嗯。

于大妈:啊?耗子?你们家有耗子啊?那还算什么卫生之家呀?

(《我爱我家》)

(4)(背景:和平去东北走穴。自己赔了一万多块,在一家人面前"检讨"自己。)

和平:主要是因为宣传不够,加上票价太高。十块钱一张,所以上座率不太理想。

志国:有几成儿观众啊?

和平:哎哟,那就不好算了。反正是一千多人的场子,第一场卖出去四张票。

志国:<u>啊? 才四张?</u>(《我爱我家》)

2.3　由低概率合预期信息触发的意外

常规合预期信息一般不会触发意外。但如果某个合预期信息一方面人们认为其实现概率很低,另一方面其最终又的确实现了,这种特殊情形下往往可能会触发人们的意外。例如:

(5)(背景:郭芙蓉想报复莫小贝,主动提出替莫小贝写入学文章,在文章中猛批孔子。结果莫小贝考上了,得知消息后掌柜佟湘玉既意外又高兴。)

掌柜:七十几个学生就小贝一个人考进去了。就是因为这篇孔赋。

小郭:那字念赋。

秀才:咋回事儿呢?

掌柜:<u>小郭在文章里把孔老夫子一顿地批,没有想到正中了先生的下怀。</u>

小郭:<u>啊?</u>

秀才:为什么?

掌柜:因为先生是搞老庄的。老庄你们都知道吧?(《武林外传》)

此例涉及两种意外信息类型,一是"掌柜"源于低概率合预期信息触发的意外,一是"小郭"源于反预期信息触发的意外,可做比较。对于"掌柜",其本来对莫小贝的入学文章能得到先生认可有所预期,但看到郭芙蓉代莫小贝写的文章后,觉得该预期实现的可能性已经极低,可结果是"正中了先生的下怀",即一个低实现概率的预期居然实现了,因而产生"意外之喜"。对于"小郭",其为了报复莫小贝,故意代写了篇猛批孔老夫子的入学文章,原本预期莫小贝因此考不上,进而被佟掌柜责罚,没想到结果与其预期相反,故此产生"意外之惊"。

2.4　由不确定性合预期信息触发的意外

车录彬、许杰(2013)曾指出,如果说话人一开始对自己或别人的预料存在某种程度的怀疑,但最后该预料竟然实现了,往往可以使用"果不然"来表达一种既在意料之中又有些意外的心情。这实际上说的就是由不确定性合预期信息所触发的意外。不仅是"果不然","果然""真的"等确定性评注副词也存在类似用法,同样可以用于以下语义背景:说话人(包括先作为受话人的说话人)对某事态做出过预期,但对该预期能否实现又无法确定,只能抱着试一试的心态,一旦该事态确实现实了,便会有意外的惊喜。例如:

> (6) 她清楚地记得,去年 4 月的一天,地委书记专程来到她家对她说,李鹏委员长来信了,你想学习的愿望实现了。至今谈起这件事,她仍激动不已。她说,听到这一喜讯,我非常兴奋。<u>我本来是想试试看,没想到李鹏委员长真的回信了</u>。(《人民日报》2000 年)

3. 意外信息的回应立场

Peterson(2013)提出如下"意外条件":句子 S′ 是句子 S 在形式上或功能上的有标记替换式,二者表达语境 c 中相同的命题 p。如果说话者 s 知道或者相信 S′ 所表示的语境 c 中的命题 p 是真的,那么,(a)说话者 s 所使用的功能上有标记的 S′ 句具有表达意外的意图;(b)说话者 s 所使用的形式上有标记的 S′ 句表达意外。显然,在 Peterson(2013)看来,意外表达的前提是"意识主体知道或相信命题是真的",即无论命题本身在客观上为真还是为假,意识主体在主观上总是先假定该命题为真,否则不会产生意外性认识。

我们同意 Peterson(2013)的看法,不过语言中的实际情况可能要更加复杂,因为对命题内容的意外往往会引起意识主体对于命题内容加以进一步评判并定位,而这种评判、定位又是一个主观化过程。这两个过程在语言表达中有时候相分离,有时候合二为一。例如:

> (7)"我真的不知道,发生了什么事,刚才他夫人在家接的电话。他夫人回家了吗?""原来的夫人倒没回家,那是从中国新娶的夫人。外语学院的高材生,刚毕业的。""<u>什么? 这不可能。</u>"(柳蝉《薛布的故事》)

> (8)"解雇我?""是的!"他毫不犹豫地接住我的话头。我犹如被人在头部猛击了一下,心慌意乱地嚷了起来:"<u>这怎么可能?</u> 我在这里工作了二十年,是最出色的管理人员,也将是最合格的总经理人选!"(江渐离《替代》)

例(7)两个过程被分别表达出来:意识主体"我"主观上相信"他又从中国新娶了一位夫人"为真,对此命题内容发出假性疑问"什么?"的意外表达,而由于对此太意外,所以紧接着又做出了进一步的主观评判"这不可能",即"虽然我认为这个信息是真的,但我主观上还是不愿意相信它,所以我要否定它。"例(8)两个过程在语言表达中合二为一,意识主体"我"一方面主观上相信"我被解雇了"为真,对此十分意外,另一方面由于过于意外,主观上无法相信这是真的,所以采用了反问"这怎么可能?",即"尽管我知道这个信息是真的,但我还是无法相信它,所以我要对此加以反诘"。

立场是指说话者或作者对信息的态度、感觉、判断或者承诺的显性表达(Biber & Finegan 1988)。意外信息的回应立场也就是当人们接收到令其意外的信息时对于该信息所给予的认识定位(epistemic position)表现。具体言谈互动过程中,受话人接收到经由发话人告知的意外信息后往往存在四类认识定位表现:相信该意外信息、怀疑该意外信息、不相信该意外信息、下意识应对。这四类认识定位表现,从立场是否明确来看,相信、不相信属于确定性回应,怀疑、下意识应对属于不确定性回应;从意图是否明确来看,相信、怀疑、不相信属于有意识回应,下意识应对则属于下意识回应(或者说无意识回应)。

3.1　相信

这种类型中,受话人对于接收到的意外信息最终定位为真,呈现肯定的认识状态。例如:

(9)(背景:志国公司的谈判对象是与志国有过一段恋爱关系的徐小莉,志国向妻子和平做解释、表忠心。)

志国:让不让我去就听你这一句话了,哎你只要说一"不"字我立马就交辞职报告去我。

和平:没想到啊,你居然过了这么些年还对我这么忠贞不贰,什么都不藏着掖着。

志国:啊,就是。(《我爱我家》)

3.2　怀疑

这种类型中,受话人对于接收到的意外信息最终难以认定真、假,呈现存疑的认识状态。例如：

(10)（背景：郭芙蓉和小青讨论她们行侠仗义的事。）

小青：可是小姐，咱们干这么多好事，怎么连句谢谢都没捞着啊？

小郭：咱又不图这。

小青：那图什么呀？

小郭：图个说法。以前人家介绍我，总是说：这是郭巨侠他女儿。我希望以后有人介绍他，就说是：这是郭女侠她爹。

小青：那下一步干嘛？

小郭：踩点儿，咱们脚下就是一家不折不扣的黑店。

小青：<u>你怎么知道？</u>（《武林外传》）

3.3　不相信

这种类型中，受话人对于接收到的意外信息最终定位为假，呈现否定的认识状态。例如：

(11)（背景：郭芙蓉找佟掌柜说吕秀才骚扰自己。）

掌柜：小郭，我警告你啊，不要拿人家的缺陷开玩笑，找我有什么事吗？

小郭：有有有，秀才最近啊，好像不太对劲啊，他老是躲在柜台后面，偷偷地看着我，我一扭头吧，他就冲我这样（傻笑），这……这分明是在骚扰我嘛。

掌柜：<u>他居然敢骚扰你，我咋就不信呢。</u>（《武林外传》）

3.4　下意识应对

这种类型中，受话人对于接收到的意外信息未及真、假判断，仓促之下做出一种下意识回应，以作为一个话轮构建单位(TCU)暂时建构话轮，提供心理缓冲。这里有两种情况：一是这种下意识回应自身即构成一个单 TCU 话轮，并完成话轮交接；二是这种下意识回应之后，由于有了心理缓冲，受话人已经能够对该意外信息做出判断，进而又接续了或相信或怀疑或不相信的有意识回应，构成了一个多 TCUs 话轮。例如：

(12)（背景：佟掌柜打开母亲给自己的嫁妆箱后受伤，大家发现箱子里装的全是兵器。）

展堂：判官笔，流星锤，狼牙棒，开山斧，夺命锁。

> 掌柜:这不就是一个普通的锁头,锁箱子用的吗?
>
> 小郭:哇,这把剑好漂亮啊。
>
> 展堂:这就是传说中的倚天剑,无坚不摧,任何东西都能砍断。
>
> 小郭:掌柜的,你这些宝贝都从哪儿来的?
>
> 掌柜:这些,就是我的嫁妆。
>
> 小郭:<u>啊?!</u>(《武林外传》)

(13)（背景:志新"英勇救人"的事情被电视台播出,让小张通知街坊邻居看电视。）

> 志新:唉我说,不是让你通知的人都通知了么?
>
> 小张:放心吧,志新哥,我连算命的瞎子老孙都通知到了。
>
> 傅老:<u>啊? ……瞎子看电视?</u>(《我爱我家》)

综上,立场带有说话者的主观性,意外信息的上述四类回应立场与意外信息客观真值无关。受话人听到的意外信息本身是否是事实对受话人的回应立场没有根本性影响。比如说,客观上为真的意外信息,受话人在意外之余也可能持不相信的回应立场;客观上为假的意外信息,受话人在意外之余也可能持相信的回应立场。例如:

(14)（背景:郑公子吃了不少东西,又另点了一份皮蛋瘦肉粥。）

> 小郭:皮蛋瘦肉粥,葛掌柜你慢用。
>
> 葛掌柜:哎,我没要粥啊。
>
> 郑公子:那粥是我叫的。
>
> 小郭:<u>不可能。你都吃那么多了,哪儿还喝得下粥啊?</u>(《武林外传》)

(15)（背景:治国、和平夫妻俩一起劝骆日同意和孟朝阳谈恋爱。）

> 志国:小骆,我爸那意思是说呀,你还是应该多看看朝阳的优点。
>
> 和平:哎!
>
> 志国:比如说能说会道,杂学旁收,擅长个雕虫小技五六的。
>
> 小骆:啊,那倒也是。
>
> 和平:啊对,这个人你要是降得住啊,那你可真就本事了,我们全家都降不住他。
>
> 小骆:<u>真的呀!</u>(《我爱我家》)

例(14)"小郭"对确为客观事实的信息"那粥是我叫的"感到意外,

最终持不相信的回应立场。例(15)"和平"不过是为了"小骆"能够接受孟朝阳,才说"我们全家都降不住他",事实其实与此并不相符,"小骆"对非客观事实的信息"我们全家都降不住他"感到意外,最终持相信的回应立场。

由此,我们可以用图1来梳理意识主体对意外信息进行认识定位的流程。

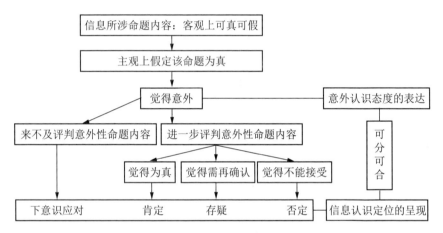

图1 意外信息认识定位流程

4. 意外信息的回应形式

Biber & Finegan(1989)进一步认为,立场是对信息命题内容的态度、感觉、判断或承诺的词汇或语法表达。可见,回应形式是回应立场的语法编码,交际过程中意外信息的不同回应立场有赖于通过一些具体回应形式来加以锚定和传达,亦即特定表达式在语境中有言者立场的表达功能(方梅、乐耀2017)。可以说,回应立场与回应形式之间互为作用,回应立场驱动回应形式的选择,回应形式映射回应立场的显现。本节将具体讨论不同回应立场下,意外信息的一些常见回应形式。

4.1 虽意外但肯定:相信立场下的回应形式

当受话人对接收到的意外信息主观判定为真,持相信立场时,其有两类比较常见的回应形式。一类是采用评述性陈述的方式来加以回应,一方面通过肯定来认可该意外信息的真实性,另一方面通过意外义评注性副词(如"竟然""居然"等)或意外话语标记(如"没想到""不曾想"等)来呈现自己的意外感受。意外义评注副词与意外话语标记既可以单用,也可以配合使用。例如:

(16) (背景:秦楼楼主李慕白询问军师孔敬明对于太子与齐王之争应支持哪一方。)

李慕白:先生,轿中人是谁?

孔敬明:刘妃之子,太子之弟,齐王是也。

孔敬明:公子自然是看出了那蒙面怪客和四侏儒的身份来历。

李慕白:<u>没想到"赏心先生"和"荆山四童子"竟然投在齐王门下。</u>

(《花剑风云录》)

第二类是采用惊叹性感叹的方式,在肯定该意外信息真实性的同时,通过"真的呀""太不可思议了""真太意外了"等惊叹性表述来呈现自己的意外感受。例如:

(17) (背景:哈姆雷特与赫瑞修谈论亚历山大大帝。)

哈姆雷特:我们到头来都会回到那最卑贱的职位,赫瑞修啊,你能否想象到,亚历山大的高贵遗灰,有朝会变成个啤酒桶塞?

赫瑞修:<u>那真是太不可思议了!</u>(《哈姆雷特》)

为强化语力,上述两类回应形式也可以叠加使用,表现为"评述性陈述＋惊叹性感叹"或"惊叹性感叹＋评述性陈述"。例如:

(18) (背景:徐梓琳与夏利宾喝醉后莫名其妙去民政局领了结婚证,酒醒后努力回忆领证细节,与夏利宾合租的卫蓝听见后深感意外。)

徐梓琳:这证儿假的吧?

夏利宾:不像假的。民政局发票——办证费九块。

徐梓琳:衣服也是这件。

夏利宾:你是大牡丹。

徐梓琳:你是火烈鸟。

　　徐梓琳:你说我们是怎么去民政局的?

　　夏利宾:断篇儿了啊。那,那,这证儿……

　　卫蓝:<u>太意外了! 你俩居然就这么领证儿了。</u>(《恋爱真美》)

4.2　因意外而疑问:怀疑立场下的回应形式

　　因疑而问是人们认知上的常规处理模式。当受话人对接收到的意外信息在主观判断上存疑,持怀疑立场时,其往往就会通过询问信息的真实性、信息的获取渠道等方式来寻求进一步确认该意外信息。因此,怀疑立场下,意外信息的最基本回应形式就是采用一般疑问句。具体说来,主要有三种疑问形式:是非问、真假选择问、特指问。

　　是非问通过要求意外信息提供方对于针对信息真实性的询问给予肯定或否定的回答,借以完成信息确认。例如:

(19)(背景:和平从美国回来的姑妈暂住傅老家,跟傅老谈论傅老家的生活条件。)

　　姑妈:哎呀你看看你有这么大的房子,还有这么多的佣人,啊,简直是想不到哦。

　　傅老:我也没想到。

　　姑妈:嗯?

　　傅老:这个,我是说啊,我这就是一般的水平。

　　姑妈:哦。

　　傅老:比小康的标准还差得远着呐,现在生活水平啊普遍都提高了,比我好得多着呐。

　　姑妈:<u>真的? 还有比你过得好的?</u>(《我爱我家》)

　　真假选择问通过要求意外信息提供方从针对信息真实性的"真""假"两个对立选项中择一加以回答,从而完成信息确认。例如:

(20)(背景:郭芙蓉被白展堂点住穴道,诅咒众人,莫小贝信以为真。)

　　小郭:三十秒内,这条板凳就要化作一条五彩巨蟒,把你们挨个吃了。

　　小贝:<u>真的假的呀?</u>

　　老白:听她胡说呢。有那能耐还能让我点住?(《武林外传》)

　　特指问通过要求信息提供方对于针对信息获取渠道的询问给予回

答,以此完成信息确认。信息获取渠道如果比较明确,该信息的可靠度往往也就比较高。从语料看,这类特指问以"谁说的?""你怎么知道的?""哪儿听来的?"等形式居多。例如:

(21)(背景:陆小凤调查雪儿姐姐失踪之谜。)

　　陆小凤:他平时对你姐姐好不好?

　　雪儿:不好。他总骂我姐姐,说她败坏了上官家门风,我姐姐根本就不买他的账。

　　雪儿:就因为这缘故,所以我才怀疑是他害死我姐姐的。

　　陆小凤:可是你姐姐并没有死。

　　雪儿:<u>谁说的?</u>(《陆小凤传奇》)

4.3　因意外而否定:不相信立场下的回应形式

信息的意外程度越高,越不易被人们认可和接纳。即,当受话人接收到意外信息时,基于主观认识,其有可能无法接受该信息,从而坚持认定该信息为假,持不相信立场,据此做出否定性回应。形式上通常表现为直接否定句和反诘问句。例如:

(22)(背景:傅老同和平讨论家里的保姆小桂究竟和谁谈恋爱。)

　　傅老:啊,还有,还有一种可能。

　　和平:啊。

　　傅老:那就是他用的是家用电话,也就是说呀,这个根本不上班,整天在家呆着。啊小桂认识的符合这个条件的,只有一个人。

　　和平:嗯? 谁呀?

　　傅老:对门儿的老郑。

　　和平:<u>不可能。这也太不般配了吧!</u>(《我爱我家》)

(23)(背景:白展堂告诉慕容嬷《缉盗指南》是自己写的,送给了展红绫。)

　　老白:一与贼展开火拼;二谎称要入伙,骗取贼的信任;三……

　　慕容嬷:等一下。哎呦,你还真晓得呀。

　　老白:这回信了吧。

　　慕容嬷:不相信。我跟你说,这本书明明就是展红绫写的。你看,你自己看。

老白：这是我送给她的。

慕容嬷：切　　人家展红绫是啥子身份喽，你？就凭你，怎么可能认识她？（《武林外传》）

4.4　因意外而无措：下意识应对立场下的回应形式

因意外而震惊、无措，也是人们接收到意外信息时的一种多发性表现。这种情况下，受话人所选择的回应形式以三种类型居多：以"啊"为典型代表的叹词句、以"什么"为典型代表的代词句、引述性是非问句。以上三种回应形式具有一个共性特征：句末均带有极高升调，表现为假性疑问。刘月华（2002：788）已经注意到"不能带'吗'的极高升调的是非问，其不以寻求是非确认为话语目的，往往能够表达惊讶意义"。实际上，从会话序列中看，刘月华（2002）所说的"不能带'吗'的极高升调的是非问"基本属于引述性是非问，而非一般是非问句。同时，该情况不只限于是非问句，带有极高升调的"啊"叹词句和"什么"代词句的话语目的也在于呈现意外意义，同样属于假性疑问。例如：

（24）（背景：邢捕头调查钱掌柜当铺失窃案，轻易认定作案对象，众人其实早已知道是白展堂干的，因此突感意外。）

邢捕头：钱掌柜的当铺刚失窃了。（众人无表情）你们不吃惊吗？

众人：噢。

邢捕头：经过调查，我初步认定这是家贼干的。

众人：啊？

李大嘴：咋看出是家贼干的呢？（《武林外传》）

（25）（背景：和平想生二胎，编造了圆圆因车祸造成严重脑震荡、生活将不能自理的理由。和平单位计划生育办公室里的李大妈到老傅家里了解情况。）

李大妈：老人家，我明白了。圆圆的情况您还不知道吧？

老傅：怎么啦？

李大妈：唉，您……您情绪一定要镇静。您坐好了我跟您说。贾圆圆出车祸了。

老傅：什么？……这个伤得怎么样？有没有生命危险？（《我爱我家》）

（26）（背景：志新带新女朋友到燕红的咖啡厅。）

　　　燕红：这位先生喝点儿什么呀？

　　　志新：给我来一八喜冰激凌，我先去去火。

　　　燕红：这位小姐呢？

　　　志新：凉水。

　　　燕红：凉凉……凉水？（《我爱我家》）

以上集中讨论了意外信息在不同回应立场下的回应形式。有必要指出的是，与意外表达存在密切关系的还有感叹。基于条理性的考虑，前文只在4.1节提及了相信立场下的惊叹性感叹这一独立回应形式，事实上无论何种回应立场下的回应形式均可在自身基础上另行添加感叹语气，感叹本来体现的就是一种感情体验和情绪感知，与意外之间存在极强的相通性。Vesela(2015)甚至认为，意外范畴的真正表现形式是用语调体现出的焦点重音，包括感叹语调和意外语调。综上，可以将意外信息回应立场与回应形式的基本对应关系列表如下。

表 1　回应立场与回应形式基本对应关系

相　信	怀　疑	不相信	下意识应对
陈述性肯定	真性疑问	陈述性否定	极高升调的假性疑问
惊叹性感叹	真性疑问＋感叹	反问（反诘性否定）	极高升调的假性疑问＋感叹
陈述性肯定＋感叹		陈述性否定＋感叹	
		反问（反诘性否定）＋感叹	

5. 回应形式的关系表现

陈振宇、杜克华(2015)提出，以意外作为连接点，感叹、疑问、否定之间可以形成一系列的"语用迁移"，如：疑问＋意外→[主]语用否定＋[次]说话者指向感叹，感叹＋强意外→[主]语用否定＋[次]趋向性疑问，感叹＋弱意外→[主]趋向性疑问＋[次]语用否定。我们认为，意外不宜视为感叹、疑问、否定之间的连接点,它实际要高一层级,感叹、疑问、肯定、否定这些不同形式及相互间的可能性配用其实是基于不同回应立场的形式选择。以"疑问＋意外"为例,并不是说存在一个疑问同时又存在一个意外,而是因为对某个意外信息持怀疑立场,所以在话语组织上选择"真性疑问"或"真性疑问＋感叹"的方式来加以回应。换言之,以意外为视点,感叹、疑问、肯定、否定之间实质上是意外回应形式的单用还是配用问题。Rett & Murray(2013)指出,意外表达实际上属于一种施为行为,被编码为施为层级(illocutionary level)。也就是说,意外的话语行为(mirative discourse act)不传递交际内容,"只传递预设对听话者已知的交际内容的吃惊态度"(Hengeveld & Mackenzie 2008:73)。受话人对于意外信息的上述种种回应形式及其相互配用,其目的是"以言行事",主要交际意图不在于命题信息的传递,而在于明示对发话人所言或所行的相关信息的意外性态度和不同的认识定位。这也就可以解释为什么涉及意外信息的互动交际过程中会经常出现"截断"话轮的现象。这是由于受话人急于明示自己对所接收信息的意外态度和回应立场,以此来尽快消解心理上的不适。例如:

(27)(背景:和平阻止傅老做家庭检讨。)

和平:你怎么这么说爷爷啊? 不是爸,您也甭检了,啊,反正您这几十年里在家里建立起来的这点儿威信呐,也基本上完啦,您这一辈子也算基本上白干啦。

傅老:不不不,我作为这个家里的主要负责人——

志新:什么什么? ……您还想当负责人啊? 我宣布啊,就地免职!(《我爱我家》)

例(27)中"和平"对"傅老"继续说自己是家里的主要负责人感到意外,便急忙打断了傅老的话,不让其往下说,先立即下意识地以假性疑问"什么什么?"来对"傅老"所言信息加以回应,作为心理缓冲,进而反诘"傅老"的说法,最后表明自己的看法"就地免职"。

从我们采集到的语料来看(配用情况重复计算),感叹、疑问、肯定、否定在意外信息回应形式中的出现频率大体呈现"感叹＞疑问、肯定＞否定"这样一种高低序列。感叹由于与意外存在相通性,同时作为一种外附性形式在操作上最便捷,出现频率最高。疑问作为一种寻求进一步确认的回应、肯定作为一种认可性回应,两者更容易保持言谈交际的持续性,也更符合交际的礼貌原则。相比之下,否定的主观性最强,礼貌性最弱,不利于交际的保持,出现频率最低。

总之,会话中受话人所采用的不同意外回应形式,实质上表明了其对发话人的信息所给予的不同认识定位,体现了其与发话人之间的立场互动(见表2)。

表 2　受话人回应意外信息的主要模式

回应立场	处理方式	选用表达形式	立场互动
相信	肯定性评述	陈述性肯定句/惊叹性感叹句/陈述性肯定句＋感叹	一　致
怀疑	解疑性确认	真性疑问句/真性疑问句＋感叹	不确定
不相信	否定性反驳	陈述性否定句/反问句/陈述性否定句＋感叹/反问句＋感叹	冲　突
下意识应对	不自觉地震惊	极高升调的假性疑问句/极高升调的假性疑问句＋感叹	不确定

6. 结语

本文立足受话层面,从受话人视角对意外信息的回应立场与回应形式进行了梳理和分析。我们认为触发意外的信息类型有四种:无预期信息、反预期信息、低概率合预期信息、不确定性合预期信息。受话人对于所接收意外信息在回应立场上具体表现为相信、怀疑、不相信以及下意识应对四类认识定位。基于意外信息的不同回应立场,受话人往往会采用不同回应形式。具体来说,相信立场下的常见回应形式为陈述性肯定、惊叹性感叹以及陈述性肯定附加感叹;怀疑立场下的常见回应形式为真性疑问(包括是非问、真假对立选择问、特指问)和真性疑问附加感叹;不相信立场下的常见回应形式为陈述性否定、反问、陈述性否定附加感叹以及反问附加感叹;下意识应对立场下的常见回应形式为带极高升调的假性疑问(包括以"啊?"为代表的叹词句、以"什么?"为代表的代词句、引述性是非问句)和带极高升调的假性疑问附加感叹。感叹、疑问、肯定、否定这些不同形式及相互间的可能性配用是基于不同回应立场的形式选择,它们在用频上表现为高低序列"感叹>疑问、肯定>否定"。

参考文献

车录彬　许　杰　2013　《汉语悖义结构的形成条件和语用价值——以"果然"、"果不然"的比较分析为例》,《湖北师范学院学报(哲学社会科学版)》第3期。

陈振宇　杜克华　2015　《意外范畴:关于感叹、疑问、否定之间的语用迁移的研究》,《当代修辞学》第5期。

方　梅　乐　耀　2017　《规约化与立场表达》,北京:北京大学出版社。

胡承佼　2016a　《"倒好"的话语标记倾向及其具体表现》,《语言教学与研究》第1期。

胡承佼　2016b　《"至于"反问句考察》,《语言科学》第4期。

胡承佼　2017　《含警醒义成分的"一不 X"的功能表现及发展动因》,《语文研究》第4期。

胡承佼　2018　《意外范畴与现代汉语意外范畴的实现形式》,《华文教学与研究》第1期。

胡承佼　2019　《因果关系的意外性与意外因果句》,《汉语学报》第3期。

胡德明　2011　《话语标记"谁知"的共时与历时考察》,《语言教学与研究》第3期。

黎锦熙　1992　《新著国语文法》,北京:商务印书馆。

李宗江　2015　《近代汉语"意外"类语用标记及其演变》,《汉语史学报》(第十五辑),上海:上海教育出版社。

刘　焱　黄丹丹　2015　《反预期话语标记"怎么"》,《语言科学》第2期。

刘月华　潘文娱　故　韡　2002　《实用现代汉语语法》,北京:商务印书馆。

吕叔湘　2014　《中国文法要略》,北京:商务印书馆。

强星娜　2017　《意外范畴研究述评》,《语言教学与研究》。

万光荣　2017　《惊讶范畴:类型学研究的新领域》,《语言科学》第6期。

王　健　2013　《一些南方方言中来自言说动词的意外范畴标记》,《方言》第2期。

宗守云　2015　《晋方言情态动词"待"及其否定关联和意外性质》,《中国语文》第 4 期。

Aikhenvald，A. Y.　2012　The essence of mirativity. *Linguistic Typology* 16 (3).

Biber，D. &. E. Finegan　1988　Adverbial stance types in English. *Discourse Processes* 11(1).

Biber，D. &. E. Finegan　1989　Styles of stance in English: lexical and grammatical marking of evidentiality and affect. *Text* 9 (1).

Hengeveld，K. &. J.L. Mackenzie　2008　*Functional Discourse Grammar*. Oxford: Oxford University Press.

Peterson，T.　2013　*Rethinking Mirativity: The Expression and Implication of Surprise*. http://semanticsa-rchive. net/Archive/2FkYTg4O/Rethinking _ Mirativity. Pdf. 04—23.

Rett，J. &. S.E. Murray　2013　A semantic account of mirative evidentials. *Proceedings of Salt* 23.

Vesela，S.　2015　*On the Semantics of Mirativity*. http://120.52.72.40/cla-acl.ca/c3pr90ntcsf0/wp-content/uploads/Simeonova-2015. pdf. 10—16.

胡承佼:chengjiaohu@126.com

原载《华文教学与研究》2021 年第 4 期。

"怎么"表达意外:疑问、反问和感叹 *

上海大学文学院　　李　强

提　要　围绕疑问词"怎么",本文主要讨论"意外"在"怎么"的疑问、反问和感叹用法之间的相互转化中起到的作用,以及"怎么"的意外义的表现形式。此外对作为意外标记的"怎么"做了较为深入的细察,认为"怎么"与类型学意义上的意外标记之间存在差别,不适宜看作(典型的)意外标记。它的作用一方面是强化意外义表达效果,同时也具有"自我示证"性:让听话人确信说话人所陈述的相关事况是真实准确的,进而体现出言者指向。这种功能二重性的现象在其他语言中也普遍存在。

关键词　"怎么"　意外　意外标记　自我示证

1. 引言

疑问代词"怎么"在现代汉语中讨论得比较多,归纳起来主要有三种不同的基本用法:怎么$_1$用在动词前,询问方式;怎么$_2$用在动词或形容词前,询问原因;怎么$_3$用于句首,后有停顿,表示意外。这三种情况分别如下面例(1)至例(3)所示:[①]

(1) 询问方式

　　a. 他怎么学会广州话的?

---

　*　本研究得到国家社科基金项目"基于'分解—组构'模型的语句构造和意义组合问题研究"(项目编号:19CYY005)资助。

　①　本文所举例句大多摘自相关研究文献,并对非汉语例句进行了翻译,还有一小部分为作者本人自拟。此处统一说明,后文若无需要,不再注明出处。

　　b. 这事我该<u>怎么</u>去跟他说？

（2）询问原因

　　a. 他<u>怎么</u>这么高兴？

　　b. 小李<u>怎么</u>没报名？

（3）表示意外

　　a. <u>怎么</u>，你不认识我了？

　　b. <u>怎么</u>，他又改变主意了？

　　其中，由例（1）、例（2）又进一步引申出了"怎么"特指反问句的用法，主要表示一种否定意义，其意义往往可以语用解读成"不（可）能/不应该……"。如下所示：

（4）a. 可是，吃不上饭，<u>怎么</u>教书呢？

　　b. 她没有说，你们<u>怎么</u>知道她要嫁人？

　　关于"怎么"的上述不同用法，已有不少文献从不同角度做过探讨，包括吕叔湘（1980/1999），朱德熙（1982），彭可君（1993），蔡维天（2000），肖治野（2009），王小穹、何洪峰（2013）等。而最近的研究包括刘焱、黄丹丹（2015），刘彬、袁毓林（2019）和刘彬、谢梦雅（2019）。刘焱、黄丹丹（2015）从话语标记的角度考察了"怎么"的反预期用法、语用功能和语篇表现。刘彬、袁毓林（2019）基于"疑有信无"之类的怀疑原则以及语用上的合作原则讨论了"怎么"类特指反问句否定意义的形成与识解机制。刘彬、谢梦雅（2019）论及了"怎么"的惊异用法及其与疑问用法在句法表现上的差异。这三篇文章的主要观点和论证思路颇具新意，予人启发。尤其是对于"怎么"的惊异义（意外义）的讨论，在前人的研究成果上有了不小的拓展和深化①。

　　围绕"怎么"的意外用法，本文尝试继续做一些挖掘，重点关注意外在"怎么"的疑问、反问和感叹用法之间的相互转化中起到的作用，以及"怎

---

　　① "mirativity"在汉语中有不同的译法，如"意外"（王健 2013，陈振宇、杜克华 2015；强星娜 2017）、"惊讶"（万光荣 2017）、"惊异"（吕叔湘 1980/1999，刘月华 1985，邵敬敏 1995，张斌 2001）。本文采用"意外"这一较为常见的名称，因为"惊异"和"惊讶"所指示的状态程度要比"意外"更强，而有些"怎么"表示的情感还达不到"惊异"或"惊讶"的程度。文中有时也会出现"惊异"，这是为了与原文献保持一致。

么"的意外义的表现形式;还对作为意外标记的"怎么"做了较为深入的细察,认为"怎么"在强化意外义表达效果的同时也具有自我示证性。

2."怎么"由疑问到反问和感叹

疑问句否定意义的实现往往需要借助反问这种形式。反问又称"反诘",是用疑问形式表达否定功能的方式。吕叔湘(1944/1990:290)就认为,"反诘实在是一种否定的方式:反诘句里没有否定词,这句话的用意就在否定;反诘句里有否定词,这句话的用意就在肯定"。在这之后,关于反问句表达否定意义的来源问题引起了非常广泛的讨论,相继涌现出一大批富有特色的研究成果。

近年来,"意外"(mirativity)范畴在西方语言学界产生了重大影响,自Delancey(1997)和 Aikhenvald(2004)之后,它已经成为了一个独立的语法范畴。而语言类型学的研究已经证明,很多语言中都存在"意外"现象,都有表达"意外"的方式,并且绝大多数都是通过显性的语法形式表现出来的。①我们认为,虽然反问句是疑问句的否定意义实现的外在形式,但根本推助力是言者表达意外这种语用动机和诉求。下面结合"怎么"句对此加以说明。

无论是表示方式还是原因的"怎么"疑问句,言者的提问都是一种向对方"求助"的行为,这种提问行为源自知识信息在言者和听者之间的不对称性和不平衡性。言者并不知晓或掌握某种信息,但心理预期听者应该了解,进而通过"怎么"句向听者进行提问并希望获得新信息。从言者角度看,提问是一种基于正向预期的交际行为,即言者预期听者能够回答自己的问题。因此,当听者给出答案、言者接收信息时,就形成了一个完整的话轮(turn),答句可以自然地终结一个对话。这种会话交际的过程符合言者的心理预期。一般的"怎么"疑问句都是如此。例如:

---

① 认知心理学的相关研究证实,5 个月大的婴儿已经具有表征与自己预期不符的意外心理的能力,详见 Pinker(2015:60/445—446)的介绍。预期是人类一种普遍的心理思维方式和生物直觉形式,由此引发的意外则是一种自然的心理连锁反馈。因此,预期和意外在语言中也必定会以某些显性的形式表征出来。

（5）甲：小王是<u>怎么</u>来的？

　　　乙：坐地铁来的。/我也不知道。

甲不知道"小王"是通过何种方式来的,向乙提问,乙提供给甲所需要的信息,满足了甲的提问需求。这种提问需求一方面可以通过向甲提供他想要的准确有效的信息来实现,如回答"坐地铁来的",甲于是得知"小王"来的方式;另一方面也可以回答"我也不知道",虽然该回答没有提供给甲想要的信息,但对甲而言同样满足了他的信息需求,即甲获知了乙也不知情的信息。无论哪种情况,甲的信息需求都是得到满足的,符合甲的心理预期。

与上面这种说话人完全为了寻求答案而进行提问有所不同,当"怎么"在句中表示询问原因时,句子的全部语义并非说话人提问并希望得到答案,因为此时句子还体现出说话人的心理预期。例如：

（6）小王<u>怎么</u>来上海了？

这里说话人依据他自己的背景知识判断小王此时不应该在上海,而当小王出现在上海时,说话人感到奇怪,因而发出了疑问。因此,除了正常询问原因的意义外,这个句子还表现出说话人的意外心理,而"对原因的搜求是由意外的事件引起的"（刘永芳 2010:110）。

如果说例（6）还是说话人有疑而问的话,那么下面例（7）中"怎么"的问因功能就大大减弱了,而反问或质问的语气更强。形成这种反问或质问的语境是：如果言者在提问之前心理预期听者应该知情,并且充分相信听者会提供给自己想要的准确有效的信息,但实际上听者未能提供。此时,"怎么"的反问形式就会生成,进而衍生出否定的表达意义。例如：

（7）甲：小王是<u>怎么</u>来的？

　　　乙：我也不知道。

　　　甲：你<u>怎么</u>不知道呢？ 你不是刚刚还问过他吗？

因为甲拥有强烈的心理预期,认为乙肯定知道"小王"来的方式,并且充分相信乙能够提供给自己想要的信息。但出乎甲预料的是,乙并不知道"小王"来的方式。乙的回答与甲的心理预期信息产生了背离,导致甲觉得不可思议、不甚合理。此时,乙的回答不会成为对话的自然终结。出于意料之外的表达需求,甲运用"怎么"向乙发出质问,并提供质问的依据。"怎么"句由此转变为反问句,表达否定的意义,甲言外之意是"你应该知道小王是怎么来的"。①

因此,对于言者而言,"怎么"句由疑问到反问的转变主要是依靠客观情况违背主观预期所产生的意外的情感体验驱动的;对于听者而言,理解反问句的否定意义是通过"怎么"句的语调、表情、手势等副语言(para-language)外加追补句来实现的。陈振宇、杜克华(2015)持有相近的看法,认为大多数反问句都具有某种形式特征表达了说话者对相关事实的"惊讶",与"意外"有关的一种语用迁移是"疑问+[特征]意外→[主]语用否定+[次]说话者指向感叹"。

但是,如例(6)显示,"疑问+意外"并不总是推导出语用否定的意义效果。再如:

(8) 甲:小王怎么那么高啊?!

乙:他爸妈个子都很高。

这里甲所说的话同时具有感叹和疑问两种用法,也暗含甲的一种意外心理,即小王的身高大大超出了自己的预期。但无论是感叹还是疑问,句子都没有否定的意义解读,甲的意思并不是"小王不应该那么高"。可见,也存在"疑问+[特征]意外→[主]说话者指向感叹+[次]语用否定"这样的模式。通过与例(7)相比较可知,"怎么"句否定意义的产生是受一定条件限制的。

这种差异似乎可以借助"反问"这一概念对此进行解释。如例(7)中的"你怎么不知道呢?"是反问句因而可以表达否定,而例(8)不是反问句则不表达否定。但这显然将问题简单化了。"反问句"这一名称概念是基于言者立场提出来的,是言者无疑而问的表达形式:明知如此故意发问,具有增强语言表达力度(illocutionary force)的作用。但深层次看,为什么例(7)中的"怎么"句是反问句,而例(8)却不是,这仍需要解释。

我们认为,虽然例(7)和例(8)中的"怎么"句都表示言者的意外体验,但导致意外的类型却有所不同:例(7)是"质预期"(quality expectation),而例(8)是"量预期"(quantity expectation)。"质预期"指的是言者心理预

---

① 关于"怎么"类反问句否定意义的生成机制问题,胡德明(2010)、邵敬敏(2014)和刘彬、袁毓林(2019)等相关文献都做过较为充分的研究。

期出现命题 p,但实际情况是¬p,两者相互矛盾抵牾进而导致言者产生意外体验。比如,例(7)中甲原本心理预期的命题是"乙知道小王是通过何种方式来的",但实际却出现命题"乙不知道小王是通过何种方式来的"。甲的意外来自对预期命题的否定,即实际情况否定了言者心理预期状态的存在。因此言者可以通过"怎么"句表达对听者的反驳,"怎么不知道"就等于否定性的"不可能不知道"。这是言者甲对听者乙不知道小王怎么来的这种状态的否定,因而是一种"质否定"。而"量预期"指的是言者心理预期某种属性会达到某个程度或水平,但实际情况是该属性达到了大大超出/低于原本预期的程度或水平,预期和实际程度或水平之间的差异带来了言者的意外。比如,例(8)中甲之前没有见过小王,原本预期小王最多和一般人的身高差不多如 1 米 7 左右,但实际小王的身高是两米,大大超出了预期。这里甲的意外来自对小王的预期身高和小王的实际身高之间的差距,即实际情况否定了言者心理预期状态在数量上的规定性。"怎么那么高"就不再能表达否定性意义,不等于"不应该那么高",而近似于一种感叹。这是言者甲对自己有关小王身高的心理预期高度的否定,因而是一种"量否定"①。

再看下面这个例子:

(9) 甲:小王<u>怎么</u>买了那么多书啊!

　　乙:这家书店最近在搞促销。

(10) 小王<u>怎么</u>买了那么多书啊! 家里本来就小,都没地方放了。

例(9)与例(8)相似,都是量级预期引起的言者意外,甲的预期可以是"小王最多会买三本书",但实际上买了二十多本,大大超出了预期的数量。整个句子表示感叹,同时也有向听者问询原因的意味,但并不强制性要求对方回答,属于"非趋向性疑问"(interrogation without tendency)②。

例(10)中"怎么"句的否定意义很明显,"怎么买了那么多书"相当于"不应该买那么多书"。造成这种否定义解读的原因是后一小句提供的语

---

① "质的否定"和"量的否定"最早由戴耀晶(2013)提出。

② "非趋向性疑问"是典型的中性询问,信疑大致各占 50%,询问时也并非迫切地要求对方回答。详见陈振宇、杜克华(2015)。

境及推理常识:因为家里地方小没空间放书,因而不能多买。这里,言者根据家里面积的大小情况确信自己的预期命题如"书最多买三本"是真实的,而小王却买了二十多本,大大超出了自己的预期。言者利用"怎么"句表达否定意义。

由此可见,言者预期命题的认识性(epistemic),即言者可以根据相关事理对命题为真的必然性或可能性作出判断,是"怎么"句否定意义生成的重要因素。结合"疑问"和"意外",它们三者共同决定了"怎么"句表达反问(语用否定)、疑问还是感叹。其中的推导关系表示如下:

疑问+[特征]意外+言者保证预期内容的真实性→[主]语用否定+[次]言者指向感叹

疑问+[特征]意外+言者推断预期内容的可能性→[主]言者指向感叹+[次]非趋向性疑问

刘焱、黄丹丹(2015)认为"怎么"表示批评或指责的用法(即否定性用法)的产生是因为:当反预期的结果损害说话人的利益或威胁到说话人自己的面子时,说话人自然会因此产生不满并采取行动,后果就是对反预期信息来源的责任人进行批评或指责。我们认为"说话人的利益和面子"其实就体现了说话人的心理预期和实际事况之间的关联:当说话人认为自己的预期事态是合理的,但实际情况却与之相悖,好似否定了自己预期的合理性,这相当于对说话人的利益和面子造成了损害。那么说话人出于维护利益和面子的需要,自然要通过"怎么"对实际情况进行否定。

除了上面这些超出言者预期的情况,"怎么"句中往往还会交代构成一种正常的社会常规预期的背景知识,与这种社会预期相背离的状况行为 X 都会被"怎么"否定。例如:

(11) a. 刘招华,你的老婆要生小孩,你他妈的怎么(能)忍心将她一个人丢下不管呢?

社会预期:老婆生孩子,丈夫要在身边。

b. 兰珍虽说大学毕业了,可究竟还是年轻,阅历浅,她怎么(能)懂得人和人之间那些复杂的关系?

社会预期:一个人年轻阅历浅,自然不懂得人和人之间复杂的关系。

　　c. 要胜任公司的总经理，如果没有做过人力资源经理，他<u>怎么</u>（能）掌控整个公司人力资源的运用呢？

　　　社会预期：只有做过人力资源经理，才能掌控整个公司人力资源的运用，才能胜任总经理。

　　如上面这些句子所示，"怎么"之后常可以出现情态助词"能"，与之连用进一步增强了"怎么"句表达言者意外的语用效果。根据 Talmy（2000/2017：375—417），情态动词的概念意义中蕴涵了力动态（force dynamics）模式。"能"的力动态可以归纳为：主语具有某个动词所表达的动作趋势，而某种因素反对这一趋势；但由于主语的行为势能比反对势能要强，反对势能并未阻止事件的发生，主语仍然施行了该动作行为。"怎么能……"之所以进一步强化了意外表达的效果就是因为它突显了主力体（agonist）和抗力体（antagonist）之间的对抗模式①。在例（11）里，主力体表现为"言谈对象做出 VP 行为"，而抗力体则是阻止言谈对象做出 VP 行为的因素。在说话人心理预期中，抗力体要强于主力体因而言谈对象理应不会做出 VP 行为；但实际上抗力体却弱于主力体，言谈对象实际做出了 VP 行为或被外界认为应该做出 VP 行为。因此，主力体和抗力体的强弱模式发生了翻转，导致说话人产生意外情感。

　　刘彬、袁毓林（2020）认为"疑问向感叹的发展过程中经历了反问句这一中间环节"。通过上文分析，我们认为疑问可以分别向反问和感叹平行转化；也就是说，疑问不必经历反问而转向感叹。此外，他们还指出反问向感叹转化的一个必要条件是"惊异"，我们认为从疑问到反问的转变也同样离不开"意外"这种语用推助力。"怎么"句反问和感叹的差别在于言者对于心理预期内容的真实性做出必然性保证还是一般性判断。

3. "怎么"是（典型的）意外标记吗

　　Delancey（1997）提出"意外"是一个跨语言存在的独立语法范畴，标记令说话人吃惊的信息。作为独立的语法范畴，在语言形式上也必然体现

---

　　① "主力体"和"抗力体"是力动态语义模型里的核心术语，前者是承载注意力的焦点力，而后者是与之进行对抗的力元素。

为专门的语法化了的形式。对此,语言类型学的相关研究提供了大量充足的例证,而 Peterson(2013)在此基础上对意外意义的表达手段做了比较系统的概括①。

与国外研究相呼应,汉语学界也较早地就注意到了语言表达的意外现象,对意外标记也给予了较大的关注。其中,谷峰(2014)较为系统地总结了汉语表反预期信息的六种手段:连词(反而)、插入语(谁知)、副词(竟然)、句式(让步复句、"连"字句)、语气词(呢、啊)、语序(吃多了 vs. 多吃)。其中,表原因的"怎么"句被看作是表反预期信息的句式手段。而诸如吕叔湘(1999)、刘月华(1985)、邵敬敏(1995)、张斌(2011)和邓思颖(2011)等都认为句首"怎么"表示"惊异"。近年的一些文献则把"怎么"看作意外标记。比如,刘焱、黄丹丹(2015)专门讨论了"怎么",认为话语标记"怎么"是反预期标记;刘彬、谢梦雅(2019)将他们所分的"怎么₂"和"怎么₃"都当作有惊异用法,不过,相比于"怎么₂",他们认为"怎么₃"更像是一个独立的惊异标记。但是,经过对"怎么"句的考察和分析,我们发现把"怎么"看作意外标记的观点还有待商榷,至少"怎么"是不是一个典型的意外标记还需要再细察。

首先来看其他一些语言中的意外标记,如车臣语的例子(转引自 Molochieva 2007):

(12) a. Zaara   j-ie-na.

    Zara   J-come. PRF

    Zara 已经来了。(Zara 还在言谈现场,Zara 的到来在说话人的预料之中)

  b. Zaara   j-iena-q.

    Zara   J-come.PRF-MIR

    Zara 已经来了。(说话人没想到 Zara 会来)

与中性句 a 相比,b 句多了一个意外标记-q,表明说话人不单单陈述"Zara 来了"这样的信息,同时也表达一种意外的主观感受:没想到 Zara 会来,Zara 的到来是出乎说话人意料之外的。所以说话人感到"吃惊"。

---

① 关于 Peterson 对意外语义的表达手段的概括,可参看强星娜(2017)的介绍。

再看 Kurtöp 语（不丹境内的藏缅语）的例子（转引自 Aikhenvald 2012）：

(13) ga-ta＝sa　　　　　　　　　khwi　gapo

　　　enjoy-IMPF.MIR＝CNTREXP　　dog　FOC.PL

　　　I like dogs.［against my expectation, as new information］

　　　(Hyslop 2011:623)

　　　（我竟然喜欢狗。）

该句中的"sa"是意外标记，表达了言者对自己原来预期的背离，句子的意义近似于"我竟然喜欢狗"。如果没有"sa"，句子则是中性陈述，相当于"我喜欢狗"。

由上面两个现象可知，典型的意外标记的作用是将中性意义的语言表达形式转变为意外意义的表达形式。也就是说，如果一个语法形式是意外标记，它必须满足"能够将中性意义的初始句转化为意外意义的变换句"这样的要求。汉语里的"竟然、居然、谁知、不料"以及南方方言上海话里的"伊讲"、闽南语"讲"、粤语"㗎"都符合这样的界定，是典型的意外标记。例如（以下方言例句转引自王健 2013）：

(14) a. 小王**竟然/居然**来了。

　　　　谁知/不料小王来了。

　　　b. 今朝㑇没欢喜个裙子就勿去了**伊讲**。今天没有喜欢的裙子竟然就不去了。（上海话）

　　　c. 黑人 in 他们**讲**两翁仔某拢斗阵来买菜 ho。黑人（人名）他们竟然两夫妻一起来买菜。（台湾闽南语）

　　　d. 阿 B 仔想拍拖**㗎**（话＋啊）。阿 B 仔想谈恋爱。（说话人对事情出乎意料）（香港粤语）

现在回到本文讨论的"怎么"句。刘彬、谢梦雅（2019）对"怎么"的意外义的强弱也有大概的区分。他们认为，"怎么$_2$"和"怎么$_3$"的用法都是疑问代词的惊异用法，表明语境中的某一信息对于说话人而言是新的、意想不到的或者没有心理准备的信息。其中，一般疑问句中的"怎么$_2$"带有一定的惊异义，如例(15)所示；反问句中的"怎么$_2$"具有较强的惊异义，如例(16)所示；而位于句首的"怎么$_3$"的惊异义最为明显，可以看作是一个独

立的惊异标记,如例(17)所示。请看〔例(15c)是稍作改动后的句子,其余均转引自刘彬、谢梦雅,2019〕:

(15) a. 他<u>怎么</u>这么高兴?

b. 小李<u>怎么</u>没报名?

c. 他<u>怎么</u>还不出来?

(16) a. 他说,刘招华,你的老婆要生小孩,你他妈的<u>怎么</u>能够忍心将她一个人丢下不管呢?

b. 唉,<u>怎么</u>一结婚,男的就变成这副德行了?

(17) a. <u>怎么</u>,你不认识我了?

b. <u>怎么</u>,他又改变主意了?

上面三组句子中的"怎么"都具有意外义,但强弱不同。如果从意外义的来源角度看,促发我们思考的是:"怎么"本身携带意外义吗? 或者说,上面这些句子中所表达出来的意外义是有其他因素的作用参与,还是完全由"怎么"带来的? 通过观察这些句子,我们认为:与例(12)至例(14)中典型的意外标记相比,"怎么"作为意外标记的身份需要重新审视。其中的关键就在于例(15)至例(17)中的意外义不完全是由"怎么"引发的。下面略作分析。

首先看例(15a),它的意外义产生于上一节提到的"量级预期"。"高兴"代表一种属性状态,具有程度量级性(scalarity)。指示词"这么"可以看作是"量级焦点"(scale focus,Nelson 1997;Lipták 2005),即"他[这么]$_F$高兴"。根据 Rooth(1992)和 Michaelis(2001),"这么"可以分析成变量 x,表示成:λx[他 x 高兴],并且可以引发关于高兴程度的量度集合命题,即{他有点儿高兴}、{他比较高兴}、{他十分高兴}、{他非常高兴}、{他高兴极了}等,它们共同构成了"高兴"的状态量级。作为回指性程度副词(anaphoric degree adverb)的"这么"同时也是个"量度算子"(scalar operator),其作用就是在这样的有序量级中挑选最高的状态量点。"他这么高兴"描述的就是有关他高兴的最高程度。而言者心理预期的高兴程度远远不及"他"实际的高兴程度,于是产生量级差,导致"他这么高兴"句子本身就带有意外义。这就解释了为什么汉语指示词往往更容易和意外建立起联系(强星娜 2017)。

其次看例(15b)，作为问句的"小李没报名？"本身也可以表现出意外义，相当于"小李没报名吗？"。根据 Li & Thompson(1981:548—554)和袁梦溪、原由理枝(2019)，汉语的"吗"问句有其特殊的适用情境，可以用于非中立语境。比如，甲事先已经陈述过"张三喜欢李四"的肯定命题 p，因此当前语境倾向于 p。在此语境下如果另外一个人乙表达对命题 p 的真实性的质疑，就必须采用"吗"问句的形式"张三喜欢李四吗？"，而不能是"张三喜欢不喜欢李四？"。我们认为，"吗"问句的这种使用特点反映了说话人事先已经预期了某种心理状态，而实际情况却不同于预期，所以使用"吗"问句的形式将自己的质疑表达出来。这同样可以说明诸如例(15b)这样的否定疑问句的情况。比如，可以假设存在如下情景：

(18) 小李之前跟张老师说过这次学校运动会他要报名参加 4 000 米长跑比赛，但张老师在报名登记表上没有发现小李的名字。张老师问组委会工作人员：

   a. 小李没报名？　　b. ♯小李有没有报名？／小李报名了没有？

在两种提问方式中，张老师选择 a 的可能性更大，也更自然。这是因为张老师心里原有对小李会报名参加比赛的预期知识，但小李实际并没有报名，这与张老师的心理预期不符，于是产生意外情感，用否定疑问形式表达疑感。也就是说，正是由于言者具有某种意外情感，才驱使他选择否定疑问的形式表达出来。屈承熹(2006:97—98)把"吗"的这种功能称之为"弱否定假设"，即假设和相应陈述中的论题相反。其中的"假设"指的就是说话人事先预期的心理事况。

再来看例(15c)，它的意外义可由两部分推导而来。一方面与例(15b)近似，否定疑问形式"他不出来？"同样可以暗含言者的意外情感；此外，这里的谓语结构之前还有副词"还"，而"还"是一个典型的反预期标记(唐敏 2009，武果 2009，宗守云 2011，陆方喆、曾君 2019)，在语音韵律上不能重读。"不出来"所指事态对于说话人而言具有较高的内容信息度，是新信息需要重读。"还"可以表达说话人对"他不出来"这一事态感到意外。

至此，我们看到，例(15)中的句子如果没有疑问词"怎么"，其实也都可以表达言者的意外情感。关于这一点，刘彬、谢梦雅(2019)也注意到了,但没有详细展开。他们在脚注中认为,这些句子虽然"也可以说在一定程度上带有一些惊讶的情感,不过这是句子语调、语气副词或反问语气所带来的。缺了惊异标记'怎么'之后,惊异义难以突显"。从这句表述和上文我们的论述中可以发现,句子的意外义也可以脱离"怎么"而存在,只是"怎么"的使用在一定程度上强化了意外义的表达效果。另外需要补充一点的是,例(15)里的"怎么"多少还保留了询问原因的实在意义,所以它作为意外标记的身份更值得怀疑,因为意外标记基本不承载概念意义、无真值条件意义(陆方喆 2014)。

至于例(16)中的两例,其意外义的产生同样不要求"怎么"强制性地参与其中。因为社会常规预期(老婆生孩子,丈夫要陪在身边)和言者常规预期(结了婚之后男的应该对女的更好)构成了说话人的心理预期,而当实际并非如此时(将老婆丢下不管/男的具有不好的德行)便可自然引发说话人的意外情感,进而选择用疑问形式将他对实际事态的质疑和否定表达出来。

例(17)位于句首、作为独立成分的"怎么"虽然表现出很强的意外义,但也不是导致句子产生意外义的唯一因素。"你不认识我了?"在具有非中立语境的否定疑问中可以浮现出意外义;"他又改变主意了?"在疑问语气和副词"又"的合力作用下也同样可以呈现出意外义。

概而言之,通过分析上面例(15)至例(17)并将它们与例(12)至例(14)进行对比可知,"竟然、谁知"这些典型的意外标记能使本不具有意外义的初始句呈现出意外义,即 S[−意外]→S+[＋意外]$_M$。但是,疑问词"怎么"的作用与它们相比显然又有不同:"怎么"句中"怎么"之外的小句本身就具有一定程度的意外义,使用"怎么"在于强化意外表达的效果,而不是使初始句呈现出意外义,即 S[弱意外]→S+[强意外]$_{怎么}$。[①]李湘(2019)在讨论"怎么"句能够表示原因义的推导过程时同样指出:"怎么(＋M$_{认识情态}$)＋VP$_{既成事实}$"的字面意义是"言者对 VP 所指事实的存在(发

[①] 我们认同陈振宇、杜克华(2015)对"强意外"和"弱意外"的界定。前者表达一种强烈的意外感叹,一般通过专用的反问标记表现;后者指说话人对命题有基本的肯定态度,但它有些出乎意料,需要听话人予以证实。

生)感到很惊讶"。也就是说,即使没有"怎么",VP 所指事实对于言者而言也是超出预期的。既然如此,我们认为把"怎么"当作意外标记可能不太合适;或者说,"怎么"至少不是一个典型的意外标记。而根据"怎么"强化意外表达效果的作用,我们认为它体现出来的是"自我示证"(ego evidentiality)的用法。

4. "怎么":"自我示证"用法

示证范畴(evidentiality)是当今语言类型学的热点问题,主要探讨信息来源的标记类型和用法,即采用何种语法形式来标记、确定某种信息的由来。根据 Aikhenvald(2004:63),在有示证范畴的语言中,经常出现的语法标记的语义参数有视觉的(visual)、感觉的(sensory)、转述的(reported)、从他处听到的(hearsay)、引用的(quotative)、推断的(inference)和假定的(assumption)。在世界语言中,出现最多的示证范畴的语法标记是表示感觉、自己听到的等语义参数和表示从他处听到、推断的等语义参数(Aikhenvald 2006)。表示感觉、自己听到的是直接示证,如下面例(19)所示;而表示从他处听到、推断的是间接示证,如例(20)所示。

(19) a. no　roro-*yarua*　　　　　　　(巴布亚新几内亚 Duna 语)

1SG hot-SENS

I am hot(*I feel*).　　　　　　　(Roque *et al.* 2017:121)

〔我(感觉)很热。〕

b. ba· háyu-he?mì·-p' kʰé·sˇ ka·Nú·l-*ink'e* du·we

(Eastern Pomo 语)

that　dog-3SG-M.AGENT　lots　　talk/bark-SENS　last.night

The dog was barking last night(*I heard it*).

(McLendon,2003:103)

〔(我听到)那只狗昨晚一直在叫。〕

(20) a. La³　ni²　*néh*¹　ti²　juáh²³　　tsá²daun³²

(Sochiapan Chinantec 语)

idea　that　REP　　DISC　say.TI.PRES.3　old.person

That, *it is said*, is what the old people used to say.

(Roque *et al.* 2017:128)

（据说那就是老人过去常常提到的事情。）

b. taŋ me:me: naha: motlorqo-j-ben＝no:-*l'el*

(Yukaghir 语)

that bear very thin-ATTR-NR＝COP-INF(INTR: 3SG)

That bear was very thin(*as can be seen from his traces*).

(Maslova 2003:222)

〔(从足迹上判断，)那只熊很瘦。〕

除了上面的直接示证和间接示证，Garrett(2001)指出藏语中还存在一种特殊的"自我示证"(ego-evidentiality)，它是说话者拥有的一种对于事况的即时知识(immediate knowledge)，与感觉到的、从别处听到的信息有所不同。例如：

(21) བོད་ལ་གཡག་ཡོད།

bod-la   g.yag   *yod*

Tibet-loc yak   [ego ELPA]

There are yaks in Tibet.(转引自 DeLancey 1986:204)

（西藏有牦牛。）

句子中的"yod"就是自我示证标记，其作用在于为说话者说出"西藏有牦牛"这个句子提供充分的证据来源，因为它已经成为说话者的一种内化知识，因而十分具有可靠性。

受此启发，我们认为本文所讨论的"怎么"，其用法近似于这种"自我示证"标记，体现出言者指向(speaker orientation)，主要作用在于使言者预期的相关事况得以显豁并让听者确知该事况。

上一节已经提到，"怎么"的使用可以强化言者意外情感的表达效果，而由意外强化带来的是对听者信念的影响。例(15)中，言者使用"怎么"有意向听者传达并使之确认他原本的心理预期所代表的事况。比如，说话人说出"小李怎么没报名？"这个句子时，他并不是单单对"小李没报名"这个事件表达疑惑，更是传递给听话人这样一种信息：我之前曾经获知到小李会报名的消息，所以也就预期他肯定会报名。但是，现在实际出现了与心理预期不同或者相反的情况,其中很可能是有原因的。正因如此,作为听者/读者能够被诱发感觉到其中的"怎么"还略带有询问原因的意义。也就是说,言者心理预期的内容是通过"怎么"进一步显现给听者的,并让听者察觉并确认预期内容的真实合理性。"怎么"句的这种言者指向特征可以在追补小句"我想告诉你的是……"中体现出来。例如:

(22) a. 他<u>怎么</u>这么高兴?(我想告诉你的是,之前我没料到他会这么高兴。)

　　 b. 小李<u>怎么</u>没报名?(我想告诉你的是,他之前跟我说过这次会报名的。)

　　 c. 他<u>怎么</u>还不出来?(我想告诉你的是,我原来预期他会很快就出来的。)

例(16)是文献中常常谈到的"怎么"特指反问句的否定用法(殷树林 2009:208—269,胡德明 2010:70,刘彬、袁毓林 2019),而这种否定意义同样也与"怎么"句的示证性有关。与一般疑问句相比,言者用"怎么"可以进一步诱导听者察觉自己的心理预期,并且让听者确信预期内容代表了一种正常的事理,但是现在出现了与这种事理完全相反的情况。与正常的心理预期内容相比,实际状况很显然是错误的。"怎么 VP?"在这里就相当于"我告诉你/我觉得,不该 VP",体现出言者的"个人介入"(屈承熹 2006:112)或"言者指向"。也就是说,言者使用"怎么"句向听者明示(ostensive)了预期内容的正确合理性。例如:

(23) a. 刘招华,你的老婆要生小孩,你他妈的<u>怎么</u>能够忍心将她一个人丢下不管呢?

　　 →刘招华,你的老婆要生小孩,我告诉你,你不该将她一个人丢下不管。

　　 b. 唉,<u>怎么</u>一结婚,男的就变成这副德行了?

　　 →我觉得,男的结了婚不该变成这副德行。

例(17)中"怎么"的作用是让听者了解知悉某种之前的事况,进而诱发他对现在的情况作出判断。比如,"你不认识我了?"只是言者对听者的一种常规提问,但有了"怎么"后,言者向听者传达的信息可以是"我确定我们之前在某个地方见过,但你现在不认识我,原因是你不记得我们见

过"。通过"怎么",言者想让听者相信"我们之前见过因而预期你会认识
我"的内容的真实性。再如,有了句首的"怎么","他又改变主意了?"就不
单单是言者一般性的疑问,而是另有向听者传达诸如"他之前跟我们承诺
过某种行为"这类的意思。总之,这里的"怎么"具有言者提醒的作用,同
样反映出言者指向特征。例如:

(24) a. 怎么,你不认识我了?

　　→我提醒你,我们在某个场合见过。

　　b. 怎么,他又改变主意了?

　　→我提醒你,他之前跟我们承诺过会交钱的。

值得提到的是,李湘(2019)指出"怎么"具有话语篇章意义层面的用
法,作用是"引出说话人对受话人此前言行的意图或起因的一个猜测"。
介引猜测体现出"怎么"的交互主观性特征。但若更进一步分析,说话人
的猜测即是一种怀疑和不相信的心理,不认为听话人应该表现出此前的
言行。因此,"怎么"的作用又在于向听话人明示他之前没有预料到的事
态情况是真实存在的。

综上所述,"怎么"一方面具有强化意外表达的效果,但同时也为言者
提供了进行自我示证的手段,向听者显示自己心理所预期的内容,并使言
者确认预期内容的真实合理性。语言是一种"明示-推理"模式的交际系
统(Sperber & Wilson 1995),发话人的每一句话都为听话人推理发话人
的心理状态提供一个论据。而发话人有意识地给听话人提供论据,目的
则是为了引导其进行推理,将听话人引向一个特定的结论,影响其思想、态
度,乃至即时行为(完权 2018)。因此,发话人在言语互动中总会采取一定的
手段提高话语的信据性(argumentativity, Anscombre & Ducrot 1989),为听
话人推理提供可信的论据(argument,Verhagen 2008)。这就是语言表达的
"信据价值"(argumentative value)或"信据力"(argumentative strength)。
本节讨论的"怎么"的自我示证用法其实也就是发话人提高话语信据价
值/信据力的一种词汇手段。

值得注意的是,在结构上,"怎么"还经常和"呢、吗、啊、嘛"等语气
词连用构成"怎么……呢/吗/啊/嘛"的形式,这是言者进一步提高自我
示证/信据力的一种表达手段,因为这些语气词都具有交互主观性特征。

如"呢"能够表现出说话人的信念、体现较高的信据价值(方梅 2016;完权2018),"吗"可以体现说话人对所言内容的高确信度(黄国营 1986;郭锐 2000),"啊"具有言者指向的自我示证用法(屈承熹 2006:110—112;Badan & Cheng 2015),"嘛"能够提醒听话人所言论题是显而易见或不言而喻的(屈承熹 2006:102—104)。

更进一步看,"怎么"的上述用法体现出来的是"语力更新"(illocutionary update,Anderbois 2018),即言者可以为自己的言语行为(speech act)提供更强有力的证据信念。这在不少语言中都有惯用的形式标记,如Yucatec Maya(YM)语(一种玛雅语)中的 Bakáan 和 Tagalog 语(他加禄语)里的 pala。

(25) **Context**:A mother is in the kitchen cooking and remembers that there are no beans in the house because she forgot to tell her son to go buy some and says:

(语境:一位母亲正在厨房做饭,想起来因为她忘了让儿子去买一些豆子,家里没有豆子了。她说:)

YM

Xeen　　a　maan　**bakáan**　bu'ul　te'　　tiiyeenda-o'!
go.Imp　A2　buy.Subj　Mir　　beans　there　store-Distal
'Oh(I meant to tell you),go buy some beans.'

〔"噢,(我本来想告诉你)去买些豆子的。"〕

Tagalog

Bumili　　ka　**pala** ng　monggo.
buy.Imp　you　Mir Indir mung.beans
'Oh(by the way),you should buy some mung beans!'

〔"噢,(顺便说一句),你应该买一些绿豆!"〕

上面两例代表一种命令要求的言语行为,说话人使用特殊的形式标记的目的在于增强"以言成事"的效果,为自己的言语行为提供充分的证据,即"我原本是记得要让你买豆子的"。这与"怎么"显明心理预期的用法具有相当程度的一致性。

5. 结语:意外和示证的统一

　　上面的分析显示"怎么"具有双重作用:强化意外表达和进行自我示证。也就是说,"怎么"身兼意外和示证两种用法。其实,这种功能二重性的现象也并不奇怪,因为对语言中意外现象的关注最早就起源于对示证范畴的广泛调查,意外和示证之间具有非常紧密的关联。

　　起初,意外被认为只在个别语言中存在,并被当作示证范畴的小类(Chafe & Nichols 1986, Lazard 1999)。但是 DeLancey(1997)通过深入调查提出,意外是跨语言存在的独立的语法范畴,与示证范畴之间存在差别[1]。不过他(2001)同样承认意外和示证之间确实存在难以割裂的联系。例如:

(26) deshīta　　yedanífyie　***lō***
　　　bush　　　be.smart/2s　subj/IMPF
　　　'You're smart for the bush!'(i.e., you are competent at bush-craft, and good at improvising when in the wild)
　　　〔"你在野外表现太棒了!"(你擅长丛林技巧,在野外时也能够从容应对)〕(转引自 DeLancey 2001)

　　这里的 lō 既可以是意外标记,表明听者所具备的野外生存技能知识比言者心理预期的要多,因此这句对对方的评价话语实际上对于言者自己而言也是新信息;同时它也是个间接示证标记(indirect evidentiality marker),因为言者的这句评价是从对方在野外丛林的实际表现而推理得来的。

　　类似的现象也见于土耳其语的"-*miş*"和加拿大 Gitksan 语的"*n'akw*",它们既可以表达意外范畴〔例(27a)、(28a)〕,也可以表示示证范畴〔例(27b)、(28b)〕。例如:

(27) a. Kız-　　ınız　çok　iyi　piyano　çal-　ıyor-　***muş***.
　　　　　daughter　your　very　good　piano　play　pres.
　　　　　Your daughter plays[-*miş*] the piano very well.
　　　　　(你女儿钢琴弹得非常棒!)

---

① 关于示证范畴和意外范畴之间的关联性,详见强星娜(2017)的介绍。

　　b. gel-　　***miş***

　　　　come　　past of indirect experience

　　　　he/she/it came(apparently, reportedly).

　　　　〔(据说),他/她/它来了。〕

(28) a. ***n'akw***＝hl　　witxw＝s　　　　Alvin

　　　　EVID＝CND　　arrive＝PND　　　Alvin

　　　　[Looks like] Alvin is here!

　　　　〔(看起来)Alvin 在这!〕

　　b. ***n'akw***＝hl　　mukw＝hl　　　maay'

　　　　EVID＝CND　　ripe＝CND　　　　berries

　　　　The berries must be ripe.

　　　　(这些浆果肯定成熟了。)

　　　　Looks like the berries are ripe.

　　　　(这些浆果看起来已经成熟了。)(转引自 Slobin & Aksu 1982)

此外,Tsafiki 语的示证标记"*-nu*"和 Qiang 语的示证标记"*-k*"在特殊
语境下也可以解读为意外,分别如例(29)和例(30)所示。

(29) [The] speaker heard what he thought was a car approaching. But
　　when he saw it, he realized it was a motorcycle.

　　(这个人听到了一些声音,以为是一辆汽车驶过来了。但当他看
　　到时,他意识到这是一辆摩托车。)

　　moto　　　　　jo-***nu***-e

　　motorcycle　be-EVID-DECL

　　It's a motorcycle!

　　(这是一辆摩托车!)(转引自 Dickinson 2000:411)

(30) The speaker sees that the door is open, but doesn't know who
　　opened it.

　　(这个人看到那扇门是打开的,但不知道是谁打开的。)

　　dʑy　　de-ʐge-ji-***k***

　　door　　OR-open-CSM-INFER

　　The door is open!

　　(这扇门是打开的!)(转引自 LaPolla 2003)

DeLancey(2001)指出有的语法形式的示证用法是从意外用法演变而来的。从本文对"怎么"句的分析来看,原因可能是,话语交际是一个互动性的言语行为,说话人一方面设法用"怎么"句向听话人传递出自己拥有意外的情感体验,让听话人知道(know)"我感到意外";另一方面说话人也需要为自己的意外情感提供充足的证据支撑,让听话人理解(understand)"我为什么会感到意外"。而正是在后者的促动下,表达意外的形式渐渐地具有了示证性的用法。不过,Aikhenvald(2004:208;2012:470)也认为语法形式存在从示证用法到意外用法的语义演变路径,即说话人先预期了某种事态,但实际出现了意想不到的新情况,造成了意外心理。这样,原为示证用法的语法形式会逐渐具有表达意外的作用。

其实,一个语法形式无论是从示证用法演变到意外用法,还是从意外用法演变为示证用法,从演变机制来看都可以说得通。因为它们都是依靠转喻机制推动的。根据沈家煊(1999),转喻是用一个概念来指称另一个相关的概念,两个相关认知范畴往往属于同一个"认知框"之间的"过渡",以一个概念为参照点建立与另一个概念的心理联系。一个事件可以包含许多层面:比如事件的时间、地点、起因、过程、结果等等。"起因—结果"都属于"事件"的同一个认知框架。如果把意外当作"结果",那么示证就是"原因";结果既可以转指原因,原因也可以转指结果(王冬梅2010:36)。因此,语法形式的意外用法就可以发展出示证用法,同时示证用法也可以发展出意外用法。二者具有演变方向上的可逆性。

最后需要指出的是,"怎么"虽然同时具有意外和示证用法,但在具体语境下其意外和示证的强弱表现会有所不同。比如,当加强示证性的追补性说明小句在"怎么"句后时,相当于是由果及因的叙述,"怎么"句更多地体现出意外性,如例(31)所示;而当说明小句在"怎么"句前时,是由因及果的叙述,"怎么"句不仅表现出言者意外,并且更多地体现出示证性,如例(32)所示,"怎么VP"相当于表达言者认为"不应该VP"的合理性和理据性。

(31) a. 我就试探着问他春红的名字,谁知他露出来一副惊讶的表情。"怎么,你们不认识?春红可说过你是你们东北老乡里的才子呀。"

　　=我对"你们不认识"感到意外，因为春红说过你是你们东北老
　　乡里的才子。

　b. 小李进来了，脸上血拉拉的几道印子。小王吓了一跳："<u>怎</u>
　　<u>么</u>，又打架了？ 前几天还跟我保证不再打架了！"

　　=我对"你又打架"感到意外，因为你前几天保证过不再打架。

（32）a. "哟！师长不是娶了三房姨太太了嘛，怎么还娶呀？"

　　=因为师长已经娶了三房姨太太了，所以我认为"师长不会再娶
　　老婆"是有根据的。

　b. 有一位问他："二爷，<u>您不是说下雨就打伞吗</u>？ 他<u>怎么</u>还
　　夹着？"

　　=因为二爷您说过下雨就打伞，所以我认为"他不该夹着"是有
　　根据的。

　　这些句子中的画线部分都是说话人提供的额外证据，说明自己为什
么会觉得意外，为什么会有那样的心理预期。其中的"怎么"小句近似于
表达"我对……感到意外"和"我认为……是有根据的"，"怎么"在增强言
者意外表达的同时，也提高了言者预期内容的信据力。而在语境信息非
常丰盈的情况下，这些追补小句也都可以省略，进而将强示证性完全融进
到"怎么"句中，使得"怎么"具有强化意外和提供示证的双重作用。

参考文献

　陈振宇　杜克华　2015 《意外范畴：关于感叹、疑问、否定之间的语用迁移的研
究》，《当代修辞学》第 5 期。

　蔡维天　2000 《为什么问怎么样，怎么样问为什么》，《汉学研究》（第十八卷
特刊）。

　戴耀晶　2013 《汉语质的否定与量的否定》，载《现代中国语研究》第 15 期，日本
东京：朝日出版社。

　邓思颖　2011 《问原因的"怎么"》，《语言教学与研究》第 2 期。

　方　梅　2016 《再说"呢"》，《语法研究和探索（十八）》，北京：商务印书馆。

　谷　峰　2014 《汉语反预期标记研究述评》，《汉语学习》第 4 期。

　郭　锐　2000 《"吗"问句的确信度和回答方式》，《世界汉语教学》第 2 期。

胡德明　2010　《现代汉语反问句研究》,合肥:安徽人民出版社。

黄国营　1986　《"吗"字句用法初探》,《语言研究》第 2 期。

李　湘　2019　《状语"左缘提升"还是小句"右向并入"? ——论"怎么"问句质询意图的共时推导与历时变化》,《中国语文》第 5 期。

刘　彬　袁毓林　2019　《"怎么"类特指反问句否定意义的形成与识解机制》,《语言教学与研究》第 1 期。

刘　彬　袁毓林　2020　《疑问与感叹的相关性及其转化机制》,《世界汉语教学》第 1 期。

刘　彬　谢梦雅　2019　《疑问代词"怎么"的惊异义及其句法后果》,《汉语学习》第 2 期。

刘　焱　黄丹丹　2015　《反预期话语标记"怎么"》,《语言科学》第 2 期。

刘永芳　2010　《归因理论及其应用》(修订版),上海:上海教育出版社。

刘月华　1985　《"怎么"与"为什么"》,《语言教学与研究》第 4 期。

陆方喆　2014　《反预期标记的性质、特征及分类》,《云南师范大学学报(对外汉语教学与研究版)》第 6 期。

陆方喆　曾　君　2019　《反预期标记的形式与功能》,《语言科学》第 1 期。

吕叔湘　1944　《中国文法要略》,《吕叔湘文集》第一卷,北京:商务印书馆,1990。

吕叔湘　1980/1999　《现代汉语八百词》,北京:商务印书馆。

彭可君　1993　《说"怎么"》,《语言教学与研究》第 1 期。

强星娜　2017　《意外范畴研究述评》,《语言教学与研究》第 6 期。

[美]屈承熹　2006　《汉语篇章语法》,北京:北京语言大学出版社。

邵敬敏　1995　《"怎么"疑问句的语法意义及功能类型》,《语法研究和探索(七)》,北京:商务印书馆。

邵敬敏　2014　《现代汉语疑问句研究》(增订本),北京:商务印书馆。

沈家煊　1999　《转指和转喻》,《当代语言学》第 1 期。

唐　敏　2009　《副词"还"的"反预期"语用功能及"反预期"的义源追溯》,《江苏大学学报(社会科学版)》第 4 期。

完　权　2018　《信据力:"呢"的交互主观性》,《语言科学》第 1 期。

万光荣　2017　《惊讶范畴:类型学研究的新领域》,《语言科学》第 6 期。

王冬梅　2010　《现代汉语动名互转的认知研究》,北京:中国社会科学出版社。

王　健　2013　《一些南方方言中来自言说动词的意外范畴标记》,《方言》第 2 期。

王小穹　何洪峰　2013　《疑问代词"怎么"的语义扩展过程》,《汉语学习》第 6 期。

武　果　2009　《副词"还"的主观性用法》,《世界汉语教学》第 3 期。

肖治野　2009　《"怎么₁"和"怎么₂"的句法语义差异》,《汉语学习》第 2 期。

殷树林　2009　《现代汉语反问句研究》,哈尔滨：黑龙江大学出版社。

袁梦溪　原由理枝　2019　《现代汉语"吗"问句与"A 不 A"问句的语义差异》,《当代语言学》第 1 期。

张　斌　2001　《现代汉语虚词词典》,北京：商务印书馆。

朱德熙　1982/2008　《语法讲义》,北京：商务印书馆。

宗守云　2011　《"X 比 Y 还 W"的构式意义及其与"X 比 Y 更 W"的差异》,《华文教学与研究》第 4 期。

Aikhenvald, A. Y.　2004　*Evidentiality*. Oxford：Oxford University Press.

Aikhenvald, Alexandra Y.　2006　Evidentiality in grammar. In Keith Brown (ed.), *Encyclopedia of language and linguistics*(2nd). Vol.4. Oxford：Elsevier.

Aikhenvald, Alexandra Y.　2012　The essence of mirativity. *Linguistic Typology* 16(3)：435—485.

Ander Bois, Scott　2018　Illocutionary Revelations：Yucatec Maya Bakáan and the Typology of Miratives. *Journal of Semantics* 35.

Anscombre, Jean-Claude & Oswald Ducrot　1989　Argumentativity and informativity. In Michel Meyer(ed.), *Metaphysics to Rhetoric*. Dordrecht/Boston/London：Kluwer Academic Publishers.

Badan Linda & Lisa Lai-Shen Cheng　2015　Exclamatives in Mandarin Chinese. *Journal of East Asian Linguist* 24.

Chafe, Wallace L. & Johanna Nichols　1986　*Evidentiality：The linguistic coding of epistemology*. New Jersey：Ablex.

Dickinson, Connie　2000　Mirativity in Tsafiki. *Studies in Language* 24(2).

DeLancey, Scott　1986　Evidentiality and volitionality in Tibetan. In：W. Chafe and J. Nichols(ed.), *Evidentiality：The Linguistic Coding of Epistemology*. Norwood, NJ：Ablex.

DeLancey, S.　1997　Mirativity：The grammatical marking of unexpected information. *Linguistic Typology* 1.

DeLancey, Scott　2001　The mirative and evidentiality. *Journal of Pragmatics* 33.

Garrett, Edward　2001　*Evidentiality and assertion in Tibetan*. PhD dissertation, UCLA.

LaPolla, R.　2003　Evidentiality in Qiang. In A. Y. Aikhenvald & R. M. W. Dixon (ed.)，*Studies in evidentiality，typological studies in language*（Vol. 54）. Amsterdam/ Philadelphia: John Benjamins.

Lazard，G.　1999　Mirativity, evidentiality, mediativity, or other?. *Linguistic Typology* 3.

Li，N. Charles & Sandra A. Thompson　1981　*Mandarin Chinese : A Functional Reference Grammar*. California University Press.

Lipta'k，Aniko'k.　2005　The left periphery of Hungarian exclamatives. In Laura Bruge *et al.* (ed.)，*Contributions to the thirtieth Incontro di Grammatica Generativa*. 161—183. Venezia: Cafoscarina.

Maslova，E.　2003　Evidentiality in Yukaghir. In Aikhenvald，A. Y.，Dixon，R.M.W. (ed.)，*Studies in Evidentiality*. Amsterdam/Philadelphia: John Benjamins.

McLendon，S.　2003　Evidentials in Eastern Pomo with a comparative survey of the category in other Pomoan languages. In Aikhenvald，A. Y.，Dixon，R.M.W. (ed.)，*Studies in Evidentiality*. Amsterdam/Philadelphia: John Benjamins.

Michaelis，Laura.　2001　Exclamative constructions. In Martin Haspelmath *et al.* (ed.)，*Language typology and language universals* 2. Berlin: Walter de Gruyter.

Molochieva，Zarina　2007　Category of evidentiality and mirativity in Chechen. *Conference on the languages of Caucasus*. Max Planck Institute EVA Leipzig.

Nelson，Gerald　1997　Cleft constructions in spoken and written English. *Journal of English Linguistics* 25(4).

Peterson，Tyler　2013　Rethinking mirativity: the expression and implication of surprise. http://semanticsar-chive.net/Archive/2FkYTg4O/Rethinking_Mirativity.pdf

Pinker，S.　1994　*The Language Instinct : How the Mind Creates Language*. Penguin Books.（中译本《语言本能》,欧阳明亮,译,杭州:浙江人民出版社,2015 年）

Rooth，Mats　1992　A theory of focus interpretation. *Natural Language Semantics* 1(1).

Roque San Lila，Simeon Floyd & Elisabeth Norcliffe　2017　Evidentiality and interrogativity. *Lingua* 186—187.

Slobin，Dan and Ayhan Aksu　1982　Tense，aspect，modality，and more in Turkish evidentials. In P. Hopper(ed.)，*Tense-aspect : Between semantics and pragmatics*. Amsterdam: Benjamins.

Sperber，Dan & Deirdre Wilson　1995　*Relevance : Communication and Cognition*(2nd edition). Oxford: Blackwell Publishers.

Talmy, G.   2000   *Towards a Cognitive Semantics：Concept Structuring Systems*. MIT Press. (中文译本《认知语义学(卷Ⅰ):概念构建系统》,李福印,等译,北京:北京大学出版社,2017年)

Verhagen, Arie   2008   Intersubjectivity and the architecture of the language system. In Jordan Zlatev *et al.* (ed.), *The Shared Mind：Perspectives on Intersubjectivity*. Amsterdam/Philadelphia：John Benjamins Publishing Company.

李强:leeqiang2222@163.com
原载《汉语学报》2021年第1期。

"什么"感叹句的"意外"本质及否定倾向 *
——兼论"语用否定"的层级类型与制约因素

复旦大学中国语言文学系　　　张　莹

提　要　what(什么)感叹句是世界语言类型中的一类特殊格式,其本质是表示"由意外引起的强烈的情感情绪",根据意外迁移的规律,该格式发展出表示肯定和积极情感的纯粹感叹用法,表示语用否定和消极情感的"否定"用法。本文详细区分了汉语"什么"感叹句的7种具体否定类型,并且在9种"什么"格式中考察了各个否定类型的分布,再通过对有关语用特征的数据考察,来解释这些分布的决定机制。统计发现,句子命题的事实性意义与话轮位置及是否引述前文有关。动词句一般是在首发话轮的,所以多表示有关行为或状况是事实,但是不合理;而形容词一般是在后接话轮的,所以多表示对方的判断,因此说话者会认为它是反事实。更重要的是,汉语母语者多把这些格式用在反同盟的语境中,即使句中焦点成分是中性或积极的词语也是如此。因此,反同盟关系也是汉语无法达到肯定否定、积极消极对称性的重要原因。

关键词　"什么"感叹句　意外　语用否定　消极情感　质的意外　反同盟

　　本文的研究对象是"什么教授! 什么玩意儿! 什么'你'啊'我'的! 有什么要紧! 嚷嚷什么! 漂亮什么!",以及独用的"什么!"一类例句。我

　　* 本文得到国家社会科学基金后期资助项目"言语行为的逻辑——汉语语义和语用接口研究"(项目编号:19FYYB032)的支持。

们从北京大学中国语言学研究中心(CCL)语料库的 6 500 个例句中筛选出本类"什么"句,其中有效的是 305 句,综合前人的研究,可以归纳为5 类 9 种格式,如下:

    Ⅰ. V+什么+O

    Ⅱ. X 什么,又分为:V+什么;A+什么

    Ⅲ. 什么+XP,又分为:什么+短语;什么+中性/积极名词;什么+
       消极名词

    Ⅳ. X 什么 X,又分为:V 什么 V; A 什么 A

    Ⅴ. "什么"独用

其中除了最后一种,每一个格式都有一个充当感叹焦点的成分,就是这里的 VO、V、A,以及"什么"后面的"短语、名词"。因此,此类句式使用的第一个条件就是,必须要从语境或前文中提炼出一个使人产生感叹的焦点性成分,否则就不能使用。

1. 问题的提出及初步的解释

1.1　世界语言类型中的 what 感叹句

在研究之前先要说明的是,除了这些格式外,汉语的"什么"疑问句本身就有表达感叹的例句,例如"我究竟做了什么让你这么生气?!""你们跟着瞎起哄什么?!""就他能知道些什么?!",其中有的是强化疑问(究问),有的则表示反诘,从而得到否定的意义。

我们之所以把前面的格式单独拿出来进行讨论,是因为对世界语言来说,what(什么)类疑问代词都容易构成特殊的感叹格式(而其他疑问代词是否有特殊的感叹格式根据不同的语言而论),具有普遍性,所以需要作为特殊的类型进行比较研究。例如英语中也存在以下特殊的 what 感叹句:

(1) What a beautiful day! (多美的一天!)

(2) What a nasty day! (多糟糕的一天!)　What a fool! (好一个大
     傻瓜!)

(3) ——This is not the time.

     ——What! You're kidding me! (什么! 你耍我啊!)

　　显然,不同的语言中,这一类特殊感叹格式的范围和意义功能都存在区别,从简单到复杂都有。英语 what 一般不用来表示否定,但可以表示情感。阿拉伯语、土耳其语中,表示"什么"的疑问词,既可以表示感叹,也可以表示否定,但难以在后面加上引述成分。盛雪(2013)、毛宏燕(2007)、孙亚俊(2008)认为,西班牙语 Qué、俄语的 что、维吾尔语 nemɛ 单独使用时表示惊讶的语气,而在非独用情况下,可以用于疑问、感叹、元语否定等多种情况,下面是感叹和否定的例子:

(4)　Sen　　　　ne-yi　　　　　bil-ir-sin　　　　　ki!
　　　你-主格　什么-宾格　知道-AOR-AGR　　　小品词
　　　(你知道什么,意为"你什么都不知道")

(5)　Что за новость!
　　　什么这　新闻　　　(这什么破新闻啊!)

(6)　nemɛ antʃɛ qistajsiz? rɛt bojitʃɛ kɛlmɛmsiz?
　　　什么　挤　　　　(挤什么?按次序来!)

更为重要的是,还可以后接引述成分,表达元语否定功能:

(7)　——Vamos, díganos cómo ocurrieron las cosas.(你把事情怎么发生的给我们讲讲。)

　　　——¿Qué cómo ocurrieron?
　　　　什么　如何　发生　　　　　　　(什么怎么发生的?)

(8)　Что прикажете-с? спросил он почтительно.("您要什么?"他恭敬地问。)

　　　Как　что? Чаю.
　　　什么 什么　　　(什么"什么"? 茶!)

(9)　——baliniŋ midʒezi joq, 3—4 kyn boldi.　(孩子已经不舒服三四天了。)

　　　——nemɛ middʒezi bolmajtti? birɛr qizʁa køjyp qalʁan gɛp!
　　　　什么　　不舒服　　　　(什么不舒服! 他是害相思病!)

请注意,在俄语中,如果引述成分恰好就是疑问代词 что,则要使用 Как 来连接,如例(8)所示。如果是其他成分,就可以直接用"что＋X"的结构。

从世界语言类型学的角度看,这类句式称为"否定句式"或"消极评价句式"都是不合适的。如英语的例子,what 感叹句有时表达消极情感,有时表达积极情感;有时表达否定,有时不表达否定(表肯定的更多),需要靠语境以及命题的性质来决定。这种语言非常多,并非特例,如俄语例(5)表示消极情感,而下面例(10)表示语用否定,例(11)表示积极情感,也不是语用否定:

(10) Что вы, это семнадцатого.

　　　什么　　　　　　　(什么呀,是 17 号。)

(11) Что　за　глаза!

　　　什么　这　眼睛　　〔这什么眼睛啊!(指眼睛漂亮,意为"多漂

　　　亮的眼睛")〕　　　　　　　　　　　　　　(引自毛宏燕 2006)

　　如果说有什么共同点,就是这些 what(什么)句式都表示由"意外"(mirativity)引起的感叹,也称为"言者指向感叹"(speaker-oriented exclamation),指说话者由于遭受某种外部信息(意外信息)而引起的惊讶、反感、愤怒、痛苦或赞叹、幸福等感情或情绪。意外的定义参见 Aikhenvald(2012)。Hengeveld & Olbertz(2012)认为,意外和感叹所表达的都是令人瞩目(remarkable)的内容,不过感叹是言语行为概念,而意外属于情态范围。Michaelis(2011:1039)则把感叹完全看成表达说话者的惊讶(surprise,即对情景的情感回应 the speaker's affective response to a situation),并伴随着积极的或消极的情感。

　　意外决定此类 what(什么)句式都必须有一个先在的情景来允准它们的使用,这些情景可分为三种类型:

　　1) 已经发生的事件或行为作为触发感叹的情景。包括已经存在的事物或场景,也包括已经确定一定会发生的事件或行为(因为这一确定性是已然存在了的)。

　　2) 他人已经言说的话语,话语中的某一内容作为触发感叹的情景。

　　3) 已经发生的言语活动,这一活动本身或其中某一要素作为触发感叹的情景。包括参与言语活动的对方,也可能触发感叹。

1.2　否定和消极倾向性

　　考察汉语"什么"感叹句的研究历史,会发现研究者们都把这里的"什么"称为"表示否定",而不是仅仅归入感叹句。王力(1943/2014:255)提

出有一种"什么"用于否定语或反诘语力，表示坚决的否认或强烈的辩驳。丁声树等（1961：162—167）、赵元任（1979/2011：666—667）、吕叔湘主编（1980/1999：484—485）都提到了这一用法，并且例句和类型也渐渐总结完善，如李一平（1996）。

邵敬敏、赵秀凤（1989）认为"怀疑因素"加强起到关键作用，使得否定功能成立。樊莉（2012）指出感叹环境对语用迁移的影响。这些论述都比较模糊。而袁毓林、刘彬（2016）则更为明确地指出，"在意义上往往具有'反通常性'的特点，而这种'反通常性'正好是'什么'句表示否定意义的内在原因。"他们认为不管是"不相信某种正面和积极的可能性"，还是"相信某种负面和消极的可能性"，都是表示否定意义的，最终使得"什么"句涌现出否定意义，否定某种事物（性状、行为、观点、观点等）的合理性。他们还把这总结为"疑善信恶"原则。

如果我们只考察汉语"什么"感叹句，则袁毓林、刘彬（2016）的解释在绝大多数情况下是解释得通的（个别情况下不能解释）。但是，如果我们放在世界语言类型学的角度看，就会发现这一解释存在很大的问题，因为并不是所有语言的 what（什么）感叹句都具有语用否定和消极情感的强烈倾向。所有语言的 what（什么）感叹句都具有非常规性，但并不一定是"疑善信恶"，也有的是肯定积极的事物，如例（1）、例（11），因此非常规性并不是词类格式偏向消极情感的根本原因。又，如果"疑善信恶"是认知的本质，那为什么对这些语言不起作用？如果说"疑善信恶"是与"乐观原则"互补，交替起作用的，那我们还得回答，为什么汉语"什么"感叹句非得偏向一隅，而不是两边平衡？

陈振宇、杜克华（2015）提出"意外三角"理论，认为"意外"作为触发范畴起到桥梁作用，实现了疑问、否定、感叹之间的语用迁移。陈振宇（2017：528）进一步把有关规则修改为：

疑问（默认）＋［特征］意外→［主］语用否定＋［次］说话者指向感叹

疑问＋［特征］意外＋［特征］积极/非消极→纯感叹（或者说是阻止导向语用否定）

可以用这一原理说明各种语言中否定肯定以及消极积极的大致分布，即语用否定的例句比纯粹感叹的多，因为前者是默认的，后者是必须要一些特殊的因素来允准的。如例（1）就是因为有表示积极意义的"beautiful"而只能是纯粹的感叹；其他的例子则大多都是语用否定的，具有消极情感，其中例（2）有消极意义的"nasty"，而其他大多数例子既无明显的积极意义的词，也无明显的消极意义的词，而它们都倾向于理解为语用否定和消极情感。

　　按照上述规则，否定与肯定、积极与消极的选择似乎都是有词汇意义导致的，但是我们仍然需要问：为什么汉语中即使是美好的事物，用在格式中以后也会出现否定和消极的倾向？例如"什么英雄""你高兴什么啊"，表示算不上英雄、不应该高兴。汉语中的"什么"感叹句，表示否定和消极的比例如此之大，有的格式甚至是百分之一百的，而相反的例子十分稀少。显然，我们还需要寻找其他原因。

1.3　汉语也有肯定和积极情感的例子

　　在考察汉语语用的倾向性之前，先来看看汉语是否有肯定和积极情感的"什么"感叹句。在我们搜索的这个封闭语料库中没有，但是当扩大搜索整个 CCL 语料库时，发现了极少的一些例子，而且都是同一种类型，即"什么"独用句，其出现条件是：这一信息对说话者来说，必须在当下场景中具有显著的积极色彩，或者说话者明确地认为应该出现的信息，这其实是符合上面的表示纯粹感叹的语用条件的。如：

（12）"是 Susan 的信！""<u>什么</u>！"林雨翔惊得连几秒钟前惦记着的睡觉都忘记了。"没空算了，不给你了！""别，我醒了——"雨翔急道。（韩寒《三重门》）

　　既然接到了信，那就是事实，不可否定；又，林雨翔喜欢 Susan，所以接到她的信，是惊喜、高兴，而不是什么消极情绪。或者说，对林雨翔来说，来信不是不合理，而只是不太可能发生的事，即小概率的预期。

（13）明人跟前不打暗话，如心脱口而出，"可是听到一首叫'天堂里陌生人'的歌？"王先生转过头来，十分诧异，"'天堂里陌生人'？不不不，我听到的是苏州弹词琵琶声。""<u>什么</u>！""周小姐，你没有听过弹词吧？"如心不得不承认，"没有。"王先生笑了，"也难怪你。"（亦舒《红尘》）

　　王先生说是苏州弹词，如心没有想到是这个，感到惊讶。但她既没有否定王先生的意思（她并不是认为这不是苏州弹词），也没有什么消极情绪，只是纯粹的惊讶（惊讶于王先生竟然知道这个）。

(14)"她已经实行了你刚才说的话；她做过——淌白。""什么！有了同志！"章秋柳跳起来很兴奋地喊。"但她是另一原因，另一动机，她是为贫穷所驱使。"章秋柳很失望似的笑了一笑，又躺了下去；她料不到一个极好的题目却只有如此平凡的内容。

（茅盾《蚀》）

章秋柳前面讲到自己希望过自由的、享受的生活，甚至去做妓女（淌白），她听到女友说某人已经做了这样的事，于是惊讶地说"什么"，这时她没有否定这一事实，同时因为她以为是合乎自己理想的事，所以她也不是表示这事不合理，当然也没有什么消极情感，她感到是"很兴奋"。

这些例子罕见，但它们的存在的确说明"什么"感叹句，从本质上讲还是出于"意外"的，虽然有很强的否定和消极情感的倾向，但并非百分之一百。

1.4 独用以及质与量的意外

我们考察了一系列语言的"什么"疑问代词，发现它们大都有独用的例子，有的用原形，有的独用时形式上稍有变化（如下例中维吾尔语例子），不过独用都是自由的功能。这些独用例子的一个共同点是，多用于表示消极情感，英语的例子见前面例(3)，俄语的例子见例(10)，再看一些例子也是如此：

(15) 维吾尔语：

——aŋlisam uniŋ maaʃi nahajiti juqiri ikɛn.（我听说他的工资很高。）

——nɛdikini, aranla 800 jyɛn.
什么　　　　　（什么呀，才 800 元。）（转引自孙亚俊 2012）

西班牙语：

¿Qué!　¿Todavía estás aquí!
什么　　　　　（什么！你还在这儿！）（转引自盛雪 2013）

姜炜、石毓智 (2008) 说，"什么"的否定用法来自询问目的的"做什么"。但是仔细考察，实际上最早的例子是来自《祖堂集》的单用的"作摩"（意为"做什么"），分为两种：一是有人打招呼，询问是有什么事，如：

（16）师良久,侍郎罔措,登时三平造侍者在背后敲禅床,师乃回视云：
"作摩?"对曰："先以定动,然后智拔。"

南泉行五六步,师召云："长老。"南泉回头云："作摩?"师云："莫
道是末。"(《祖堂集》)

另一种用法是遇上了令人吃惊的情况,一般是消极的情况,如例
(17a)的僧人哭;或者听到了对方的令人生疑的话,如例(17b),我们认为
这就是汉语"什么"感叹句表示语用否定和消极情感的源头：

（17）a. 有僧人哭入法堂,师云："作摩,作摩?"僧对曰："父母俱丧,请
师择日。"(《祖堂集》)

b. 僧问西堂："有问有答则不同,不问不答时如何?"答曰："怕烂
却那。""作摩?"①师闻举云："从来疑这个老汉。"(《祖堂集》)

其次,汉语与英语的一个重要区别是：what 感叹句颇多表示主观大量
意义的例句,而"什么"感叹句不能表示。陈振宇、张莹(2018)根据 Jessica
(2011),将意外性感叹区分为两类：一类是对"质"的意外,即一个事物的
出现或不出现令说话者意外,如"(Wow,) John bakes delicious desserts!"
说话者的预期是,根据常理或已有经验,约翰烤不出美味的甜点(说话者
的期待是命题 P,现实情况是 ¬P),Jessica 称为"句子感叹"(sentence ex-
clamation)。另一类是对"量"的意外,只接受程度的解释(degree inter-
pretations),即事实远远超过了预期的程度,如"What delicious desserts
John bakes!"指约翰烤出的甜点的美味程度超出了预期(极为美味)。

据考察,英语 what 感叹句中哪些表示积极情感(因此也没有语用否
定性)的例子,基本都是量的意外(表示主观大量),正如本文诸多例句所
示,表示的是事物好的程度超出预期。而这一点恰好是汉语"什么"句所
没有的用法,"什么"只能是质的感叹。下面英语的句子只有当表示约翰
吃的辣椒比一般辣椒都辣,表示托尼去的地方比想象的都多,也就是表示
主观大量程度意义时才表示感叹(Jessica,2011:424。他称为"自由程度
意义"freebie degrees)。

---

① 某些版本为:僧问西堂："有问有答则不同,不问不答时如何?"答曰："怕烂却那,作摩?"
此时无法解释回答语中为什么会有一个"作摩"。所以本文按照 CCL 语料库的断句分析。

(18) a. What peppers John ate!

  b. The places Tori visited!

但在汉语中,"(吃的是)什么辣椒啊!"根据说话者的主观立场可以有两个解读:当他希望吃辣椒时,这句话是说吃的根本算不上辣椒(不够辣),还可以表示这不是我想要的那种辣椒。当说话者本来不想吃辣椒时,这句话可以表示居然有辣椒,太辣了的意思。不论哪一种,都是质的意外。同理,"看他去的地方!"表示去的地方不好或不如意,或者去的根本不是该去的地方,出乎我们的意料,都是质的否定;该句在汉语中反而很难用来表示去的地方很多。

可能已经有读者意识到,上面关于"什么"感叹句起源于独用,以及表达质的意外这两条解释,仍然显得不那么充分,还是未能准确地说明为什么会极大地出现语用否定和消极情感倾向。

功能主义认为,决定特定语言现象的,往往不是某一个特定的维度,而是多个维度交织在一起共同起作用的结果。起源和质的意外,是其中两个维度,但是更为重要的,也许是汉语"什么"感叹句在实际使用中的某些特征。下面我们来详尽调查。

2. 对汉语"什么"感叹句的使用调查

2.1 以往关于"否定"的讨论

早期的学者多列举多种否定功能,并认为十分复杂。邵敬敏、赵秀凤(1989)对汉语"什么"的"非疑问用法"做了详尽的描写,分别列出了两类:1)"否定性'什么'",认为"表示说话者对所议对象持一种否定态度""具体语境中还可以表示反驳、贬斥、禁止、劝阻、讽刺等意思";2)"独用性'什么'",或者"表示惊讶、出乎意料之外的意思",或者"表示对对方话语的一种否定,往往带有不满、贬斥的含义";二者功能并不一致。李书同(2002)指出,"用'什么'进行否定时,'否定'的含义并不单一。……有表白、有拒绝、有制止……如果考虑主体(用'什么'进行否定的人)、对象(否定了谁的话与什么话)、角度(理性的或者情感的、态度的、语义的或者语气的等),那么,'否定'一语在口语中的含义是复杂的。……尽管在语言理论上我们还没有搞清这些问题,但在口语交际中,人们用'什么'等词语自然地达到了上述目的"。他提出了一个重要的问题："否定"可不可以进一步分类？

后来一些学者试图用一个统一的语义功能来概括。比如"合理性否定"说。姜炜、石毓智(2008)更为明确地提出，"'什么'的否定功能和使用条件为：它是通过对已经成为现实的状况的存在目的的否定，来达到对该状况发生的必要性的否定，并否定其继续存在的合理性"。袁毓林、刘彬(2016)也说，"疑问代词'什么'表示否定意义主要表示说话人对当下话语或其所涉及的某种事物、行为或话语的合理性持一种否定的态度，即认为它们不具有合理性"。但到了刘彬、袁毓林(2019)，又否定了这一点，提倡多个层面的否定。又如"引述性否定"说。袁毓林、刘彬(2016)还说，"'什么'句否定的往往是'引述性'的内容，因而是一种元语言否定"。但到了刘彬、袁毓林(2019)又说，"'什么'句的否定并不一定都是引述性否定。比如，'你神气什么？'并没有否定'引述性'内容，因而不能说它是一种引述性否定"。

后来，越来越多的学者主张用一个多层的语义语用解释来概括"什么"的否定意义功能。李宇凤(2010)说，"反问回应现实行为、状态和表示现实行状的引发语，即否定这一现实行为或状态，属行域否定，表示'不应该做 X'。反问回应某种个人认识或社会观念，即否定这一认识或观念，属知域否定，表示'不应该认为 X'。反问回应某种说法，即否定这一说法，属言域否定，表示'不应该说 X'"。刘彬、袁毓林(2019)说，"如果'什么'否定的是某种措辞方式，语义解释为'不要说……'，那么为言域否定；如果'什么'否定的是某种认识或是否定性评价态度，语义解释为'不该(认为)……'，那么为知域否定；如果'什么'否定的是某种事实或内容，语义解释为'不(是)……'，那么为行域否定"。

2.2　本文对"语用否定"的分类

本文根据陈振宇(2017:527)①的分类，将"什么"感叹句的否定意义细

---

① "语用否定"往往有多个层次多个维度。a. 命题否定层次：针对 X 这一言语内容，包括 a_1. 否认命题 X 为真；a_2. 承认命题 X 为真，但否认命题 X 的合理性两类。b. 元语否定层次：针对对方说 X 的言语行为，包括 b_1. 否认对方说话的某个方面特点，如针对对方的发音；b_2. 否认说 X 这话的合理性两类。c. 人际层次：针对对方(或其他某人)，包括 c_1. 表示反对对方的态度；c_2. 对对方进行谴责(不一定需要理由)两类。从层次 a 到层次 c 语用否定逐步极性化。

分为三层七类。三层的划分与刘彬、袁毓林(2019)的"三域理论"基本对应,但进步之处在于,我们细化了每一个域包含的什么句格式和否定类型。如下:

第一层否定属于陈振宇(2017)所说的"否认命题 X 为真"一类,包括1)2)3)类:

1)"观点事实性否定",否定原因是命题的反事实性。该类格式通常是后续话轮的引述类型,听说双方意见不一致。例如:

(19) 陆掌珠:哪里像妖精。白白净净甜甜脸,穿着像女排运动员,又精神又朴素大方。

陆武丽:你老土吧? **什么朴素**! 她那都是美国的名牌服装!(池莉《你以为你是谁》)

"什么朴素"在交际中的后续话轮位置,说话人引述了对方提到的"朴素"。陆武丽认为陆掌珠的观点"朴素"是反事实的,因为"她那都是美国的名牌服装"。

2)"相关社会属性否定",否定原因是属性"不合格",其关涉对象的社会属性没有达到说话人的期望和要求。该类型多是始发话轮位置的非引述类,因为有关属性没有达到说话人的预期,表达了消极情感。

(20) 幸亏最后一刻我们扳平了,要不我看你赛后还不把米卢吃了。**什么素质**! 实在有损央视的形象。(《像男人一样去战斗》)

说话人认为比赛输掉"你"把米卢"吃掉"这一想法有损央视形象,在素质上不合格。包括"什么教授! 什么英雄!"等都是这一类。

3)"动力条件否定",特别指明了命题在动力或条件方面的不足,否定了命题实现的可能性。行为是未然的,在说话人看来不可能成为事实。

(21) 甲:走,看电影去。乙:饭都要吃不上了,**看什么电影**。(日常对话)

乙太忙连吃饭都顾不上,不可能有时间"看电影"。"看电影"虽然是未然的,但是在说话人主观认识里是反事实的,即不可能实现。

第二层属于陈振宇(2017)所定义的"承认命题 X 为真,但否认命题 X 的合理性"一类。包括 4)5)6)三类。

4)"情理道义否定",特别强调行为在道德法规和社会习俗方面的违

反。行为一旦发生并违反社会群体公认的规范的行事标准,必然不合理。因此,说话人表示反对。例如:

(22) 张巨打了他一巴掌说:"<u>你小孩子赌什么</u>?"(邓友梅《别了,濑户内海!》)

"小孩子赌博"违反社会法规,对赌博者"小孩子"产生消极影响。表达了说话人的气愤之情。

5)"行为合理性否定",强调行为对说话人的消极影响。本类型多是始发句位置的非引述类,命题表示的行为具有事实性且对说话人消极,因此,表达了说话人的消极情感。需要说明:虽然都是基于行为的"不恰当",但"情理道义否定"是违反了已达成共识的法规或社会习俗,强调行为对"行为实施者"的消极影响,而"行为合理性否定"强调对"说话人"的消极影响。

(23) 夏顺开急得叫起来:"你别这样儿,你干嘛这样儿呵? 你这不是折磨人么?"

慧芳跑去窥视了一下,把门关了:"<u>你嚷什么嚷什么</u>? 我妈在外边竖着耳朵呢?"(王朔《刘慧芳》)

6)"消极事物的合理性否定",刘彬、袁毓林(2019)说,"'什么+NP'中存在带有贬义、消极意义的名词性成分,此时的'什么'句可以看成一种冗余性的强调否定"。我们不同意其关于"冗余否定"的观点,认为它可以归入"承认命题 X 为真,但否认命题 X 的合理性"这一类,也就是说,表现为"破电脑、臭脾气"是事实,但是这一事实不合情理,如下例句:我们一般"不会用一台破损的电脑工作","对待别人应该客气一些"。

(24) 老子要骂人臭! <u>什么破电脑</u>啊!(微博)

<u>什么臭脾气</u>,这么没耐性!(微博)

与第一层否定不同,该类命题表示的行为"赌博""嚷""破电脑"是事实,作为预设前提不可被否定。否定意义是从说话人角度推导出来的道义否定"不应该""不能""不合理"。从言语行为理论来说,这属于间接的言语否定。

第三层属于陈振宇(2017)所说的"元语否定层次"一类,包括7)8)类:

7)"话语措辞得体性否定",否定的是"话语表达方式"本身,说话人认为对方话语在交际语境中不得体。比如,词语使用方面或是发音方面,例

(25)。或是否定对方说 X 这一话语的合理性,例(26)。

> (25) 什么叫"你"最后一次见他,"咱们"最后一次见他。(王朔《玩儿
> 的就是心跳》)

> (26) 你这根本就不符合逻辑嘛! 什么逻辑不逻辑的,能听明白就行
> 了。(《我爱我家》)

8)"对对方态度的否定",如例(27),圆圆认为爷爷不聪明,净说惹人
的话,但是她并没有否定爷爷所说的话内容是对的。

> (27) 傅老:不奇怪,他们那茬儿啊,都是被耽误了。你是赶不上了好
> 时候儿了。现在要文凭了。
>
> 圆圆:什么呀,您可真不着四六儿。您二位可别见怪,我爷爷岁
> 数大了,耳朵眼睛都不算太灵了。(《我爱我家》)

7)8)类话语措辞类否定一定都是引述类的,在对方作出一番言论之
后,说话人对其话语进行评价,本类格式处在后续句位置且说话人根本不
关注命题内容的真与假。实际语料中,对对方说话的得体性否定,往往也
包含对对方态度的否定,所以在语料调查中,将两者合并。

2.3　调查数据的分布

下面我们先定量描写各种"什么"格式的使用倾向(见表 1)。

1) V+什么

该格式否定行为合理性的比例是 56.1%。该格式的 V 多是单音节的
不及物动词。主体实施了不合理的行为"嚷、吵、哭、怪"等,对处于同一语
境中的言者产生消极影响。双方构成相互对立的关系,表达了言者的消
极情感。由于主体这一行为已经实施,所以命题具有事实性,但说话者希
望对方停止这一行为(推导出"禁止"的言外行为)。如下例句:

> (28) 一个下人满面惊慌,跌跌撞撞地跑了进来,"门口来了三个很厉
> 害的神仙!"柳如风正在气头上,一脚就踢翻来人:"乱叫什么,好
> 好说。"(莫言《中州记事》)

情理道义否定占比 35.4%,如例(29a),"闹"这一行为对孩子不利,对
行为实施者的父母也产生消极影响。(29b)则不同,"哭"的行为对行为实
施者自己消极,少平出于对哥哥的关心安慰他不要哭泣。

> (29) a. 孩子都这样了,还闹什么呢? (王朔《我是你爸爸》)

表1　各种格式的特征以及否定类型分布(数值为百分比)

编号	小类	V什么(82)	A什么(15)	V什么V(12)	A什么A(3)	什么+短语(40)	什么+积极名词/中性名词(36)	什么+消极名词(6)	独用(8)	V什么O(103)
1	始发句	75.6	20.0	75.0	0	0	26.7	100	0	74.8
	后续句	24.4	80.0	25.0	100	100	73.3	0	100	25.2
2	引述	4.9	80.0	25.0	100	100	66.7	0	0	22.3
	非引述	95.1	20.0	75.0	0	0	33.3	100	100	77.7
3	事实	78.0	20.0	75.0	0	85.0	0	100	0	53.4
	反事实	8.5	80.0	0	100	15.0	52.8	0	0	15.6
	无事实	13.5	0	25.0	0	0	47.2	0	100	31.0
4	正同盟	25.6	0	0	0	17.5	0	0	0	11.7
	反同盟	74.4	100	100	100	72.5	88.9	100	100	81.6
	无同盟	0	0	0	0	10.0	11.1	0	0	6.7
5	消极情感	76.8	100	100	100	77.5	88.9	100	100	88.3
	中性情感	23.2	0	0	0	22.5	11.1	0	0	11.7
6	对说话人积极/消极	0/61.0	0/93.3	0/75.0	0					5.8/39.8
	对听者积极/消极	4.9/26.8	0							1.9/40.0
	对第三方积极/消极	0	0/6.7							7.8/0

续表

编号	小类	V什么 (82)	A什么 (15)	V什么 V(12)	A什么 A(3)	什么+短语(40)	什么+中性/积极名词(36)	什么+消极名词(6)	独用 (8)	V什么O (103)
否定类型	命题事实性否定	0	80.0	0	100	15.0	27.8	0	0	15.5
	否定相关社会属性否定	8.5	0	0	0	0	58.3	0	0	0
	动力条件否定	0	0	0	0	0	0	0	12.5	6.8
	情理道义否定	35.4	0	0	0	0	0	0	25.0	41.7
	行为合理性否定	56.1	20.0	75.0	0	0	0	0	0	31.1
	措辞得体性否定	0	0	25.0	0	85.0	13.9	0	62.5	4.9
	消极事物合理性否定	0	0	0	0	0	0	100	0	0

b. 少平慌忙起来给少安冲了一杯茶水,端到他面前,劝慰说: "哥,不要哭。男子汉,哭什么哩! 咱们一家人现在不都好好的?"(路遥《平凡的世界》)

此外,该格式还有 8.5% 是观点事实性否定,是引述性的应答语,处在后续句话轮位置。如例(30)中,妻子认为修平正在担心,修平对此观点进行了否认,表示"自己不担心"。

(30) 妻子突然大笑起来:"原来你在担心!"

修平赶紧摇摇头:"担心什么! 担心我啊? 怎么可能……"(渡边淳一《不分手的理由》)

2) A+什么

该格式否定命题的比例是 80%,处在后续话轮位置且是引述性的。言者对对方话语中的焦点成分引述,并否定其内容的事实性。

(31) 小桂:爷爷,这菜是不是太多了?

傅老:多什么? 四菜一汤,符合中央标准嘛。(《我爱我家》)

小桂提醒"菜太多",傅老认为"四菜一汤是中央标准",所以对方观点不符合事实。这种提醒将双方置于相互对立的关系中,表达了言者不满的情绪。

该格式还有 20% 是否定行为合理性。需要注意,语料中形容词处在始发话轮位置非引述类的情况很少。"牛逼""谦虚""骄傲"等形容较特别,它与"大、小、多、少"等性质形容词不同,实际上是描述了行为或心理情绪上的一种状态。因此可以直接评价外部的某种表现。

(32) ——我还不信了。这么好的地方楞没咱们什么事。到底谁是国家的主人? 我调兵平了这地方。

——你丫牛逼什么呀? 你最多也就把你原来手下的那班报兵调来,总共三人。你要真横,你还不如坐这儿原来倒电子表,那也比你调一个军来管用。(王朔《玩儿的就是心跳》)

3) V什么V

该格式在语料中例句虽然不多,但作者觉得能产性还是很高的,使用相当的自由。否定行为的合理性占 75%,句子多是处在始发句位置的非引述类。对方的不合理行为具有事实性且对言者造成消极影响,表达一

种极为强烈的消极情绪,双方相互对立。如下例:

(33) 一个啪啪把门敲,就听里边回应说:"<u>敲什么敲</u>?你等我系上这拉锁。"

还有 25% 是否定话语措辞的得体性,处在后续话轮位置且是引述类。同样,言者不否认动词表示的行为活动,而是认为对方的表达方式不恰当。如例(34),古人帝王出行叫"移驾",所以皇帝扮演者乙认为甲的话语不合适。

(34) 甲(喊):皇上藏书阁走起。

乙:<u>走什么走</u>,得叫"移驾"!

4) A 什么 A

格式是处在后续句位置的引述类,言者否定了命题的事实性。

(35) 和平:哎哟赶紧赶紧,趁热吃个新鲜。

傅老:<u>新鲜什么新鲜</u>,都吃了一整天了。(《我爱我家》)

和平说"吃的东西很新鲜",但是傅老认为已经吃了一天并不新鲜。这一不赞同的态度表明了两者的对立,言者的情绪是消极的。这一类例句很少,且只有这一种用法。

5) 什么+短语

该格式的主要特征在于它的引述性,短语部分就是引述前面的话语或话语的一部分。在否定类型上,否定命题占比 15%。言者认为对方话语表达的命题是反事实的。

(36) 和平:没事儿,戒了酒就好了。

燕红:<u>什么好了</u>,我爸心脏病犯啦!(《我爱我家》)

和平认为"戒了酒身体就会变好"是事实,可燕红觉得父亲心脏病犯了,不是戒酒就可以解决问题,因此和平的观点与事实不符。

更为重要的是,本类型 85% 是话语措辞得体性否定。言者针对的是话语和言说活动本身,与话语命题的事实性、可能性、道德问题等都无关,实际上命题都是事实,只不过是表述有问题。

(37) 小桂:(边收拾)大姐吃完了么。

和平:哎哎放下,<u>什么叫吃完了吧</u>?那叫进完了吧。吃饭叫进膳,懂么?以后也得教你。(《我爱我家》)

（38）志国：你的妈？我妈又活过来了？

　　　和平：**什么你的妈呀**，李大妈，（小声）咱们家新来的保姆。（《我爱我家》）

例（37）是用词方面，和平认为吃饭应该叫"进膳"，所以吃完饭应该问"进完了吗"。例（38）是听力上的错误，志国把"李大妈"错听成"你的妈"。

因为仍然是在纠正对方，所以本类型也是以相互对立关系和消极情感为主。

6）什么＋中性/积极名词

该格式有三种否定类型，当名词指称某种社会身份、职业时，否定对象是对象具备的社会属性，占比 58.3%。例（39）中"什么"格式并没有否定对方的医生职业，而是说其表现没有达到一位合格医生的要求。

（39）你们这病我们看不了，赶紧走吧。——什么医生啊！

该格式还有 27.8% 是观点事实性否定，处在后续话轮位置且是引述性的。与社会属性类否定不同，一般的事物名词，比如"明年、网球、旗人、夫妻、于小姐"，具体指称时间、事物、人物。语境中对方由于某些原因产生误解，言者在知晓事实的情况下否定了观点的事实性，如下例句：

（40）黄省三：（朝着李石清）经理，潘经理，您行行好！

　　　李石清：（愣了一下）**什么经理**，你疯啦！（曹禺《日出》）

此外，13.9% 是话语措辞得体性否定。言者认为对方话语中的用词不恰当。例如，句中对方将"家庭矛盾里的打闹"戏谑地说成"政变"。

（41）牛：干嘛呢？加班儿啊？不回去，是不是家里又政变了？

　　　余：咳，老陈不在，我不得多盯着点儿啊。**什么政变**，你真会扯。（《编辑部的故事》）

7）什么＋消极名词

该格式句法上突出的特征是具有显性的消极词汇，并承认这一消极性质是事实。袁毓林、刘彬（2016）说，"说话人不相信这些积极、正面或者中性的事物所具有的某方面的良好性质或状态，转而相信当下用 NP 所指的事物具有负面、消极或偏离中性的性质状态。这正是跟'乐观原则'相悖的'疑善信恶'原则在发挥作用。"消极名词的中心语或是与人相关的品质，例（42a）。或者是非人的事物，表达言者对事物的消极评价，例（42b）。如果对象是人,则一定表明言者和对象的相互对立关系,传达了不满、咒骂等情绪。

(42) a. 就拿我来说,我根本就没有想去批评奥运会开幕式,可是一听
说有人禁止批评,我就气不打一处来! **什么鸟东西**,不能批评?

　　　b. **什么破戏**,总不如蒋绣金的李天保吊孝好听。(池莉《你是一
条河》)

8)"什么"独用

"什么"单独使用表达言者的强意外,否定意义是语境中在强意外触
发下推导出来的。

(43) 傅老:下次注点意就行了。

　　　志新:**什么?** 下次? 您还想着下次呢? 这次我都过不去了!
(《我爱我家》)

(44) 志国:(站起,面带笑容)你已经被宣布为不受欢迎的人,并限期
离境,顺致最崇高的敬意

　　　傅老:**什么!** 你对他还有崇高的敬意? (《我爱我家》)

例(43)傅老说的话"下次"及例(44)对方向"他"致以崇高的敬意,实
在令人惊讶,同时也是说明这是不应该的,从而否定了对方的态度。

9) V 什么 O

该格式中"什么"位于动宾结构的词或词组之间,VO 是主体的行为或
状态。这是所有格式中最复杂的一种,有各种各样的语义功能,并且例句
也最多。

其中,情理道义否定的比例占 41.7%,言者认为某一行为或状态对实
施主体产生了消极影响,从道义情理上强调行为的不合理,如下例(45)因
为"不是你媳妇"所以"着急"没道理。

(45) 余:**你着什么急呀!** 又不是你媳妇。(《编辑部的故事》)

其次,否定行为合理性的比例占 31.3%。言者受到外部行为 VO 影
响,行为具有事实性且对言者消极,因此,听说双方相互对立,表达言者的
消极情感,并要求对方停止这一行为,如:

(46) 莫:哎,我说你这么说话呢? 啊,我告诉你,我儿子那是少先队
的中队副。

　　　牛:哼!

莫：你跟我发什么火？(《编辑部的故事》)

观点事实性否定占比 15.5％，"什么"格式句在话轮的后续位置且是引述类。如例(47)，言者认为对方命题反映的内容是反事实的，"因为钱是上帝的，我没有生气"。

(47) ——您可别生气，大叔。不是我喝掉的，是那些赶大车的喝掉的。我敢对上帝起誓，这是真话！

　　　 ——我生什么气呢？钱是上帝的。

该格式中，动力条件否定和话语措辞得体性否定的比例分别是 6.8％和 4.9％。如例(48)无法实现积极的行为"启蒙"。例(49)"告别"和"送瘟神"指向同一行为，只是由于听说双方与第三方的立场不同，对该行为的定义不同。

(48) 今天中国的知识分子说到启蒙就垂头丧气，我们今天还启什么蒙？

(49) 和平：真是，您得跟人告别……傅老：告什么别？我这是去送瘟神，顺便去捞他一把……(《我爱我家》)

3. 制约语用否定和消极情感倾向的语用因素

在前文表 1 中，我们一共考察了 6 种因素，分别用编号 1—6 来标注，并详尽考察了各类格式中语用否定和消极情感的分布数据，以便找到关键性影响因素。

3.1　话轮位置、引述性与命题事实性

刘彬、袁毓林(2019)提出了"不是"与"不该"的区别，前者相当于我们的"否定命题事实性""否定相关社会属性"，而后者相当于我们的"否定情理道义""否定行为合理性""否定消极事物的合理性"，但是很遗憾，并没有解释这种区别是如何形成的。

现在我们试图找到造成这一差异的规律，发现始发句和后续句、引述与非引述是最为重要的因素之一。

语料显示，"始发"位置的"什么"句是言者看到外界某种行为或状况后做出的主动反应，有的情况下，行为者或状况的主体并非有意针对言者。触发言者的原因，是因为对方无意识或者不了解状况的情况下，对言者或相关

参与者产生消极影响,从而使得行为或状况在言者看来具有不合理性。但是,由于这些行为或状况已经发生,所以只能是事实,不能否定其真值。

(50) a. 周瑾不吭声,神态得意地往沙发一坐,伸手去开电视,电视刚出现一个画面,就被我啪地关上。"你还挺得意,你占什么便宜了?"(王朔《给我顶住》)

　　 b. "骗人!虚伪!自私鬼!我上当受骗了,骗人,真卑鄙啊!""哎哟,生什么气呀?要竞赛就堂堂正正地赛好了。"(川端康成《花的圆舞曲》)

　　 c. 骄傲什么! 不就比别人高个几分嘛,喊。(日常对话)

"后续"位置的"什么句"是言者在某种观点触发下,表达与之相反的观点和立场,其语用原则是"我对你错",对方的观点引起我的强烈情感,一般是因为二者对立。

(51) a. 吴碧波:那末,我们要叫起来,岂不是占了便宜? 阎五奶奶:占什么便宜,本来她就是小妹妹呀。(张恨水《春明外史》)

　　 b. "汤姆,我说到杀人的事,你不生气吗?""不,生什么气。我杀过人这是事实。"

　　 c. "我看小雨挺好的,挺懂事。""懂什么事呵? 不过还算懂道理,只要你道理摆出来说服人,她还是听的。"(王朔《刘慧芳》)

　　 d. 和平:真是,不是说姑奶也是一穷人呐,您跟这穷人较什么劲呢。

　　　　 傅老:她穷什么? 她一点都不穷,动不动就跟我说她那个花园洋房,那儿谁没有啊……(《我爱我家》)

"引述类型"有引述和非引述两类。所谓"引述",是指言者重复使用始发话轮中已经出现过的成分,例(52)。语料显示,始发句位置的"什么"格式都是非引述的,后续句位置的"什么"格式有引述和非引述两种类型。"引述"成分可以是词,可以是词组,也可以是对方的一整句话,有时引述成分被加以改造,一般是对举性的。比如"什么燕红燕绿""什么乾隆爷爷乾隆奶奶"。

(52) a. 刘:刚才我可听他说又要打咱们名义搞什么演出。

　　　　 假何:什么演出啊,义演。(《我爱我家》)

　　b. 慧芳逗得哈哈笑个不停,道:"你现在也会开玩笑了。""<u>什么叫现在也会</u>?"(王朔《刘慧芳》)

　　十分重要的是,动词和形容词的区别,与始发句和后续句极为相关。

　　1)"V+什么、V什么V、V+什么+O"格式中的V大部分都是表示某种行为,都处在始发话轮位置,所以命题具有事实性特征,只能否定合理性,如"你哭什么?!"你已经在哭了,这里主要是说哭是不对的。例(22)(23)(29)(33)(45)(46)以及(50a)(50b)都是如此。

　　2)"A+什么、A什么A"格式大部分处在后续话轮位置,应答语多是引述性的,即A是对方做出的一种判断,故说话者否定命题,使之具有反事实特征,如"——这是红花。——红什么! 颜色那么浅!",说话者认为对方的判断"红"是假的。例(19)(31)(35)(51c)(51d)都是如此。

　　当然,这并不是百分之一百的,有一些例外:

　　1)动词也有少量表示引述的后续句位置的例子,如例(51a)(51b),此时"占便宜、生气"是对方对我的状态的判断,因此说话者是否定其事实性。再如前面的例(32)(47)。

　　2)形容词也有少量的表示外在行为表现的例子,如例(52c),"骄傲"虽然是形容词,但是指对方的一些举止言谈,是用"骄傲"来转喻这些行为,活用作动词的行为功能,所以有时可以处在始发话轮位置。再如前面的例(32)。

　　"什么+短语"百分之一百用于引述,如例(36)以及(52b)。"什么+中性/积极名词"也大多是用于引述,所以它们也都极大地偏向反事实意义,如例(40)以及(52a)。

　　但是"什么+消极名词"全都是始发句,也就是说是已经存在的外在事物,虽然它们不好,但都具有事实意义,否定的仅仅是存在的合理性。如例(42)。

3.2　消极情感、反同盟以及对主体的价值

　　从表1看,表示消极情感的例子在每种格式都有出现,且占优势。考察的封闭语料中,"X什么X"(包括"V什么V"和"A什么A")、"V什么""什么+消极名词"和"什么"独用,消极情感甚至是或几乎是百分之一百。从数据上看,与消极情感关联性最强的是反同盟关系。

　　"同盟性"强调交际中言者对自我和他人所构建的社会关系的态度。陈振宇、叶婧婷(2014)认为,同盟关系是说话者站在哪一边、谁的立场上的问题。可以归纳为同意、支持、亲密、共同担责等多个维度的表现。基于语言系统的复杂性,孙佳莹、陈振宇(2020)重新用"社会群"的概念定义同盟性,"所谓同盟性,指的是在社会中群的构造与群内成员、群间关系的反映"。群关系基于特定的社会活动,失去了这一前提群会解散或转移;群关系代表了群内成员的相同利益、信念或某些属性。"什么"格式句中听说双方的同盟性十分重要,直接决定了句子的情感性问题。在表1中可以看到,"反同盟—消极情感"是极大的正向相关。前面我们分析例子时,凡是讲到"双方相互对立",就是这种反同盟关系,这些例句言者几乎都产生了消极情感。

　　让我们来看一看"什么＋积极/中性词语",如前面例(11),"眼睛"是中性或积极的事物,但是俄语中解读为积极情感,而汉语的"什么眼睛?!"只能解读为消极情感。再如汉语"什么英雄""你高兴什么啊"也表示算不上英雄、不应该高兴,是消极情感。我们认为,关键的差异是汉语的这一类型格式,主要都是用在反同盟关系中的,如例(39),前面说病看不了,这造成了会话双方的矛盾对立关系,这时说"什么医生",当然就是表示消极情感,指对方达不到医生的要求。再如下面的各例,都是用在双方对立的场景中,双方是反同盟关系,由此导出消极情感和语用否定意义:

(53) a. 就是,要狠狠批评,<u>什么作风</u>?(王朔《一点正经没有》)

　　b. 幸亏最后一刻我们扳平了,要不我看你赛后还不把米卢吃了,<u>什么素质</u>! 实在有损央视的形象。(《像男人一样去战斗》)

　　c. <u>什么情感</u>,不是自我"陶醉"么? 这不明明是我那些已不知不觉淡下去了的"趣味"又被加丽亚唤出来,蒙上了自己的眼! (邓友梅《在悬崖上》)

　　另外一个影响汉语"什么"感叹句情感倾向的因素是句子所表达事件的主体的人称性质(见表2)。

表 2　事件主体的人称对于消极情感实现的概率

对说者积极	消极情感	0.5
对说者消极	消极情感	0.5
对听者积极	消极情感	1
对听者消极	消极情感	0.666 667
对第三方积极	消极情感	0.5
对第三方消极	消极情感	1

　　其基本规律是,当说话者自己是事件的主体时,说话者对自己的事件消极情感和积极情感各占大约一半,不论这事本身是消极还是积极的;当听者或第三方担任事件主体时,则很容易产生消极情感,有时甚至概率达到 1。

　　我们来看一看何时会产生积极或中性情感:

（54）"您老真有福气,有这么好的一双儿女。""**什么福不福的**,健康就是福。"

　　对方是在恭维夸奖说话者,有福气的主体正是说话者,并且"有福气"是积极评价的事,所以这里说话者实际上是感到高兴,假意否定一下(实际上是完全接受了),以表达谦虚的态度,这里没有任何消极情绪。

　　这种表现甚至可以扩大到与说话者同盟的主体,如下例中对方夸奖的是说话者的丈夫,一般而言,夫妻本是同林鸟,是默认为同盟者的,因此说话者也感到高兴,假意否定一下,比表谦虚而已:

（55）——你们家那位真优秀,年纪轻轻都是大教授了!

　　　　——**什么教授**,反正都是挣口饭吃。

　　如果是对说话者不好的事,而说话者加以否定,这时是说自己没有产生生命不好的事,如下面既然不麻烦,既然没掉眼泪,这才会排斥消极情感:

（56）甲:非常抱歉,麻烦你们了!

　　　　乙:**麻烦什么啊**,就是添双碗筷的事儿。(日常口语)

（57）鲁豫:再次拿奖的时候有没有掉过眼泪?

　　　　黄秋生:没有。**掉什么眼泪嘛**! 拿奖你要讲话,谢谢这个谢谢那个,你若还一直在那哭别人还以为你是在表演,我没有那么脆

弱。(《鲁豫有约》)

这种表现也可以扩大到与说话者同盟的主体,如下面的"咱俩",因为否定了消极的争执,是向好的一面转化,所以也很难说有什么消极情感:

(58) 许逊直起腰说,"咱俩争个什么,又不是你我的事弄得跟审讯反审讯似的。"(王朔《玩儿的就是心跳》)

下面来看第二人称主体和第三方事件主体,这往往意味言者与听者或第三方形成对立,这种反同盟关系消极的比例极大地提高:

(59) 吴建新就生气了,晚上他开着车来找我们出去吃饭,吴建新便指着他骂:你牛逼什么呀你! 你丫不就是个开车的样子么? (王朔《许爷》)

(60) 和平:真是,不是说姑奶也是一穷人呐,您跟这穷人较什么劲呢。傅老:她穷什么? 她一点都不穷,动不动就跟我说她那个花园洋房,那儿谁没有啊。(《我爱我家》)

(61) 许世友得知这一消息后,大为震怒,大声吼道:"就要打仗了,还度什么蜜月! 给我立即通知空军,马上查找她的下落,限她3天之内赶回部队……"

仅仅在特殊的情况下,会出现一些没有消极情感的例子。如下例的"计较"是一种不好的品质,但说话者让对方不必计较,表明我是站在你一边的,而不是和那些"俗人"在一起,句中在情感上就无消极意义,而是表达了说话者对听话者的关怀和安慰。

(62) 小白人:"舒坦了舒坦了,从未有过的舒坦。哥们儿你真行,有您这碗酒垫底,这些年我受到的委屈我都不计较了。"冯小刚:"跟那些俗人计较什么!"(王朔《你不是俗人》)

综上所述,我们认为,汉语"什么"感叹句之所以有如此强烈的语用否定和消极情感倾向,完全是因为它极大地用于反同盟的语境之中。汉语的"什么"甚至已经开始规约化,即在默认时已经带有说话者即将对某方表示反同盟性的语用色彩,可以看成一定程度上的"反同盟"标记了。这一点,尤其表现在"什么——啊!"这种具有强化的韵律特征的独用形式中,它已经专门用来表达对对方的不满,或即将对对方发动攻击了,如例(27)所示。

4. 结语

本文首先从语言类型学的视角触发,阐释了 what(什么)感叹句是一种普遍存在的特殊感叹格式,它们共同的本质是"意外触发的强烈情感情绪",并且在意外触发后,有表示积极的纯粹感叹和表示消极情感的语用否定这两条不同的语用迁移路径。

但是,为什么汉语"什么"感叹句会有非常强烈的表达语用否定和消极情感的倾向(虽然也有个别的表示积极和肯定的例外)?显然,仅仅是从意外或非常规性,或者是从"疑善信恶"等原则出发,都不能构成解释,因为这些都是普遍的认知原则,应该既适用于汉语也适用于其他语言,而其他语言却未必有汉语这样的高度的倾向性。我们最终还得结合汉语具体情况进行解释。

本文首先发现,汉语"什么"感叹句只表示质的意外,不表示量的意外,而其他语言中积极或肯定的 what(什么)感叹句主要是表示量的意外的。接着我们对汉语"什么"感叹句的语料做了量化分析,发现各种不同的格式倾向性不一样,其中有几个重要的因素在决定着有关分布:始发句和后续句、动词和形容词的分布。以此解释何时表示事件是事实但不合理,何时是表示事件是反事实。我们进一步考察,发现决定汉语语用否定和消极情感倾向的最根本的原因,是因为汉语母语者把这些句式主要用在反同盟的语境中,表示言者与对方或第三方的反同盟关系;尤其是当句中焦点是中性或积极名词时,正是这种双方的对立关系,决定了不能表达积极情感和肯定语义。我们还从事件主体的人称来论证了这种关系的存在。

除了"只表示质的意外",反同盟这一条大概是解释汉语无法达到均衡性的最根本的原因。

参考文献

陈振宇　杜克华　2015　《意外范畴:关于感叹、疑问、否定之间的语用迁移的研究》,《当代修辞学》第 5 期。

陈振宇　2017　《汉语的指称与命题:语法中的语义学原理》,上海:上海人民出版社。

陈振宇　张　莹　2018　《再论感叹的定义与性质》,《语法研究与探索》(第十九辑),北京:商务印书馆。

丁声树等　1961　《现代汉语语法讲话》,北京:商务印书馆。

樊　莉　2012　《疑问代词"什么"在现代汉语感叹句中的否定用法》,《湖北社会科学》第 8 期。

姜　炜　石毓智　2008　《什么的否定功用》,《语言科学》第 3 期。

李书同　2002　《由"什么"一词的否定作用引发的思考》,《郴州师范高等专科学校学报》第 3 期。

李一平　1996　《"什么"表示否定和贬斥的用法》,《河南大学学报(社会科学版)》第 5 期。

李宇凤　2010　《反问的回应类型与否定意义》,《中国语文》第 2 期。

刘　彬　袁毓林　2019　《反问句中"什么"的否定类型与否定意义——从"行、知、言"三域理论看》,《语言学论丛》(第五十九辑),北京:商务印书馆。

吕叔湘主编　1999　《现代汉语八百词(增订版)》,北京:商务印书馆。

毛宏燕　2007　《汉语"什么"与俄语"что"的对比研究》,长春:吉林大学硕士学位论文。

孙佳莹　陈振宇　2020　《"同盟"范畴研究成果与问题》,《语言研究集刊》(第二十六辑),上海:上海辞书出版社。

孙亚俊　2008　《汉维语疑问代词"什么"与"nemɛ"的对比研究》,乌鲁木齐:新疆大学博士学位论文。

邵敬敏　赵秀凤　1989　《"什么"非疑问用法研究》,《语言教学与研究》第 1 期。

盛　雪　2012　《汉西"什么"与"qué"的对比分析及其在翻译中的应用》,上海:上海外国语大学硕士学位论文。

王　力　1943　《中国现代语法》,北京:商务印书馆,1985 年版。

袁毓林　刘　彬　2016　《"什么"句否定意义的形成与识解机制》,《世界汉语教学》第 3 期。

赵元任　1979　*A Grammar of Spoken Chinese*,北京:商务印书馆,2011 年版。

Aikhenvald, Alexandra Y.　2012　The essence of mirativity. *Linguistic Typology* 16.

Hengeveld, Kees & Olbertz, Hella.　2012　Didn't you know? Mirativity does exist!. *Linguistic Typology* 16.

Michaelis, L. A.　2011　Exclamative constructions. In *Language Typology and Language Universals*.

Rett，Jessica　2011　Exclamatives，degrees and speech acts. *Linguist and Philos* 34.

张莹：2538292716@qq.com
原载《语言研究集刊》第二十七辑，本书收录时略有改动。

泉州方言意外语气副词"煞"功能考察

复旦大学中国语言文学系　　　倪伊芯

提　要　本文主要研究闽南地区泉州方言中意外语气副词"煞"的意义和用法,分析其语音表现、句法分布、语义功能。研究发现,泉州方言"煞"很可能来自古代汉语的"杀",演化路径有二:一是演化出"完了、停止"类意义,可以得到"立即"义和"接续"义;二是演化为表示程度高的形容词或副词,由程度高可以进一步获得意外和感叹意义,并由此衍生出表达反诘语气的语用否定义,或问询义,或揣测义。同为副词的"煞"在表示"意外"和"立即、接续"的不同意义时,语调和句法形式上也有不同的表现,表达意外意义时常与已然体标记"唠"共现。"煞"虽然常在泉州方言反问句中出现,但它本身的规约化意义是表意外,反诘语气是其所在句子整体所表达的语用推导意义,因此"煞"是泉州方言典型的意外语气副词。依据语境的不同,"煞"在"意外"的核心语义功能基础上有反诘(语用否定)、揣测、询问原因等不同的功能迁移。

关键词　"煞"　意外　感叹　疑问　语用否定

1. 绪论

1.1　泉州方言及其研究的概况

本文以福建闽南地区的泉州方言(鲤城区)作为研究的基本对象。考虑到泉州方言与其他地区的方言存在着较大的腔调及表述上的差异(如厦门方言去声分阴阳而泉州地区不分),且笔者本人的母语为鲤城区的泉州方言,故其他地区的闽南方言语料及文献仅作为参考旁证。

由于闽南方言形成于西晋时期(张光宇 1996),在历史发展演变中受近现代官话正统地位的影响较大，因而相关的书面文献资料，特别是关于闽南方言会话方面的语料十分有限，加之本文研究内容的特殊性，故本文采用的多为自拟语料，部分例句引自陈曼君（2002）。

1.2　意外与意外语气副词的界定

"意外（mirativity）"指的是"语言中关于'出乎意料'（反预期）的信息以及表达说话人对有关信息感到'惊讶'（surprise）的语气系统"（陈振宇、杜克华 2015）。陈振宇（2015/2019）指出意外的实质是"说话人指向感叹"，属于句子层面的概念。王梦颖、陈振宇（2020）进一步分析只有反预期的新信息才会产生意外。最早研究汉语意外范畴的是 Matthews（1998），他指出粤语的句末语气词"wo3"可以表示"意外"，之后 Chang（1998）认为台湾闽南语的"讲"也可以表示"意外"。

语气（mood）在汉语学界被普遍认为是一种表主观的语法范畴，比如吕叔湘（1942）将不包含语意和语势的狭义语气定义为"概念相同的语句，因使用目的不同所生的分别"；王力（1985）认为语气是"情绪的表示方式"；贺阳（1992）认为语气是一种言者对待句子命题的主观意识。不论是目的，还是情绪，抑或是意识，都具有较强的主观性。而关于语气的划分问题，传统语法学界多将语气分为陈述、疑问、祈使、感叹四大类；王力（1985）将语气分为确定、不定、抑制和感叹四种；齐沪扬（2002）以交际目的和态度情感作为语气分类的依据，分为功能类和意志类。

综上，本文所说的"意外语气副词"是指，在意外句中的状语位置上出现，表达与言者预期相反意义，并且会使句子具有强的或较强的情感情绪的副词。需要指出的是，意外语气副词，除了表达意外语气之外还可以兼带其他语气（如反诘语气等），但必然以表达意外语气为基础意义，其他语义是从意外功能衍生而来的。

1.3　研究回顾与本文的任务

目前学界对于闽南方言语气副词的专门性研究成果屈指可数，且较为零散、片面。就笔者目前所掌握的资料而言，只有陈曼君（2002）对"煞"进行了较为精细化的个案研究，但仅依句法位置进行词性功能的列举分类，包括：泉州话的"煞"可作副词修饰名词和代词，表示"竟没料到""竟然就是"之类意义；修饰谓语动词，表示"马上、立即"等意义；修饰动词＋趋向动词表示"跟着、接着"之类意义;修饰助动词＋动词,"煞"表示事态向所估计的相反方向转化;在表示假设关系的句子里,后面表示结果的常常用上"煞＋依＋动词"格式,"煞"起关联作用,相当于"就";当句中出现范围词,范围词若置"煞"后,"煞"则有表示"一起"的意义;修饰动词＋依＋谓词,则表示接着把某种动作了结或希望接着了结某种动作;兼语短语"当＋名词性词语＋谓词"充当补语,其前面可以受"煞"修饰,"煞"表示施事者动作竟致使事物发展到何等地步;修饰一般形容词,表示事物竟已发生变化;在某些特殊的疑问句中"煞"修饰动词或助动词等谓语成分表示反问,相当于"哪里""怎么";"煞"作谓语动词,表示"栖息、完了、停止"之类意义,可以用来补充说明动语,表示动作结束。陈曼君(2002)只是将"煞"的各种用法罗列出来,它们之间的关系是什么、如何演变以及可以分为几种类型等问题值得进一步研究;有的功能,如所谓反问的功能是基础功能,还是由其他功能延伸而来的。本文的主要任务就是回答这些问题。

　　本文立足闽南泉州方言"煞"的个案词研究,通过共时的田野调查并结合历时文献资料,对"煞"的意义和用法进行深入描写。

2. 泉州方言"煞"的语法功能

　　泉州方言的"煞"的句法分布有三种,可作状语、谓语或补语。其中与本文研究相关的表意外的"煞"为作状语的副词性成分,此时读"煞[suaʔ⁵]",一般不重读,依附于其后的语音成分不可停顿,表入声的促音[ʔ]有弱化至无的趋势,即在语流中喉塞音尾易脱落;而作谓语或补语的"煞"韵律表现则多重读,保留表入声的促音[ʔ]。

2.1 "煞"虚词义的演化

2.1.1 表高量义"煞₁"

　　唐宋"煞"可能来自"杀",本文称为"煞₀"。演化为表示程度高的形容词或副词,称为"煞₁",参见袁宾(2003),如下例的"煞₀(杀)",一个是补语,一个是状语:

（1）假如君爱**杀**,留著莫移将。（白居易《裴常侍以题蔷薇架十八韵见示因广为三十韵以和之》）

（2）西日凭轻照，东风莫**杀**吹。（白居易《玩半开花赠皇甫郎中》）

由程度高可以获得意外和感叹意义，泉州话下面的句子都同时具有程度高和意外语用色彩。

（3）汝<u>煞</u>行唠！（你这么快就走了！）

（4）汝<u>煞</u>碗糕面①。（你竟然像傻瓜一样。）

（5）鱼<u>煞</u>臭唠。（鱼竟然臭了。）

"煞"还可以放在数量结构之前，表示主观大量，同样是程度高和意外意义的组合：

（6）伊<u>煞</u>六十唠。（他竟然已经六十岁了。）

（7）今仔日<u>煞</u>正月十五唠。（今天竟然已经到了正月十五了。）

（8）阿明<u>煞</u>米五悬唠。（阿明竟有一米五高了。）

2.1.2　表意外义"煞₂"

受"煞"修饰的谓语名词本身可以表示大量义，其前还可以有表程度的修饰语。如：

（9）小弟仔面<u>煞</u>红红红。（小弟的脸色竟变得非常红。）

（10）厝内<u>煞</u>暗摸摸。（屋子里竟变得漆黑一团。）

（11）汝<u>煞</u>奂碗糕面。（你竟然这么傻瓜。）（陈曼君2002）

注意，这里的形容词"红红红""暗摸摸"及副词"奂"等已经有了表示程度高的意义，再加上"煞"不过是更为突出意外性。能够另外加上程度副词，这就意味着"煞"表程度高的意义不再起主要作用，而是主要用来表达意外意义。当后面的谓语没有程度意义时，就只是表示意外，不表主观大量了，本文称为"煞₂"，用陈振宇、张莹（2018）的话说，是由原来的表示量的感叹转为表示质的感叹：

（12）小王<u>煞</u>安尼。（小王竟然这样。）

（13）小王<u>煞</u>诚实安尼。（小王竟然真的这样。）

（14）侬客<u>煞</u>去唠。（客人竟走光了。）

（15）水<u>煞</u>曝凋唠。（水竟然晒干了。）

（16）汝<u>煞</u>写了唠！（你竟然写完了！）

---

① 陈曼君（2002）说，"碗糕面"用以描绘句中主语所指人物的情貌。

这些例子表示意外与反预期的意义,后面的谓语部分可以更为复杂:

(17)阿妹<u>煞</u>卜行唠。(阿妹竟要走了。)

(18)王进即时阵<u>煞</u>解赴得。(王进这时候竟能赶得上。)

(19)伊<u>煞</u>无来。(他竟没来。)

(20)小妹<u>煞</u>直直卜行。(小妹竟执意要走。)

再如下例中,"煞"前的动作动词表示产生后果的原因,后面"甲+兼语短语"补充说明动作动词所达到的某种程度与结果。令人感到意外的不是前面的动作,而是后面的结果。

(21)学生仔喝甲<u>煞</u>度先生冻袂条。(学生们竟喊得使老师受不了。)

(22)汝创甲<u>煞</u>度伊惊死。(你竟弄得他几乎吓死。)

2.1.3　表反诘义(语用否定)"煞₃"

从表示意外的"煞₂"向前演化,用来表示语用否定或者询问原因理由。先看"语用否定",它可能是合理性否定,可能是真值否定,见陈振宇(2017)对语用否定类型的阐述。具体是哪个解读需要根据语境来判断,相当于普通话的"哪里"或"怎么",称为"煞₃",表达的是反诘语气。如:

(23)我<u>煞</u>有钱?(我哪里有钱?/我怎么有钱?)

(24)伊<u>煞</u>行唠?(他怎么走了?)

(25)(我)<u>煞</u>有法啊?〔(我)哪有办法啊?/(我)怎么有办法啊?〕

例(23)有两种解读:一是由"煞₁"的主观大量而来,因此语用否定的是量性的大量,肯定的是小量,即"我有钱,但是很少",此时不会有问询义的产生。二是由"煞₂"的意外义而来,否定的是命题的真假,是质的否定,此时不但表示根本没有钱,而且还会产生更多的语用含义,向对方询问这么讲的原因或理由。其他例子也是这样,这就是为什么有的例句可以用"怎么"来翻译的原因。因此与"煞₃"伴生的,还有询问原因或理由的"煞₄"。

当"煞"后插入情态词时,通常不是量性否定,而是语用否定,如:

(26)伊<u>煞</u>解行?(他怎么会走?)

(27)伊<u>煞</u>解来?(他怎么会来?)

当句中缺少"煞"时,"伊解来?"无特殊情景下通常为一般疑问句,因此惊讶语气是由"煞"带来的。

泉州方言"煞"后接情态词种类多样,涉及认识情态、动力情态、道义

情态,句子谓语部分 VP 所指事件是未然的。如:

(28) 阿青<u>煞</u>解水?(阿青哪里会漂亮?)

(29) 伊<u>煞</u>解知?(他哪里可能知道?)

(30) 伊<u>煞</u>解晓做即题?(他哪会懂得做这题?)

(31) 伊<u>煞</u>有法走夗紧?(他哪能够跑这么快?)

(32) 伊<u>煞</u>要去?(他哪里想要去?)

(33) 伊<u>煞</u>敢去?(他哪敢去?)

(34) <u>煞</u>着安尼?(哪里要这样?)

(35) <u>煞</u>解做免去?(难道可以不用去吗?)

"煞"少与"通"(可以)连用,是由于"通"在泉州方言中道义性和允许义相对较强,与"煞"本身表惊讶的语气不相符合,语感上较不自然,因此共现频率较低。如:

(36) 去学堂<u>煞</u>解做毋穿校服? /? 去学堂<u>煞</u>通毋穿校服?(去学校哪里能不穿校服?)

(37) <u>煞</u>着写八百字? 三四百就够了。/♯<u>煞</u>通写八百字?(哪里要写八百字? 三四百就够了。)

"煞"与处所义疑问代词"佗落"等连用,起加重反诘语气作用,"佗落"可置"煞"前后①。"煞"亦可位于反诘语气副词"若"后。连用后,突出了"佗落""若"表反问的作用,"煞"退居次要地位,但可以加强语用否定:

(38) a. ? 我<u>煞</u>佗落解?(我怎么会?)

b. 王先佗落<u>煞</u>解知?(王老师怎么会知道?)

c. 王先若<u>煞</u>解知?(王老师怎么会知道?)

再如:

(39) a. 汝册<u>煞</u>度伊。(你马上把书给他。)

b. 汝册<u>煞</u>度伊(唠)? 我野未看呢!〔你怎么(这么快就)把书给他(了)呢? 我还没看呢!〕

c. 汝册<u>煞</u>解度伊?(你怎么会把书给他?)

例(39a)是表示赶快,又有祈使功能;例(39b)是表示快,又有意外功

---

① 参见陈曼君(2002),但据笔者语感调查,语序上倾向于用"佗落+煞"。

能;例(39c)只有表示意外的功能,并由意外延伸出表示语用否定"你把书给他"是不合理的,以及询问原因或理由"你为什么会把书给他"。

这是因为例(39c)中,"解"(可能)表示认识情态,句法位置不能在方式副词"赶快"的下位,这样"煞"就不能表示"赶快"了。

2.1.4　表问询原因或理由的"煞₄"

"煞"后直接跟否定词时,问句通常表惊讶的语气,没有语用否定的反问功能。当句中无情态词,否定词直接位于动词前时,不同的否定副词与"煞"共现时语义有所不同。如例(40a)中,言者惊讶的是"他不去的主观原因",即"这是个很好的机会,他居然不去",这是由于"毋"在闽南方言中主要否定主观意愿(理由);而"无"既可以否定状态的发生,也可以否定主观意愿或习惯,因此在例(40b)中,不仅可以表达"没去的主观原因"的意外,也可以表达"没去的客观原因"(狭义的原因)的问询。

(40) a. 伊<u>煞</u>毋去?（他怎么/竟然不去?）

　　 b. 伊<u>煞</u>无去?（他怎么/竟然没去?）

"煞₃"能进一步产生问询原因的语用推导义,问原因理由的可称为"煞₄"。

2.1.5　表揣测义"煞₅"

意外也可以得到揣测问功能,称为"煞₅",有时会在"煞"前加一个"敢",全句的反诘语气不是十分肯定、有把握:

(41) 汝敢<u>煞</u>有去着北京?（你没有去过北京吧?）

"煞"所在的疑问句所表达的语气种类较为丰富,有时可借助语调加以识别。当句子语调上扬时表揣测;当句子读为降调时则表反诘。如:

(42) <u>煞</u>解做免去(难道可以不用去吗)?

　　　［sua⁵ e²² tsue²² mian²⁴ kʰi⁴］(揣测)

　　　［sua⁵ e²² tsue²² mian²⁴ kʰi⁴¹］(反诘/语用否定)

"煞"在疑问句中因语调形式的不同,表达的意义也相应不同。如上文所述,"煞"所在的疑问句是语调疑问句,是一种可变强度的意外:当句子语调上升时,意外语气弱,"煞"所在的疑问句以揣测问为主,语用否定为次;当句子语调下降时,意外语气强,"煞"所在的疑问句以语用否定为主,揣测问为次。又如:

(43) a. 伊<u>煞</u>解知? 估计是听人讲了。（他难道会知道? 估计是听别

人说了。)(揣测)

　　[i⁴⁴ sua⁵ e²² tsai⁴⁴]

　　b. 伊<u>煞</u>解知？我都野未交别人讲呢！(他哪里可能知道？我都
　　　还没和别人说呢！)(反诘/语用否定)

　　[i⁴⁴ sua⁵ e²² tsai²²]

由此可以归纳得出：

"煞"：惊讶(意外)→ { 低降调→意外语气强：反诘/语用否定
高升调→意外语气弱：揣测

2.1.6　表感叹义"煞₆"

泉州方言频率副词"佫"表示"又、还"，例(44a)，"煞"的意外作用就弱
化了，而所加的副词的表意作用则较显著；例(44b)"煞"保留原意，而"佫"
仍然表时间、频率，不过语气有所加重。

　　(44) a. 伊佫<u>煞</u>诚实毋来①。(他还真的不来。)

　　　 b. 伊<u>煞</u>佫诚实毋来。(他竟然又真的不来。)

例(44a)的"煞"失掉了意外的色彩，仅仅用来增强感叹语气而已，所
以是感叹功能，称为"煞₆"。此时句中若删去"煞"并不改变句子原有的命
题意义。再如：

　　(45) a. 新册禙禙<u>煞</u>带去。(新书统统带走。)

　　　 b. 新册禙禙带去。

此处重叠词"禙禙"表达周遍意义，而"煞"仅起到强调作用，因此去掉
"煞"不改变句义。

2.2　"煞"实词义的演化

《荔镜记》作为早期闽南方言话本，对闽南方言语词源流考证具有重
要的参考价值。《荔镜记》中"煞"仅有四例，全为实词"杀"义。据此我们
推测，泉州方言"煞"若来自古代汉语的"杀"，则可以演化出"完了、停止"
义，并可以得到以下意义功能：

一是"煞"作谓语，表示"完了、停止"之类意义，称为"煞₇"。例(46a)是

---

　　①　据笔者语感调查，说该句话语境通常是言者一开始有所怀疑，而后有新的证据证明"他
不来"命题为真。

作谓语,例(46b)是作补语:

(46) a. 雨<u>煞</u>咯。(雨停止了。)

　　　b. 伊食<u>煞</u>唠。(他吃完了。)

由"完了"可能演化为"立即",称为"<u>煞</u>$_8$"。如:

(47) 伊<u>煞</u>来。(他马上来。)

或演化为表示"跟着、接着"之类意义,为"<u>煞</u>$_9$"。例如:

(48) <u>煞</u>落去阿明讲。(接下去阿明讲。)

(49) 床<u>煞</u>移入去。(接着将床移进去。)

(50) 册<u>煞</u>度伊。(书顺带给他。)

"<u>煞</u>"之前或之后还可以加"着(必须)"等副词,以进一步表示动作的时间、范围、情态或说话者的意愿。如可说:

(51) 床着<u>煞</u>移入去。(接着必须把所有的床一张张移进去。)

从这些例子可以看到,泉州方言中"<u>煞</u>$_9$"倾向于强化祈使语力,表示期望紧接着做什么事,如:

(52) 糜<u>煞</u>食了。(接着把稀饭吃完。)

(53) 旧墙<u>煞</u>车(度伊①)倒。(接着把旧墙推倒。)

其实表示"<u>煞</u>$_8$"的"马上、立即"等意义,也可以直接用来强化祈使语力;当有第一人称主语时可以看成是允诺。例如:

(54) 小弟仔<u>煞</u>煮。(小弟弟马上煮饭。)

(55) 我<u>煞</u>来。(我立即来。)

(56) 我<u>煞</u>写度汝。(我马上写给你。)

关于"<u>煞</u>"的祈使功能,还需要再多说两句。按照陈振宇(2023),表示意外的标记,可以进一步演化为纯粹的感叹标记,再演化为强化语力的标记,所以可以用来强化祈使语力,例如北京话"啊、呀、啦"都有此功能。所以泉州话的"<u>煞</u>",也可能是从表示感叹的意义获得强化祈使功能的。但是仔细考察,我们认为不是这样,因为北京话"啊、呀、啦"可以强化陈述,表示强调、

---

　　① 陈曼君(2002)写作"依",认为该类句有时可与表示期望的"依"共现。据实际调查我们推断,应当是祈使句"把+NP+给它+VP"结构中给予动词"给"(即泉州方言"度")的省略,因此此处应当是第三人称代词"伊",并非表期望义"依"。且"度伊"可整体省略,祈使语力并非由期望义"依"带来。

求认同,可以表示强化疑问,表示要求对方尽快尽可能完善地回答,也可以表示强化祈使,表示提议或要求对方尽快实施。但是在泉州话中,"煞"只能表示祈使,而没有强化陈述、疑问等功能。我们认为,从感叹而来的强化语力功能应该是作用广泛的,所以"煞"的祈使功能不是这一延伸的结果。

值得注意的是,陈述句中的副词"煞"表"立刻"义或"接续"义无明显的语音和句法形式区分,只能凭借语境;而"煞"究竟是表示"意外"还是表示"立刻、接续"义,不但可以通过语调分辨,而且句法形式上也有不同:表"意外"的"煞"字句通常表达已然事件,常与句末助词"唠"共现。如:

(57) a. 册<u>煞</u>度伊唠。(书竟然给他了。):意外

　　　b. 册<u>煞</u>度伊。(书马上/顺带给他。)

二是由停止演化为表示"停歇、放在某处"之义,称为"煞$_{10}$"[1]。例如:

(58) 怀侬<u>煞</u>许搭。(那些人停歇在那里。)

三是由"停止"演化为表示"罢了","煞"如果置于数量词之后,表达的就不是出乎意料之意了,而是表示对数量最高局限之评估猜测,意为"顶多……而已",称为"煞$_{11}$"[2]。如:

(59) 伊六十出头<u>煞</u>。(他顶多六十出头而已。)

(60) 今仔日正月十五<u>煞</u>。(今天顶多正月十五而已。)

2.3　小结

综上,得出了我们猜测的泉州方言"煞"字功能的演化图:

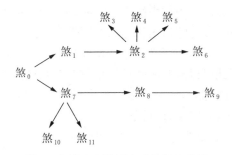

图 1　泉州方言"煞"字功能的演化图

---

[1]　据笔者语感调查,该用法在笔者母语区极为少见,为泉州市惠安县的说法。

[2]　据调查,为惠安县特有说法(其他地区有待考证)。

3. 泉州方言语气副词"煞"的核心功能

上文讨论过,当"煞"为副词时,并非只能用于疑问句,亦可用于非疑问句中,此时"煞"意为"竟然",表达惊讶语气;亦可表示"立刻、马上",此时不是语气副词。如:

(61)汝煞写了唠!(你竟然写完了!)

(62)我煞写度汝。(我马上写给你。)

副词"煞"在疑问句中以表达惊讶或怀疑为核心义,如:

(63)伊煞解去?(他怎么会去?)

"怀疑"本身包含两种相反的情况:其一是言者"不相信",即说话人认为"他不大可能去",语义功能上同样为否定,因此归入"反诘语气";其二是言者"有点相信",即说话人揣测"他可能真的会去"。

"惊讶"实质上是一种"意外"范畴,"惊讶"的产生必然是由于事实的发生不符合言者先前的心理预期。

"煞"作为"意外语气副词"以表达惊讶语气为核心,也可通过语境测试加以证明,如:

(64)♯我知影伊来唠,伊煞解来?(♯我知道他来了,他难道会来?)

例(64)说法不成立,是由于不论"煞"表达的是反诘或揣测,都是未然事件,而"我知影"说明是已然事件,不可能感到惊讶。两者相互矛盾,因此"煞"表惊讶语气。

另一种证明角度是,当句中缺少"煞"时,同"伊解来?",无特殊情景下通常为一般疑问句,因此惊讶语气是由"煞"带来的。

综上,因表意外的"竟然"义不论在疑问句还是非疑问句中都能出现,适用范围更广,因此可以推断表达惊讶语气为"煞"的规约意义,反诘或揣测语气则是"煞"在实际语境中的语用推导意义。故"煞"在泉州方言疑问句中的核心功能为表达"意外"语气。

陈振宇(2023)将陈振宇、杜克华(2015)的"意外三角"修改为更细致的区分:

0)当说话者对 XP 感到意外时,一般会产生强烈或较强的情绪情感,因此会产生感叹。

1)如果说话者认为 XP 是积极的,则只有感叹功能。

2) 说话者认为 XP 是消极的或中性的,都会产生以下进一步的迁移:

2-1) 当说话者自己不够自信时,会产生询问语力,包括三种情况。

　　2-1-1) 求证问:希望对方对 XP 再证实或证伪一下。

　　2-1-2) 细节问:希望对方对有关令人惊讶的细节进行证实。

　　2-1-3) 原因或理由问:希望对方给出 XP 合理的理由或原因,这样就消除了意外。

2-2) 当说话者十分自信时,会产生语用否定,如果有责备人的话,就会责备责任人。语用否定进一步包括两大类三小类。

　　2-2-1) 对现实句,说话者无法否定 XP 的真值,而只是否定 XP 的合理性。

　　2-2-2) 对非现实句,说话者进一步否定 XP 的真值,有包括:

　　　　2-2-2-1) 说话者认为 XP 是假的。

　　　　2-2-2-2) 说话者禁止 XP(下次实施)/要求(下次改变意外焦点成分)

泉州方言"煞"的意外三角表现如下:

(65) 伊煞去唠? (他怎么去了?)

上例表示上面的 0)、2)、2-1)、2-1-1)、2-1-3)、2-2)、2-2-1)、2-2-2)、2-2-2-2),而不能得到 1)、2-1-2)、2-2-2-1)。

再如下例表示上面的 0)、2)、2-1)、2-1-1)、2-1-3)、2-2)、2-2-2)、2-2-2-1),而不能得到 1)、2-1-2)、2-2-1)、2-2-2-2)。

(66) 阿青煞解水? (阿青哪里会漂亮?)

但是,泉州话表意外的"煞"并不总是与中性或消极的 XP 共现,它也能与积极 XP 结合,仅表达感叹功能。如:

(67) 哇! 今仔日天气煞□①好! (哇! 今天天气居然这么好!)

(68) (无想到)伊煞考一百分! 〔(没想到)他竟然考了一百分!〕

上述两例表示上面的 0)、1),此时语句为低降调,且常出现叹词或表示反预期的语词,语用否定的只是言者先前的预期,因而感到意外,但不一定产生问询义。

---

① 表高量义程度副词,相当于普通话"这么",本字未明,读[tsuan^55]。

4. 结语

泉州方言中表达"杀"义的"煞。"功能演化路径有两个层面：一是演化出"完了、停止"类意义，进一步衍生出"立即"义或"接续"义；二是演化为表示高量的形容词或副词，进一步获得意外和感叹意义，并由此衍生出表达反诘语气的语用否定义或揣测义。"煞"在泉州方言疑问句中表反诘语气程度不高，这一功能的显隐强弱不仅与其本身的词汇义相关，还与句中否定词、情态词等其他成分与之共现时形成的语用推导意义有关。同样为状语成分，表示"意外"和"立即、接续"的"煞"亦可通过语调和句法形式加以分辨。

综合语法分析与语料事实，在泉州方言疑问句中，"煞"可以视为语气副词。"煞"只能位于谓语之前，句法位置受到限制，不能自由移动到主语前。因此从语气副词的视角来看，它的语法化程度不高，还未达到成熟阶段。"煞"的语法化正在经历由实词逐步虚化为语气副词的过程，它由"结束、迅速"的实义逐步虚化为表达意外语气和感叹，这同时也是由极端义向情感义逐步演化的表现。

参考文献

陈曼君　2002　《泉州话"煞"字词性功能》，《语文研究》第1期。

陈振宇　2017　《汉语的指称与命题》，上海：上海人民出版社。

陈振宇　2023　《言语行为的逻辑系统——语义与语用的接口研究》，上海：复旦大学出版社(待出版)。

陈振宇　杜克华　2015　《意外范畴：关于感叹、疑问、否定之间的语用迁移的研究》，《当代修辞学》第5期。

陈振宇　张　莹　2018　《再论感叹的定义与性质》，《语法研究与探索(十九辑)》，北京：商务印书馆。

贺　阳　1992　《试论汉语书面语的语气系统》，《中国人民大学学报》第5期。

李如龙　2007　《闽南方言语法研究》，福州：福建人民出版社。

林宝卿　2007　《普通话闽南方言常用词典》，厦门：厦门大学出版社。

刘丹青　2017　《语法研究调查手册》，上海：上海教育出版社。

吕叔湘　1942　《中国文法要略》，北京：商务印书馆。

齐沪扬　2002　《语气词与语气系统》,合肥:安徽教育出版社。

王　力　1985　《中国现代语法》,北京:商务印书馆。

吴福祥　2004　《试说"X 不比 Y·Z"的语用功能》,《中国语文》第 3 期。

袁　宾　2003　《唐宋"煞"字考》,《中国语文》第 2 期。

张光宇　1996　《闽客方言史稿》,台北:南天书局。

周长楫　2006　《闽南方言大词典》,福州:福建人民出版社。

Chang M　1998　The discourse functions of Taiwanese kcmg in relation to its grammaticalization, *Selected Papers from the Second International Symposium on Languages in Taiwan*. Taipei: The Crane Publishing Co., Ltd.

F. R. Palmer　2001　*Mood and modality*. Cambridge: Cambridge University Press.

Matthews, S　1998　Evidentiality and mirativity in Cantonese: wo3, wo4, wo5!, *Proceedings of the Sixth International Symposium on Chinese Languages and linguistics*. Taipei: Academia Sinica.

倪伊芯:yxni19@fudan.edu.cn

反意外:表轻转"只不过"的
语用本质与演化动力

华中科技大学人文学院　　陈　禹

提　要　以"只不过"为代表的轻转标记一直是转折研究非常关注的方面,但已有语义—语用分析都存在难以回避的困难。本文从转折的语用本质出发,厘清轻转与重转实际上分别属于语气扬抑的不同偏向。通过对比分析可知,两种语气偏向不是互补对立,而是极化对立,从而从重转的意外性质推导出轻转的反意外性质。比较近代汉语与当代汉语的语料,"只不过"的演化脉络可描述为:限制副词—轻转连词—话语标记。反意外兼具的主观性与交互主观性,为"只不过"的语用化提供关键动力。
关键词　"还不是"　轻转　重转　反意外　语用化

1. 引言

现代汉语转折复句中,"只不过"是一种常见的转折标记,多用在表示转折的小句之首,比如①:

(1) 厨房倒塌了一半,里面的灶台还依稀可见,<u>只不过</u>,灶台上落满了长年累积的泥尘。(梁鸿《中国在梁庄》)

(2) 沧海桑田,人世间的变化本就很大,<u>只不过</u>这地方的变化也未免太快了些。(古龙《天涯·明月·刀》)

例(1)(2)中的"只不过"可以换成"但是、可是",表示前后小句的转折关系,然而这种转折关系的转折程度略显轻微,邢福义(2001:296)称作

---

① 　若无特别注明,本文例句来自北京大学中国语言学研究中心(CCL)语料库。

"轻转"。邢福义（2001：296—298）把轻转分为两种情况：一是程度上的轻微转折，转折小句句末可加上"而已、罢了"，如例（1），称作有限转折；二是口气上的轻微转折，转折小句句末不可以加"而已、罢了"，如例（2），称作弱化转折。

在"轻转"标记中，存在"只是""不过""就是"三个主要成员。"只不过"的功能与"只是""不过"比较接近，离"就是"比较远。邢福义（2001：300）认为"就是"标记的转折小句显示的是关键之处。反推之，这是否意味着"只不过""只是""不过"所转折的信息仅仅是枝节的、次要的呢？

无独有偶，王起澜等（1989：195）主张"轻重对比说"：跟"但是"相比，"只不过"把重点放在之前的小句上，之后的小句只是做出补充修正。但前后小句是否是重点，并没有充分的形式依据。拿例（2）来说，作者是更强调前一小句"人世间变化很大"，还是后一小句"这地方变化太快"，没有任何可操作手段加以判断，只能借助语感。可是语感是见仁见智的，笔者就感觉似乎后一小句是作者想要表达的重点。因此，关于轻转，前后小句的"轻重对比说"有待商榷。

另一研究角度是从"只是""不过"入手，因为"只不过"被认为是"只是"与"不过"相结合的产物，并且使用"只不过"的转折小句，可以将其换成"只是"或"不过"（邢福义 2001：299）。而对于"只是""不过"，王维贤等（1991：193）提出"估价说"，即前一小句虽然蕴涵后一小句事件/状态发生的可能性，但即使后一小句的事件/状态没有发生，说话人也认为无关紧要。换句话说，"只是""不过"的信息价值不高：一件可有可无的事情还是发生了，发生与不发生的概率不相上下，提出来显得鸡肋。"只不过"继承了"只是""不过"的这层意思。但是王岩（2007）发现"不过"可以引出新的话题，并且"只不过"也有此功能，比如：

(3) 200 块钱不算多，<u>不过/只不过</u>对于一个贫困山区的孩子来说，却是他一年的学费。（转引自王岩 2007）

在句中引出新的话题，绝不会是无关紧要的信息。只有值得注意的事，说话人才额外打开话题来说，所以"估价说"也存在可讨论空间。史金生、孙慧妍（2010）主张"限制补充说"，即"只是"是对前一个小句追加说明的情况，追加的说明可以是对前一小句的限制，亦可以是对前一小句的补充。"不过"也具有这种功能。在此解说框架下,"只不过"同样可以表示限制补充前一小句的功能,从而跟正反对立的转折与因果违逆的转折相区分开来,因为"只"与"不过"在汉语史中都曾作限制副词,由限制副词发展成限制连词,符合汉语史的一般规律,因此"限制补充说"很有见地。但问题是,为何限制补充会出现转折的意味?此外,作者提到"不过"除此功能之外,也有语气转折的功能,那么,"只不过"到底是表现限制补充功能,还是语气转折功能?若是前者,转折之义就有疑问;若是后者,语气转折是怎样的一类转折又成了新的问题。

前贤的研究提供了深刻的洞见,但就转折标记"只不过"的轻转性质与特征尚存可探索空间。如果重转与轻转作为转折关系的基本类别,那么,弄清所谓"轻"跟"重"究竟发生在哪个层面上,这是非常重要的出发点。其次,这种"轻转"为什么会出现,其背后的功能机理如何运作,也亟待合理解释。最后,"轻转"现象反映了语言系统中的哪些运作规律,这是本研究寄希望的落脚点。

2. 何为轻转

要弄清轻转的性质,有必要先弄清其上位概念——转折的性质:究竟转折在哪个层面上发生?尹洪波(2014)指出否定与转折之间关系密切,因为转折一般认为是语义上的对立,而语义上的对立可以看作一种广义的否定。吕叔湘(1982:340)对于转折的论断使尹文相信广义的否定其实是一种预期的偏离:

> 所说不谐或背戾,多半是因为甲事在我们心中引起一种预期,而乙事却轶出这个预期。因此由甲事到乙事不是一贯的,其间有一转折。(《中国文法要略》)

由此可知,某一事件或状态(记作背景情状)通常带来或伴随另一事件或状态(记作预期情状),但实际出现了与之不同的事件或状态(记作现实情状),现实情状跟预期情状相偏离,从而造成现实情状与背景情状之间的转折关系。这是最直接的转折,但还存在更复杂的情况。尹文还给出一个相当典型的例子:

(4)a. 这套沙发质量好,但是价格不高。

b. 这套沙发质量好,但是价格高。(转引自尹洪波 2014)

两句话都可以说,背景情状一模一样,而现实情状截然相反。这意味着两例的预期情状定然不同:(4a)的预期情状是"质量好的沙发价格也高",预期的根据是"一分钱一分货"的社会常识,现实情状是价格不高,与预期情状相违背,故发生转折;(4b)的预期情状是"质量好的沙发让人想买",预期的根据是"人都想买质量好的商品"的趋利心理,现实情状是价格高,并不与预期情状直接冲突,但是沙发价格高可推理出让人不想购买,该推理的根据是"买价格高的商品容易吃亏"的避害心理,现实情状的相关推理与预期情状相违背,故发生转折。所以说,转折跟预期情状有关,预期情状是说话人的主观信念;同时,转折跟现实情状有关,现实情状与预期情状所抵牾的情状分成两种:一是现实情状本身,二是现实情状的推理。现实情状的推理依然跟说话人的主观信念有关。由此,对于转折的发生,一个合理的假设是:

转折发生在语用层面,其发生条件依赖于说话人的主观信念。

就本质而言,转折与其说是一种语义范畴,毋宁说是一种语用范畴。除例(4)这种对立格式之外,转折的语用属性还有来自互动语言学的旁证:转折标记发展出强互动性的用法,跟所言内容本身语义的关联不大,而主要反映说话人的交际状态。姚双云(2017:297—299)分析在日常口语中,"但是"已经发展出几种互动用法,比如:

(5) 我在家里试穿一下发现非常好看。但是(说话人沉默 5 秒)

(6) 其实我认识的人真的还有的还蛮有钱的,但是还比较有钱肯定不
　　是那种富豪型的,但是富二代或者是,但是我觉得喜欢很重要。

以上两例是姚双云(2017)转写自电视访谈节目《康熙来了》的例句。可以明显看到,作为典型转折标记的"但是"在例(5)中成为说话人顿时语塞,作为让渡话轮的话语标记;在例(6)中是说话人为了维持话轮,作为追补信息的话语标记。两例的共同特点是在语义上几乎找不出语义上的直接对立,更多的是前后小句在各自预期上的相互对立,即间接转折(尹洪波 2020)。间接转折是说话人故意营造出自己当前陈述的预期跟其设想的听话人预期相冲突的口气。这意味着,至少在日常口语中,但凡说话人认为所持信息与对方预期冲突,就可以采用转折手段。转折关系高度笼

统泛化,虽然以上口语会话可能是转折关系较为边缘的用例,但至少说明转折关系已存在显著的语用性。

　　边缘用例固然跟语用关系密切,但典型的转折也深受语用影响,尤其是语用预期。尹洪波(2020)将典型转折的预期细化为结果、蕴涵、规约、隐含四种预期情状,四者都有赖说话人的认识状态。转折是说话人对常规认识状态的偏离,所以应当看作一种语用手段。不过,关键在于如何认识预期偏离中的"偏离"? 如果转折是语用的,那么偏离跟说话人息息相关,偏离是否依然是认识状态层面上的? 偏离有没有方向性?

　　根据一般理解,预期跟预设(presupposition)相关,因而直接跟人的认识状态发生关系,但尹文(同上)指出:"预期偏离折断了惯常的事件关系链条,使得本来相关的两种事件或状态不再相关,在人们心理上造成逆转。"可见,预期偏离不仅造成说话人认识状态变化,说话人心理状态也发生了变化。而转折多是对已有预期的违背,预期的违背所造成的事与愿违的最直接的心理变化是情绪变化。如果预期偏离包含情绪的变化,那么这种偏离至少有两种基本方向:一种是情绪的上扬,另一种是情绪的平抑,比如:

　　(7) 他实在佩服这个伙计,但是<u>居然</u>还有两个更叫他佩服的人出现了。(古龙《圆月弯刀》)

　　(8) <u>难道</u>他刚才说的话伤了她的心吗? <u>可是</u>他都愿意送她回去了……(于晴《红苹果之恋》)

　　例(7)(8)中,如果单纯从认识状态上分析,都属于跟现实情状的推理情状相抵牾的复杂转折,或者说间接转折。但如果从情绪态度上分析,偏离的方向非常明显,例(7)是从转折前小句到转折小句,说话人情绪上扬,转折小句出现了表示意料之外的副词"居然",根据陈振宇、杜克华(2015)的意外三角模型,意外是一种感情强烈的情绪。而例(8)的转折前小句是一个反问句,虽然反问可能并非强情绪,但是有标记"难道"加强语气,使得该句情绪态度较为强烈,而转折小句只是一个普通陈述句,说话人情绪得到平抑。一个合理的推论是,情绪的明显变化同认识状态变化一样,也可以直接使用转折手段进行标记。该猜测如果可以成立,所谓重转与轻转的不同就可以归于情绪变化的两个方向。"只不过"在情绪变化

的两个方向表现出对立,比如:

(9) 你,不也到过苏联? **不也曾加入过共产党嘛?** 只不过(只是/不过/＃但是/＃可是)你从徐锡根改名为冯琦罢了。(胡辛《蒋经国与章亚若之恋》)

(10) 他**居然**还能跳起来,只不过(只是/不过/＃但是/＃可是)两条腿还有点软软的,力气还没有完全恢复。(古龙《陆小凤传奇》)

(11) 它们伴你多年,你习惯了而且得心应手,但是(可是/＃只是/不过/＃只不过)**难道**就世代相袭永不革新了吗?《读书》第57卷)

(12) 中国队虽然扣球得了 36 分,但是(可是/＃只是/不过/＃只不过)**竟然**还不如日本队的 44 分。(新华社报道 2004.08.25)

例(9)到例(12)中使用粗体的成分是反问与意外标记,均表示强烈情绪,出现在转折前小句说明转折后情绪上扬,出现在转折小句说明转折后情绪平抑。我们发现,"只不过"只能出现在情绪平抑的转折句中,"只是""不过"与之类似,而"但是""可是"的接受度明显不足;"只不过"不能出现在情绪上扬的转折句中,"只是"与之类似,而"不过"往往可以接受。结合上文所提到的,"只不过"和"只是"都被归为典型的轻说转折标记,而又只能出现在情绪平抑的转折句中;"但是"和"可是"一定程度上排斥情绪平抑的转折句,而倾向出现在情绪上扬的转折句中,这种情况多被认定为重转。所以,无论是程度的降低,还是口气的减弱,轻转发生的语用条件是说话人情绪的平抑。此处还存在两处旁证:一是"而已""罢了"的共现,说明跟语气冲淡的功能标记更为适应;二是"只不过""只是"都有限制副词的用法,连词用法也留存限制事态的词汇语义,情绪的平抑也需要限制语力,所以在这层意义上也是相容的。

值得一提的是,虽然轻转的主要成员有"只不过""只是""不过"三类,但在例(9)至例(12)的测试中,"不过"既可以作轻转标记,也可以作重转标记。而"只不过"和"只是"的区别比较微妙,绝大多数情况下,两者是可以替换的,但"只是"的"是"是一个高频词,又不能像"但是"与"可是"缩略成"但"与"可"一样缩略成"只",因为"只"没有连词的用法。因而作为连词的"只不过"的适用语境比"只是"多出一种后接"是"的情况,比如:

(13) 这些东西无所谓好坏,只不过(/?只是)是一些和人类生活不能
　　分离的天赋的性质而已。(林语堂《世相物语》)

　　因此,"只不过"作为最典型的轻转标记是恰如其分的,"只是"也较为
典型,而"不过"处于轻转与重转的边缘地带。

3. 为什么要轻转

　　轻转的情绪平抑功能未必一目了然,转折前小句与转折小句的口气
可能都很平稳。情绪的平抑是轻转现象发生的可能性,而不是必要性。
所谓必要性,是有之不必然,无之必不然的情况。我们发现"只不过"对于
例(4)两句的替换出现必要性意义上的对立,如下所示:

　　(14) a. ♯这套沙发质量好,只不过价格不高。

　　　　　b. 这套沙发质量好,只不过价格高。

　　以上两句,转折前后两小句看不出明显的情绪变化。当然可以在
(14b)后添加"而已""罢了",但这只能证明(14b)有情绪平抑,却无法解释
(14a)为什么没有情绪平抑。也就是说,在具体语用中,如果轻转是一种
情绪平抑的手段,为什么说话人要使用这种手段? 什么时机需要使用这
种手段?

　　我们发现,如果把"只不过"换成"偏偏",句子的接受情况截然相反[1]:

　　(15) a. 这套沙发质量好,偏偏价格不高。

　　　　　b. ♯这套沙发质量好,偏偏价格高。

　　杨霁楚(2007)指出"偏偏"的主要功能之一是转折。上一节我们论证
到"只不过"代表的轻转,所排斥的情况正是重转,也就是情绪上扬的转折
复句。而例(15)显示"偏偏"恰好能适合重转的语境,而不适应轻转的语
境。这意味着"只不过"和"偏偏"表转折的语用环境是对立关系。那么,
我们可以通过提取"偏偏"的语用环境,反推"只不过"的语用环境,即排斥
与逆反"偏偏"的语境。

　　石定栩(2017)明确指出"偏偏"的核心语义是一种言者的主观判断,

---

　　① 例(14)(15)定要在中立语境下测试其是否成立,因为增加条件,或许也能成立,但可能
是引入了其他语用参数所导致的。

表达一种事与意违、事与料违的惊讶、诧异的反应。惊讶与诧异跟上一节提到意外本质上是相同的,不仅表示违背了言者的预期,而且还伴随着强烈的情绪。陈振宇(2020:285—287)指出转折复句包含大预期和小预期两种推理模式,其中小预期的推理模式正是"偏偏"所在的语境:在言者看来,满足前提的条件下,发生某件事的概率很低,从而令人感到意外。

如例(15),从常规预期而言,"沙发质量好"的大概率推理是"价格高",因此可以形成"沙发质量好,所以价格高"这样的因果复句;而"沙发质量好"的小概率推理是"价格不高",因此可以形成"沙发质量好,偏偏价格高"这样的强转复句。这样一来,如果"只不过"与"偏偏"相为逆反,是否说明"只不过"仅适用于大概率推理的情况呢? 答案是否定的,很多使用"只不过"的转折复句不能转化成因果复句,没有明确形式手段证明轻转跟大概率推理有关,如下所示:

(16) 当我们背过身,或者闭着眼的时候,电子一定在某个地方,<u>只不过</u>(/#所以)我们不知道而已。(曹天元《上帝掷骰子吗——量子物理史话》)

从事实层面上看,概率小的事件引起意外,概率大的事件造成非意外,这应该是理所应当的一组对立。然而"偏偏"和"只不过"的对立却不发生在此层面。这是因为对立其实分为三种情况——互补、极化、逆反。其中"有"和"无"就是互补对立,因为不是有就是无;"黑"和"白"是极化对立,还存在其他颜色,只是在吸收光线方面占据了两个极端;"买"和"卖"是逆反对立,其实两者是从相反的视角看同一事件或关系(Ding 2018:1—2)。

我们认为,轻转和重转的对立不是互补对立,而是一种极化对立。因为"偏偏"与"只不过"不是意外与非意外的互补对立:意外与非意外是以小概率推理与大概率推理为依据,大小概率推理之间是互补关系,却又无法合理解释"偏偏"与"只不过"的对立。轻转和重转的对立又显然不是同一事件的不同视角,故排除逆反对立。排除了一切的不可能之后,剩下的就是真相:轻转和重转的对立是一种极化对立,"偏偏"与"只不过"是意外和意外的极端反面的对立。问题是,意外的极端反面是什么呢? 我们认为是反意外。

反意外(counter-mirativity)指所言信息不仅是在说话人意料之中,并且在说话人看来,该信息是众所周知的或者是早有铺垫的,从而表现出一种轻描淡写、不在话下的语气(陈禹 2018,2020a)。反意外是跟意外(mirativity)的冲突,是说话人认为该信息并非不意外或者与意外无关,而是不应该意外;同时认为听话人表现或者期待的意外,也是不应该发生的。反意外的这种冲突性,也就走到了意外的极端反面。

Aikhenvald(2012)刻画出语言中意外范畴的五项特征:1)恍然大悟(sudden discovery,sudden revelation or realization),2)惊诧(surprise),3)准备不足(unprepared mind),4)反预期(counter expectation),5)新信息(new information)。"只不过"都可以找到与之截然相对的反意外用法。

首先,针对恍然大悟,"只不过"可以表示**显而易见**,比如:

(17) 他在笑,只不过**无论谁都应该看得出**,他的笑是多么勉强。(古龙《陆小凤传奇》)

(18) 这种心情也不是不能理解,只不过**别忘了**现在的公立学校的环境跟二三十年前可是大不相同了。(贾黎黎《男人四十》)

上例中,"无论"引导的条件小句和话语标记"别忘了"都标识着其后的事件或状态非常明显或者众所周知,"只不过"都可以替换成"毕竟",有提醒对方不应忽视另一方面,辩证看待问题,并且这方面是不言而喻、不言自明的(储泽祥 2019;陈禹 2020b)。

其次,针对惊诧,"只不过"可以表示**舒缓**,比如:

(19) 那好,我也不麻烦了,我相信少爷有办法解决,只不过呢,上楼后自己还是得小心点。(连清《结婚指令》)

(20) 从香奈儿的精华液到 10 块钱 3 双的袜子,他是无所不包无所不拦。只不过啊,人家一天只卖一样儿,5 折那是低的,基本上都是 3 折起。(天津人民广播电台《新闻夜谈》)

上例中,语气词"呢""啊"直接放在"只不过"之后,停顿较长,主要起到舒缓语气的作用(杨德峰 2018),说明"只不过"可以反映说话人不急促、不激烈、较为平和的态度,而唯意外标记"偏偏"排斥后接语气词。

再次,针对准备不足,"只不过"可以表达**准备充分**,比如:

(21) 文眉究竟是怎样一回事呢?"文"即是文身之意,只不过文的部位是眉而已。(佚名《养生与健美方法100例》)

(22) 差不多我们每个人都有过类似的体验,只不过程度不同罢了。(白冰《现代人为什么喊累》)

"而已"和"罢了"一般被认为是主观小量标记(方绪军2006),但结合上例的语境,说话人认为的信息量小是因为在上下文有交代,或是依常识可得,传达一种胸有成竹、不在话下的意味。说话人充分准备的口气致使该小句有一种可以不必言说之义。

另外,针对反预期,"只不过"可以表示**解——反预期**,比如:

(23) 我说**其实**这都是案子,只不过领导查不过来。(王小波《黄金时代》)

(24) **其实**我坏着呢,只不过看着老实。(王朔《动物凶猛》)

上例之中,"其实"是反预期标记,"只不过"所偏离的是"其实"所标记的反预期信息,也就是表示解——反预期信息。解——反预期是说存在反预期的基础之上,对其进行解构,以表明对方预期也有道理,整个事情不足为奇(袁毓林2012:198—199)。

最后,针对新信息,"只不过"可以配置**已知信息**,比如:

(25) 千姿道,"我**并没有**爱上他,只不过觉得他很特别。"(张欣《岁月无敌》)

(26) 自己**并不是**一点不会总结,只不过那总结没有什么花草,也说不上什么理论。(张世旭《将军镇》)

上例之中,"只"+否定成分表示某看法的反驳(吕叔湘1999:86)。"只不过"在此可以替换成"虽然",即表示纵有坚决反对,却必须在一些基本事实上进行让步。让步的事实是对方早已了解的已知信息,本质上削弱了反驳的语力,希望达成共识。

综上所述,轻转对于说话人而言,实际上是传达一种反意外信息。反意外不是意外的补集,而是意外的极性对立,"偏偏"与"只不过"正好是意外与反意外的代表性标记,但两者都可以表示转折,只是出现的语用条件截然相反,这也正是重转与轻转的区别所在,如图1所示:

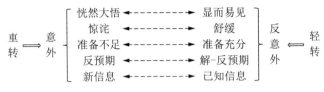

图1　重转与轻转的极性对立

由此可见,转折的分化跟意外极性有关:意外的一极实现为重转,反意外的一极实现为轻转。意外造成转折尚好理解,为何反意外也可以促成转折? 轻转标记的形成与发展又反映了现代汉语语用系统的什么规律?

4. 轻转所反映之规律

由第二节可知,转折是由说话人主观信念所造成。重转与轻转是从情绪偏移方向上进行的分类,由主观信念产生的情绪上扬,一般看作重转;而主观信念产生的情绪平抑,一般看作轻转。通过第三节的讨论,我们发现重转为意外所致,轻转为反意外所致。现在问题的关键在于:反意外何以能够实现为转折? 我们认为,反意外对"只不过"的演化起到承上启下作用。

众所周知,"只不过"的转折连词用法一般认为是从限制副词用法发展而来,早在宋明时期就已见不少用例,比如:

(27) 如大人心千重万折,赤子之心无恁劳攘,<u>只不过</u>饥便啼、寒便哭<u>而已</u>。(朱熹等《朱子语类》)

(28) 粲妻樊氏幼习阴书,学得驾空腾虚之法,<u>只不过</u>一妖术<u>耳</u>。(罗贯中《隋唐野史》)

(29) 蟒衣是像龙的服饰,和皇上所穿的御袍相像,<u>只不过</u>少一爪子<u>罢了</u>。(沈德符《万历野获编》)

上例中,"只不过"充当限制副词,可解释为"仅仅是",限制后面整个小句的事件,表达事件的类别少、价值低、程度轻。但由于"只不过"这种用法出现位置较为特殊,正好是两小句之间,所以原单句"主语＋谓语$_1$＋只不过＋谓语$_2$"非常容易发生重新分析,变成"小句$_1$,只不过＋小句$_2$",在

清代的某些语料中,前小句出现了让步连词"虽然"或"虽",更加剧了"只不过"的转折解读,比如:

（30）徐鸿儒道:"**虽然**将那些守军招来,展动落魂幡,拿小军作敌军,<u>只不过</u>稍迷其性,断不至有性命之忧的。"(唐芸洲《七剑十三侠》)

（31）老实和你讲罢,我和他**虽然**彼此有些意思,<u>只不过</u>大家讲几句笑话罢了,实在没有别的事情。(张春帆《九尾龟》)

（32）若说天霸**虽**是英勇,<u>只不过</u>道听途说,我又不曾见过,品貌武艺究竟如何?(佚名《施公案》)

上例中,"只不过"还出现新的变化,作限制副词时由于是对后文事件的限制,所以在会话语境中多呈现先平铺直叙,继而对情绪态度加以抑制。连词的用法中,将这种情绪平抑的语境意义逐渐变为"只不过"的固有意义,以致出现轻转的意味。邢先生(2001:296—298)的有限转折与弱化转折的区分体现的正是从语境意义凝固为词语固有意义的过程,有限转折依然是跟随语境所述事件某种程度的降低而增添的转折标记,轻转的重心依然是语境意义;而弱化转折是语境中已无显性的程度降低,而是用轻转连词反映说话人的轻转口气,轻转的重心已经落到连词意义之上。由此可见,轻转之轻是语境吸收的结果。

检讨"只不过"重新分析与语境吸收的脉络,可发现反意外是促成演化的深层机制。其一,"只不过"之所以出现于后续小句,并悬置句前,很重要一点是,对类别、价值、程度的限制是说话人的主观态度,因而"只不过"相当于句子命题的高层谓语,作为饰句副词位于小句之首;另外对类别、价值、程度的限制相当于轻说(understated),是反意外的重要属性(陈禹 2020a)。这说明,在限制副词解读中,已出现反意外功能。而反意外信息的出现,往往需要铺垫一个可以逆反的意外情景,这就意味着表反意外的小句多承接上文。因此,反意外由限制副词语义牵引而出,又因自身主观性与承前性定位"只不过"于后续小句之首。其二,"只不过"之前小句会出现"虽然""虽"等转折标记,亦与反意外的性质有关。无疑(doubtless)是反意外范畴的重要性质之一(同上),因为普通的疑问往往伴随说话人的意外,而对意外的逆反一定是说话人坚信不疑的。但在话语中,说话人呈现无疑的信息,一定是针对语境中可能造成疑窦的"靶子"加以解释,而"虽然""虽"引导的让步小句恰好可以建构这样一个"靶子",使表现出无疑语气的"只不过"小句不至生硬突兀,显得更为顺理成章。

由此可见,反意外用法为"只不过"转折义的演化提供了句法位置,也提供了语义铺垫。不止于此,反意外还在继续对"只不过"进行语境扩展,将之推向话语标记的转变。在当代汉语的语料中,我们找到不少前句已煞尾,"只不过"却另起一句的用例,比如:

> (33)他这么解脱了**也好**。只不过解脱的方式,太戏剧化了。(梁晓声《冉之父》)
>
> (34)肖济东说我想法子帮你再租给别人**吧**。只不过现在还有点麻烦。(方方《定数》)
>
> (35)我才懒得管这些事儿**呢**。只不过,照片为什么摆在这儿?(陈建功《皇城根》)

以上三句,"也好""吧""呢"都有煞尾结句的作用,并且句末也使用了句号。"只不过"引导的是一个新的句子。虽然"只不过"依然保留有转折的意味,但前后文的关系已不再是复句,而是句群。在这个意义上,"只不过"也不再是复句中的连词,而是句群中的篇章衔接成分,而篇章衔接成分往往看作话语标记。尽管李晋霞(2020)证明了转折标记相对其他复句单位更容易发展为松散的句群单位,然而,究其理据,还是因为反意外语气是说话人提醒听话人不要忽视显而易见的另一方面,因而伴随有转换话题的功能,但受到限制,只能是往小处、低处、轻处的话题转换。话语标记用法的"只不过"突破了对话题范围的限制,将功能扩展为可转换任何话题的一般性话题转换标记,比如例(35)为疑问,已经是有意外的语气在里面了,而句前依然可以使用"只不过",说明"只不过"所在话语的语境发生扩展:句群中更为松散的语义条件和韵律条件,使之适用于所有说话人需要话锋一转的语境。

限制副词用法制出"只不过"的反意外语气,发展出轻转用法,反意外语气又在大量使用中磨损,轻转连词"只不过"泛化为话语标记用法。反意外的承上启下作用可见一斑,但更为重要的是,"只不过"的演化较为完整勾勒了实义成分语用化的发生机制。张秀松、张爱玲(2017),张秀松

(2019，2020)系统论述了语用化的理论框架，并运用于"好说""可又来"等话语标记的演化的探索之中。所谓语用化(pragmaticalization)指的是词项或者句段在具体语境中获得管理交际或标示人际互动作用的过程(Erman & Kotsinas 1993)。语用化中可观测结果包括：辖域扩大、位置自由化、使用强制性变小、输出项异质性增强(Claridge & Arnovick 2010)。简言之，语用化本质上是一个句法成分逐渐成为一个话语成分，逐渐脱离句法结构功能，确立话语组织功能的过程。从可观测结果上看，"只不过"从限制副词到轻转连词①，再到话语标记的演化路径正是语用化的典型表现：1)辖域上，从谓语扩大到整个小句，再扩大到整个句子；2)位置上，从紧凑到逐步松散，可后接语气词或短暂停顿；3)使用强制性上，从强承前性(必须和前小句保持话题一致)到弱承前性(两小句话题只需有关)，再到启下性(引出全新话题)，强制性渐次弱化；4)输出项上，从类别少、价值低、程度轻的事件，到带有往小处、低处、轻处说的语气的事件，再到无限制事件，异质性愈发增强。语用化路径如图 2 所示：

图 2　"只不过"的语用化路径

反意外产生促成"只不过"的轻转用法，反意外磨损正在将之推向话语标记的解读。如果说反意外产生是主观性逐渐增强，那么反意外磨损则显得像主观性减少了，然而，主观性的减少并不是意味着客观性的增加，而是交互主观性的突显。根据丁健(2019)的综述，关于交互主观性大致可以分为三家定义与三种类型。

定义一：话语意义向听话人的认识与地位聚焦(Traugott 2003：124)。

定义二：说话人与听话人进行认知协作的方法(Verhagen 2005：4)。

---

①　有一种意见认为，从限制副词到轻转连词应该属于语法化(grammaticalization)，但我们认为由于副词和连词在汉语中都可充当复句的连接成分，且复句是句法与话语篇章的过渡环节，所以说其从非语法项目演化为语法项目、弱语法项目演化为强语法项目与事实并不符合。

定义三：说话人与其他人的共享知识(Nuyts 2012:60)。

其实三家的定义在交互主观性中说话人的介入程度与方式均有差异，但都体现的是对听话人的关注，因此，不局限于说话人固有信念，而是充分考虑听话人是诸家交互主观性定义的共识。由此也引出交互主观性的分类：一为态度型，考虑的是听话人的态度；二为回应型，考虑的是听话人的回应；三为篇章型，考虑的是听话人的理解。我们认为，作为话语标记的"只不过"所增强的交互主观性的次类恰好是第三类篇章型。"只不过"作轻转连词时，反意外语气指出所标记事件是显而易见、毫无疑问的，对说话人自己不会造成任何意外，这是其主观性的一面；反意外的不言自明与轻描淡写的特征，同时也是说话人对听话人的提醒甚至责怪，即对方不应该忽略另一明摆着的事实，这是交互主观性的一面。限制副词所激发的正是主观性的一面，主观性的一面引申出交互主观性的一面。"只不过"向话语标记的演化，则是交互主观性的一面原来临时的语用意义开始凝结固定，反倒压制主观性的一面。为什么交互主观性会压制主观性，使主观性的部分显得有所磨损？这是因为话语受到视角(perspective)影响，视角是说话人进行话语言说所基于的观察角度(Langacker 2008:73—75)。主观性持有的是说话人视角，交互主观性持有的是听话人视角，这两个视角有互补性的同时也包含有明确的互斥性。当其中一方视角得到强化时，另一方必然要随之淡化。这个道理就如同当说话人坚持要"我口说我心"时，"察言观色"肯定难以实现；当说话人表现出"将心比心"时，"直抒胸臆"肯定格格不入。因此，说话人视角与听话人视角的互斥正是主观性与交互主观性此消彼长的根源。

不过，更为重要的是，反意外的双视角兼容性是"只不过"语用化的最大推动力。根据反意外的内涵：说话人毫不意外，听话人无须意外，可知反意外既有说话人视角的侧面，也有听话人视角的侧面，这意味着反意外其实是主观性到交互主观性的过渡地带。而"只不过"的语用化路径是一个极好的证明：作限制副词时，"只不过"单纯是说话人的主观态度，不涉及听话人的考虑；作话语标记时，则几乎是为照顾听话人联系上下文而加入的，看不到任何主观性的痕迹；而轻转连词的"只不过"一边有说话人的不以为意，体现说话人视角，一边又有打消听话人惊诧，体现听话人视角。

这就给轻转连词"只不过"自身主观性的塑造与交互主观性的进一步演化提供了动力。所以，反意外这种内在包含两类视角的成分极有可能产生类似的语用化的过程。

值得一提的是，反意外的双视角兼容性可以有效回应已有轻转学说的解释力来源。"轻重对比说"阐释的是轻转连词的说话人视角，轻转连词的主观性来源于限制副词，"轻重对比"而来的"轻"由限制副词的"往轻处说"得来，因此"轻重对比说"对轻转主观性的刻画非常有力。"估价说"解释兼具说话人视角与听话人视角，因为所谓估价的"信息价值不高"可以是指说话人的立场，也可以是对听话人的劝告，双视角都可解，因此也颇有道理。"限制补充说"虽似乎完全跟转折无关，但由于其很好反映了轻转的听话人立场，因而颇有可信之处：限制与补充都是对前文篇章的某种交代，起到的作用正好是交际管理与话语组织。此外，双视角兼容性也可以较好回答已有学说的棘手问题：为什么轻转跟一般的转折高度相似又明显不同。第二节我们提到转折跟说话人的主观信念高度相关，这正是反意外说话人视角与一般转折的契合之处；但反意外还存在交互的一面，提醒听话人一则不应忽视的信息，反意外的听话人视角正是与一般转折的细微差别之处。

5. 结语

本文从表轻转"只不过"切入，探讨了轻转现象的语用条件、语用动因与语用演化。我们发现，轻转的本质是说话人情绪的平抑，说话人借用轻转标记是在话语中表现反意外信息，更为重要的是，反意外对于"只不过"轻转功能的建立，以及其继续向话语标记演化都起到关键作用。类似反意外标记这种兼具主观性与交互主观性的功能成分，非常容易造成语用化现象，而重新分析、语境吸收与语境扩展等演化路径也在"只不过"语用化的过程中体现得尤为典型。

参考文献

　　陈　禹　2018　《作为反意外范畴标记的"还不是"》，《世界汉语教学》第 4 期。

陈 禹 2020a 《句末"不就 X 了"构式的形义表现与反意外功能——兼论反意外与意外、解-反预期以及反问之关联》,《世界汉语教学》第 3 期。

陈 禹 2020b 《"毕竟"语义诠释的本质机制》,《语言研究集刊》第二十六辑,上海:上海辞书出版社。

陈振宇 2020 《逻辑、概率与地图分析——汉语语法学中的计算研究》,上海:复旦大学出版社。

陈振宇 杜克华 2015 《意外范畴:关于感叹、疑问、否定之间的语用迁移的研究》,《当代修辞学》第 5 期。

储泽祥 2019 《辩证性:"毕竟"的使用基础》,《当代修辞学》第 2 期。

丁 健 2019 《语言的"交互主观性"——内涵、类型与假说》,《当代语言学》第 3 期。

方绪军 2006 《语气词"罢了"和"而已"》,《语言科学》第 3 期。

李晋霞 2020 《从篇章角度看复句与句群的差异》,《汉语学报》第 1 期。

吕叔湘 1982 《中国文法要略》,北京:商务印书馆。

吕叔湘 1999 《现代汉语八百词》,北京:商务印书馆。

石定栩 周 蜜 姚 瑶 2017 《评价副词与背景命题》,《外语教学与研究》第 6 期。

史金生 孙慧妍 2010 《"但(是)"类转折连词的内部差异及其形成机制》,《语文研究》第 4 期。

王 岩 2007 《表示转折关系的"不过"和"就是"》,《汉语学习》第 5 期。

王起澜 张 宁 宋光中 1989 《汉语关联词词典》,福州:福建人民出版社。

王维贤 张学成 卢曼云 程怀友 1991 《现代汉语复句新解》,上海:华东师范大学出版社。

邢福义 2001 《汉语复句研究》,北京:商务印书馆。

杨霁楚 2007 《语气副词"偏偏"的主观语义及相关句式考察》,《语法研究和探索(十四)》,北京:商务印书馆。

姚双云 2017 《关联标记的语体差异性研究》,北京:世界图书出版公司。

杨德峰 2018 《连词带语气词情况及语气词的作用》,《华文教学与研究》第 1 期。

尹洪波 2014 《否定与转折》,《语言研究集刊》第十三辑,上海:上海辞书出版社。

尹洪波 2020 《现代汉语转折复句新论》,《汉语学报》第 1 期。

袁毓林 2012 《汉语句子的焦点结构和语义解释》,北京:商务印书馆。

张秀松　2019　《话语标记化的性质之争》,《外语学刊》第 4 期。

张秀松　2020　《近代汉语中语用标记"可又来"的多功能性与语用化研究》,《中国语文》第 1 期。

张秀松　张爱玲　2017　《"好说"向会话程式语的语用化》,《当代修辞学》第 3 期。

Aikhenvald, Alexandra Y.　2012　The essence of mirativity. *Linguistic Typology* 16.

Claridge, C. & Arnovick, L.　2010　Pragmaticalisation and Discursisation. In Andreas, H. & Jucker, I. T. (eds.), *Historical Pragmatics*. Berlin: De Gruyter Mouton.

Ding, Jing　2018　*A Lexical Semantic Study of Chinese Opposites*. Singapore: Springer.

Erman, B. & Kotsinas, U.-B　1993　Pragmaticalization: The Case of "ba" and "you know". *Studier i Modern Sprakvetneskap* 10.

Langacker, Ronald W.　2008　*Cognitive Grammar: A Basic Introduction*. New York: Oxford University Press.

Nuyts, Jan　2012　Notions of (inter) subjectivity. *English Text Construction* 5: 53—76.

Traugott, Elizabeth C.　2003　From subjectification to intersubjectification. In Raymond Hickey(ed.), *Motives for Language Change*. Cambridge: Cambridge University Press.

Verhagen, Arie　2005　*Constructions of Intersubjectivity: Discourse, Syntax and Cognition*. Oxford: Oxford University Press.

陈禹:hkchenyu@hust.edu.cn
原载《汉语学报》2021 年第 2 期,本书收录时略有修改。

语用推理与极性程度义的获得
——以构式"V 过 A 的，没 V 过这么 A 的"为例*

上海对外经贸大学国际中文教育学院　　赵　彧

提　要　"V 过 A 的，没 V 过这么 A 的"是主观相对极量构式，构式义是在发话人过往亲身经历形成的认知集合中，经由比较，推理出该集合中当下认知为量级最高的那一项。构式的形成经历了从表达转折关系的、形义关系透明的可推导的语法构式，发展为表达极量程度的、形义关系不透明的具有习用化特征的修辞构式。程度上的梯级特征反映了心智上的图式特征。汉语中多个极量程度构式都遵循否定比较级发展为最高级这一语用推理，汉语与英语在这点上也表现出内在认知的一致性。

关键词　主观极量　意外　梯级图式　语用推理　相对程度

1. 前言

近些年现代汉语关于极性程度量构式的研究较为丰富，如王晓辉、池昌海(2014)的"X 就不用说了"，周敏莉(2016)的"A 到没朋友"，王晓辉(2017)的"X 没的说"以及张辉(2017)的"X 得不行"等。汉语缺乏严格意义的形态，极量程度的表达除了极性程度副词这种语法手段外，还可以通过所谓的构式来表达。本文将分析汉语中另一种表达极量程度的构式"V

　　* 本文是国家社科基金项目"汉语跨层词汇化的再演变研究"(项目编号：17BYY161)、上海市哲学社会科学规划一般课题"现代汉语副词表征主观量的动因与机制研究"(项目编号：2018BYY018)、上海市哲学社会科学规划青年课题"基于类型学视野的汉韩虚拟位移表达式的多维研究"(项目编号：2018EYY007)的阶段性成果。

过 A 的,没 V 过这么 A[①] 的",并力图揭示相关构式极量语义的来源。

对"V 过 A 的,没 V 过这么 A 的",学界关注较少,仅有张志超(2017)一文谈到,但论述较为简单,对构件与构式的互动关系、构式义的形成过程以及构式的信息属性与认知图式等问题语焉不详。该构式表达主观极量程度,具有强烈的主观性。例如:

(1) 见过无耻的,没见过这么无耻的。

(2) 吃过好吃的,没吃过那么好吃的。

上述两例没有标示极量程度的显性标记,但整体表达的却是主观极量的程度义,该意义不能从其组成成分直接预测出来,因此可以看作为构式。本文主要研究以下三个问题:

第一,构件的性质、构件与构式的互动对构式义有何影响?

第二,构式的形成过程、构式义的浮现与图式特征。

第三,构式的语用功能以及极量程度的来源问题。

本文语料取自北京大学中国语言学研究中心 CCL 现代汉语语料库、北京语言大学 BCC 现代汉语语料库,少数自拟。为节省篇幅,不再一一标注出处。

2. 构件分析与复句特征

2.1 "V 过"与"A 的"

进入构式中的"V"多为二价动作动词,少数也可以是三价双宾动词,多为单音节,如"见、听、吃、看、喝、买、玩、用;给、送"等,其中"见"的使用频率最高。"A"多数具有[+无界、+量幅]特征的性质形容词,少数具有[+有界、+量点]的状态形容词。就情感意义来分,主要分为三类。如:

[+积极]:爱国、胆大、淡薄、激动、阔绰、厉害、美、漂亮、强、强悍、实在、帅、有钱、自信、走运等;

[+消极]:卑鄙、笨、残忍、猖狂、丑、蠢、低俗、丢人、恶毒、恶心、好色、狠、横(hèng)、坏、贱、恐怖、狂、狂妄、离谱、乱、啰嗦、没出息、难听、孬、缺

---

① "V 过 A 的,没 V 过这么 A 的"中指示代词除了"这么"外,还有"那么、这样、那样、如此、这般"等。用例时分开举例,论述过程中不作区分,统一写作"这么 A"。

德、扫兴、损人、贪财、猥琐、龌龊、无耻、无情、下流、嚣张、小气、心黑等；

　　[+中性]：冰凉、辣、穷、歪、雪白、野等。

　　现代汉语句法平面上名词化的主要手段是在谓词性成分后头加"的"，可以表示转指意义，也可以表示自指意义（朱德熙 1983），构式中"A的"句法实现的是转指功能，与"V"构成动宾句法关系，其所转指的意义范围较广，涉及参与者、方式、过程、处所、工具等语义成分，转指对象可以出现，但大多隐含。如：

　　（3）黄俊杰吸了一口凉气，见过狂的人，没见过这么狂的人，上次在公
　　　　　园看见他，就感觉这小子不是什么好东西，果不其然。

　　（4）众人又说了些闲话，到了晚上的时候，总部摆起了酒宴，各类英雄
　　　　　人物也都到了场，程子强一看差点傻眼，见过乱的，没见过这么
　　　　　乱的。

　　例（3）转指对象"人"出现，例（4）"乱的"转指对象则隐含了。构式前件"V 过 A 的"除了表示"VA 的"是过去发生的以外，更重要的语用意图在于突出发话人或句法主语过往亲历的经验认知，强调当下对事物或事件的认知与过往认知形成强烈反差。例如：

　　（5）懵了，所有的人都懵了，见过猥琐的，没见过这么猥琐的！ 这胖子
　　　　　这是在教人打仗啊？ 怎么越听越像是在教人如何不要脸？

　　"见过猥琐的"是发话人已经既有的过往认知，而当前命题的参与者"这胖子"的言行举止大大突破了发话人的既有认知，因而就产生了"这胖子是发话人见过的最猥琐"的极量程度之义。该构式就主语类型而言，可以区分为言者主语（speaking subject）和句法主语（syntax subject）。言者主语语法化程度较高，句法地位也高于句法主语，一般不在句中出现，不具有有形词汇表征，但可以通过词汇表征句法降级为小句主语。句法主语语法化程度较低，句法层级也低于言者主语，一般多以词汇形式出现在句中，也可以用人称代词回指。例如：

　　（6）准提老儿，我见过无耻的，没有见过你这般无耻的，将人家好好的
　　　　　一段因缘拆散了一千多年，你还好意思在这里显摆。

　　（7）宗泽险些跌倒在地，他见过阴险的，没见过这么阴险的。连被人
　　　　　发现之后的解释都准备好了，而且还一副商人的嘴脸。

　　例(6)言者的词语表征"我"显现为有形的言者主语,使得句法地位高的言者主语降级为小句主语,当然这个有形的词汇表征也可隐没。言者"我"与"见过"有论元控制关系,而句法主语"准提老儿"与"拆散、显摆"有论元控制关系,句中第二人称代词"你"的回指对象也是"准提老儿",而非言者"我"。例(7)句法主语"宗泽"与"见过"有论元控制关系,句中第三人称代词"他"也是回指"宗泽",且无法隐没。

2.2　"这么(指示代词)"

　　进入构式中的指示代词除了"这么",还如"那么、这样、那样、如此、这般、这号"等。指示代词在构式中是强制性的,不可或缺,在构式所表达的极量程度义中语义贡献很大。"这么、那么"等指示代词均无一例外地可以在"这么＋A"中指示程度。"A"最常见的是性质形容词,少数是状态形容词,如"吃过好吃的,没吃过那么好吃的;看过雪白的,没看过这样雪白的"。黄伯荣、廖序东(2002)按句法功能标准,将"这么""那么"等归为代副词,其句法作用相当于副词,修饰性质形容词的"A"是因为其具有连续的、隐性的量的特征(张国宪2000),而状态形容词表示的是一种量级已被确定了的量点,是词法内部的量点,在特定语境中可以通过指示代词这种分析手段来"主观增量"。指示代词修饰形容词时,出现了功能趋同现象,即由空间指示上存在差异(近指或远指)到程度指代上变得相同。如:

　　(8) 教过差的,没教过这么[那么/这样/那样/如此]差的。

　　　　看过好看的,没看过那么[这么/这样/那样/如此]好看的。

　　　　见过嚣张的,没见过这样[这么/那么/那样/如此]嚣张的。

　　　　见过粗暴的,没见过那样[这么/那么/这样/如此]粗暴的。

　　　　喝过好喝的,没喝过如此[这么/那么/这样/那样]好喝的。

　　上述例句,"这么、那么"等指代程度,在构式中常可以互换使用,基本语义并没有太大差异。我们知道,在单纯受空间距离或时间距离制约的条件下,近指代词与远指代词的使用是强制性的,"这"系指示代词具有近指性,"那"系指示代词具有远指性,二者不能互相替换,然而在说话者主观心理距离的作用下,本来应使用"这"系指示代词,说话者可以将指称对象在心理距离上"推远";本来应使用"那"系指示代词,说话者可以将指称对象在心理距离上"拉近"(王灿龙2004)。当近指代词与远指代词受到空间距离、时间距离、心理距离、语篇指示和人称指示等因素影响时,句子用近指代词还是远指代词并不具有强制性,与说话者的选择策略有关,说话者主观选择的参照标准不同,近指代词与远指代词的取舍就不同(王颖颖2013),从而造成了在该构式中"这"系指示代词与"那"系指示代词指示的对立性减弱,功能的趋同性增强。

构式表达的极量程度,与用程度副词来表示程度的情况有明显区别。试比较:

最为无耻　　　　　　　　　　　最吃好

见过无耻的,没见过这么无耻的　　吃过好吃的,没吃过那么好吃的

有两点值得注意:第一程度差异上,同样是表示程度,"最/最为+A"可以表达无明确参照对象或参照对象是泛而言之的绝对程度,也可以表达参照对象明确的相对程度,而该构式表程度只表达参照对象明确的相对程度。"最/最为+A"会因主观化突显发话人强烈的主观意识和主观感觉,没有明确的比较范围,呈现出绝对化倾向(张谊生2017)。第二程度来源上,"最/最为+A"表达的极量程度是程度副词赋予的,而构式表达的极量程度是通过语用推理浮现出来的。总结如下:

"V过A的,没V过这么A的"	"最/最为+A"
相对程度	绝对程度/相对程度
定较	泛较/定较
语用推理	程度副词

构式中指示代词表达的程度是在发话人或句法主语过往亲历的经验认知中经比较得出的相对极量程度,与构式主观特征相契合而可以准入,而"最/最为+A"可以表达绝对程度,语义具有[+通比性],该类副词称为通比程度副词(储泽祥等1999)或绝对程度副词(张谊生2004)。需要交代的是"这么、那么"等本身不表程度,与程度副词表程度截然不同,其主要作用还是指代情况。

2.3　复句特征

就构式整体看,是由前件"V过A的"和后件"没V过这么A的"构成

的转折关系的意合复句,分句之间靠意义连接,不借助连词类形式标记。尹洪波(2014)指出否定和转折这两种语义范畴密切相关,体现在语法、语义和语用等方面,语义主要体现在:在转折式中,前项和后项或其中的某一部分在语义上通常要满足一个条件,即二者必须构成某种语义对立(semantic opposition)关系,这种对立关系可以是反义关系。"V 过"与"没 V 过"之间的语义对立是转折关系的语义基础。如:

(9) 在场所有人都被他的言行震撼住了,<u>见过嚣张的,没见过这么嚣张的</u>,明明可以轻松躲掉自己等人的攻击,却又傻乎乎地站在那里做个活靶子!

(10) 徐徐的一夜大雪让整个北方银装素裹,<u>看过白的,没看过这样白的</u>。北方的雪大抵是宏大而略带些凄凉,少了婉约与悠扬。

上述两例,后项"没见过、没看过"是对前项"见过、看过"的否定,表示某个参照时间之前后件代表的事件没有发生,从而建构了前件与后件的转折关系。前件与后件在主观极量的程度义建构中语义地位有差别。试比较:

(9)′ a. 没见过这么嚣张的。

　　　 b. 见过嚣张的,没见过这么嚣张的。

(10)′ a. 看过白的。

　　　 b. 看过白的,没看过这样白的。

例(9′a)没有前件,可表客观否定,也可表主观程度义,例(10′a)没有后件,仅出现前件,仅表客观直陈义,而例(9′b)、(10′b)前件与后件相互配合,表主观程度义,因而前、后件在程度义的建构中语义贡献度不一样,后件是主要语义承担项。构式也可以加入"但、却"等转折标记。如:

(11) 乔迁实在是看不下去了,<u>见过笨的,但没有见过那么笨的</u>。你们兄弟两个怎么把老爷子给气的那样,现在就熊包了。

(12) 几个人看着老道,都有点哭笑不得的感觉,<u>见过无耻的,却没见过那么无耻的</u>,居然光明正大地为徒弟要起礼物来了,可是又有什么办法呢?

转折标记"但、却"显化了内在的转折语义,形式上也有所不同,加入了"但是、但、却、然而"等转折标记的"V 过 A 的,没 V 过这么 A 的"也就

由意合复句转为有标复句。此外,构式中程度的表述对象可单独出现,也可以用"有、像"等来引入。如:

(13) 老子见过孬的,没见过你这么孬的,见过歪的,没见过你这么歪的,见过横的,没见过你这么横的,你以为这冀兴市是你的天下,你的地盘吗?

(14) 夏言冰先是偷偷地出了一口气,随后心中就升起了不尽的怒火:见过丢人的,没见过像赵如山那么丢人的!

例(13)程度的表述对象"你"单独出现,而例(14)程度的表述对象"赵如云"是通过"像"引入的。上述两例共同的语义都是表示"你、赵如云"分别在"孬"的程度、"丢人"的程度上超越发话人既有的亲历认知,达到了极量程度。

3. 构式形成与构式语义

3.1 语法构式到修辞构式

"V过A的,没V过这么A的"是在包含"比较"义的递进关系上形成的转折关系。陈琳(2009)将转折复句分为三类,其中就涉及递进式的转折,高水云(2011)认为转折句能不能转换成递进句关键在于能不能找到一个前后相比较的点,并且能从某种角度找到一个进层关系。陈小红(2012)也认为"递转"是现代汉语转折复句四种语义类型之一①,并认为只有包含"比较(或对比)"义的递进关系才能被看成(从而形成)转折关系。例如:

(15) 刘宪华喝了可乐之后陶醉道:"我喝过好喝的可乐,但是我从来没有喝过这么好喝的可乐!"

(16) 我见过许多端庄的女人,可是没见过像你如此端庄优雅的,有的像你的眼,有的像你的眉,有的像你的唇。

(17) 我吃过好吃的糖,像北京的酥糖,上海的奶糖,广东的水果糖,但没吃过那么好吃的,陕西富平有一种糖叫琼锅糖,好吃得不得了,并且已经有几百年的历史。

---

① 陈小红(2012)认为现代汉语转折复句主要可分为四种语义类型:并转、递转、承转和理转,其语义基础分别为并列、递进、顺承和因果。

　　递转是基于前后相较形成进层关系的转折,例(15)后者比前者语义上更进一层,即"我从来没有喝过这么好喝的可乐"比"我喝过好喝的可乐"程度更深;例(16)拿"没见过像你如此端庄优雅的"与"我见过许多端庄的女人"相比,说话人主观程度量级更进一步;例(17)拿"陕西富平的琼锅糖"与"北京的酥糖,上海的奶糖,广东的水果糖"相比,说话人强调"陕西富平的琼锅糖"更好吃得多。上述各例,句子的表述重心重在逻辑语义的转折,通过"但是、可是、但"等转折标记标明,是整合度较低,形义关系透明的可推导的语法构式①。从语法构式向修辞构式发展过程中,可推导性减弱,整合度提升,反映在意义与形式在两个方面:语义上形义关系透明度降低,意义从否定比较级发展为极量程度,即"V过A的"为发话人或句法主语既有的认知域集合,而当下对事物或事件的认知是认知域"V过A的"的真子集,认知域"V过A的"中的所有成员(除"当下对事物或事件的认知")在程度上都不及当下对事物或事件的认知,推理出当下对事物或事件的认知具有极量程度。请看例句:

　　(18) 见过小气的,没见过这么小气的,你实在太抠门了吧！以后见到别人,可别说我认识你噢！

　　(19) 昨天与老妈上了一趟街,零零碎碎买了很多,其中一件大衣我最中意,买过合适的,没买过这样合适的。我真的很喜欢！

　　上述两例,既有认知域"见过小气的、买过合适的"中所有成员(除"你、大衣")在语用量级上都不及当前认知域对"你、大衣"的认知,推理出它们具有极量程度义,也就是"你在我见过的人中是最小气的、这件大衣在我买过的所有衣服中是最合适的"。形式上也开始整合,首先标明转折语义的"但是、可是、但"等标记不再出现,有标复句转为意合复句;其次由于前件"V过A的"是过往既有认知,是旧信息,在构式化过程中可以被整合,仅保留后件,Hopper & Traugott(2003)指出表达的习用化往往导致信号的缩减与简化。如:

　　(20) 一位80多岁的老大娘激动地说,我活了这么大年纪,[见过大的

---

　　①　关于"语法构式"与"修辞构式",详文可参看刘大为(2010)《从语法构式到修辞构式》(上、下)。

水]，没见过这么大的水，整个岛都被淹没了。

"见过大的水"是发话人（80 多岁的老大娘）已知认知域的集合，是既有认知，"没见过这么大的水"已经蕴涵了"见过大的水"，因而句法上可以"隐身"，由后件主要承担构式语义，陆俭明（2016）认为在句子信息结构中，已知信息成分可以省去，但未知信息成分不能省去。概而述之，"V 过 A 的，没 V 过这么 A 的"的产生与形成过程，经历了形义关系透明的句式分析到形义关系不透明的构式分析（见表 1）。

表 1　"V 过 A 的，没 V 过这么 A 的"的产生与形成过程

	整合度	形义关系	语　义
语法构式	整合度低	透明度高	转折语义
修辞构式	整合度高	透明度低	极量程度

3.2　主观选定与相对程度

构式义的产生是整合与浮现的过程，即"整体大于部分之和"，也就是说构式整体突显了该构式组成部分所不具有的某些特征，这些新的特征不能从其组成成分或业已建立的其他构式中完全预测出来（Goldberg 1995）。"V 过 A 的，没 V 过这么 A 的"表主观极量的相对程度义，该意义是从构式线性序列中"浮现"出来的，是非线性的（施春宏 2013），构式义可以概括为：在发话人过往亲身经历形成的认知集合中，经由比较，推理出该集合中当下认知为量级最高的那一项。如：

(21) 看过嚣张的，没看过那样嚣张的，一个人贩子，竟然还敢告官。李民连日来的忿忿与不安造成的烦躁，彻底被这个家伙点燃了。

(22) 后面观战的常州知州姚訔气得连连摇头："见过胆大的，没见过这么胆大的，一个小小营指挥使，也竟敢擅自竖起军旗，简直是乱我军规！"

构式前件"看过嚣张的、见过胆大的"是"李民、姚訔"过往经验的认知集合，而当下对"人贩子、营指挥使"的经验认知超出了他们过往经验的认知，是令其不备的新信息，突显"嚣张、胆大"的极量程度，即"人贩子在李民看过的人中是最嚣张的、营指挥使在姚訔见过的人中是最胆大的"。构

式的语义结构包含两个认知集合:发话人或句法主语过往亲身经历的既有认知和当下现场认知,二者是真子集的包含关系。对于言者或句法主语而言,当下现场认知是突然意识到或发现的新信息,远远超过其过往的亲身经历,程度之高也是言者或句法主语过往经验中从未有过的。需要指出的是,极量程度的来源是发话人或句法主语语用推理的结果,是参照过往认知的相对程度。正因为当下现场认知超越了发话人或句法主语以往的认知经验"V 过 A 的",说话人才需要用极量程度来表达自己的主观情感或评价。如:

(23) 听过恶毒的,没听过这么恶毒的! 小美女恨不得一拳砸到那张可恶的胖脸上,将他那张猥琐的笑脸砸个稀巴烂。

(24) 陈棉对着夏林就是一巴掌打了过去,"我看过嚣张的,没看过你这么嚣张的,我还就不信了,有谁能救得了你!"

例(23)、(24)中前件"听过恶毒的、看过嚣张的"是句法主语和发话人选定的认知集合中既有的旧信息,而当前命题中"他的话语的恶毒程度、夏林的嚣张程度"大大超出了句法主语和发话人过往认知中的既有经验,通过语用推理表达了"他的话语在小美女听过的话语中是最恶毒的、夏林在陈棉看过的人中是最为嚣张的"的极量程度义。

3.3 信息属性与图式特征

前景信息和背景信息除了在篇章信息结构中存在,在句子信息结构中也存在,背景信息居于前景信息之前,由"熟"而及"生"是我们说话的一般的趋势,这不完全是为了听者的便利,说话的人心里也是已知的先浮现(也可以说是由上文遗留下来),新知的跟着来(吕叔湘 1946)。"V 过 A 的"是发话人或句法主语选定的过往既有认知体验集合,是发话人预期中的背景信息,而"没 V 过这么 A 的"则是以递转的新信息呈现,属于前景信息。如:

(25) 在场的每一个人的嘴都张得足以塞进一个大鸭蛋。见过猥琐的,没见过这么猥琐的。幻影流数十名年轻弟子回过神来之后,看胖子的目光马上就不同了,那是绝对的崇拜。

(26) 看过庄继华的训练计划后,胡宗南、杜聿明、宋希廉头皮有些发

麻,见过疯狂的,<u>没见过如此疯狂的</u>。庄继华的计划由四个部分
组成:军人养成、体能训练、个人战术、团队配合。

上述两例,"见过猥琐的、见过疯狂的"属于言者既有的已知信息,反
映的量性特征是一般的、基础的程度量,"没见过这么猥琐的、没见过如此
疯狂的"则是递转的前景信息,反映的量性特征是极量程度。程度上的梯
级特征反映了心智上的图式特征。图式的概念是从无数个事件中高度概
括出来的抽象表征,是来源于我们在日常生活中与世界的互动经验的简
单而基本的认知结构(Ungerer & Schmid 1996),具有概括性。上下图式
(up-down schema)普遍地存在于我们的概念结构中,并向数量、社会等
级、时间和状态这四个目标域投射构成了一个庞大的、和谐的体系(蓝纯
2005)。程度范畴是汉语重要的语义范畴,吕文杰(2013)认为程度范畴的
语法层面有:重叠、程度状语、程度补语、含有程度义的框架结构、某些特
定句式。"V 过 A 的,没 V 过这么 A 的"是含有程度义的可填充构式,具
有梯级图式(scalar schema)特征,蕴涵着量级程度的递增,后件"没 V 过
这么 A 的"的程度量级高于前件"V 过 A 的"。如:

（27）今天和女朋友逛街,遇上一位穿着得体,性格活泼的美丽女孩,
      邀我一起听音乐,我情不自禁地就拿起了耳机,事后我后悔了!
      <u>听过难听的,没听过那么难听的</u>。

（28）宋前推门而入,李良也随之回到了座位上。看着眼前的摆设,代
      表团一行六人真想站在大街上骂娘,<u>见过穷的,没见过这样
      穷的</u>。

基于身体经验和方位隐喻的梯级图式广泛存在于认知结构中,能系
联起大量具有一再出现的相同结构的经验,影响着我们对世界的认识和
概念的建构。该构式的梯级特征表现为前景信息"没 V 过这么 A 的"
所表达的程度处在量级的高位,背景信息"V 过 A 的"所表达的程度
处在量级的低位。上述两例,"没听过那么难听的、没见过这样穷的"
表达的是主观极量程度,量级明显高于"听过难听的、见过穷的"。构
式的前件"V 过 A 的"与后件"没 V 过这么 A 的"前后相配,一起形成
了一个心智认知上具有完形结构的梯级意象图式。程度的梯级特征
可以图式为:

图 1 梯级图式

4. 语用特征与相关问题

4.1 前件整合

"V 过 A 的,没 V 过这么 A 的"是背景—前景分布的程度量构式,前件与后件构成蕴涵关系,即后件蕴涵前件(前件是后件的必要条件,后件是前件的充分条件)。如上所述,被蕴涵的"V 过 A 的"是过往亲历经验认知的旧信息,是推理出极量程度的参照基准,在使用时会发展出前件"隐身",仅保留后件的语用表达式,这样"没 V 过这么 A 的"就出现多义现象:客观否定与主观极量。两者并不矛盾,有其内在的语义联系。如:

(29) 林秀枝头发却贴耳朵剪齐,十分整洁。她比他们先到,见了周太太连忙站起招呼斟茶。<u>万亨从没见过那样清丽的面孔</u>,忍不住看了又看。

(30) 王律师知道利文在撒谎,在证交会当讯问员这么多年,<u>他几乎从没听到过如此离谱的辩解</u>。

(31) 她忙忙走进正房,见父亲已在里屋睡下了,母亲还在桌边等她。来不及行礼,先急急倒茶喝了两大杯下去,才松了口气道:"渴死我了! 额娘,<u>我这辈子都没说过这么多话</u>。"

"没"的否定作用和"没 V 过这么 A 的"表极量程度功能并不矛盾。"没"否定的不是当下的"V 了",而是否定过往的经历"V 过",即当下"V 了这么 A 的",但"A"程度之高在言者的认知经验中是之前没有过的。上述三例,就"V 过"这种过往经历而言,实际上仍然是否定,即对"见过、听到过、说过"等动作的客观否定;就极量程度表达而言,可理解为被蕴涵的前件整合,仅保留后件的主观极量构式,"没见过那样清丽的面孔、没听到过如此离谱的辩解、没说过这么多话"分别蕴涵了前件"见过清丽的、听过离谱的、说过多的",补充出来就是"[万亨见过清丽的],万亨从没见过那样清丽的面孔",""[他听过离谱的],他从没听到过如此离谱的辩解",""[我说过多的],我没说过这么多话"。而蕴涵的后件"没 V 过这么 A 的"是前景信息,不能被整合,其前后都会出现一些量大的语言形式与之匹配,若将蕴涵的后件整合,交际信息不足量,语义表达也不完足。如:

(29)′万亨见过清丽的面孔,忍不住看了又看。

(30)′在证交会当讯问员这么多年,他听到过离谱的辩解。

(31)′渴死我了! 额娘,我这辈子说过多的话。

上述例句,"忍不住看了又看、当讯问员这么多年、我这辈子"都是语用量级上表达量大的语言形式,"看了又看"表达动作量的增加,"这么多年、这辈子"表示时量很长,而与作为背景信息的"V 过 A 的"相配时,交际信息不足量,而且语义表达也不完整。上述论述可以总结为两点:第一,前件具有锚定(anchoring)作用,前件参与时,整个构式仅表达主观相对极量,前件整合后,构式具有多义性;第二,构式中前件与后件的信息地位不一样,前件是旧信息,起背景参照作用,后件是新信息,承担主要语义。

4.2　使用特征

4.2.1　意外功能

"V 过 A 的,没 V 过这么 A 的"表达了量的程度在句法主语或言者主语选定的认知经验范围内大大超越了过往的认知经验,达到了极量的程度,出乎意料。意外的形成源自外来信息与说话者的预期不相符合(陈振宇 2020),其实"没 V 过这么 A 的"是经验范畴中未预料到的小概率事件,构式表达的意外是基于小概率推理,即在概率上非常小的事物都出现"这么 A",建立起了意外与程度之间的关联。如:

(32) 赵暖暖的脸越来越黑,见过笨的,没见过这样笨的!

灿灿吃惊,她有说错什么了吗? 为什么他又要生气了? 不行! 得拍拍马屁。

(33) 吃过好吃的,没吃过那么好吃的! 四川成都宽窄巷子里的火锅让人流连忘返,回味无穷。

"这样笨、那么好吃"在言者经验中原本实现的概率很小,但事实却是实现的,程度极高,"笨、好吃"是程度较小或一般的程度,后者实现为真的概率比前者大得多,因为程度越高,实现的可能越小;但实现概率小,并不是不会实现,而是只在特别的情况下才会实现,如在用"连……都/也"标示极端情况下,例如:"见过难堪的,但是连这么难堪的也没见过。"因而话语中表露出句法主语或言者主语的惊讶感受、情绪和情感反应,该构式常出现在以直接抒发感情为主要功能的感叹句中(杜道流 2003),感叹句的语义结构包括被焦点化的新信息与超越以往的认知经验。小概率推理表面上看是说话者的预期,但是实际上是说话者所认同的"常理预期",即社会常识/情理/律法等表示出的生活常态与非常态的对立。小概率推理既有符合反预期的一面,也有符合预期的一面[①]。前者主要是指小概率事件的实现是反预期的,故而可以用"竟然"等反预期标记,如:"我见过难堪的,所以想难堪是可能的,但是竟然有这么难堪的情况。"后者是指小概率事件是预期有可能发生的,所以可以用"果然"等预期标记,如:"我见过难堪的,所以想难堪是可能的,果然,连这么难堪的情况都有。"

4.2.2　语势加强

"V 过 A 的,没 V 过这么 A 的"具有程度递增的量性特征与梯级图式的认知意象,必然伴随语势表达逐级递增,所谓"语势"是指说话人的情感在语言中的反映,是言语情感的"量"(李宇明 2000),构式的语势强弱与信息量存在正相关关系。如:

(34) 林晓荣被彻底干败了,<u>见过强的,没见过这么强的</u>,这位师傅姐姐即便是放在林晓荣前世,那也绝对是惊世骇俗。

(35) "什么?"赢虔大惊,<u>见过爱国的,没见过如此爱国的</u>,赢虔哈哈大笑起来:"这个刘羲,感觉怎么哪都有他似的……哈哈……来人,把她带上来!"

上述两例,说话人言语情感的量在逐级提升,后项"没见过这么强的、没见过如此爱国的"是位于梯级图式高位的前景信息,语势表达明显强于位于梯级图式低位的背景信息"见过强的、见过爱国的",也即说明"V 过 A 的,没 V 过这么 A 的"伴随着信息量从旧到新的改变,程度量从低到高的增加,说话人的言语情感量也伴随着由弱到强的渐次提升。

---

① 此处修改,得益于与陈振宇教授的交流,获益匪浅。谨致谢忱!

4.2.3 口语分布

就"V 过 A 的,没 V 过这么 A 的"构式的语体特征来看,主要分布于口语语体之中,几乎很少出现在正式、典雅的书面语体,语体对构式有塑造作用。如:

(36) 张学友:她妈妈唱歌时,唱第一句跟第二句的调儿会完全不一样。我们唱歌的时候有一个调儿,我们就会发现,唱不对比唱对难,她会突然从一个调儿转到另外一个调儿,完全没有先兆,就转了。这是很难的,真的。要叫我们去练,要练很久。所以她天分比我高。

鲁豫:［我］见过损人的［招数］啊,［我］没见过这么损人的［招数］。

(37) 后来,看了乔迁实在是坚持不住了,小姑奶奶凤雀飞出来说:"［我］见过笨的［人］,［我］没见过你那么笨的［人］。"

上述两例,构式均是出现在交际的对话中。口语表达遵循经济省力原则,表达要清晰简便,不能过于繁琐缛杂,口语语体对该构式的句法塑造表现在两点:一是句法成分的限制。上述两例主语和转指对象都隐省了,转折标记也未出现,若分别补出主语和转指对象"我、招数"和"我、人",以及转折连词,表达就会显得不简洁,繁琐而赘余;二是对构式整合度的影响。补出主语、转指对象以及转折连词等句法成分是合乎语法语义的语法构式,而口语中"V 过 A 的,没 V 过这么 A 的"是构式化较高的表达极量程度的修辞构式。

4.3 相关问题

"量"是人们认知世界、把握世界和表述世界的重要范畴。在人们的认识中,事物(包括人、动物)、事件、性状等无不含有"量"的因素(李宇明2000),它可以表现为:数量、物量、空间量、时间量、动作量、性状量、程度量等等(赵军 2010)。程度量是量范畴的一个子集,内部又包含不同的层级。语言中极性程度的表述有不同视角和不同方式,可以直接运用表达极性程度的语法成分或形态成分,如:汉语的"最、极、顶,至极、之极、之至,死了、极了、要命"等;韩国语的"가장(Gajang)、제일(Jeil)"等;英语的"most、-est"等。也可以通过间接迂曲的方式来表达,如近些年一些有关

极量程度构式的研究,归纳发现极量程度既可以从肯定视角表述,也可以从否定视角表述。整理如下:

肯定视角 $\begin{cases} X比(Z)最Y还W \\ N中的N \\ 最M+H,没有之一 \\ X到爆 \\ \cdots\cdots \end{cases}$　　否定视角 $\begin{cases} V过A的,没V过这么A的 \\ 没有比X更Y的(了) \\ 再A不过 \\ 没V过比这更A的 \\ \cdots\cdots \end{cases}$

试举例:

(38) 别人企图营造点儿轻松愉快的小气氛的时候,你却比最讲认真的共产党员还认真,处处挑剔细节的真实与不真实。

(39) 这个人他当然也认得,田一飞当然可以算是江湖中的一流高手,轻功之高,更是高手中的高手。

(40) 裴汉庭打不下去了,见过没出息的,没见过这么没出息的。就这么点出息,也敢在复大横着走?

(41) 他们吃饭不怎么嚼,只在嘴里打一个滚,咕冬一声就咽下去了。看他们吃得那样香,你会觉得世界上再没有比这个饭更好吃的饭了。

上述四例,分别采用四种不同形式表达极量程度,区别在于前两例是肯定视角,后两例是否定视角。进一步考察发现,上述否定视角表达极量程度都蕴藏了一条共性,这可以视为极性程度义的一种来源,即否定比较级发展为最高级,极性程度义的获得是语用推理的过程,即存在认知域 X 与认知域 Y,而 Y $\subsetneq$ X(Y 是 X 的充分条件),认知域 X 中的所有成员(除 Y 外)在程度上都不及认知域 Y,推理出认知域 Y 具有极量程度,董秀芳(2007)将这种推理称为诱使推理(invited inference),如:

(42) 这下张岩吃惊了,见过实在的,没见过这么实在的,买东西先报数,而且还说明什么时候买,老美最喜欢这样的主顾了。

(43) 中国人的第一个嗜好是工作,世界上再没有比中国人更疯狂地喜欢工作的民族了。

(44) 李寻欢很久没吃东西,否则他此刻只怕早就吐了出来,他平生再没有瞧见过比这更令人恶心的事。

例(42)"见过实在的"是既有的认知域集合,而极量程度义推理过程是既有的认知域集合中所有成员都不及当下见到的这种,突出其之最。例(43)认知集合"世界上"的所有成员在"喜欢工作"都不及"中国人",可以推理出"中国人最喜欢工作"。例(44)李寻欢平生瞧见过的所有事这个认知集合都不及"这件事"恶心,推理出"这件事"最恶心。上述三例都表示特定范围内个体与集合成员的比较,用来说明该个体在一定范围内具有极高的性状程度,这种认知域 X 中 Y 具有极量程度的推理过程可以图式为:

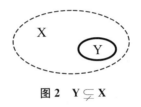

图 2　Y ⊊ X

其实,由否定比较级发展到极量程度也不是汉语所独有的现象。英语中表达极量程度除了"most、-est"这种语法手段或者形态手段外,也存在所谓的极性程度量构式,如"There be＋no.../nothing＋比较级＋than..."等。请看例句:

(45) There is no chocolate sweeter than that of a family.

(46) There is no better place to discuss heritage than right here in Melbourne.

例(45)中"chocolate"构成一个认知域,该域中的所有成员都不及"family""sweeter",推理出"family"具有"sweetest"属性;例(46)"place"构成一个认知集合,该集合中的所有成员都不及"discuss heritage in Melbourne""better",从而推理出"discuss heritage in Melbourne"具有"best"的极性程度。可见,由否定比较级发展到极性程度,汉语与英语在这点上表现出内在认知的一致性。需要交代的是,如汉语的"V 过 A 的、没 V 过这么 A 的、没有比 X 更 Y 的(了)"等和英语的"There be＋no.../nothing＋比较级＋than..."都是建立在既有认知域的比较基础上,表达的都是相对极性程度量。

5. 结语

"V 过 A 的, 没 V 过这么 A 的"是主观相对极量构式, 在主观心理距离的作用下, 构式用近指代词还是远指代词并不具有强制性, 二者指示的对立性减弱, 功能的趋同性增强。构式的形成经历了从表达转折关系的形义关系透明的可推导的语法构式, 发展为表达极量程度的形义关系不透明的具有习用化特征的修辞构式。构式义具有"浮现"特征, 可以概括为: 在发话人过往亲身经历形成的认知集合中, 经由比较, 推理出该集合中当下认知为量级最高的那一项。构式具有梯级的图式特征, 表现为前景信息"没 V 过这么 A 的"所表达的程度处在量级的高位, 背景信息"V 过 A 的"则处在量级的低位。"V 过 A 的, 没 V 过这么 A 的"极量程度义来源是基于否定比较级发展为最高级的语用推理, 这是汉语许多极量构式的语义来源, 汉语与英语在这点上也表现出内在认知的一致性。

参考文献

陈　琳　2009　《转折复句的语义语用修辞研究》, 湘潭: 湘潭大学硕士学位论文。

陈小红　2012　《现代汉语转折复句的语义基础》, 《华文教学与研究》第 4 期。

陈振宇　2020　《逻辑、概率与地图分析: 汉语语法学中的计算研究》, 上海: 复旦大学出版社。

储泽祥等　1999　《通比性的"很"字结构》, 《世界汉语教学》第 1 期。

董秀芳　2007　《词汇化与话语标记的形成》, 《世界汉语教学》第 1 期。

杜道流　2003　《现代汉语感叹句研究》, 合肥: 安徽大学博士学位论文。

黄伯荣　廖序东　2002　《现代汉语(第三版)》, 北京: 高等教育出版社。

高水云　2011　《现代汉语转折复句、递进复句之间的关系研究》, 武汉: 华中科技大学硕士学位论文。

蓝　纯　2005　《认知语言学与隐喻研究》, 北京: 外语教学与研究出版社。

李宇明　2000　《汉语量范畴研究》, 武汉: 华中师范大学出版社。

陆俭明　2016　《从语言信息结构视角重新认识"把"字句》, 《语言教学与研究》第 1 期。

吕叔湘　1946　《从主语、宾语的分别谈国语句子的分析》, 《吕叔湘文集》第二卷, 北京: 商务印书馆。

吕文杰　2013　《代汉语程度范畴表达方式研究》,长春:吉林大学博士学位论文。

施春宏　2013　《句式分析中的构式观及相关理论问题》,《汉语学报》第 2 期。

王灿龙　2004　《说"这么"和"那么"》,《汉语学习》第 1 期。

王晓辉　2017　《程度评价构式"X 没的说"研究》,《语言研究》第 4 期。

王颖颖　2013　《"这么"、"那么"的指示用法研究》,上海:华东师范大学硕士学位论文。

尹洪波　2014　《否定与转折》,《语言研究集刊》第十三辑,上海:上海辞书出版社。

张国宪　2000　《现代汉语形容词的典型特征》,《中国语文》第 5 期。

张　辉　2017　《论主观极量义构式"X 得不行"》,《汉语学习》第 3 期。

张谊生　2004　《现代汉语副词探索》,上海:学林出版社。

张谊生　2017　《从相对到绝对:程度副词"最"的主观化趋势与后果》,《语文研究》第 1 期。

张志超　2017　《浅析现代汉语极限义构式——以"V＋过＋A 的,可(但)＋没＋V＋过＋这么(那么)＋A 的"为例》,《语文教学通讯》第 9 期。

赵　军　2010　《现代汉语程度量及其表达形式研究》,上海:华东师范大学博士学位论文。

周敏莉　2016　《极性程度构式"A 到没朋友"研究》,《社会科学论坛》第 10 期。

朱德熙　1983　《自指和转指——汉语名词化标记"的、者、所、之"的语法功能和语义功能》,《方言》第 1 期。

Goldberg, Adele E.　1995　*Constructions: A Construction Grammar Approach to Argument Structure*. Illinois, Chicago: The University of Chicago Press.

Hopper, P.J & Traugott, E.C.　2003　*Grammaticalization* (2nd), Cambridge: Cambridge University Press.

Ungerer, F & Schmid, J.　1996　*An Introduction to Cognitive Linguistics*. London: Addison Wesley Longman Limited.

赵彧:yuziu0606@163.com

原载《汉语学习》2020 年第 4 期。

图书在版编目（CIP）数据

预期与意外 / 陈振宇，倪兰主编. — 上海：上海教育出版社，2023.12
（汉语句法语义理论研究丛书）
ISBN 978-7-5720-2314-9

Ⅰ.①预… Ⅱ.①陈… ②倪… Ⅲ.①汉语 – 句法 –
研究②汉语 – 语义学 – 研究 Ⅳ.①H146.3②H13

中国国家版本馆CIP数据核字(2023)第227905号

责任编辑　殷　可　毛　浩
封面设计　周　吉

"汉语句法语义理论研究"丛书
陈振宇　主编
预期与意外
陈振宇　倪　兰　主编

出版发行　上海教育出版社有限公司
官　　网　www.seph.com.cn
地　　址　上海市闵行区号景路159弄C座
邮　　编　201101
印　　刷　上海昌鑫龙印务有限公司
开　　本　890×1240　1/32　印张 13.125
字　　数　391 千字
版　　次　2023年12月第1版
印　　次　2023年12月第1次印刷
书　　号　ISBN 978-7-5720-2314-9/H·0077
定　　价　108.00 元